SV

TOM MCCARTHY

DER DREH
VON INKARNATION

Aus dem Englischen von
Ulrich Blumenbach

Suhrkamp

Die Originalausgabe erschien 2021 unter dem Titel
The Making of Incarnation bei Jonathan Cape, London.

Das Zitat auf S. 153 stammt aus dem Song »Gary, Indiana«
mit Text von Meredith Willson.

Herman Melvilles *Moby-Dick* (1851)
wird mit freundlicher Genehmigung des Carl Hanser Verlags zitiert
nach der Übersetzung von Matthias Jendis.

Klimaneutral
Druckprodukt
ClimatePartner.com/14438-2110-1001

Erste Auflage 2023
Deutsche Erstausgabe
© der deutschsprachigen Ausgabe Suhrkamp Verlag AG, Berlin, 2023
© Jonathan Cape, London, 2021
Alle Rechte vorbehalten. Wir behalten uns auch eine Nutzung des Werks
für Text und Data Mining im Sinne von § 44b UrhG vor.
Umschlaggestaltung: Anzinger und Rasp, München
Umschlagabbildung: Blue D.1., Gemälde von Wojciech Fangor,
1962, Öl auf Leinwand, 88 x 64 cm, ASOM Collection,
© Fangor Foundation
Satz: Greiner & Reichel, Köln
Druck: CPI books GmbH, Leck
Printed in Germany
ISBN 978-3-518-43123-8

www.suhrkamp.de

Für Isadora und Alexis Lemon McCarthy

Die bestehende Inkarnation ist unsere Gnade. Sie erschafft zugleich Farbe, Berührung, Weitsicht und Musik, die geschmeidige Widerstandskraft des Fleischs und die Sehnsucht, die nicht enden wird …

Denis de Rougemont

INHALT

PROLEGOMENON

Über die dynamischen Eigenschaften von
Wellen in periodischen Systemen 11

BUCH EINS

1. Markies Verbrechen (Wiederholung) 21

2. Aufliegten Höhe 41

3. Die Zehn Gebote für die Darstellung
   von Raumflügen in Filmen 46

4. Corydon und Galatea 56

5. Klient A 76

6. Inszenierungen 97

7. Ground Truth 114

8. Der eine beste Weg 153

BUCH ZWEI

1. Und runter gings 189

2. Liebestrank 222

3. Die Gesellschaft zur Würdigung Norbert Wieners . . . 246

4. The Girl with Kaleidoscope Eyes 269

5. Kritisches Intervall 280

6. DYCAST 307

7. Movement Underground. 322

BUCH DREI

1. *Cidonija* 343

2. *Frisch weht der Wind* 361

3. Eine Kugel Javaapfel 377

4. *Assassiyun* 389

5. The Beatitudes. 404

6. Die Molekularität von Glas 414

7. Der Wrangler 430

Danksagungen 445

PROLEGOMENON

Über die dynamischen Eigenschaften von Wellen
in periodischen Systemen

Aus der S-Bahn, durch das wechselnde Gitter aus Ästen und Brückenpfeilern sieht man ihn am westlichen Zipfel des Tiergartens, wenn man in ostwestlicher oder westöstlicher Richtung unterwegs ist: einen fünf Stockwerke hohen blauen Klotz. Das Gebäude schwebt unnatürlich über dem Boden, aufgebockt auf zwei riesigen rosa Röhren, die aus seinen Seiten hervortreten, sich abwärtskrümmen und unter ihm vereinen wie eine Krabbe, die sich vor Angst oder Wut oder in einer Art Paarungsritual aufbäumt. Was ist das? Das ist die Versuchsanstalt für Wasserbau und Schiffbau, ein Außenposten, den die Technische Universität Berlin einem kaiserlichen Pachtvertrag verdankt. Die VWS hat Kriege, Bodenwerterhöhungen und alles andere irgendwie überdauert und steht auf der kleinen, länglichen Insel, um die herum sich der Landwehrkanal in zwei Schleusen teilt, die hinter ihr wieder verschmelzen, um alle Knoten, Spiralen und andere Spuren früherer Stockungen oder Sperren bereinigt.

Mit einer höheren Auflösung gescannt, als den meisten S-Bahn-Passagieren zur Verfügung steht, bildet sie einen Komplex von ineinandergesteckten Baukörpern. Das auffällige Krustentier ist der Umlauf- und Kavitationstank UT2, dessen Rohrschleife 3300 Tonnen Wasser fasst, die auf zehn Meter pro Sekunde beschleunigt werden können – ideal für Kielfeld- und Kavitationsforschung, Widerstands- und Propulsionsversuche sowie ähnliche Untersuchungen von Strömungsdynamiken. Im Dröhnen der zwei Megawatt starken Schiffsdieselmotoren und in den Schwingungen der Turbinenschaufeln der riesigen Pumpe, die die Blechverkleidungen der Wände und Böden erbeben lassen, spielen sich Dramen der Verdünnung wie der Verdichtung ab, zyklische Spannungen und Superkavitationen laufen sich auf Kommando tot, Schiffsmodelle, Steuerruder und Propeller werden auf verschiedenen Stufen belastet, denen dann Anfangsfließwerte und Erosionszuwachsraten entnommen werden. Zu Füßen des turmhohen Monstrums liegen wie Essensreste oder halbgelaichter Nachwuchs einige lange, flache Hangars. Im Hangar mit der Wellenmaschine im Seegangsbecken – das genau wie der UT2 immer wieder mit Wasser aufgefüllt wird, das dem Landwehrkanal entnommen wird, dann in diesen zurück und weiter in die Spree fließt – findet das heutige Geschehen statt.

Hier wird Neptuns Zorn entfesselt und auf ein Versorgungsschiff gelenkt, einen Ankerziehschlepper und zwei Bohrinseln. Dipl.-Ing. Arda Gökçek, Haustechniker und Flutenwächter der VWS, steht am vertieften Ende des Flachwasserbeckens, Daumen und Finger gleiten über das GlidePad eines MacBooks, skalieren Maße, modifizieren Kennziffern, justieren Wellenhöhe und Hublänge sowie charakteristische und gravitationsbedingte Geschwindigkeiten nach oben oder unten. Als sich das Profil auf seinem Monitor, der Rhythmus seiner Kurven und Intervalle mit den Zielvorgaben für heute deckt, löst sich Gökçeks Hand vom Laptop, schwebt ein paar Zentimeter über der Tastatur, seine Augen gleichen ein letztes Mal die graphischen Konturen ab, dann tippt er entschlossen auf die Leertaste. Gut hundert Meter weit weg ächzt die Wellenmaschine am anderen Beckenende; Antriebsarme, Riemenscheiben und Verbindungsarme, Antriebszapfen, Flanschlager und Pleuelstangen setzen sich in Bewegung, schließen sich, üben Schub aus und drücken einen schrägen Schwingflügel immer wieder gegen die Wassermassen. Und dann kommt sie die lange schmale Strecke entlang, die Kuppe verdoppelt das Licht der in regelmäßigen Abständen an der Decke angebrachten Neonröhren, eine nach der anderen, hebt jeden inversen Spektrallichtstrich seiner Quelle entgegen, bevor die Spiegelung von den dunklen Strudeln des nachfolgenden Tals wieder verschluckt wird: die erste Welle. Ihr folgen die zweite und die dritte und die vierte, sie überspülen die grünen Kacheln der Beckenwände und erneuern mit absoluter Präzision immer wieder dieselbe Hochwassermarke.

Spüren der Schlepper und die Bohrinseln ihr Kommen? Natürlich nicht; alle Ausbreitungsvektoren des Mediums, in dem sie sich befinden, sind hier aufgetragen, Phasengrenzen und Eigenfrequenzen sind transparent berechnet worden; es gibt keinen Spielraum für Unklarheiten und noch weniger für Phantasien – aber jedes Mal, wenn Gökçek in den letzten, schrumpfenden Sekundenbruchteilen vor dem Auftreffen der ersten Welle die nachgebauten Städte, Dämme, Kreuzfahrtschiffe, Hafenmauern oder Windparks im Ausbreitungsbereich sieht, hat er das Gefühl, in der bloßen Struktur der Modelle, im Zusammenhalt ihrer Atome eine Zunahme der konzentrierten Stasis zu spüren; geradezu eine *Anspannung*, als würden sie sich wappnen; als *wüssten* sie irgendwie …

Jetzt sind die Wellen da, durchrütteln und erschüttern die Modelle, lassen sie ausscheren – horizontal, vertikal, longitudinal, transversal und kreuz und quer dazwischen – auf Wegen, die zufällig scheinen, das aber keineswegs sind, und darum geht es: Kameras in den Beckenwänden verfolgen jede Welle, jede Woge und jedes Wiegen, erkennen und übersetzen in den wild verfilzten Linien ein Muster, das sich retro- wie prospektiv betrachten lässt und dessen Unschärfe in klare Parameter transformiert wird, die sich, einmal modelliert, nicht nur zum Nutzen künftiger Planungen von Offshore-Anlagen wieder aufskalieren, sondern bei Kreuzung ihrer eigenen Verbreitungs- und Verschiebungsvektoren auch übertragen, extrapolieren und in wer weiß was alles einspeisen lassen. In den nächsten sechzehn Monaten werden die aufbereiteten Daten von heute auf so verschiedenen Gebieten wie Infraschall und Seismokardiographie zum Tragen kommen, in der Erforschung von Keimkonvektionen in Flugzeugkabinen und der Ausbreitung von Gerüchten in sozialen Medien. Die Dinge stehen in Verbindung mit anderen Dingen, die mit anderen Dingen in Verbindung stehen. Gestern sind 103 asiatische Bergarbeiter bei einer Methanexplosion ums Leben gekommen; in einem kleinen südamerikanischen Staat hat ein Putsch stattgefunden; eine große Walschule ist an Westeuropas Küste gestrandet. Die Seiten von Gökçeks Zeitung, die aufgeschlagen auf einem Hocker neben einem halbvollen Kaffeebecher liegt, rascheln in seinem Windschatten auf, als er eine Trittleiter hochsteigt. Von der erhöhten Position aus beobachtet der Techniker die Boote, die in Dünung und Seegang wie betrunken schlingern und tanzen und an den zerschmetterten Riffen der Gerüstbeine und Anker der Bohrplattformen vorbeischießen. Die Erhöhung beruhigt ihn; er steht über den in der Ebene tobenden Schlachten, ist unbeteiligt. Bilder vom Bosporus regen sich bei ihm im Hinterkopf, durchlaufen verschiedene Gestalten – weniger ein in Urlauben und bei längeren Familienbesuchen aus Autofenstern und von Moscheeterrassen flüchtig erblicktes Panorama als eine überkommene Erinnerung, eine Idee ...

Die Wellenmaschine ächzt; der Schwingflügel bewegt sich im selben Rhythmus. Die Lagerzapfen der Gleitlager, die die Kurbelwelle an Ort und Stelle halten, müssen geölt werden, das hört Gökçek am gereizten Ton. Wo die glatten Wasserflächen im Becken noch nicht von den Modellen aufgebrochen werden, sind sie von einem Öl- und Schmutzfilm überzogen, einem Niemandsland, übersät von toten Insekten, die sich von den Spiegelungen breiter Streifen freien Luftraums und leuchtender Dachsparren haben anlocken lassen, den trügerischen Versprechen der Gemeinschaft. Der Ankerziehschlepper mit dem gehärteten Paraffinbug hat sich in den Gerüstbeinen der einen Bohrplattform verkeilt. Computermodellierungen können einem nicht alles zeigen. Manchmal muss man etwas selber machen, eine kleine Welt erschaffen und der Tücke der chaotischen Objekte entgegentreten. Am Beckenrand greift Gökçek nach einer Stechstange, die neben Schlauch- und Drahtrollen sowie Tuchfetzen und Schnüren an J-Haken hängt, beugt sich über den Beckenrand und versucht, den Schlepper freizubekommen. Sein rechter Fuß, den er nach hinten ausstreckt, um das Gleichgewicht zu halten, stößt gegen den Hocker; Kaffee schwappt aus dem Becher auf die Zeitung. Auf einer Arbeitsfläche neben dem Hocker liegen eine Dose Isopropanolspray, eine CD-Rom, eine Rolle Toilettenpapier, ein Eislutscherstiel, ein zerknautschter Plastikhandschuh, wie er zum Geschirrspülen verwendet wird, Gewichte, Schwimmer, ein Feuerlöscher, ein übriggebliebener Holzklotz, ein Zollstock, eine Taschenlampe, eine Einkaufstasche, eine externe Festplatte, ein roter Textmarker, ein Plastikbecher mit kleinen Schrauben, ein blaues Set Kreuzschlitzschraubenzieher, eine Dose Schmieröl und ein zerknülltes Stück Küchenpapier mit roten Flecken. Dahinter sind an der Wand Modelle aufgestapelt, die heute nicht gebraucht werden: ein U-Boot, ein ICE, fünfzehn Windräder, ein lebensgroßer Kaiserpinguin und die Stadt Mumbai. Davor steht ein neues, vor einer Stunde erst in einem übergroßen Karton aus London in der VWS angeliefertes Requisit, von dessen Verpackung noch Styroporpellets und -keile auf

dem Boden liegen, die für den Transport des Modells pass-
genau zugeschnitten wurden und jetzt spiegelbildlich (und
zerlegt) die äußere Form der kostbaren Fracht wiedergeben,
die ebenfalls aus Styropor ist: ein Raumschiff mit separaten,
unterteilten Rumpf- und Tragflächenkonfigurationen und
einer Art halb freistehendem, golfballartigen Annex, der genau über dem höchsten Abschnitt aufgeteet worden ist. Gökçeks Stechstange findet den idealen Druckpunkt am Kiel des
Schleppers und bekommt ihn frei. Der Schlepper krängt kurz,
dreht sich auf der Seite liegend im Uhrzeigersinn einmal um
sich selbst und eine Dritteldrehung entgegen dem Uhrzeigersinn zurück, richtet sich auf, umschifft die Gerüstbeine und
findet ins offene Fahrwasser. Der Schwingflügel bewegt sich,
die Wellenmaschine ächzt. Gökçek hängt die Stechstange an
die J-Haken zurück und macht sich auf die Suche nach Mo-
toröl.

Der Kaiserpinguin ist als einziges Requisit nicht nur im
Maßstab eins zu eins nachgebildet, sondern (da es bei der Untersuchung, in der er eine Hauptrolle spielte, auch um den Effekt der Turbidität auf die Färbung flacher Substrata ging) an
den entsprechenden Stellen auch schwarz, gelb und weiß an-
gemalt worden. Er ist in »Tümmler«-Haltung gegossen worden: Flügel an den Rumpf geklappt, Kopf in einer Flucht mit
der Zentralachse des Körpers gestreckt, Füße geschlossen und
vertikal so nach unten gerichtet, dass sie ein Ruder bilden.
Die sorgfältig nachgebildete Stromlinienform ist allerdings
durch seine Positionierung rückgängig gemacht worden: Damit seine Masse außerhalb des Beckens nicht auf dem Boden
hin- und herrollt, hat man seinen Hals auf das Dach eines
Güterwaggons gelegt, was den Pinguin (da der Waggon einen
Maßstab von 1:22,5 hat) monströs und riesig erscheinen lässt,
ihn aber auch unnatürlich und unaerodynamisch nach oben

ausrichtet. Seine gemalten Augen schauen zur Decke des Gebäudes und suchen das Oberlicht. Dahinter ist die Luft frisch,
und es weht eine leichte Brise. Höher, viel weiter oben haben
zwei sich überlagernde Kondensstreifen ein Kreuz ins Blau
geritzt – das Votum auf einem Wahlzettel, die Unterschrift
eines Analphabeten, ein *X* zur Ortsmarkierung: *Hier.*

BUCH EINS

1. Markies Verbrechen (Wiederholung)

Im dritten der vier Schulbusse, die sich durch die Camberwell New Road schieben, sitzt Markie Phocan. Die Busse bewegen sich im Verband, bilden eine Kolonne. Taxis, Lieferwagen, Doppeldecker, Müllwagen und ab und zu ein Lumpensammlerkarren versperren ihnen in loser Folge den Weg, wenden, parken oder setzen zurück und schaffen Lücken, durch die sie ihnen zwar nicht entkommen, aber doch ein paar Meter vorrücken können, bis sie dann wieder auf kompakte Strukturen aus unbeweglichen Stoßstangen und Auspuffrohren stoßen. Der Schauplatz liegt in der Wintersonne; wären die Busse neu oder sauber, würden sie glänzen; da sie weder noch sind, werden sie nur von einer Staub- und Dieselaura überzogen. Bei einem hat jemand mit den Fingern *Fuck* in den Dreck geschrieben; darunter hat jemand (vielleicht derselbe) *Thatcher* geschrieben; dieser Name ist durchgestrichen und durch *GLC Commies* ersetzt worden – was ebenfalls durchgestrichen worden ist, und jetzt steht da *You*.

Markie sitzt in der vierten Reihe am Fenster (Fahrerseite). Neben ihm sieht Nainesh Patel einen Stoß Fußballerbilder durch und zieht Karten zum Tauschen heraus. Auf der anderen Seite des Gangs legt Polly Gould den Kopf in den Nacken und lässt sich Space Dust auf die rausgestreckte Zunge rieseln. Hinter ihr beugt sich Trevor Scotter vor, schiebt die Hand horizontal in die Lotrechte zwischen Tütchen und Mund und kann das Rieseln lange genug unterbrechen, um etwas Brausepulver in der Handfläche zu erwischen. Polly fährt herum, aber als sie ihn ansieht, ist ihre Empörung schon halb verflogen. Was soll sie auch machen? Sie dürfen keine Süßigkeiten dabeihaben. Trevor wirft sich das Pulver in den Mund und grinst sie an. Dann sieht er zur Seite, Polly und er sehen Vicky Staples Kopf, er fährt ihr mit der Hand über das krause Haar und hinterlässt einen Fallout aus Zucker und Zusatzstoffen. Polly und er lachen.

»Die hat ja rosa Schuppen …«

Vicky starrt durch ihre dicke Kassenbrille die Rücklehne des Sitzes vor ihr an und sagt nichts. Papierschwalben und -kügelchen schwirren durch die laute Luft. Ganz vorn auf der Türseite sitzt Miss Sedge teilnahmslos und mit hängenden Schultern. Niemand wird verletzt. Jetzt zuckeln sie um The Oval herum. Über der Mauer kann Markie die Anzeigetafel und die obersten Reihen der oberen Tribüne erkennen; hinter dem Stadiongelände und dieses überragend dann die Gasometer. Der größte davon ist heute zu etwa zwei Dritteln voll, und der konvexe Meniskus seiner grünen Kuppel geht in ineinander verschränkte Rauten über. Der Heißluftballon schwebt über den Vauxhall Gardens Richtung Norden zu den Gasometern, und die Seile unter ihm konvergieren zum hauchdünn wirkenden Korb hin. Als der Bus die Kurve zur Harleyford Road nimmt, duckt sich Markie, verdreht den Kopf und kann durch die Windschutzscheibe den Fesselballon sehen, bis er an deren oberem Rand außer Sicht verschwindet. Das Aluminium der Busschale, hinter dem der Ballon verschwindet, ist dünn und lichtdurchlässig; das Licht der jetzt schräg vor ihnen stehenden Sonne durchdringt es und konturiert die aufgeprägten Buchstaben SCHOOL BUS, nur dass die Mitfahrenden sie spiegelverkehrt sehen: SUB LOOHCS. Darunter erscheinen dieselben Buchstaben, kleiner und genauso spiegelverkehrt, diesmal aber als Spiegelung vom Vordergehäuse des ihnen folgenden Busses im Rückspiegel des Fahrers: *SUB LOOHCS*. Für Markie sind das echte Wörter einer hybriden Sprache, deren Wortschatz und Grammatik er bestenfalls erahnt; verdoppelt präsentieren sie ihm eine Überschrift und einen Untertitel, die dieselbe kryptische Anweisung wiederholen: *sub loohcs – schau unten …*

Die letzten beiden Busse sind mitten auf der Kreuzung von Vauxhall Cross stecken geblieben, blau-weiße Insekten im gelben Netz, ihre alten Karosserien erschauern, während PKWs sich hupend an ihnen vorbeischlängeln. Der Fahrer von Markies Bus stützt sich gleichgültig auf sein übergroßes Lenkrad, pult in den Zähnen und ignoriert die Rufe und Stinkefinger anderer Autofahrer. Als Nainesh »Heighway … Shilton … Coppell« murmelt, springt die Ampel endlich auf Grün. Markie fragt sich, ob es zwischen den beiden Ereignissen, der Beschwörung der Spielernamen und der Freilassung der Busse einen Zusammenhang gibt; ob Nainesh die Lösung des Bannspruchs *verursacht* hat. Ein letzter langer Hupton klingt hinter ihnen ab, als sie sich in Bewegung setzen und auf die Vauxhall Bridge zubrausen. Neben dem Bus liegt auf der rechten Seite eine riesige Baugrube, notdürftig von Stöcken und Vermessungsband eingezäunt. Nainesh sieht von seinen Karten hoch, zeigt auf die Baulücke und verkündet: »Das wird eine geheime Zentrale für Spione.«

»Woher weißt du das?«, fragt Trevor.

»Hat mein Vater gesagt.«

»Wenn's geheim ist, woher weiß er das dann?«

»Weiß er eben«, nuschelt Nainesh und vertieft sich wieder in seine Karten.

Polly legt den Kopf in den Nacken und krümelt sich die nächste Ladung in den Mund. Auf dem Platz vor ihr starrt Bea Folco, das Stirnband an der rechten Schläfe verknotet, aus ihrem Fenster. Es gibt weder einen Rückspiegel noch eine andere spiegelnde Fläche, die Bea ihm und ihn ihr zeigen würde, aber trotzdem spürt Markie eine Symmetrie – beide wenden oder drehen sie sich vom gewölbten Rückgrat der Brücke nach außen, er nach Osten, sie nach Westen – was sie irgendwie verbindet. Auf seiner Seite überprüfen Löschboote der Lambeth River Fire Station auf der Themse ihre Löschkanonen. Die Wasserstrahlen schießen an den Düsen kräftig und hart hoch, kurven auf ihre Scheitelpunkte zu und verformen sich zu einer Reihe flüssiger Haken, von denen ein Nebelschleier mit kleinen Regenbogenintarsien herabhängt. Schießen die Salut für sie? Für die vierbussige Prozession der Lyndhurst Primary? Auch mit zehn Jahren weiß Markie, dass das nicht sein kann, dass das Tun und Treiben der Welt auch dann weitergeht, wenn er in Klassenzimmern festsitzt; dass dieser verstohlene Blick in ihr Wochentagsgetriebe etwas Besonderes und Ungewöhnliches ist – fast unzulässig, als würde er es ausspionieren: In eine Sperrzone eingebettet, kundschaftet er die Gebäude und den Verkehr aus, die Uferdämme und heruntergekommenen Lastkähne, Hochhäuser, Kräne, Kirchtürme und durch den Dunst das Parlament weiter unten am Fluss; dann schickt er (wem?) supergeheime, in Spiegelschrift erstellte oder gleich telepathisch übermittelte Berichte …

Ohne Vorwarnung übergibt sich Polly. Erst reihert sie zwischen den Beinen auf den Boden, dann dreht sie sich beiseite, selbst angeekelt von dem, was sie da hochgewürgt hat, und kotzt in den Gang. Das löst Kreischen und raues Lachen aus, Beine werden hastig an Brüste gezogen, alle Körper werden aus dem Mittelpunkt des Geschehens evakuiert, und gleichzeitig kommt es von den Plätzen an der Peripherie zur gegenläufigen Bewegung, einer Welle neugierigen Vordringens. Miss Sedge kommt – etwas zu energiegeladen, so dass ihre kniehohen Lederstiefel fast in dem Erbrochenen ausrutschen, das grellrosa ist und noch knistert und poppt, wie von den Herstellern vorgesehen, weil die ausgespienen enzymatischen

Säfte die in den schmelzenden Flöckchen gespeicherte Kohlensäure freisetzen.

»Sie hat Pop Rocks gelutscht, Miss«, sagt Vicky.

Miss Sedge stellt die Füße an die Küsten des Kotzesees, beugt sich vor und winscht Polly von ihrem Platz hoch. Als das Mädchen nach vorne abgeführt wird, dreht es sich um und schreit die Verräterin an:

»Vieräugige Fotze!«

Den Rest der Fahrt ändert der See mit den Busbewegungen die Form, bringt Tümpel und Kanäle hervor, Flussbögen, Gabeln und Abzweigungen. Trevor gibt den Klassenclown, klemmt den Arm zwischen zwei Rückenlehnen und lässt sich darüber hängen; als der Bus von der Brücke scharf nach rechts in die Millbank abbiegt, verliert er das Gleichgewicht und rutscht aus – oder gehört das noch zu seiner Show? Das bleibt offen, denn Miss Sedge kommt zurück, führt auch ihn ab, scheuert ihm mit beiden Seiten ihrer freien Hand ein paar und verfrachtet ihn in die erste Reihe neben Polly und sich. Als er sich zur Schlussverbeugung mit glühenden Wangen zu seinen Klassenkameraden umdreht, grinst er Markie an, der seinem Blick ausweicht. Das Erbrochene riecht jetzt stechender; die Kinder halten sich mit Schals und Kragen die Nasen zu. Markie klemmt seine durch Umkrempeln an den Manschetten zum Ball verbundenen Handschuhe zwischen das Gesicht und die Fensterscheibe und sucht in ihrer Weichheit und ihrem süßlichen Gegengeruch einen Passepartout, der die Flucht aus dem Bus ermöglicht und ihn ins Freie zaubert, wo er mit der reinigenden Gischt und dem dem Licht abgerungenen Spektrum verschmelzen kann …

Sie sind da. Die Busse biegen in die Parkbucht ein, je zwei auf beiden Seiten des Mr.-Whippy-Eisverkäufers, der die Mitte blockiert. In Markies Bus gibt es einen Ansturm auf die

Ausgänge, die geschlossen bleiben, bis Miss Sedge ihre Anweisungen zur Aufstellung im Freien gerufen hat. Als sich die Türen endlich auffalten, purzeln die Kinder auf den Asphalt und holen Luft wie an die Oberfläche kommende Freitaucher. Von hoch oben starrt die mit Flagge und Dreizack bewaffnete und von Löwe und Einhorn flankierte Britannia vom Steinportikus der Tate wie eine missbilligende Schulleiterin auf sie herab. Die Anordnungen werden ignoriert, die Busladungen mischen sich und bringen sich auf den neusten Stand: Auch Cudjo Sani im vordersten Bus hat sich übergeben; Jason Banner aus dem zweiten hat von einer Prügelei eine blutende Schramme an der Wange … Einige Kinder schleichen in den Park davon; andere hüpfen die Museumstreppe auf und ab. Auf dieser Treppe treiben die Lehrer sie wieder zu Klassengruppen zusammen: vier schräge Kolonnen, die an den vertikalen Säulen der Tate vorbeigeführt werden – nur um am Engpass der Drehtür wieder zu zerbröckeln. Dahinter bildet das Marmoratrium eine Echokammer, die das Geschrei und Gepfeif zu einer unerträglichen Kakophonie vervielfältigt; alle vier Klassenlehrer versuchen, den Lärm durch eigenes Brüllen unter Kontrolle zu bringen, und verschlimmern ihn nur. Ein Wachmann der Tate, dessen stämmige Figur und Haltung ihn als Ex-Militär ausweisen, schaltet sich ein und lässt eine tiefe Bassstimme von der Leine, die die Kinder weniger aus Gehorsam als aus Neugier verstummen lässt: Sie scheint aus den quirlständigen Tiefen des Treppenhauses zu dringen, in dem das zweifarbige Bodenmosaik verschwindet. Als er ihre Aufmerksamkeit auf sich gezogen hat, weist er sie an, ihre Mäntel im Gruppenbereich der Garderobe aufzuhängen, überwacht die Durchführung seiner Anweisung, und Erinnerungen an Kantineninspektionen gehen ihm durch den Kopf, während sich Arme aus Anoraks und Dufflecoats winden.

Markie hängt seinen Mantel an einen Haken, behält die Handschuhe aber. Er hält sie sich wieder vor die Nase, und als er verfolgt, wie Bea ihren Parka auf den Boden fallen lässt und heraussteigt (der Reißverschluss hat sich verklemmt), hat er dasselbe Gefühl der Überlagerung wie im Klassenzimmer, wenn Miss Sedge auf dem Overhead-Projektor zwei Plastikfolien übereinanderlegt, um an der Wand ein Bild zu erzeugen, das sich auf den einzelnen Folien nicht finden lässt. Einen Augenblick lang ist er halb im Nebenraum der Tate und halb in den Umkleidekabinen der Peckham Baths – an beiden Orten gleichzeitig und an keinem ganz. Ausgelöst wird das nicht nur von der Busfahrt und dem Jackenausziehen und auch nicht davon, dass an den Wänden dieselben eisernen Kleiderhaken angebracht sind. Nein, die gedankliche Verknüpfung ist an etwas Spezielleres gekoppelt: an einen Nachmittag vor gut zwei Wochen; Markie bildete wie heute ein Paar mit Nainesh, sie teilten sich eine Kabine, zogen Socken und Hosen aus – und erkannten an den Stimmen, die von der dünnen Metalltrennwand zur Nachbarkabine kaum gedämpft wurden, dass sich nebenan Bea und Emma Dalton umzogen.

Beide Jungen begriffen das im selben Augenblick; beide verstummten plötzlich; ihre Blicke huschten über die zerschrundene Trennwand, die viel zu hoch war, um darüber hinwegzuspähen – *aber* (verständigten sie sich mit den Augen) *unten* … unten endete sie in Schienbeinhöhe, und darunter blieb eine schmale Lücke. Nainesh grinste, kniete sich leise auf den Boden und bedeutete Markie: *Hier, komm her* … Sie mussten die Wangen auf die Quarzgranitplatten drücken, um den richtigen Blickwinkel zu bekommen: Von dort schob sich um den unteren Metallbeschlag herum der verborgene Raum in Sicht; und als schauten sie in einer so erhabenen Säulenhalle wie der der Tate empor, sahen sie zwei nackte Beinpaare, die wie die Stämme von Redwood-Bäumen über ihnen emporragten, wobei die Parallelen ihnen perspektivische Streiche spielten und sich zu Schenkeln verjüngten *und* weiteten, bevor sie sich schnitten, was im Unendlichen hätte geschehen sollen, in Wahrheit aber nicht mal einen Meter weit weg war, sie konvergierten zu laublosen hüfthohen Baldachinen, Verbindungen, die Falten bildeten, die andere Falten in Klammern setzten, und alle Fleischlinien bewegten sich seltsam synchron, denn Bea und Emma ahnten nichts von den ihnen geltenden widernatürlichen Blicken von unten, marschierten auf der Stelle und sangen die Arie, die sie für das bevorstehende Schulkonzert einstudierten:

Auf in den Kampf, Torero!
Stolz in der Brust, siegesbewusst,
Wenn auch Gefahren dräun,
Sei wohl bedacht, dass ein Aug dich bewacht
Und süße Liebe dir lacht.
Sei wohl bedacht, dass süße Lieb' dir lacht.

Durch den spitzen Winkel konnte Markie Beas Gesicht nicht sehen; Emmas genauso wenig – aber Bea stand ihm am nächsten, und Bea ist in den seitdem vergangenen fünfzehn Tagen das optische Vexierbild zugewachsen: Wie bringt er die beiden Bilder in Einklang? Die zwei Winkel, die zwei Ansichten – Rumpf und Gesicht – zwei Teile eines Ganzen, dessen *Ganz*heit er so gern an sich drücken würde, an dem er sich festhalten und in dem er versinken möchte; aber ...

Sie werden einer Tate-Guide für Schülergruppen übergeben. Die zierliche Frau in den Zwanzigern erzählt den Kindern alles über Joan Miró.

»Miró«, trillert sie mit einer Stimme, in der keine echte Begeisterung liegt, sondern die begeistern soll, wie Markie sofort merkt, »hat mit dem Malen angefangen, als er ungefähr in eurem Alter war. Er liebte die Formen und Farben seiner Heimatstadt Barcelona, die hell, geschwungen und einfach voller Leben waren. Er liebte diese Formen und Farben so sehr«, fährt sie fort, »dass er sie sein ganzes Leben in sich gehabt hat. Auch wenn er jetzt ein alter Mann ist und einer der berühmtesten lebenden Künstler der ganzen Welt, malt er immer noch mit der Phantasie und dem Vorstellungsvermögen eines Kindes – und deshalb sind wir immer *besonders* glücklich, wenn Kinder wie ihr kommen und seine Werke sehen wollen. Ich gebe euch jetzt diese …«

Arbeitsblätter werden ausgeteilt. Es gibt Kästchen, die angekreuzt werden sollen; desgleichen Symbole (Sonne, Mond, Frau); dann Fragen dazu, was für Gefühle die Bilder in den Kindern auslösen; ein Kästchen, in das sie ihre eigenen hellen und geschwungenen Bilder zeichnen können; und so weiter. Trevor dreht seines zu einem Rohr zusammen und zieht es Jo Fife über den Kopf; Vicky hat Angst, ihres könne Eselsohren bekommen. Sie bekommen eingeschärft, die Kunstwerke nicht zu berühren und nicht zu nah an sie heranzutreten. Dann werden sie durch zwei weitere Säulengänge und das gebohnerte Mausoleum der Innenhalle des Gebäudes zu den Seitengalerien geführt. Dort angekommen, verteilen sie sich in die angrenzenden Räume, laufen im Zickzack von Wand zu Wand und spielen ›Ich sehe was, was du nicht siehst‹; stehen in Zweier- und Dreiergrüppchen zusammen, vergleichen Notizen und Vorankommen; drängeln auf Bänken oder setzen sich im Schneidersitz auf den Boden, um Bildtitel abzuschreiben. Markie zottelt an Galgenmännchen, hingekrakelten Sternen und sympathisch unvollkommenen Kreisen vorbei, welligen Harlekinen, hängenden Pendeln aus Köpfen und Gliedern, an Drachen und Sonnen (die hakt er ab) und einem Leiterspiel, das das Spielbrett verlassen hat, um ein Haus zu übernehmen – auf- und abwärts, diagonal, den ganzen Raum –, Katzen, Fische und Springteufel beteiligen sich, und aus dem Spielwürfel, der sich zu einer quaderförmigen Larve verpuppt hat, schlüpft eine Libelle, eine Hornisse oder sonst ein deformiertes Insekt. Jedes Mal, wenn er vor einem Bild stehenbleibt, hält er sich den Handschuhball vors Gesicht, atmet seine verdichtete Weichheit ein und lässt das Bild auf sich wirken. Auch der Handschuhball ist deformiert und streng genommen kein Ball – zumindest keine regelmäßige Kugel –, sondern langgezogen und mit Fingertentakeln, deren Futter ebenfalls nach außen gestülpt ist und die aus dem Zentrum herausragen, ein gebrechlicher selbstgemachter Kuschelkalmar oder Oktopus …

Im dritten oder vierten Saal bleibt er am längsten. Die Schulkindstreuung ist inzwischen deutlich ausgedünnt; Markie findet sich allein vor einem großen Gemälde. Es zeigt eine irgendwie kegelförmige Figur, die an einem Strand steht und einen Stein auf einen aus Grundformen zusammengesetzten Vogel wirft. Die Figur hat einen einzigen großen Fuß, auf dem sie sich zu wiegen scheint; der Vogel ist ein punkiger Schock aus roten Haaren, ein Hahnenkamm. Das Gesicht der Figur hat keine Züge bis auf ein eidottergelbes Auge mit rotgesprenkelter, schwarzgetüpfelter Pupille; auch der Vogelkopf besteht aus nichts als einem blauen Kreis mit schwarzen Punkten für Auge und Nase. Und er hat eine Mondsichel als Schwanz. Auch der Stein zwischen Figur und Vogel ist eine Art Mond: blatternnarbig, halb im Schatten und halb in blassgraues Licht getaucht. Die Figur wirft ihn auf den Vogel mittels eines dünnen schwarzen Strahls, der ihm als Arm dient und sich um einen schwarzen Punktnabel dreht: Die

Figur lehnt sich auf ihrem geschwollenen Fuß nach hinten, und der Strahl scheint zu rotieren oder wie ein Katapult gespannt zu werden, um den Stein auf den Vogel zu schleudern. Es gibt sogar eine gestrichelte Linie, die seine Flugbahn zu diesem zeigt wie die Konturlinie auf dem Schnittmuster einer Schneiderin. Das selbst in dieser Konstellation Seltsame ist, dass nicht nur der Stein auf den Vogel zuschießt; auch der Vogel scheint *absichtlich* auf den Stein zuzufliegen und den Kopf zu recken, um ihn mitten im Flug zu treffen. Um dieses Drama herum dehnt sich der Strand, leer und gelb wie das Eidotterauge des Werfers. Das Meer hinter dem Strand ist schwarz und zeigt weder Boote noch Badende oder auch nur Wellen und Dünung, Licht- und Schattenflecken oder sonst irgendetwas, das die Eigenschaften von Wasser vermitteln würde. Es will gar kein Meer repräsentieren – ist nur schwarz deckende Ölfarbe aus der Tube, die unvermischt und unverdünnt als horizontaler Streifen in der Leinwandmitte aufgetragen worden ist. Darüber und über dem Strand, über dem Jungen, dem Vogel und dem Stein, entlädt sich eine Lasurmasse aus dunkelgrünen Wolken, wabert wütend, entfaltet sich an den Säumen und mischt sich mit noch mehr Dunkelheit.

Warum bleibt Markie vor diesem Bild so lange stehen? Es hat jede Menge »Ich sehe was …«-Motive zu bieten (zwei Monde), die er aber nicht abhakt. Es hat etwas mehr als Seltsames, etwas stimmt da nicht, etwas ist da – selbst nach den Spielregeln der gemalten Welt, in die er hier eindringt – *falsch*. Es hat damit zu tun, dass der Vogel auf den Stein zu- und nicht vor ihm wegfliegt. Mit seinem rot flackernden Hahnenkamm und dem strammen Kreissegmentflügel scheint er aus einem Unterholz oder einer Heidelandschaft außerhalb des unteren Bildrands zu springen, jubelnd dem Stein entgegenzusteigen und die Kollision richtig zu *wollen*. Der ganze Raum scheint es zu wollen. Das Ganze hat eine Unausweichlichkeit; alle Richtungen und Räume der Szene, all ihre Bereiche, Steigungen und Verlaufslinien scheinen vorgezeichnet – Linien und Winkel, Punkte und Nähte. Aber nicht nur das ist falsch: Da ist noch mehr … Am Strand, an dem kargen und nichtssagenden Strand, an der vorspringenden Küstenlinie, wo Gelb auf Schwarz trifft, sind zwei dorn- oder flossenförmige Sandpunkte rotgetüpfelt (genau wie das Punktauge des Werfers) – also blutbetropft. Und das muss heißen, dass die Steinigung des Vogels, das vom Bild gezeigte Ereignis, schon *stattgefunden* hat – was es nicht hat: Es geht ihr voraus, ist der Augenblick unmittelbar vor … *Das* ist falsch – so falsch, dass Markie das Gefühl hat, er müsse seine Füße nachdrücklicher in die Dielen stemmen, um sich selbst seinen stabilen Stand, seine Bodenhaftung zu beweisen. Er versucht es sich so zu erklären, dass die Kegelfigur vielleicht schon einen anderen Vogel gesteinigt hat, bevor sich der Vorhang zu dieser Szene gehoben hat; vielleicht ist das ein Massenvogelmörder, der einen Vogel nach dem anderen kaltmacht, *klonk klonk klonk*, den ganzen Tag lang; vielleicht gehört er zu einer Vogeljagdgesellschaft, deren andere Mitglieder wir nicht zu sehen bekommen … Aber noch während Markie sich diese Erklärungen zusammenreimt, weiß er, dass sie nicht stichhaltig sind: Im Universum dieses Bildes gibt es nur einen Vogel und nur eine Person – sonst nichts. Sie *sind* sein Universum, in himmlischem Grauen aneinandergefesselt, die gelbe, lidlose und schwarzzentrige Sonne im Gesicht des Werfers ist die einzige Lichtquelle, verdammt zum unverwandten Starren und zum dauerhaft rotfleckigen Leuchten über dem eigenen Verbrechen …

»He! Phocan!«

Trevor ist im Saal aufgetaucht. Ist er gerade hereingehuscht oder schon länger da? Auch er hat das Bild anscheinend auf sich wirken lassen, und auch er ist offenbar gebannt von ihm, wenn auch auf andere Weise. Er schaut zwischen Markie und dem Bild hin und her und grinst heimtückisch, aber auch konspirativ. Befreundet sind die beiden nicht, aber ähnlich wie bei Nainesh in der Umkleidekabine ist Trevor das Wissen um eine Gemeinsamkeit anzusehen, als würde er einen Mitverschwörer wittern. Er steht ein paar Schritte links von Markie – hockt, genauer gesagt, Kopf und Schultern auf Hüfthöhe gesenkt und einen Fuß nach hinten gestreckt: unter Spannung stehend, kann er jede Sekunde auf und nach vorn schnellen. Er sieht den Vogel an, dann den Stein, dann den Handschuhball in Markies rechter Hand.

Markie weiß so genau, was Trevor will, als könnte er Gedanken lesen. Es ist weder Mutwille noch der Wunsch nach einem Regelverstoß, der ihn jetzt den rechten Arm strecken lässt; es liegt rein an ihren Haltungen, Entfernungen, Beziehungen … Er *befolgt* das in die Leinwandtafel eingeritzte Gebot. Er zieht den Bauch ein, spürt, wie sein Nabel zu einem Wirbel dunkler Energie wird, holt mit dem gestreckten rechten Arm über dem Kopf aus, lehnt sich auf seinem plötzlich riesig wirkenden Absatz erst zurück und schwingt dann mit aller Kraft nach vorn, dreht den Arm im Gelenk, und seine Hand fährt in einem gestrichelten Bogen herab, dessen geometrische Regelmäßigkeit ihm kein Pinsel demonstrieren muss; die flache Parabel wird in die Luft geschrieben, der Flug des Handschuhballs, den die Hand loslässt und der jetzt durch den leeren Raum der Galerie schießt, um Trevors Kopf zu treffen – der ihm gespannt entgegensegelt, denn Trevors Beine haben seinen Körper auf einen kurzen Flug geschickt …

Klonk. Der Zusammenprall ist weicher, filziger als der von Vogel und Stein. Und Trevor stirbt nicht: Er lässt sich fallen, die Füße kommen nicht im Gleichtakt auf, und auf reiz-los, unästhetische Weise kommt der Rumpf über ihnen zur Ruhe. Er reckt die Fäuste, um ein imaginäres Kopfballtor zu feiern – aber um ihn geht es nicht mehr: Er hat seine Rolle gespielt; Trevors Körper und seine ganze Existenz können jetzt zurückbleiben wie verbrauchte Treibstofftanks. Jetzt geht es nur noch um den Handschuhball, der eine Kursänderung und eine jähe Beschleunigung erfahren hat: Der Kontakt mit Trevors Kopf hat ihn fortkatapultiert – nicht zu Markie zurück, sondern auf eine neue, dritte Ebene; die Ebene, die es auf einem Bild nur in illusionärer oder perspektivischer Form gibt, die in einem Raum, einem so realen Raum wie dieser Galerie, aber da ist, ausgedehnt, leicht, staubig und passierbar. Kurz gesagt: Der Ball fliegt durch die Luft auf das Bild zu. Einen nur Sekundenbruchteile langen Zeitraum, aber Markie kann später von den verschiedensten Punkten aus in ihn eindringen und ihn noch einmal abspielen; er schaut ihm nach, steht erstarrt da (der rechte Arm und die Schulter hängen vom Durchschwung des Wurfs herab) und stürzt gleichzeitig mit dem Flugkörper vor, direkt in die Wolken mit ihrem zornigen schwarzgesäumten Grün …

Dann trifft der Handschuhball mit dem nächsten *Klonk* – das laut durch die Galerie hallt – die Leinwand. Er trifft sie hoch oben in der Mitte, oberhalb und rechts vom Flugkörper auf dem Bild, in der Nähe des Scheitelpunkts des Armstrahls. Verharrt er dort wirklich einen Moment lang, oder ist das nur eine Netzhautverzögerung? Markie hat das Gefühl, ihn mehrere Sekunden lang an der gemalten Fläche haften zu sehen. Figur, Vogel, Stein, Strand, Himmel und Meer erschauern, sind in ihrer aus dem Lot gebrachten Welt verunsichert. Langsam und quasi lustlos löst sich der Handschuhball dann und fällt ebenfalls erschöpft zu Boden. Dann nichts:

Absoluter Stillstand – im Werk, im Raum, überall und in allem. Wie eine Art Vakuum. Markie hat ein schwummeriges Gefühl in den Ohren; im Raum zwischen ihnen herrscht diese laute Abwesenheit von Geräuschen, die Schwindelgefühle erzeugt, eine Ausdehnung des Schädels, die kein Gerät messen kann. Von allen Objekten und allen Flächen – Vogel und Figur, Rahmen und Wand, Lampen und Türschwellen, Bänken, Ausgangsmarkierungen und Luft – ertönt dann ringsum der Alarm, schießt herab, bauscht sich, rast auf ihn zu und nimmt anklagend und selbstgerecht ihn allein aufs Korn (Trevor hat sich sofort verdrückt).

Einiges geht sehr schnell. Mit verschwimmenden Gliedmaßen und Gesichtern erscheinen um ihn herum hektische Erwachsene: Irgendwo sind da Miss Sedges Lederstiefel, aber auch Museumswärtermützen und -jacken, scharenweise klappen wütende Münder in seine Richtung auf und zu, Wörter sind in den elektronischen Heultönen aber nicht zu verstehen, und Hände packen ihn an den Armen. Markie macht keine Anstalten, weicht ihnen nicht aus. Seit der Alarm losgegangen ist, hat er sich überhaupt nicht bewegt. Auch Kinder drängeln herein, wieseln herbei, wollen die Ergreifung nicht verpassen, genießen, wie er auf frischer Tat ertappt wird, sichern sich die besten Plätze für die Urteilsfindung des pantomimischen Scheingerichts und sind gespannt, ob sich vor ihren Augen eine rituelle Bestrafung oder ein Opfer abspielen wird. Sie werden aber enttäuscht. Markie wird von einem Wärter aus der Galerie geführt, der das Meer der Schaulustigen mit gebieterischer Geste teilt; wird durch eine Seitentür mit der Aufschrift *Zutritt nur für Mitarbeiter* geführt, durch eine Brandschutztür und einen Korridor mit ungefliestem Betonboden entlang; durch einen muffigen Umkleideraum, in dem Straßenbekleidung hängt, und schließlich eine nicht sehr stabil wirkende Metalltreppe hoch in eine Kammer, in der zwei weitere Wärter – einer weiß, einer schwarz – vor einer Konsole sitzen.

Hier lässt der Wärter Markies Arm endlich los – und der Junge fängt an zu zittern. Die sitzenden Wärter mustern ihn ein paar Sekunden lang; dann wendet sich der weiße mit demonstrativem Desinteresse ab und fragt:

»Wo ist seine Mutter?«

»Er gehört zu einer Schulklasse«, antwortet der Wärter.

»Dann eben Lehrerin.«

Der Wärter geht. Der weiße Wärter wendet sich wieder seiner Konsole zu, einer Reihe von Überwachungsmonitoren, unter denen ein Schaltpult ist. Der schwarze betrachtet Markie weiter. Er ist älter, hat einen stämmigen Körperbau und wie elektrisch geladen abstehende Haare, die an den Schläfen grau werden. Nach einer Weile murmelt er:

»Vielleicht will der was trinken.«

Der weiße Wärter wirft erst Markie und dann seinem Kollegen einen flüchtigen Blick zu, dem dieser ausdruckslos standhält. Sie sehen sich ein paar Sekunden lang an, dann schnalzt der Weiße gereizt mit der Zunge, steht auf und verlässt die Kammer. Der Blick des Schwarzen schweift geruhsam zum Jungen zurück. Ein herrischer Blick – aber auch beruhigend: Nach einiger Zeit merkt Markie, dass er nicht mehr zittert.

»Willste die Wiederholung sehen?«

Der Mann hat eine tiefe und ruhige Stimme: derselbe karibische Bass, den Markie von den Brixtoner Marktständen und Gewürzbuden kennt, von den Rastas, die mit ihren Strickmützen an offenen Taxitüren und Cafétresen zusammenstehen. Endlich verstummt die Alarmsirene, die ihn die ganze Zeit aus der Galerie bis in die Kammer hier verfolgt hat.

»Willste sie sehen oder nicht?«

Markie weiß nicht genau, was der Mann meint. Er steht bloß da und gafft ihn an.

»Komm her.«

Er winkt ihn zu sich. Markie gehorcht. Der Erwachsene deutet auf eine Stelle neben seinem Sitz, von der aus der Junge die Monitore sehen kann. Es gibt neun davon, drei Reihen mit jeweils drei Bildschirmen: normale kleine Schwarzweißfernseher, wie sie auch in den Schaufenstern von Elektronikläden stehen könnten – nur bekommen abwägende Konsumenten hier nicht ein ganzes Sortiment verschiedener Modelle verschiedener Hersteller vorgestellt, sondern alle Geräte sind absolut identisch: abgespeckte Monitore in grauen Gehäusen mit zwei schwarzen Drehknöpfen und ohne schmückendes Beiwerk wie Sendermarkierungen. Auf den ersten Blick zeigen alle dasselbe Bild: einen ruhigen Saal aus Deckenperspektive mit etwas schiefen Winkeln. Das ist aber eine von der Gleichförmigkeit der Maßstäbe und Umgebungen erzeugte Illusion: Nach und nach merkt Markie, dass es in manchen Sälen Bänke gibt und in anderen nicht; bei einigen liegen die Ein- und Ausgänge auf den Monitoren links, bei anderen rechts oder oben oder sie haben keine; in einigen Sälen sind einzelne Leute, in anderen niemand, in dritten herrscht ein Gewimmel. Die Menschen gehen seltsam: mit normaler Geschwindigkeit, aber irgendwie mit so unpräzisen wie flüssigen Bewegungen, als wären die Säle Aquarien, und sie würden sich unter Wasser bewegen. Seit der Durchquerung der Personal- und Brandschutztüren hat Markie den Eindruck, in einem Backstage-Bereich zu sein, mitten unter den Bühnenbildern und Requisiten nicht nur des Museums, sondern irgendwie der Gesamterfahrung, die er hier und heute machen sollte. Diese Übersicht jetzt – vielfältig, in Waben unterteilt, deren Bewohner einander nicht sehen können, in die er aber wie eine unbeachtete Britannia hinunter- oder hinaufsehen kann oder auch beides – verstärkt diesen Eindruck. Es ist, als würde er eine andere Welt sehen – eine andere Welt, die aber noch erkennbar *diese* ist. Auf drei Monitoren wuseln Kinder herum; auf dem einen ist Polly zu sehen; auf einem anderen kann er Nainesh erkennen, Vicky … da ist Miss Sedge … und da ist auch Trevor, der steht für sich, macht sich mit seinem Arbeitsblatt zu schaffen, linst ab und zu zur Kamera hoch und fragt sich wahrscheinlich, ob die ihm schon auf die Schliche gekommen ist …

Der Wärter drückt auf einen Knopf auf seiner Konsole; auf einem Monitor friert das Bild ein, taut wieder auf, und Linien flackern und zucken über die Mattscheibe. Der Mann erzeugt diesen Effekt durch Betätigung eines Hebels, eines kleinen Joysticks; als sein Daumen den Hebel loslässt, hört das Zucken auf – und Markie sieht einen kleinen Jungen, den die ineinandergekrempelten Handschuhe in der rechten Hand und die Position vor einem entfärbten Bild mit Figur, Vogel und Landschaft eindeutig als ihn identifizieren.

»Aber wie …?«, setzt er an.

Der Wärter hält den Joystick an, zieht eine Augenbraue hoch und bedeutet ihm so, die Frage abzuschließen.

»Ich meine …«, setzt Markie wieder an, »ich bin doch hier.«

Jetzt lächelt der Wärter zum ersten Mal.

»Ich hab doch gesagt, wir schauen uns die *Aufzeichnung* an«, erklärt er Markie. »Schau.«

Sein Daumen drückt den Joystick leicht nach rechts. Der Junge auf dem ausgewählten Monitor tut nichts. Geraume Zeit steht er einfach nur da. Der Wärter drückt den Joystick etwas weiter nach rechts und zerhackt das Bild wieder in zuckende Linien; dann lässt er ihn los, als eine veränderte Textur der Zeilen die Anwesenheit einer zweiten Person verrät, die links von dem Jungen ins Bild kommt.

»Und jetzt geht die Post ab«, murmelt der Wärter.

Wieder unzerhackt, wandert der gestreckte Arm des identisch-anderen Markies zurück und vor, und der Handschuhball fliegt zum aufsteigenden Kopf des identisch-anderen Trevors und von dort auf die Leinwand, alles mit denselben disloziert-fließenden Bewegungen wie alles auf diesen Monitoren. Der Wärter nickt bedächtig. Als er sein Gesicht wieder Markie zuwendet, ist ihm die Anerkennung deutlich anzusehen.

»Action vom Feinsten«, sagt er. Er spricht es *Eck-schann* aus. »Und jetzt in Slow Motion«. Wieder: *Mou-schann*.

Wieder Joystickdrücken, wieder Zucken, dann steht der Junge wieder teilnahmslos in der Galerie. Diesmal wandert sein Arm in inkrementellen Einzelschritten zurück, deren konstitutive Einheiten aus einer Position in die nächste morphen und ihren Ort zu erreichen scheinen, bevor das Bild jeder neuen Position aufgebaut worden ist – und kaum ist es da, rutscht es schon wieder zur nächsten Position weiter, was darauf hinausläuft, dass der Arm in jedem gegebenen Einzelmoment mindestens zwei Phasen des Bewegungsablaufs simultan einzunehmen scheint.

»Charlie Griffith in seinen besten Jahren«, sagt der Wärter andächtig. »Offene Schultern, Beine fest auf dem Boden, Kopf gesenkt …«

Markie weiß nicht, wovon er redet. Auf einem anderen Monitor redet ein anderer Wärter, vielleicht der, der ihn in die Kammer hier gebracht hat, mit Miss Sedge, und dann gleiten beide in diskontinuierlichen Bewegungen aus dem Bildschirmbereich. Der Wärter neben ihm spielt noch einmal die Wurfszene und stellt direkt nach dem Loslassen auf Pause, als wollte er Markies Haltung mit der Figur auf dem Gemälde vergleichen, das immer noch den Hintergrund abgibt. Markies Blick wird aber von einer Szene abgelenkt, die sich auf dem linken Monitor in der unteren Reihe abspielt. Auf dem Parkett einer bis auf sie leeren Galerie steht eine einzelne Person: ein Mädchen. Ihr Gesicht ist von der Kamera abgewandt, aber er erkennt Bea am Stirnband. Nicht nur am Stirnband: Als sie jetzt losgeht, von der Kamera weg auf ihren Bildschirmrand und den Rand der ganzen Bildschirmreihe zu, übermittelt etwas in ihren Bewegungen trotz der aquariumsartigen Verlangsamung Markie eine Botschaft – so klar, dass er sie fast für Absicht hält – einen Ruf. Dabei sind die Monitore stumm. In der Kammer ist es still. Der karibische Wärter ergeht sich inzwischen in Erinnerungen an Drehballwerfer in Bridgetown. Miss Sedge und der weiße Wärter sind auch fort, in einem Korridor verlorengegangen, in irgendeinem Zwischenraum. Alles passiert und passiert nicht in Graustufen, hier und anderswo, und löst sich auf.

2. Aufliegten Höhe

Das Erste, was Dossier C16 im Archiv des Instituts für Arbeitspsychologie hervorwürgt, nachdem es von keiner Schnur mehr zusammengehalten wird – das Erste, was aus dem Pappschuber herausgleitet und mit der Bildseite nach oben auf dem Tisch liegt, den man Monica Dean hier in der hellerleuchteten Bibliothek der London School of Economics zugewiesen hat –, ist eine Photographie von Frauen, die unter großen Pflanzen arbeiten. Sie strecken sich nach Früchten, schneiden sie mit Gartenscheren ab, bücken sich und legen sie in große Körbe. Die Pflanzen (Hopfen oder riesige Feuerbohnen) sind an Stangen gebunden, die in schnurgeraden Reihen stehen, hinter denen andere, noch höhere Stangen das über die gesamte Anlage gespannte Netz tragen und dessen Geflecht zu Senkungen und Hebungen formen, wie man sie von Zirkuszelten oder alten Radiogehäusen kennt. Auf der Rückseite des Photos steht eine handschriftliche Notiz: *Landarbeiterinnen, England, 1882.*

Die nächste Aufnahme des Dossiers zeigt Frauen, die Baumwolle in Maschinen eingeben, die sie schwingen, kardieren und auf Haspeln wickeln, die, zu einem Ring angeordnet, ihre Fasern dann in eine größere Spindel einspeisen, die sie verzwirnt. Auf dem nächsten Bild – aus demselben Jahr, 1889 – hat sich diese Zwirnspindel (oder eine ihresgleichen) in eine Revuespinnerin neben dutzenden anderer verwandelt: Im Kreis angeordnete Hohlspindelvorlagen stecken in den feststehenden Töpfen eines Turms, der über der einsamen Frau aufragt, und sie kümmert sich um die Doppeldrahtmaschine, fädelt das Garn in den Fadenführer ein und achtet darauf, dass die Stapelgarne zur erforderlichen Spannung gedämpft worden sind. Auf den ersten Blick könnte man die Maschinistin (gesichtslos, denn sie kehrt der Kamera und damit auch Dean den Rücken zu) für eine Musikerin halten, die Harfe oder Klavier spielt. Der Eindruck verfliegt aber schnell. Ihre Haltung hat nichts Souveränes: Der gesenkte Kopf, der ausgestreckte Arm und der gekrümmte Rücken werden scheinbar von den Schnüren gehalten und nicht umgekehrt – sie werden von ihnen beherrscht wie früher die Gliedmaßen und der Rumpf einer Marionette.

Alle Pappschuber sind mit den gleichen rosa Bändern verschnürt. Sie erinnern dadurch an Geschenke, an Pralinenpackungen, Parfumschachteln – oder an die Exposés, die Dean früher für die Anwälte von D&G erstellt hat. Nicht nur Rechtsverfahren haben ihre rituellen Elemente, sondern auch die Präsentationen dieser Bibliotheksbestände: die Heraufbeförderung in Holzliften aus verborgenen Magazinen; das ruhige Gleiten der Archivarin von der Ausgabe zum hüfthohen Drehkreuz, das die zugangsbeschränkten von den (nach Voranmeldung) öffentlichen Bereichen trennt; Deans Einschwören darauf, die Archivalien erst nach Anlegen weißer Handschuhe zu berühren ... Dann die unzähligen Aufnahmen dieser anderthalb Jahrhunderte alten Menschen in Reihen, Werkhallen und Gestellen. Die meisten scheinen so in ihre Arbeiten vertieft, dass ihnen gar nicht bewusst wird, photographiert zu werden; gelegentlich schaut sich jemand nach der Kamera um, aber nicht trotzig oder wissbegierig, sondern einfach nur schicksalsergeben: noch mehr Gerätschaften ...

Auf dem hier ist auf hohen Hockern vor einer Werkbank eine Reihe von Frauen zu sehen, die durch festmontierte Vergrößerungslinsen Ritzel und Zahnräder prüfen, die sie nach dem Zufallsprinzip von dem vor ihnen vorbeiziehenden

Fließband genommen haben. Diese Aufnahme ist jünger: 1925, erfährt sie aus einer diesmal getippten Bildlegende ... *Beseitigung des Schattens auf Arbeitsplatz durch Erhöhung der Hockerentfernung von Arbeitsfläche auf 46 cm. Durch daraus resultierende Anpassung der Armwinkel Reduktion der Belastung um 5 % ...* Das nächste Dossier enthält noch mehr davon: Frauen an Werkbänken, Tischen und Spindeln; überall um sie herum Treibriemen und Kabel – horizontal, vertikal, diagonal; Drähte, Walzen, Laufrollen und Haken. Auch Männer, die verseilen, vulkanisieren, kochen, pressen, isolieren, flechten; die Kabeltrommeln auf riesige Drehscheiben wie die der Baumwollhasplerinnen spulen, von denen noch größere Scheiben gespeist werden; die mit Eisen, Kautschuk, Blei arbeiten. Sie stellen Brückenteile her, lackieren Herde ... *Einsparung von 25 % Lackierzeit durch Ersetzung von Rund- durch Flachpinsel mit breiteren Farbauftragsspannen ...* Sie setzen Dioden in Lautsprecher ein und montieren Batterien; bauen Staubsauger, Kühlschränke und Traktoren; gießen Golfbälle, Flugzeugreifen und Gummihandschuhe und ziehen die Letzteren zur Qualitätskontrolle gusseisernen Testhänden über, die als salutierendes Ehrenspalier über dem (ebenfalls aus Gummi bestehenden) Fließband vorbeiwandern; zentrieren Fahrradräder, indem sie in automatisierte Ständer einsetzen, deren Mechanismen von ihrerseits auf Fahrradrädern aufgespannten Treibriemen bewegt werden ...

Hier ist eine seltsame Aufnahme: Arbeiterinnen in einer Haarbürstenfabrik, die neben Poliermaschinen hocken. Sie nehmen fast fertige Bürsten aus Behältern auf Laufrädern, die sich jeweils zu ihrer Linken befinden, und halten sie an ihre Polierscheiben (entsprechend den Abständen der Arbeiterinnen voneinander an den Rückwänden ihrer Arbeitsbereiche befestigt: zwanzig Arbeiterinnen, zwanzig Poliermaschinen) –

die sich drehen, wie sowohl die verschwommenen Scheiben als auch die implizite Mechanik der Szene Dean kombinieren lassen: Die Frauen rauen die Rückseiten der Haarbürsten auf, damit sie auch als Kleiderbürsten verwendet werden können. Am Photo ist ein Blatt mit maschinengeschriebenem Text angebracht, der aber nicht direkt getippt worden ist: Die Buchstaben haben sich dem Papier nicht eingeprägt, und das blasse Violett der Beschriftung deutet auf eine Frühform des Photokopierens hin – unsachgemäß durchgeführt, denn die Textspalte ist genau in der Mitte durchgeschnitten und die linke Hälfte zensiert oder ediert worden:

rt, so dass der Polierschwamm ruhig aufliegt
en Höhe und Abstand eingestellt werden
stieg um 12 %

Dean hält das Blatt hoch, führt sich Photo und Bildlegende näher vor Augen und streckt den Arm dann wieder. Das ändert aber nichts: Die Frauen kehren ihr nach wie vor die Rücken zu und bedienen weiter ihre Poliergeräte. Ihre Haare sind unter Stoffhauben verborgen, unter denen sich hier und da eine vorwitzige Locke hervorstiehlt und über eine Wange schlängelt. Phantombilder, aus Kindheitsbibliotheken in Deans Gedächtnis hängengebliebene Harems, Mägde und Vestalinnen treiben über das Bild und verwandeln die glanzlosen Fabrikmädchen in Kammerzofen einer Kaiserin, die aufgelöste Zöpfe kämmen und neu flechten, züchtige und schickliche Nachmittage in königlichen Schlafgemächern, aus der Welt der Männer und der Zeit herausgefallene Enklaven, in die aus benachbarten Räumen, Festhallen und Ballsälen, Foyers, Kabinetten und Salons leise Musik herüberweht …

Sie hat das Poliermaschinenphoto jetzt geraume Zeit in der Hand gehalten. Warum? Weiß sie nicht. Was verrät es ihr? Nichts. Also weiter: Sie hat zu arbeiten. Sie hat ihre Anweisungen.

3. Die Zehn Gebote für die Darstellung
von Raumflügen in Filmen

Oder nur: *Die Zehn Gebote* – der Rest versteht sich von selbst, aus dem Zusammenhang. Der Titel ist neu; das Format stärker. Nach Lage der Dinge läuft es folgendermaßen:

1. Die Physik – Festkörper- und Teilchenphysik, angewandte, molekulare, atomare, photonische und planetare Physik, Plasma-, Nuklear-, Nano-, Astro-, Geo- und Etceterophysik – ist der Herr, Ihr Gott. Die Physik hat Ihr Raumschiff gebaut; sie hat es aus der Knechtschaft der Erde befreit und treibt es an auf seiner Reise zu fremden Welten, wo noch nie ein Mensch gewesen ist. Sie ist ein eifersüchtiger Gott: Machen Sie sich ein anderes Bildnis – zumal eines vom Gott der Ästhetik, deren Idol die Dirne der Sinneswahrnehmung ist –, und sie wird die Missetaten der Väter heimsuchen bis ins dritte und vierte Glied an den Kindern und fürwahr bis ans Ende Ihrer Franchise-Verträge.

2. Sie sollen keine Astronauten zeigen, die auf den Oberflächen von Exoplaneten herumspazieren, als wär's der Central Park. Gucken Sie sich bloß Arnie an (Folie 1), wie der durch die Marslandschaften stromert: Auch ein Muskelprotz wie er hätte dort nur rund ein Drittel seines Erdgewichts. Haben Sie sich mal gefragt, warum Armstrong und Aldrin auf den Mondlandungsfilmen so in der Gegend rumhüpfen? (Und falls jetzt ein Klugscheißer mit seinem *Weil die ein Fake sind* ankommt, beschlagnahme ich seinen Körper, verfrachte ihn ins Antimaterielabor vom Marshall Space Flight Center und lass ihn verdichten und annihilie-

ren!) Auf dem Jupiter neigen sich die Waagschalen in die andere Richtung: Der Erdenrest, zu tragen peinlich, brächte dort fast das Dreifache auf die Waage. Wenn Sie dort Schenkel und Knie anheben, um einen Schritt zu machen, wäre das (Folie 2) wie das Trainieren in der Beinpresse mit maximalem Steckgewicht.

3. Sie sollen Ihre Jungs von den Special Effects nicht jedes Mal eine riesige Explosionswolke erzeugen lassen, wenn ein Space Fighter oder eine Raumstation zerstört wird. Dass Sie ein Vermögen damit scheffeln, Sachen auszuhecken, die cool aussehen, ist keine Entschuldigung dafür, gegen elementare Naturgesetze zu verstoßen. Für eine Explosion oder andere Verbrennungsprozesse braucht man Sauerstoff – und den gibt es im Weltraum nicht. Gucken Sie sich diese (Folie 3) Flammen in *Starship Troopers* an: Die züngeln an den Schiffsrümpfen sogar nach oben (wofür's die zweite gelbe Karte gibt: Im Weltall gibt's kein ›Oben‹ oder ›Unten‹). Und wenn die Raumer dann komplett verpuffen, kriegen wir immer ein Riesenwumms – was kraft des besagten Mangels an Sauerstoff oder einem anderen schallleitenden Medium gleichermaßen unmöglich ist. Kubrick dagegen kriegt das in *2001* mehr oder weniger richtig auf die Reihe: Als Bowman (Folie 4) die Luke von *Discovery One* sprengt, um wieder ins Schiff reinzukommen, gibt es eine *Implosion*, die sich in einem Vakuum abspielt, und man hört gar nichts …

Ben Briar schaut aus dem Flugzeugfenster. Hinter der Dreifachscheibe kann er erste Zeichen der transatlantischen Morgendämmerung um die Erdkrümmung herum sehen, die ebenfalls eine Dreifachmembran ist: Dunst, Wolken, Land-

47

massen im Permafrost. Sie müssen irgendwo über Neufundland oder Grönland sein. Troposphäre und arktischer Flor, Whisky auf Eis, seine PowerPoint-Präsentation. In *Interstellar* sorgen gefrorene Wolken auf dem Ammoniakplaneten des Wissenschaftlers Mann für einen oberen Boden, auf dem man gehen kann – was auch Schwachsinn ist: Eis könnte sich nicht so in der Schwebe halten. Das sollte er noch aufnehmen; vielleicht im neunten Gebot zur Schwerkraft …

4. Sie sollen die Gesetze der Geschwindigkeit und der Entfernung ehren. Ein Funksignal von der Erde braucht zwanzig Minuten, um auf dem Mars anzukommen, unserem unmittelbaren Nachbarplaneten. Wenn Sie ein bisschen verwegener drauf sind und Einsatzteams ans andere Ende der Milchstraße schicken, können Sie diesen Zeitraum ohne weiteres auf Monate und sogar Jahre verlängern. Verzögerungsfreie Telekommunikation und Hin-und-her-Geplänkel à la *Hitzeschild öffnen! / Wie geht's der Gattin? / Beißen die Fische?* zwischen Bodenkontrolle und dem Sirius sind absolut tabu. Wenn ein Astronaut, der durch Andromeda oder den Dreiecksnebel gurkt, eine Nachricht empfängt, kann man darauf wetten, dass der Sender vor über hundert Jahren gestorben ist.

Und apropos:

5. Sie sollen Ihren Helden nicht in der Zeit zurückreisen lassen. Die Zeit kann sich krümmen und dehnen, wie Einstein uns gezeigt hat, aber weder er noch irgendein anderer Experte von minimaler Glaubwürdigkeit hat je behauptet, sie könne rückwärts laufen. Die einzige Eigenschaft, die einzige dimensionsübergreifende Eigenschaft ist

die Schwerkraft (vgl. Gebot Nr. 9). Selbst wenn Zeitreisen möglich *wären* (und ich wiederhole: Das sind sie nicht), bräuchte man zu ihrer Durchführung mehr als die gesamte im Universum existierende Energie. Nach der Reise in die Vergangenheit könnte man dort nichts tun, und es gäbe auch kein ›Dort‹, wo man hingehen könnte, um nichts zu tun. Das Hirngespinst, man könne zum Abschlussball einer Highschool in den Dreißigern zurückgehen, die eigene Großmutter vögeln, den Ausbruch des Zweiten Weltkriegs verhindern und das Ergebnis der World Series 1953 ändern, ist eben nur ein Hirngespinst …

Ist die Bemerkung über die Großmutter zu gewagt? Er hat es in London ja nicht mit Disney zu tun. Degree Zero ist das Nonplusultra der Hipness – oder jedenfalls so hip, wie man mit einem Umsatz von über fünfzig Millionen im Jahr eben sein kann. Und nach den Daten zu urteilen, wird dieses Projekt über den Daumen gepeilt mit der doppelten Summe budgetiert. Es handelt sich um eine bombastische Weltraumsaga im Stil von *Star Wars* mit Prinzessinnen, Entführern, Piraten und Schmugglern; imperialen Föderationen, denen benachbarte Vasallenplaneten Tribute zu zahlen haben, deren Höhe jeden Sonnenzyklus auf galaktischen Ratssitzungen neu ausgehandelt werden muss, und in den Sitzungspausen werden in Auditorien, Korridoren und auf den Andockbrücken der Botschafter Geheimbündnisse angeboten, eingegangen und gebrochen … Briar hat das Treatment unter dem Whiskyglas eingeklemmt vor sich liegen. Geschrieben hat es ein Norman Berul, und es wimmelt nur so vor Kardinalfehlern. Die Szene zum Beispiel, in der die mitgiftbestückte Braut und Friedenskitterin einen Geliebten hat, der seiner Buhle (der besagten – wenn auch nicht mit ihm – Verlobten) Lasersignale zukommen lässt, die am Himmel über ihren königlichen Gemächern langzucken und von seinem Raumschiff abgestrahlt werden, das knapp außerhalb der Stratosphäre des Planeten ihres baldigen Ehemanns (der der Adoptivonkel ihres Geliebten ist) im Orbit steht … Mal davon abgesehen, dass nicht nur die schmachtende Braut die Laserstrahlen sehen würde, sondern auch der gehörnte König und all seine Höflinge, Diener und Untertanen bis hin zum letzten Weltraumspritter, der in der Gasse hinter der Pinte des Raumhafens am Pissen ist – von all dem mal abgesehen, ist die Szene ein Reinfall, denn … Briar legt den Ausdruck mit dem Kondenswasserkreis des Glasbodens weg und lässt Gebot 7 um einen Platz aufrücken:

6. Lassen Sie sich gesagt sein: Laserstrahlen sind im Weltall unsichtbar. Die Laserpointer, die die Kiffer bei Dead-Konzerten zücken –

Lass die Grateful-Dead-Anspielung weg; die Kids waren da noch gar nicht auf der Welt

– in ihren Techno-Clubs zücken, sind nur zu sehen, weil die Luft in Konzertsälen und Lagerhäusern mit Staubpartikeln gesättigt ist. Das ist wie bei uns im Schlafzimmer: Nur weil wir nie staubsaugen, können wir uns darüber amüsieren, wie der Kater (Folie 5) aus dem Gleichgewicht kommt, wenn er nach den roten oder grünen Linien tappt, sie aber nie zu fassen kriegt. Wir Fieslinge. Aber im Weltall – kein Staub, keine Kater, keine Linien. Der Weltraum ist gestaubsaugt; da gibt es *nur* Vakuum. Die Strahlen feindlicher Laserkanonen durchlöchern Ihnen vielleicht das Schiff, aber sehen werden

Sie sie nicht. Auch ein Jedi-Ritter sieht keinen Laser-
strahl, und von der Reaktionszeit, um den mit seinem
eigenen Lichtschwert zu parieren, reden wir gar nicht
erst. Licht bewegt sich mit … genau, Lichtgeschwindigkeit. Ein Reflex, der auftritt, bevor seine Ursache vom
Reagierenden registriert werden kann, ist kein Reflex,
sondern ein Zeitparadox, also ein physikalisches Unding
(vgl. Gebot Nr. 5).

7. Diese Dinge sind wichtig. Vor hundertfünfzig Jahren betei-
ligte sich Präsident Lincoln (Folie 6) an der Gründung der
National Academy of Sciences. Warum? Weil er begriffen
hatte, dass naturwissenschaftliche Kenntnisse einer breiten
Bevölkerungsmehrheit die Grundlage für Modernität und
Fortschritt, für die Republik und die Demokratie selbst
waren. Der andere Weg, der Weg von Unwissenheit und
Aberglauben, führt direkt nach Salem zurück. Und vielleicht, ganz vielleicht ahnte Lincoln sogar schon, welche
Rolle Spekulationen, Entertainment und Einbildungskraft
in der Zukunft der Republik spielen würden. Erforderte
und beinhaltete nicht schon ihre Erschaffung eine riesige
Phantasieleistung? Auch die Physik ist all ihrer evidenzba-
sierten Grundausrichtung zum Trotz eine schöpferische
Reise, ein Kopfsprung in die weitverstreutesten –

weitestverstreuten

– weitestverstreuten Welten der Phantasie. Im Versuch
zu veranschaulichen, wie das Universum gestaltet ist,
krempeln wir den Raum um. Wir piesacken Parallelwel-
ten durch Guckfenster in Schachteln mit Katzen drin
(auch Physiker sind Fieslinge). Wir schießen aus Daff-

ke Teilchen mit Wahnsinnsgeschwindigkeiten aufeinander, um zu sehen, was passiert. Und alle diese Aktivitäten kosten Geld (Folie 7) und noch mehr Geld (Folie 8) und noch mehr Geld (Folie 9). Wir Naturwissenschaftler verbrennen so viel Geld, dass sich die Preisschilder an Ihren popligen Extravaganzen wie das Kleingeld im Klingelbeutel ausnehmen. Wo kommt unser Geld her? Von den Regierungen. Worauf beruht die Haushaltspolitik der Regierung? Auf der öffentlichen Meinung. Wenn Otto Normalverbraucher nicht begeistert ist von der Aussicht auf die Entdeckung der Higgs-Bosonen und das Aufsperren der Multiversen, schickt der Kongress uns keine Steuerdollars fürs Entdecken und Aufsperren.

8. Und da kommen Sie ins Spiel: Sie sind unsere Schnittstelle. Über Sie pflanzen wir der Öffentlichkeit die Liebe zur Naturwissenschaft ein. Umgekehrt sind wir Ihre Schnittstelle: zur Glaubwürdigkeit, zur Preisgabe des Unglaubens, zum ganzen Krempel aus dem Proseminar Aristoteles. Wenn die Grundlagen Ihres Streifens nicht *plausibel* wirken, sind Ihre Zuschauer nicht hingerissen oder entzückt und haben schlimmstenfalls von vornherein keine Lust, sich für den Film von ihren Tacken zu trennen. Und das ist schlecht – für Sie, für uns, für alle. Wir sind Ihre Absicherung gegen diesen Ernstfall, so wie Sie die unsere gegen das plötzliche Durchhacken unserer Versorgungskette sind. Eine symbiotische Beziehung: Kolibri und Bienenbalsam, Eingeweide und Darmbakterien, Pilotfisch und Hai. Womit ich wieder an unserem Nullpunkt im Multiversum angekommen wäre, wo sich die Raumzeit neu um diese Sterngestade krümmt, denn darum haben Sie mich ja in Ihre schönen und be-

eindruckenden Studios eingeladen und darum bin ich als Seniorpartner von Two Cultures Consultancy Ihrer Einladung gern nachgekommen. Damit kommen wir zu …

Briar greift wieder zum Glas, trinkt einen Schluck, lehnt sich im Sitz zurück, und die Lordosestützpolster schmiegen sich an Wirbelsäule und Rippen. Die NASA hat ihn nie Erste Klasse fliegen lassen. Mit achtundfünfzig ist er in diesem Umfeld ein Junge im Spielzeugladen – muss sich zügeln, auf sämtliche Knöpfe zu drücken, in allen möglichen Buchsen irgendwelche Stecker einzustöpseln und freie Hautflächen zu finden, auf denen er die Kosmetika aus der kleinen Aufmerksamkeit der Fluggesellschaft verteilen kann. Er klappt seinen Laptop halb zu und aktiviert die Entertainment-Konsole in der Rückenlehne seines Vordermanns. Comedy. *The Big Bang Theory:* Warum nicht? Sheldon mit seiner Asperger-Störung sitzt im Wohnzimmer und diskutiert mit seiner Freundin, der Neurobiologin Amy, wie man mit den bei bestimmten Spielzügen eines hypothetischen Dungeons & Dragons auftretenden Dilemmata umgeht. Amy verhält sich wie immer kühl und logisch. Sheldon ist im Vergleich dazu schrill und stürmisch: Er ist tief verletzt, weil sie die bei einem laufenden Spiel auftretenden Änderungen anders sieht als er, läuft aufgewühlt am Set auf und ab und ist den Tränen nah. Hinter ihm steht ein Whiteboard, vollgekritzelt mit der algebraischen Kurzschrift, die Sheldon und seine Freunde sich angewöhnt haben. Briar drückt auf die PAUSE-Taste in seiner Armlehne, kneift die Augen zusammen und nimmt die Darstellung genauer unter die Lupe.

Es handelt sich um ein Feynman-Diagramm mit den durchgezogenen schwarzen Linien mit Pfeilen und den wellenförmigen blauen Linien, die die Wechselwirkung von Fermionen und Photonen in einer Interaktionssequenz zeigen. Da hat einer seine Hausaufgaben gemacht: Alle Vertices haben eine Pfeillinie, die nach innen läuft und die Sinuslinie trifft, und eine, die wieder nach außen läuft, beide in 45°-Winkeln. Positronen werden mit e^+ beschriftet, Elektronen mit e^-, Photonen mit einem Gamma, γ. Briar schiebt die Unterlippe vor, nickt anerkennend, prostet dem Bildschirm zu und trinkt noch einen Schluck. Als die Flüssigkeit gerade die Zunge trifft, wird ihm die Befriedigung entrissen, die sie feiern sollte, sie verfliegt von seinem Gaumen, als er nämlich ... Was soll das denn? Am rechten unteren Rand des Whiteboards findet sich ein Kaon, das aus sowohl Up- als auch Strange-Antiquarks besteht ($u, \bar{s}$: prima) und in drei Pionen zerfällt (π^+, π^+ und π^-: auch prima), mit zwei Zwischenschritten, die ein W-Boson (blaues W^+: gut) und ein Gluon (grünes g: so weit alles tipptopp) einbeziehen – nur wird das Gluon, dessen starke Wechselwirkung durch eine Spirallinie wiedergegeben werden sollte, von einem Zickzack repräsentiert, von dem wiederum Verzweigungen abgehen, die aufs Geratewohl mit Pfeilen wie sprießenden Blättern versehen worden sind ... was, wie jeder Nerd vom Caltech wüsste, einfach nur lächerlich ist. Es führt das Diagramm ad absurdum, die Figuren, die Szene, das ganze Universum der Serie. Da hat jemand das alles recherchiert, nur um ...

Briar schluckt, aber der Drink schmeckt nicht mehr. Er klappt seinen Laptop wieder auf –

9. Schwarze Löcher: Kommen Sie mir bloß nicht mit Schwarzen Löchern ...

– merkt aber, dass er sich nicht konzentrieren kann. Er kippt sich den inzwischen verwässerten Whiskyrest mitsamt kohlendioxidierten Eiswürfelresten in die Schluckluke, pingt den Service an und bestellt den nächsten. Zickzacks. Als die Flugbegleiterin wieder weg ist, klappt er den Laptop ganz zu, verstaut ihn, scrollt weiter durchs Menu der Bordunterhaltung und entscheidet sich schließlich für den Zeichentrickfilmkanal.

4. Corydon und Galatea

Dr. Mark Phocan, MSc, CEng, meidet die College-Höfe, Kuppelgewölbe und Rasenflächen der Fakultäten, die die aussteigenden Pendlerströme nach Osten ziehen, fährt am Bahnhof Oxford vorbei, nimmt die Unterführung unter den Gleisen und verlässt das Stadtzentrum Richtung Botley. Nach wenigen Minuten überquert er irgendwo hinter dem Huckel der Osney Bridge, aber noch vor der Bushaltestelle Binsey Lane die unmarkierte Grenze, hinter der sich die Aura der Stadt zerstreut wie ein WLAN-Signal: Ab hier gibt es keine photogenen Gemeindehäuser und Tagesschulen mehr; die Restaurants können keine Sehenswürdigkeitszuschläge mehr verlangen; die Laternenpfähle, Pflastersteine und Poller liegen verwaist da in ihrer unangereicherten Dortheit. Als dann auch die eintönige Abfolge aus Zeitungskiosken, Waschsalons und Wettbüros abnimmt und Megastores hinter riesigen Parkplätzen mit den erwartbaren Beschilderungen weicht – Currys, Jewson, Pets at Home –, die kräftigere Farben mitbringen als die Schösslinge, die an den jeweiligen Grundstücksgrenzen angepflanzt worden sind, schaltet Phocans Laune wie immer auf diesen Fahrten in den Neutralzustand, der aus dem Wissen folgt, dass er auch sonst wo in Großbritannien sein könnte, oder jedenfalls in jedem Irgendwo, das ein Nirgendwo ist.

Dahinter folgen dann das Territorium der Pendlerparkzonen und Umgehungsstraßen sowie – nicht für Phocan, der diese Strecke jetzt schon seit Jahren langjuckelt, aber definitiv für jeden Erstbesucher, denn die Nebenstraße ist bei Tom-Tom, Garmin oder CoPilot noch nicht hochgeladen worden, so dass man sich beim Drive-in von McDonald's oder bis zur Dreifachgabelung in der Rücknahmezone von Enterprise verfährt, bevor man wendet und in die Gegenrichtung, von West nach Ost zurückfährt – der Abschnitt direkt vor der großen Kreuzung von A420 und B4044, wo einen jeder Taxifahrer fragt, ob man da auch die richtige Adresse hat, *da gibt's doch gar nichts*; und genau, wenn man gerade das Smartphone rausholt, Mails öffnet und das Daumentippen auf der Adresse eine blaue Stecknadel auf die Karte zaubert, die, Scheiße Mann, genau ins eigene Auto zu piksen scheint – in *dem* Augenblick sehen sie in der Regel die Abzweigung, ohne Straßennamen und ohne Wegweiser, zu Finns Business Park. Der Komplex ist unerhört parkfremd und besteht aus einer Hauptstraße, deren Ausläufer entweder in Sackgassen führen oder in Schleifen wieder in die Hauptstraße münden, in jedem Fall aber von schlichten Industrieanlagen flankiert oder gesäumt werden. Phocan bremst und parkt neben einem dieser Gebäude: ein niedriger Fertigbau, Erdgeschoss gemauert, erster Stock aus Wellblech, das Ganze überragt von einem Hochspannungsmast, dessen Stromleitungen über dem langen rechteckigen Dach (allerdings nicht ganz parallel zu ihm) verlaufen. Unter einem Logo aus einem Schaf und einem Stock stehen am Haupteingang Wörter, die erst lesbar werden, wenn man wie er schon auf sie zugeht, und die verkünden, dass hier der Sitz von Pantarey Motion Systems ist, Private Limited Company No. 4037859, gegr. 1982.

Das Schaf, nun ja … dazu gibt es eine Geschichte. Anthony (Tony) Garnett, der Gründer von Pantarey, litt offenbar unter Schlaflosigkeit. Von Jugend an war ihm die olle Kamelle mit dem Schafezählen eingetrichtert worden, eine abgedroschene Volksweisheit, die er immer als blühenden Blödsinn abgetan hatte – bis er bei einer Reise ins westliche Australien, bei der er von (vorhersehbarem) Jetlag heimgesucht wurde, bis in die frühen Morgenstunden dalag und innen an seinen

Lidern die Schäfchen vorbeiziehen ließ, die er am Vortag auf
der Farm seines Cousins durch Gatter laufen und an Vieh-
tränken stehen gesehen hatte. Die Bilder waren weder na-
turalistisch gemalt noch gar filmisch; sie waren eher – sagen wir – *schematisch*, und gerade ihr Schematismus sorgte
für ein gedankliches Dilemma. Vor allem fiel ihm auf, dass
die Bewegungen und Ortsveränderungen – die realen, denen
die nächtlichen Schattenspiele nachgezeichnet wurden – ab
einem bestimmten Punkt unvorhersehbar wurden, *gleichzeitig* aber von einem allgemeinen Antrieb oder Ziel geleitet waren, Cousin Dermots Absicht nämlich, die Tiere von Punkt
A zu Punkt B zu bugsieren. Garnett stellte sich Punkte im
Raum vor – die Position eines bestimmten Tiers zu einem gegebenen Zeitpunkt, die entsprechende Position eines anderen bestimmten Tiers zum selben Zeitpunkt, dann die eines
dritten (Tiers / Zeitpunkts / beides) –, die durch Linien verbunden waren: Linien für Durchgänge, Umwege, Schlenker; Linien, die zwar vom allgemeinen Fluss des Kollektivs
oder der kollidierenden Massen diktiert wurden sowie von
den weniger mechanischen, aber ebenso wirksamen Abfolgen
von Bedürfnis, Angst, Rivalität und Verlangen, die die Schafe miteinander verbanden, aber auch an ihren Herrn mit der
Befehlsgewalt über Leben und Tod sowie seine Hunde fessel-
ten – eine Serie variabler Verschaltungen, die zwar so chao-
tisch und vielleicht auch so endlos selbstregulativ waren, dass
sie in die Kategorie Zufall gehörten, gleichzeitig aber als Ganzes genommen paradoxerweise ein ungeheures Ausmaß an
Ordnung und Kontrolle in Aktion mitbrachten, eine Harmo-
nie, die sich auf dem Gradientenfeld einer matschigen und
fliegengesättigten Weide abspielte. Als sich die ersten Finger
der Morgenröte um die Vorhänge herumtasteten, dachte Garnett, es müsse sich doch – nicht nur auf der Ebene der gesam-

ten Weide, sondern auch in der Größenordnung der Bestandteile und einzelnen Augenblicke, in der Analyse von deren
haptischer und rekursiver Struktur – auf den Begriff bringen,
zumindest aber einfangen lassen, welche raumzeitlichen Informationen sich in der Wolle, dem Blöken und nervösen He-
rumhüpfen versteckten wie die Gefährten des Odysseus, und
irgendwie müssten sich diese Daten doch rendern und in Betrieb setzen lassen. Für Westaustraliens Farmer? Nicht unbedingt – Garnett ahnte sofort, dass die Konsequenzen seines
frühmorgendlichen Grübelns weit größere Tragweite haben
konnten. In der folgenden Woche wurden die Schafe, die realen Schafe, sehr zum Verdruss des schlicht gestrickten Dermots mit Reflektoren, Magneten, Farbtupfern, Bewegungs-
trackern und allerlei Prothesen zur Ortswechselmarkierung
ausgestattet. Garnetts Schlafstörungen gingen zwar nicht weg
(sondern wurden schlimmer), aber diese Beschäftigungen,
dieses Herumtollen an den Antipoden, brachten Pantarey auf
die Welt. Daher das Logo.

   Wie alle seine Kollegen tischt Phocan diesen Gründungsmythos immer wieder den Klienten auf, mit denen er die
Firma betritt oder zu denen er sich hier an den Haupteingang stellt. Ob der eigentlich wahr ist? Wen interessiert das?
Der Mann ist der Vater des Unternehmens, ein Hirte seiner
Schäfchen. In den ersten drei Jahrzehnten der Firma wurde
der Stock als Krummstab eines Schäfers dargestellt (obwohl
Garnett damit liebäugelte, ihn mit Klappen und Drückern
wie bei einem Blasinstrument zu zeigen). Als das Logo 2012
neu designt wurde, verwandelte es sich in einen unspezifi-
scheren Gegenstand, der an Lesestifte, Metalldetektoren des
Sicherheitspersonals an Flughäfen und Ähnliches erinnerte;
das Schaf wurde abstrakter und halb zu einer Wolke. Im Jahr
2012 implementierte Pantareys IT-Chef Yusuf Hossain dann

auch firmenweit das Sicherheitsprotokoll (um Fremdlaufwer-
ke, Drucker und andere Geräte nach Viren und Malware zu
scannen), was alsbald Schafbaden genannt wurde und nichts
mit den Unternehmensanfängen zu tun hatte (die Software
war andernorts entwickelt worden), aber Garnett nahm den
Zufall als Bestätigung und Beweis, dass ein Rad des Schicksals
seine persönliche Ikonographie in sinnstiftenden Umdrehun-
gen zu den Säulen seines Branchentempels modelliert und als
intellektuelles Sediment dessen Untergrund befruchtet hatte.

Hinter dem Eingang gibt es anstelle eines Foyers oder einer
Rezeption einen würfelförmigen Raum, in dem auf einem
Holzsockel eine Vitrine steht, die ihrerseits einen Würfel enthält, ein schmuckloses Gehäuse für ein weiteres Kästchen:
eine Pentax-Kamera – Garnetts, ca. 1978. Dieses letzte, innerste Objekt kommt sogar Phocan, der immerhin alt genug ist,
um sich diese an Elternhälsen hängenden Albatrosse gerade
noch ins Gedächtnis rufen zu können, was die Mehrheit der
hier vorbeilatschenden Digital Natives nicht von sich behaupten kann, genauso unheimlich und obskur vor wie (beispielsweise) eine ähnlich zur Schau gestellte Schokoladenmühle
mit Handkurbel, ein kupfernes Dampfbügeleisen oder ein
Kanopenkrug. Hinter der ersten durchsichtigen Glasscheibe
fängt das blickdichte und zyklopische Kameraobjektiv in seiner passiven Bösartigkeit sowohl Phocans Gestalt als auch die
kleineren Gebäudekomplexe von Finns, den Himmel und das
allgemeine Tageslicht, die mit ihm in die Empfangskammer
geschlüpft sind, zum gnomonischen Strudel abgeplattet auf
seiner Linse ein. VGA-Kabel, die (zumindest im Verhältnis)
so dick wirken wie die frühen transatlantischen Telephon-
kabel, kommen aus dem innersten Kasten heraus, schlängeln
sich durch spezialgebohrte Löcher ins zusätzliche Holzgehäu-
se, sammeln sich aufgewickelt am Außenrand der Vitrine und

fasern in sich häutende Querschnitte aus. Als Garnett das Gerät entwarf – und das ist hier kein Modell, sondern der originale Prototyp seines Bewegungserfassers –, führten die Kabel in einen IBM-Datenprozessor, der größer war als dieser Raum und dessen Ausstellung auf diesem Sockel naturgemäß gewisse Maßstabsprobleme aufgeworfen hätte. Statt zu versuchen, diese Probleme zu überwinden oder zu umgehen, haben sich die Raumgestalter dafür entschieden, an der Wand über der Vitrine ein Zitat in Vinylbuchstaben anzubringen, erst im griechischen Original:

λέγει που Ἡράκλειτος ὅτι πάντα χωρεῖ καὶ οὐδὲν
μένει … δὶς ἐς τὸν αὐτὸν ποταμὸν οὐκ ἂν ἐμβαίης

(Πλάτων)

und darunter in einer Übersetzung:

Herakleitos sagt, alles bewege sich und nichts habe Bestand … Zweimal kannst du in denselben Fluss nicht hinabsteigen.

(Platon)

Garnett selbst hatte die Übersetzung besorgt. Vor den Ingenieurwissenschaften hatte er Altphilologie studiert, genau hier in Oxford – die Straße zurück hinter dem Bahnhof, bei Sherry, unter Turmspitzen und inmitten von 1890er Jahrgängen des *American Journal of Philology*, von denen man den Staub wegpusten musste, bevor man sie in einer Bibliothek las, in der man (was er seinen ungläubigen Mitarbeitern immer wieder versichert hat) Tatsache *rauchen* durfte, Corydon, der in daktylischen Hexametern seine zum Scheitern verurteilte Liebe zu Galatea verkündete, der idyllische Rotwildpark vom

Magdalen ... Phocans Welt ist das nicht; er ist als Kinetiker aus Bristol über das Imperial direkt zu Pantarey gekommen. In Flüsse steigt man vielleicht nur einmal, aber die Treppen hinter der Eintrittskammer ist er unzählige Male hochgestiegen, ist wieder und wieder an den Photos an den Wänden vorbeigekommen, gerahmten Bildern von sensorbestückten Sportlern, Soldaten, Schauspielern; von Drohnen, Robotern und virtuellen Montagebändern, die alle in einem Bild auf dem obersten Treppenabsatz münden, das nur noch Datenketten zeigt, die leuchtend über einen Bildschirm ruckeln. Dahinter, und hinter einer weiteren Tür, zickzackt ein Flur, erst in die eine und dann in die andere Richtung, durch den ganzen ersten Stock, wie in einem rechtwinkligen Labyrinth; ganz wie ein Labyrinth scheint dieser auch aller räumlichen Logik zu trotzen und Räume hervorzubringen, die sich weiter dehnen, als ihnen möglich sein sollte, ohne in den nächsten Quer- oder Parallelflur zu stoßen – Büros, Werkstätten, Serverräume ... Phocan findet sich im Dämmerlicht bestens zurecht und sieht in einem dieser Räume flüchtig eine Sammlung Testpuppen (Köpfe und Rümpfe) in verschiedenen Stadien der Fertigstellung und / oder Zerstörung – ein Anblick, bei dem er sich, so vertraut er ihm auch ist, jedes Mal unweigerlich nach einem frustrierten Q umsieht, der ungeduldig mit der Zunge schnalzt: *Hören Sie gefälligst zu, 007 ...*

Heute trifft er aber weder Q noch sein Gespenst, sondern M höchstpersönlich – den Schafbetrachter, Übersetzer von Bewegungen und antiker Lyrik, Tempelmodellbauer, Untergrundbefruchter und ganz profan Arbeitgeber. In den bestausgestatteten Kammern des Labyrinths findet er Garnett an seinem Schreibtisch über Diagrammen von Satellitenschüsseln, von denen Phalangen aus Zahlen (alle arabisch) und Buchstaben (teils lateinisch, teils Kanji) ausgehen.

»Mark.«

Markie ist vor gut drei Jahrzehnten verschwunden, ungefähr zur selben Zeit wie sein Handschuhball. Aber es hat etwas seltsam Kindliches, von dem alten Mann so mit dem Vornamen angesprochen zu werden. Die Ungezwungenheit ist auch nicht gegenseitig:

»Mr. Garnett. Sie wollten mich sprechen?«

Garnett bedeutet ihm, sich zu setzen.

»Sind unsere Turteltauben schon da?«

»Weiß ich nicht«, sagt Phocan. »Ich bin selbst grade erst angekommen.«

»Von London hergefahren?«

»Genau. Ich hätte sie mitnehmen oder am Bahnhof abholen können – aber ich weiß nicht mal, wie sie aussehen.« Er stellt sich vor, wie die erwarteten Gäste zusammen ein Taxi nehmen und das übliche Geplänkel austauschen – was ihn zu der Frage bringt: »Sind die ein Paar? Haben sie sich überhaupt schon mal getroffen?«

»Keine Ahnung«, sagt Garnett. »Ich weiß nur, dass das Studenten sind. Ständig zugange, ob als Paar oder nicht.« Er lacht in sich hinein und fragt: »Wie entwickelt sich Lucy denn?«

Die Frage frappiert Phocan. Lucy ist die Praktikantin, die Auszubildende. Irritierend ist nicht, dass Garnett sich nach ihr erkundigt, sondern die Assoziation. Bevor er etwas sagt, sucht er das verwitterte Gesicht auf der anderen Schreibtischseite nach einer Anspielung ab … Aber da ist nichts. Wenn da ein Ersatzwunsch zum Ausdruck kommt, ist es kein körperlicher, sondern bloß eine *pater-familias*-mäßige Anteilnahme an der Formung von Schützlingen und Gestaltung von Zukünften.

»Gut«, sagt er schließlich. »Sie ist eigenwillig.«

»Ein Sturkopf?«

»Nein, neugierig. Fragt einem Löcher in den Bauch.«

»Klingt doch gut«, sagt Garnett. »Sie war mit Ihnen in Tokio?«

»Ja«, nickt Phocan. »Die Zusammenarbeit mit der JAXA läuft bestens.«

»Den Eindruck hab ich auch.« Garnett tippt auf die satellitengefüllten Seiten vor sich auf dem Tisch. »Apropos Raumfahrt: Wie macht sich das Projekt mit Degree Zero?«

»Auch gut«, berichtet Phocan. »Hab nächste Woche einen Termin bei denen. *Inkarnation.*« Er spricht das Wort mit künstlich tiefer Stimme aus, ahmt einen Kinotrailer nach. »Das sind eigentlich drei oder vier Projekte: einmal der Modellbau der Objekte, dann das Plotten verschiedener Bewegungen – in einer Szene geht es um Bewegungsabläufe, die denen unserer heutigen Probanden gar nicht so unähnlich sind ...«

»Gut zu wissen.« Jetzt tippt sich Garnett an die Nase. »Kollateralnutzen sollte man immer im Auge behalten ...«

»Und dann«, fährt Phocan fort, »wäre da noch eine Zerfallsszene: ein Raumschiff, superkomplex. Da lassen sie die Wassertankfritzen in der VWS mit ersten Grobmodellen dran arbeiten. Ich hab aber gedacht, da könnten wir auch noch bei NW vorfühlen, den Windkanalleuten, bei denen ich nächsten Monat mit den Österreichern bin, den ...«

»Das ist spannend«, unterbricht Garnett.

»Was jetzt?«

»Der Windkanal. Das ist das erste Mal, dass wir die PIV ausprobieren. Das könnte zum Sprungbrett werden, um in Hochpräzisionsumfeldern ganz ohne Marker zu arbeiten.«

»Hoffen wir's«, sagt Phocan. »Ich war vor ein paar Tagen noch mal bei BAE und hab mit Ihrem Freund Pilkington diskutiert, wie das bei bedienungsfreien Antennen ohne Marker aussieht, hab aber nicht viel erreicht – schon gar keine Zusage in Sachen Erweiterung der Vertragsbedingungen. Kein Mann vieler Worte.«

»Ein vielschichtiger Typ. Jede Menge Leichen im Keller.« Garnett wirkt nachdenklich, sogar leicht melancholisch. »Aber wir haben jedenfalls die Nase vorn«, nimmt er den Faden lebhafter wieder auf. »Bei Lagebestimmungen und rein lernbasierter Nachverfolgung kann uns keiner das Wasser reichen …«

»Wir haben immer noch jede Menge Datenrauschen«, gibt Phocan zu bedenken. »Auch bei Physis 6. Markerlos steigt die mittlere absolute Messabweichung sofort auf dreißig Millimeter – das ist viel zu hoch.«

»Und mit Markern?«

»Unter zehn – was vor allem an Hautartefakten liegt. Wenn wir mit felllosen Kadavern arbeiten, sinkt die Fehlermarge fast auf null; die Kadaverevaluation hat allerdings auch ihre Nachteile hinsichtlich der Bewegung …«

»Kasper glaubt …«, setzt Garnett an, aber diesmal unterbricht Phocan:

»Kasper hat alles auf die Karte Zeitmusteranalyse gesetzt. Da stellt sich aber das Problem …«

»Ich weiß, ich weiß«, wehrt Garnett mit der Hand ab. »Das haben Sie mir oft genug erklärt, genau wie ich mir oft genug anhören musste, wie Kasper mir die Tücken Ihres Glaubens an quintische Splines auseinandersetzt.« Er lacht wieder in sich hinein. »Sie beide sind mein Jakob und mein Esau, die ums Erbe raufen – was mich zum alten und blinden Isaak macht …«

»Blind würde ich Sie nicht gerade nennen«, sagt Phocan brav.

»Sind wir doch alle«, tut Garnett die Loyalitätsbekundung ab. »Das ermöglicht unsere Masche doch überhaupt erst. Wir schießen Photonen durch die Dunkelheit und hoffen auf Abpraller, auf ein Ping vom …«

Der Satz verläuft sich im Sand. Garnett wirkt abgelenkt, als lauschte er etwas, was sonst niemand hört.

»Wovon?«, soufliert Phocan.

»… von etwas«, antwortet Garnett unbestimmt. »Gewissheit, Erkenntnis … ich weiß nicht …«

Jetzt hört Phocan es auch: Der Haupteingang hat sich wieder geöffnet, aus der Eingangskammer sind Stimmen zu hören, die Neuankömmlinge werden mit Anekdoten von Schlafstörungen und Schafen verwöhnt. Dass Garnett sie trotz seines altersbedingt schlechteren Gehörs früher gehört hat als er, muss daran liegen, dass seine Sinnesorgane besser auf die Korridore und Wände eingestimmt sind, die Ziegel und Stahlträger des Gebäudes, das seinem Kopf entsprungen ist, das er sich im Halbschlaf ausgedacht hat. Sein Chef steht auf und gibt bekannt:

»Da ist unser Liebespaar ja.«

Sie gehen den beiden entgegen und kommen an Räumen vorbei, die mit weiteren Dummys übersät sind. Die schwarzen Köpfe und Torsi haben keine besonderen Merkmale; ihre ›Haut‹ besteht aus dichtgewobenem Stoff, an dem silberne Nippel befestigt werden – nicht im Namen des Realismus im Brustbereich, sondern überall und überreichlich blubbern sie wie Pestbeulen aus Armen, Gesäßen, Taillen und Schenkeln. Um sie her liegen noch mehr Nippel: in Plastikboxen, auf Arbeitstischen, auf dem Boden verstreut. Es sind Spezialanfertigungen, hergestellt von Gästen Ihrer Majestät, die auf der anderen Seite von Oxford im HMP Bullingdon logieren – Marker, die neuen »Perlen«, vollkommen kugelförmig (ihre in Reflektorband mumifizierten Vorgänger bekamen Falten und Risse, die das Licht immer in unterschiedliche Ebenen zerlegten –, gut genug für erste Überblicksdarstellungen, für eine anspruchsvollere Motion Capture aber ungefähr so hilfreich wie eine gesprungene Linse oder ein Randomisierungsverfahren). Manche Dummys sind aufrecht auf Sockeln befestigt; andere liegen wie die Einwohner von Pompeji so, wie sie gefallen sind; in einer Werkstatt bilden sie in einer Kiste in der Ecke einen ganzen Hügel – Gefallene, die auf die Auferstehung durch eine neue Situation, ein neues Szenario, eine sei's auch noch so befristete Annäherung an Leben warten …

Sie werden weiter warten müssen: Heute haben die Menschen ihr eigenes Szenario zum Leben zu erwecken. Phocan folgt Garnett zum Capture-Studio. Das liegt hinter zwei weiteren Ecken und einer weiteren Tür: der zentrale und höhlenartigste Raum im ganzen Komplex, der einfach nur die Kammer genannt wird. Diese samtene, rechteckige Kammer mit Gummiboden ist in regelmäßigen Abständen mit schwarzem Stoff ausgekleidet – teils in großen bearbeiteten Vierecken an die weißen Wände getackert, teils an Haken herabhängend wie Wandteppiche oder Theatervorhänge. An ein Theater erinnern auch die langen Aluminiumschienen, die wie ein verschobenes und schmuckloses Gesims an den Wänden und der Decke entlanglaufen – und sie verlaufen auch lotrecht, mit Klammern an den Querbalken des Raums befestigt, und ein mit einer Pendelstütze an Ort und Stelle gehaltenes zentrales Schienenelement verläuft in der Deckenmitte und überschneidet sich mit allen Querschienen, so dass die Schienenstruktur in ihrer Gesamtheit eine eingeschlossene und einschließende Gestalt bildet, eine Art involuiertes Exoskelett. An diesem wiederum hängen lichtemittierende Kameras, deren Kabel in schlingpflanzenartiger Überfülle um ihr Balkenspalier gewickelt sind: die firmeneigenen HDI220s von Pantarey, dieses Jahr nachgerüstet, um FPGAs und DSPs zu integrieren, 120 BpS mit 16-Megapixel-Sensoren und vier LED-Ringleuchten, deren Wellenlängenspektrum den Bereich bis 850 Nanometer abdeckt – kurz, der letzte Schrei in der Sensoraufzeichnungstechnologie.

Phocan wirft einen Blick auf die groß und weiß auf den schwarzen Flächen der Kameras aufgedruckten Zahlen: 1, 2, 3, und hoch bis 12, wie im technischen Datenblatt spezifiziert, das Kasper Sennet und er den Technikern vor drei Tagen in die Hand gedrückt haben. Sennet ist schon in der Kammer und bespricht alles mit der Vertreterin von Biomach. Die Kameras sind um die gedachten Grenzen eines Quadrats herum postiert, das innerhalb eines größeren, mit weißem Klebeband auf dem Boden markierten Rechtecks gebildet worden ist. Auf der einen Seite dieses Quadrats stehen mehrere Stühle und zwei Schreibtische. Auf den Tischen steht eine Phalanx von fünf Bildschirmen, von denen jeder die Fläche des abgeklebten Quadrats zeigt, an die er angrenzt – nicht auf photographische Weise, sondern eher als topographisches Layout. Die Darstellungen auf den Bildschirmen unterscheiden sich. Der eine gibt die nippelgespickten Objekte wieder, die im Quadrat liegen; der nächste zeigt die räumliche Anordnung derselben Objekte zwölfmal aus zwölf verschiedenen Winkeln; der dritte peilt einen einzigen Marker an, vergrößert ihn und platziert ihn in einem Fadenkreuz, an dessen Schnittstelle seine Pixel glänzen wie eine Wüstensonne oder wie das Ziel im Long-Range-Visier eines Scharfschützen. Der vierte bildet die Sichtlinien der verschiedenen Kamera-Feeds und ihre multiplen Schnittpunkte ab, die in der Luft über dem Boden um das Bett und den Nachttisch mit den Blumen herum zu immer dichteren Clustern konvergieren. Ihren Unterschieden zum Trotz haben die Bildschirme eines gemeinsam: Sie unterteilen das Bodenquadrat in regelmäßige weiße Unterquadrate, die die plane schwarze Gummifläche mit einem Raster überziehen. Der fünfte Bildschirm zeigt einfach nur dieses Muster, schräg und verkürzt, von oben – von weit oben, soll heißen, nicht nur von oberhalb des Rasters, sondern auch von oberhalb der überkragenden Kameras, so dass diese selbst als durchnummerierte Vierkantformen erscheinen, die in einem Ring über der Szene schweben: zwölf Olympier, die strahlenäugig, *glaukopis*, auf die Bühne herabstarren.

Wurde ein Bett erwähnt? Hier steht tatsächlich eines: das größte der drei Möbelstücke auf dem Boden. Obwohl es auf den Bildschirmen nur als rechtwinkliges Parallelepiped erscheint, ist es faktisch ein ausgewachsenes Queensize-Doppelbett: Rückstellschaummatratze, weißes ägyptisches Baumwolllaken (Fadenzahl 200), zwei Kissen mit sibirischen Gänsedaunen – Anlass zu Diskussionen, als der Raum eingerichtet wurde: Sennet wandte ein, sie würden die Sichtlinien unterbrechen; Phocan entgegnete, man brauche sie für einige der erforderlichen, ähm, *Manöver*. Daneben der Nachttisch, schlicht, weiß und schmucklos bis auf – drittes und letztes Objekt (eigentlich Objekte) – eine Vase mit Blumen. Ganz recht, Blumen: ein Freesienstrauß. Warum nicht? Romantik blüht auch in Rastern. Außerdem soll die Szene auch nicht zu nüchtern oder (trotz ihres Zwecks) zu klinisch werden, aus Furcht, andere Blumen könnten ermatten oder sich nicht mehr entfalten und blühen. Sie brauchen ein warmes Umfeld für ihre Intimität – oder ein Bühnenbild, das hier zur sowohl menschlichen *theoria* als auch der *ex machina* angelegt wird und nur auf Schauspieler wartet, um sein Drama beginnen zu lassen.

Und hier werden sie jetzt von der zielstrebigen Lucy Diamond hereingeführt: eine Frau und ein Mann in den Mittzwanzigern. Ihre Ankunft hier in der Unternehmenszentrale hat große Neugier ausgelöst – eine beachtliche Leistung, denn im Lauf der Jahre sind hier viele Berühmtheiten ein und aus gegangen: Spitzenfußballer, Popstars … aber niemand, der mit ihnen vergleichbar wäre. Ihre Gesichter sagen niemandem etwas, und wüssten die Mitarbeiter ihre Namen, würden sie keine Reaktionen auslösen, aber schon bald, nachdem Garnett ihre Anwesenheit ausgemacht hat, hatten das auch alle anderen, und das Wissen wurde von Etage zu Etage weitergegeben. Alle, die die beiden Besucher in den Korridoren oder aus Werkstätten heraus gesehen haben, wahren ein professionelles Verhalten; neutral freundliche Gesichter, Nicken zur Begrüßung, aber ein gewisser Kitzel lässt sich nicht unterdrücken und liegt überall in der Luft. Sehen sie gut aus? Ja – aber nicht berauschend attraktiv. Die Frau hat braune, wellige und schulterlange Haare, der Mann schwarze und kurz geschnittene, die zu seinen Bartstoppeln passen. Er trägt Jeans, Pullover und Jacke, sie einen Hosenrock, Joggingschuhe und eine weite Bluse … Beide sind weiß; sie hat einen etwas dunkleren Teint als er. Studenten, hat Garnett gesagt: welche Fächer, fragt Phocan sich. Eldridge und er, die ganze Clique am Imperial, ist nie so unbekümmert aufgetreten. *Vielleicht Kunststudenten. Sind* sie ein Paar? Wenn sie sich gerade erst kennengelernt haben – im Zug, auf dem Bahnhof, am Gleis oder im Taxi, als sie ihre Smartphones gezückt und ihre blauen Nadeln verfolgt haben –, dürfte das eine interessante Konversation ausgelöst haben …

Als Diamond, die etwa genauso alt ist wie das Paar (was, wie sich Phocan sagt, der Auslöser für Garnetts Assoziationskette eben im Büro gewesen sein könnte), sie in der Kammer abgeliefert hat, nimmt Sennet die Sache in die Hand. Er erläutert, wie Motion Capture funktioniert, zeigt ihnen die Nippel, bemüht sich, *Nippel* so ausdruckslos wie möglich auszusprechen, schafft das heute aber nicht und muss schmunzeln, was beide Besucher zum Glück erwidern. Dann stellt er ihnen Jayani Perera vor, die Hüftspezialistin von Biomach und Klientin der heutigen Session. Perera erklärt ihrerseits das heutige Untersuchungsthema – die Belastungen nämlich, die die beim heterosexuellen Geschlechtsverkehr eingenommenen üblichen (bzw. unüblichen) Positionen auf Oberschenkelknochen, Hüftkopf und Hüftpfanne ausüben (welche Position wo und für welchen Partner, genauer gesagt), sowie die damit einhergehenden Risiken von Verrenkungen und sogar Auskugelungen für sexuell aktive (und warum sollten sie das nicht sein?) Träger von Hüftprothesen. Beim Reden formt sie mit den Händen Hüftgelenke in der Luft, umfährt kugelförmige Oberschenkelköpfe, die schlingenförmige Zona orbicularis und die Umrisse von Ischia und Ilia, ihre Finger gleiten große, kleine und dritte Rollhügel auf und ab, allesamt geisterhaft. Nach einer Weile greifen ihre Hände auf den eigenen Körper zurück, zeigen auf die eigenen Hüften, und sie stößt sie vor und zieht sie zurück, so harmlos und unverfänglich wie in diesem Zusammenhang nur möglich, also nicht sehr. Dann gehen diese Hände auf Wanderschaft – erst zum Mann, dessen Lenden sie langsam ihre Stoßweite demonstrieren lässt, dann zur Frau, deren Taille sie durch den komplementären Bewegungsablauf führt.

Das Paar lässt sich die Anleitung seiner Körper durch Perera gefallen: Ein Siegel ist gebrochen, eine Grenze überschritten worden; ab sofort sind sie Teil der Ausstattung. Phocan und Diamond können sie zwanglos in ihre Umkleidebereiche bringen, die von weiteren von den Aluminiumschienen herabhängenden Stoffbahnen gebildet werden. Phocan übernimmt den Mann, Diamond die Frau. Phocan bittet seinen Schützling, sich auszuziehen, und befestigt Marker an seiner

Haut: um die Taille herum, an den Schenkeln und Pobacken, eine Reihe die Wirbelsäule hoch bis zur Einmündung in die Schultern und von dort in Spitzkehren die Arme hinab; dann ein paar Sonderfälle – an Waden und Knöcheln, Wangen und Stirn –, um die allgemeinen Körperumrisse zu markieren.

»Gehen da nicht ein paar von ab, wenn wir … also durch die Bewegungen?«, fragt der Mann.

»Keine Angst«, beruhigt Phocan ihn. »Wir haben genug davon an Ihnen festgemacht. Wenn wir ein paar verlieren, macht das nichts.« Faktisch ist es aber ein Problem, das er mit Sennet auch schon diskutiert hat, nur haben sie bislang keine bessere Lösung als diese Plansollübererfüllung gefunden, diesen Overkill, der aus der Körperoberfläche des armen Studenten ein Nippelkissen macht, genauso dicht gespickt wie die Rümpfe der Dummys. »Wenn Sie merken, dass einer abgegangen ist«, sagt er, »lassen Sie ihn aber bitte liegen; machen Sie ihn nicht wieder fest. Seine Position am Körper wäre ganz leicht verändert, und das würde uns schlechte Koordinaten liefern.«

»Sind Sie dabei?«, fragt der Mann. »Hier im Raum, mein ich?«

»Normalerweise sind wir das«, sagt Phocan. »Aber in diesem Fall lassen wir Sie allein. Die Sensoren sind eingeschaltet, und die Festplatten zeichnen alles auf. Aber es ist kein Film: Sie übertragen nur die Bewegungen. Niemand sieht Ihre Gesichter; niemand sieht Sie überhaupt. Tonaufnahmen gibt es übrigens auch nicht …«

Er schweigt; beiden klingt in der Stille leises Stöhnen in den Ohren, imaginäres Lustseufzen. Phocan mustert den Mann von Kopf bis Fuß und prüft die Markerverteilung. Die Beine sind dünn und behaart und werden an den Hüften glatt und wachsartig. Er stellt sich vor, wie die Frau ihre

Waden um sie schlingt, und entfernt an beiden die obersten
Marker. Den einen steckt er ein, den anderen befestigt er –
sein i-Tüpfelchen – zwischen den Augenbrauen des Manns
wie das Bindi eines hinduistischen Bräutigams: das vedische
dritte Auge, die Intuition … Er hält ihm einen Bademantel
hin – einen Kimono, noch jungfräulich plastikverpackt, mit
Empfehlung vom Chofu Creston in Tokyo, wo Diamond und
er vor zwei Wochen abgestiegen sind, um die HDI220s der
Raumfahrtbehörde zu installieren –, den der Mann auspackt,
ausschüttelt und anzieht, wobei er die Seiten ausbreitet, um
die aufgestickten Störche und Brunnen besser bewundern zu
können. Phocan öffnet den Samtvorhang wieder, und sie verlassen die Kabine – und wie sich zeigt, kommen Diamond
und ihre Schutzbefohlene gleichzeitig aus ihrer. Die junge
Frau trägt im Partnerlook Diamonds Gratiskimono; als sie
sich so gewandet erblicken, nehmen der Mann und die Frau
gleichzeitig eine Falte zwischen Daumen und Zeigefinger und
präsentieren das Muster und den weichen Stoff, eine Gefie-
derschau, Storch an Storch, Brunnen an Brunnen, und lächeln. Einige Sekunden lang stehen alle sieben – Mann, Frau,
Diamond, Sennet, Phocan, Garnett und Perera – in shintois-
tischer Andacht da. Diamond bricht das Schweigen:
    »Ich hoffe, ich habe die Marker richtig verteilt«, wendet sie
sich an Phocan. »Ich habe mich auf die frontale und die ante-
roposteriore Achse konzentriert.«
    »Hört sich gut an«, sagt er und spürt Garnetts stillen Blick
auf sich ruhen. Einen anerkennenden Blick. Er selbst betrachtet das Paar, die beiden Doubles, die aufgefordert sind, tausend Ehen zu vollziehen, tausend erneuerte Paarungen. Diamond hatte dieselbe Idee wie er: Auch auf der Stirn der Frau
prangt ein Bindinippel. Sekundenbruchteile lang spürt Phocan eine weitere Stellvertretung oder Ersetzung; die verschlei-

erte und zensierte Präsenz einer unvollzogenen Paarung, einer nicht erbeuteten Braut – zu jung, fast noch ein Kind –, die aus dem Bild verschwindet. Sennet setzt die Instruktion der Studenten fort:

»Wenn Sie die Bademäntel ausziehen«, sagt er, »erfassen die Kameras die Marker und damit Ihre genauen Positionen. Solange Sie sich innerhalb dieses Quadrats bewegen«, fügt er hinzu und deutet auf den abgeklebten Innenbereich des Rechtecks, »das heißt, innerhalb der weißen Linien. Sie haben natürlich das Bett, aber …«

Perera nimmt den Faden auf. »Wie vorhin gesagt«, erklärt sie ihnen, »geht es uns darum, die Belastung in einem breiten Positionsspektrum zu ermitteln.« Angesichts ihrer Ausdrucksweise zusammen mit dem sri-lankischen Akzent fragt sich Phocan, ob sie gerade wörtlich ihren Untersuchungsauftrag zitiert oder ob sie immer mit dieser trällernden Gewähltheit spricht. »Zu diesem Zweck möchten wir Sie bitten, sich auf ein möglichst breites Spektrum an körperlichen Konfigurationen einzulassen. Sie können sich über das Bett bewegen, Bettrand, Boden oder Tisch einbeziehen …«

Alle Blicke folgen ihren Vorgaben, richten sich hierhin und dorthin und kommen auf dem Nachttisch zur Ruhe. Freesien? Sennet macht sich an den Einstellungen der Bildschirme zu schaffen, geht deren Konfigurationen noch mal durch, stockt und ergänzt:

»Wir haben Ihnen natürlich keine Bettdecke gegeben, denn die würde die Reflektoren blockieren und unsere Absichten durchkreuzen. Wir haben die Raumtemperatur auf 23 Grad eingestellt und hoffen, dass Sie sich damit wohl fühlen. Aber wenn Sie uns brauchen, wenn Sie irgendetwas brauchen, klingeln Sie bitte.« Er zeigt auf einen Summer an den Türen.

»Und niemand schaut uns live zu?«, erkundigt sich die Frau mit einer Variante der Frage, die der Mann Phocan gestellt hat. »Aus einem anderen Zimmer, meine ich …«

»Nein«, antwortet Sennet. »Nur die Sensoren. Ihre Privatsphäre ist vollständig gewahrt.«

Die Frau nickt nachdenklich. Ist sie enttäuscht? Verarbeitet sie einfach nur die Information? Oder versucht sie, die beiden Ausdrücke miteinander in Einklang zu bringen? *Privatsphäre, Sensoren:* ein seltsames Begriffspaar, hier zu einer Verbindung verschmolzen, die ähnlich gekünstelt ist wie das ganze Setting. Der einzige Begriff, der hier wirklich zu passen scheint und angebracht ist, ist *vollständig …*

»Noch irgendwelche Fragen?«, fragt Phocan.

Frau und Mann schütteln die Köpfe.

»Gut«, sagt Phocan und schenkt beiden ein strahlendes Lächeln. »Dann überlassen wir Sie jetzt …«

Seine Stimme verliert sich. Er wendet sich an Garnett, möchte seinem Boss die Gelegenheit zu einem Schlusswort geben, bevor die eigentliche Session beginnt. Garnett hebt aber nur wieder die Hand und überlässt die Kommentare seinen Untergebenen. Sennet tritt langsam von den Bildschirmen zurück und vervollständigt den Satz:

»Sich selbst.«

5. Klient A

Rund eine Stunde nach Beginn des Meetings in der Old Street hat Dean ein intensives Déjà-vu. Keines von der nebulösen Sorte, wo Spurenelemente einer halb erinnerten Episode die Gegenwart kontaminieren und sie einen Augenblick lang zu einer verschwommenen Dublette ihrer selbst verzerren ... Nein, es ist scharf, präzis und auf Anhieb identifizierbar: Zwischen diesen Tagungsraum mit seinem langen Vorstandstisch, den Lederdrehsesseln und den auf ihnen Sitzenden einerseits und ihre *Wahrnehmung* dieses Interieurs und dieser Personen andererseits hat sich eine Photographie geschoben, ein Bild aus dem Konvolut, das ihr am zweiten Tag des Einsatzes in der Bibliothek der London School of Economics in der letzten Woche vorgelegt worden war.

Das irgendwann in den fünfziger Jahren aufgenommene Photo zeigte ein Vorstandsszenario: Sieben Führungskräfte – fünf Männer, zwei Frauen – saßen an drei langen, in Hufeisenform aufgestellten Tischen vor einer Leinwand. Auf die Leinwand wurde ein Film projiziert, der einen Arbeiter oder vielleicht einen Probanden zeigte, der Gegenstände in Fächer sortierte, während neben ihm eine imposante Uhr die Zeit maß. Die Manager / Wissenschaftler / Zuschauer evaluierten in ihrem Büro / Labor / Kino offenbar, wie tauglich der Mann für seine Aufgabe war und ob er daher (wie Dean annahm) für diese oder jene Stelle in Frage kam. Sie hatte das Photo nicht weiter beachtet, weil sie nach größeren Fischen angelte – hatte sich nichts dazu notiert und es auch nicht mit dem Smartphone geknipst; jetzt aber ... jetzt liegt es in der Kanzleiluft dieses Raums, zugleich geisterhaft und vergrößert, Rahmen und Kulisse für die ganze heutige Zusammenkunft.

Der Anlass: ein ›Symposion‹. Dorley & Grieves, die Anwaltskanzlei, die sie als Juniorpartnerin beschäftigt, bietet ihre Dienste gegen ein Stundenentgelt von gut tausend Pfund einem Consulting-Unternehmen namens Peacock an. Trotz dieses Vertragsverhältnisses ist Peacock – was Dean verwirrend findet – in dieser Geschäftsbeziehung nicht D&Gs Klient; die Consulting-Firma agiert vielmehr als Vermittlungsinstanz zwischen den Spezialisten für Fragen des geistigen Eigentums und ihrem *tatsächlichen* Klienten, auf den sich alle Beteiligten im Schriftverkehr, in Dokumenten und jetzt im mündlichen Austausch vereinbarungsgemäß als *Klient A* beziehen. Empfehlung aus dem Blauen: Um der Sorgfaltspflicht Genüge zu tun, sollte man bei zurückhaltend auftretenden Klienten verifizieren, dass man es nicht mit Gangstern, Terroristen oder wem auch immer zu tun hat, sondern dass zumindest in juristischer Hinsicht alles koscher ist. Peacock ist nicht nur Mittelsperson, sondern *inszeniert* das Symposion auch im dramaturgischen Sinn. Vor ein paar Wochen hat man dort die Verhaltensregeln festgelegt: Das Team von D&G soll »Lobreden« präsentieren, bei denen sich die Peacocks beliebig oft einschalten können, um Thesen, Prämissen, Voraussetzungen usw. zu hinterfragen; die dergestalt geforderten D&Gs sollen dann ausführen, ergänzen und zuspitzen – und aus diesem Hin und Her soll sich wie die zerbrechliche Wahrheit, die am Ende sokratischer Dialoge über der Agora schwebte und von den Anwesenden zu inhalieren und zu verschmausen war, ein beispielloses Verständnis der aktuellen Lage im Patentrecht und bei Fragen des geistigen Eigentums herausschälen – oder zumindest des Teils davon, der in den Bereich der heutigen (desorientierend vagen) Aufgabenparameter fällt, nämlich denen der »Gebärden«. Der Gedankenaustausch wird gefilmt und für die anschließende Betrachtung durch andere Consultants bei Peacock sowie vermutlich bei Klient A aufgezeichnet, wo man ihn nach Strategievorgaben oder Mitteln zur Steigerung des Bekanntheitsgrads durchkämmen wird oder was man dort eben im Sinn hat. Hierher rührt Deans Assoziation der anderen, älteren Szene, dieser Darbietung des Gegenstandesortierens: In beiden Szenarien sind die Akteure sowohl aktiv als auch passiv; sie *tun*, was sie tun, und *spielen* es gleichzeitig für die nachträgliche Betrachtung durch ein Publikum, das außer Sicht in den Kulissen lauert …

Natürlich gibt es auch große Unterschiede nicht zuletzt bei den Requisiten: In diesem Tagungsraum auf dem neusten Stand der Technik wird keine Leinwand von der Decke herabgelassen, sondern die Binnenszene wird auf einem hinterleuchteten 65-Zoll-LED-Großbildschirm eingespielt. Der Videoclip zeigt eine Tänzerin mit großen fledermausartigen Seidenflügeln, die mit den Armen wirbelt und ein Geflecht aus schwebenden Schleiern um sich herumflattern lässt.

»Loïe Fuller«, erläutert Deans in seine Lobrede vertiefter Kollege Julius Leman der Peacock-Delegation. »Erfinderin des ›Serpentinentanzes‹, den sie hier aufführt. Sie hat es geschafft, sich die chemischen Bestandteile, die in ihren Farbgelen zur Anwendung kamen, ebenso patentieren zu lassen wie die Salze, die ihren Kostümen und Bühnenbildern die seltsame Lumineszenz verliehen; für den Tanz selbst konnte sie aber nie ein Patent erwerben.«

»Warum nicht?«, fragt Robert Elsaesser, der Vorreiter von Peacock.

»Das US-amerikanische Patentamt lehnte ihre Klage ab«, erläutert Julius. »1892, im Prozess gegen ihre Nachahmerin Minnie Bemis – mit der Begründung, Fullers Darbietung sei zweifellos von bahnbrechender Einzigartigkeit, habe aber keine übergeordnete Struktur, sei nicht ›über‹ etwas …«

In der kurzen Pause des Notizenmachens wirbelt und rotiert die Tänzerin weiter. Die aus Zelluloid digitalisierte GIF-Datei zeigt Sprünge und Kratzer, Geburtsmale des alten Mediums; wie die wehenden Seidenschleier läuft sie in einer Endlosschleife.

»1892 …«, übernimmt Elsaessers Arbeitskollege Roderick das Staffelholz. »Sie scheinen das ja ganz schön weit zurückzuverfolgen.«

»Wer beim Urheberrecht mitspielen will, braucht Sitzfleisch«, murmelt Kronanwalt Clive Dorley ihm über den Tisch zu.

»Natürlich«, räumt Roderick ein. »Aber könnten wir uns vielleicht trotzdem auf die Frage kaprizieren, wo es heute hingeht, und weniger darauf, wo es herkommt?«

In den Reihen von D&G unterdrückt man zugleich nachsichtig und herablassend ein Prusten. Die Peacocks wirken leicht verletzt und ziehen sich in das Schweigen zurück, das nach einer Erklärung verlangt.

Dorley gönnt ihnen eine: »Das Recht arbeitet mit Präzedenzfällen.«

»Es ist janusköpfig«, sekundiert Seniorpartnerin Juliet McKraken ihm. »Der Blick in die Vergangenheit entscheidet über die Zukunft …«

Nachdem Rodericks Einwand aus dem Weg geräumt ist, macht Julius weiter, indem er drei Jahrhunderte zurückspringt. »Die Dame hier ist Queen Anne«, verkündet er, und der Bildschirm zeigt eine blasse, in Hermelinpelze und roten Samt gehüllte Gestalt – diesmal als bewegungsloses JPEG eines Ölbilds. »Ihr Dekret von 1710 mit dem bescheidenen Namen ›Annes Statut‹ galt primär dem Verlagswesen, insofern es erstmals das Recht des Autors an seinem Werk formulierte, das zuvor bei den Druckern und Verlegern gelegen hatte. In Wirklichkeit formuliert es aber eine ganze Reihe von Bestimmungen und Klauseln, die Grundbesitz und geistiges Eigentum gleichstellen, Vaterschaft und ›Persönlichkeit‹, individuelle Arbeit und öffentliches Interesse …«

Dean folgt seinen Ausführungen und spielt dabei mit ihren Spickzetteln herum, die im Vergleich trivial und undurchdacht wirken. Auf einer Karteikarte malt sie mit Bleistift einen Pfeil an den Rand, bloß damit die anderen glauben, sie würde sich Notizen machen und noch an einem Gedanken feilen …

»… mittels des gesetzlichen Pflichtexemplarrechts.« Julius ist voll in Fahrt. »Ganz im Geist der Zeit. Wesentlicher Bestandteil der Epoche der Aufklärung und der Revolution. Siebzig Jahre später bedienen sich die Väter der US-amerikanischen Verfassung vergleichsweise freizügig bei Annes Statut: Artikel 1, Abschnitt 8 – der ›Urheberschutzparagraph‹ – bezieht sich zunächst auf Bücher sowie Land- und Seekarten; 1831 kommen Notendrucke hinzu, 1856 Bühnenwerke … 1865 Photographien … 1912 Filme … 1972 Tonaufzeichnungen (das überrascht die Leute immer: Man sollte meinen, Tonaufnahmen wären viel früher aufgenommen worden). Und jetzt kommt das, was uns vielleicht am meisten betrifft: Im Jahr 1976 weitet ein neues Urhebergesetz die Schutzwürdigkeit auf choreographische Werke und Pantomimen aus.«

»Und das war die letzte Nachbesserung?«, fragt Elsaesser. »Da stehen wir noch heute?«

Das D&G-Team feuert die nächste Salve nachsichtigherablassenden Prustens ab. Dorley flachst: »Wenn das so einfach wäre, wären wir alle arbeitslos.«

Stille. Die Peacock-Delegation wartet auf das Nachreichen der fehlenden Information. Julius gönnt sich eine effekthascherische Kunstpause und greift den Gedanken dann wieder auf:

»Die Sache läuft folgendermaßen: Nach der jeweils letzten Ratifizierung einer Novellierung kommt es zu Gerichtsverfahren, die neue Präzedenzfälle schaffen. 1977 verklagten die Produzenten eines Broadway-Musicals erfolgreich ein Studio in Hollywood, das ohne Genehmigung einen Tanz in einem Film kopiert hatte. In weiteren Prozessen in den Folgejahren kam es dagegen zu Niederlagen. Der Konsens war, wenn man einzelne Bewegungen oder ›Schritte‹ urheberrechtlich zu schützen versucht, funktioniert das nicht.«

»Warum nicht?«, fragt Elsaesser.

»Ein Schritt gilt als eine isolierte Einheit und nicht als Abfolge von Bewegungsmustern«, sagt Julius. »Denken Sie an Queen Annes Autoren: Sie konnten ein Buch schützen lassen, aber nicht ein Wort. Heute kann ein Komponist eine Symphonie schützen lassen, aber nicht einen Ton; ein Maler ein Bild, aber nicht einen Pinselstrich. Dasselbe gilt für Bewegungen. Der Teufel steckt aber wieder einmal im Detail: Tausende von Gerichtsstunden sind auf die Frage verwendet worden, an welchem Punkt genau aus einem Element eine Sequenz wird. Das ist bis heute nicht eindeutig geklärt. Und danach wird es gleich an zwei Fronten komplizierter.«

Er trinkt einen Schluck Wasser. Er hat das Wort und will es noch eine Weile behalten.

»Erstens«, setzt er neu an und fährt sich mit der Hand über die Lippen, »gab es schon vor 1976, also vor dem Jahr der Ausweitung des Urheberrechtsschutzes auf Choreographie, erfolgreiche Rechtsschutzanmeldungen und Prozesse. Hanya Holm, eine deutsche Emigrantin, konnte schon 1952 Urheberrechtsschutz für ihre Choreographie von *Kiss Me Kate* anmelden. Das hatte sie allerdings deren Festhalten in Labanotation zu verdanken – Rudolf Labans Kodifizierungssystem für die Aufzeichnung von Tanzschritten in Partituren: Da trat der ältere

Urheberrechtsschutz für schriftliche Dokumente in Kraft. Mit derselben Begründung klagte der Schwarzamerikaner Johnny Hudgins schon drei Jahrzehnte zuvor erfolgreich auf Schadenersatz für hier in London inszenierte Blackfacings, weil er belegen konnte, dass sie aus seiner ›Dramaturgie‹ stammten. Das war allerdings ein Sonderfall.«

»Inwiefern?«, fragt Elsaesser.

»Wir reden jetzt über die zwanziger Jahre«, erklärt Julius ihm, »einen sehr wichtigen Zeitraum, wenn wir uns die immer wichtigeren kulturellen Traditionen der afrikanischen Diaspora vergegenwärtigen, die Harlem-Renaissance und das alles … Damals gerieten zwei grundverschiedene Weltanschauungen miteinander in Konflikt. Die Leute, die in den Tanzsälen von Uptown New York ihre Schritte erfanden, hatten andere Vorstellungen von Eigentum als ihre europastämmigen Gegenüber. Sie waren schließlich bewegliche Habe *gewesen*, hatten keine *besessen*. Sie tauchen samstagabends im Savoy und im Apollo auf, steppen und swingen miteinander herum, und schon sind Lindy und Charleston auf der Welt. Die *gehören* aber niemandem. Dann wird ein Broadway-Maestro aus der Downtown neugierig oder mutig, wagt sich über die 120th Street nach Norden hinaus, die Kinnlade klappt ihm weg, und sofort werden die Schrittfolgen irgendeinem Musical integriert – und *dessen* Produzenten beantragen Urheberrechtsschutz. Dieses Muster bleibt in der Unterhaltungsbranche über Jahrzehnte gleich, denken Sie bloß an den Rock 'n' Roll oder Hip-Hop. Salopp gesagt: Weiße klauen Schwarzen ihre Kultur – das beschreibt grosso modo die Geschichte der Populärmusik.«

Dem schließt sich nachdenkliches, vielleicht auch beschämtes Schweigen an. In diesem Raum sind keine Schwarzen. Elsaesser bringt die Sache voran:

»Und die zweite Front?«

»Die zweite Front dreht sich um ein einziges Wort«, sagt Julius: »Abgeleitet.«

»Abgeleitet«, wiederholt Elsaesser.

»Abgeleitet«, bestätigt Julius. »Das Urheberrecht gibt seinem Inhaber eine ganze Reihe von Anspruchsrechten: Er kann ein Werk zeigen, aufführen, verbreiten sowie reproduzieren, und außerdem darf er« – seine Finger malen Gänsefüßchen in die Luft – »›vom Original abgeleitete Werke‹ erschaffen. Was bedeutet ›abgeleitet‹?«

Er legt wieder eine Pause ein. War das eine Frage? Die Peacocks tauschen unbehagliche Blicke, dann zuckt Elsaesser mit ausgebreiteten Armen die Schultern und gibt das ungelöste Geheimnis an D&G zurück.

»Alles wird von etwas anderem abgeleitet«, sagt Julius. »Nichts kommt aus dem Nichts. Urheberrechtsstreitigkeiten auf dem Gebiet der Choreographie wurden traditionell auf ähnlich genealogischer Basis geführt wie Vaterschaftsklagen: Wenn sich zeigen lässt, dass Werk A ›Vater‹ oder ›Großvater‹ der Werke B, C oder D war …«

Auf der langen Tafel stehen unberührte Wassergläser, in denen sich weniger, langsamere und kleinere Blasen bilden – Nachzügler der dritten Generation, Urenkel einer verlorenen Quelle. Die blasse Queen Anne betrachtet sie aus Hermelinen und Samt heraus. Elsaesser braucht ein paar Sekunden, um die offensichtliche Frage auszusprechen:

»Und wie lässt sich das zeigen?«

»Indem man die besten Anwälte engagiert.« Dorleys weise Altersstimme ertönt aus der Vertiefung seines Sessels.

Er erntet Lacher, die gleich wieder ersterben, weil Dorley nicht mitlacht. Seine Bemerkung war kein Witz.

»Zeig ihnen den Fall K-Pop«, instruiert McKraken Julius.

Folgsam ruft Julius eine Datei auf, die minimiert auf seiner Dockingstation liegt. Auf dem Großbildschirm zerpixelt Anne außer Sicht, ein Dschinn wird in die Flasche zurückgeschickt und durch eine Tanztruppe aus zeitgenössischen mähnenumflatterten jungen Asiaten ersetzt, die sich mit synkopierten Schritten über eine Mondlandschaft bewegen und ein flüchtiges weibliches Alien jagen. Auch sie werden in angedocktes Vergessen fortgesaugt, als Julius die nächste Datei öffnet und die Szene abermals wechselt – oder auch nicht: Leicht unscharf sind jetzt getigerte Pantomimen mit bleichen Gesichtern zu sehen, die in einem ähnlich außerirdischen Umfeld mehr oder weniger dieselben Bewegungen aufführen.

»Bei D&G haben wir vor drei Jahren diesen Fall übernommen und gewonnen«, übertönt Julius die Tonspur. »Unser Klient waren die Nachlassverwalter von Jean-Louis Barrault, dem französischen Pantomimen, den diese Gruppe plagiierte. Die Entlehnung ist augenfällig. Klar ersichtlich. Nur heißt das im Rechtswesen noch gar nichts; es ist irrelevant. Barraults Nachfahren kamen trotz der intermedialen Migration vom Varieté ins Videostreaming und trotz des zeitlichen Abstands von über fünfzig Jahren mit ihrer Klage durch ... Für sie war ausschlaggebend, dass Barrault – was ungewöhnlich ist – die Rechte an seinen Werken vor seinem Tod von den verschiedenen Produzenten, mit denen er im Lauf seiner Karriere Verträge geschlossen hatte, zurückerworben hat. Hätte er das nicht getan, hätte man es mit körperschaftlichen und nicht individuellen Eigentumsrechten zu tun gehabt – beziehungsweise mit, um die Sache noch undurchsichtiger zu machen, verstreuten Eigentumsrechten; wir hätten erst ausfindig machen müssen, welche Ensembles die Bestände von welchen Vorgängerensembles erworben oder übernommen hatten.«

Bei den letzten Sätzen hat sich die Peacock-Truppe in einer Art pawlowschem Reflex auf den Inhalt seines Vortrags aufrechter hingesetzt, sie beugen sich vor, und in ihren Augen blitzt neue Aufmerksamkeit auf. Atmen sie sogar schneller? Dean kommt es so vor, aber das kann natürlich auch an den überhitzten Gebläsen ihrer Laptops oder einem stärkeren Arbeiten der Klimaanlage liegen …

»Das ist hochinteressant«, sagt Elsaesser, und seiner Stimme ist die wiedergefundene Zielsetzung anzuhören. »Im Hinblick auf die Interessen von Klient A.«

»Können Sie das präzisieren?«, fragt McKraken.

Elsaesser wägt seine Worte ab:

»Bei körperschaftlichen und nicht individuellen Eigentumsrechten …«

»… an Bewegungen, ja«, sagt McKraken. »Das versteht sich – und deswegen haben wir Julius gebeten, Ihnen das ganze Spektrum vorzuführen …«

»Was ihm bewunderungswürdig gelungen ist«, schaltet sich Roderick wieder ein. »Und doch frage ich mich: Warum geben wir uns hier mit Tanz und Musik ab? Ich meine … selbstverständlich spielen Aspekte der Unterhaltungsbranche mit hinein, sie stehen aber nicht im Mittelpunkt. Wie wir eingangs skizziert haben, richtet sich Klient As Interesse an diesen Fragen mehr auf die sogenannte ›gewerbliche Fungibilität‹.«

Dean spürt, dass sie jetzt gleich ins Spiel kommt, und verspannt sich.

Wieder interveniert Dorley mit wohlwollend tadelnder Stimme: »Das Recht arbeitet nicht nur mit Präzedenzfällen, sondern auch mit Analogien.« Die Peacocks sehen verwirrt aus, und er fährt fort: »Die Choreographie mag ein Nischendasein führen, hat aber paradigmatische Funktion auf allen

Gebieten, wo Fleisch und Knochen, bewegliche Körper, auf rechtliche Kodifizierungen stoßen, die sie unterstützen, aber auch behindern; die Rechtsprechung auf dem Gebiet der Choreographie kann insofern als Sammelbecken *aller* bewegungsbezogenen Argumente gelten. Und wenn ich Sie richtig verstanden habe, ist das das Hauptanliegen von Klient A.«

Erneut beruhigt, lehnt sich das Team Peacock zurück. Dean nimmt es genauer unter die Lupe. Neben Elsaesser und Roderick sind da noch zwei: eine junge Frau ungefähr in ihrem Alter und ein Mann in den Mittdreißigern, der alles protokolliert; außerdem die drei Kameraleute, zwei Männer und eine Frau, die die Sitzung filmen – einer von vorn und je einer von den Seiten. Alle sind sportlich elegant gekleidet: schmale Chinos, offene Hemden oder kragenlose Pullover unter Blazern bei den Männern, Jacken über gemusterten Kleidern oder aber Jeans bei den Frauen. Sie hat die Website von Peacock besucht: Die Firma hat großzügige Geschäftsräume in Hammersmith – Brainstorming-Studios, Besucherlounges, Projektgruppenräume … Die Räumlichkeiten von D&G in der Goodge Street verfügen über zwei solche Konferenzräume. Warum hat man sie mit Uber zu diesem Neubau in der Old Street chauffiert, zu dieser Drehscheibe, deren Tagungsflächen sich monats-, tage- und sogar stundenweise mieten lassen? Trotz der ungezwungenen Vornamenbasis, des offenen Gesprächsformats, der hellen, gläsernen, fair-trade-geschwängerten Luftigkeit spürt sie, dass dieses Meeting von oben vorstrukturiert worden ist, nicht nur um dafür zu sorgen, dass die Dinge absolut unter Verschluss bleiben, sondern darüber hinaus auch, um sich selbst ein gewisses Ausmaß an Anonymität zu verleihen, ja an – ist es unstatthaft, das zu denken? – *Bestreitbarkeit.*

McKraken sagt: »Der Hauptunterschied zwischen den Welten des Tanzes und der kommerzielleren Anwendungen, die das Untersuchungsobjekt von Klient A bilden, liegt darin, dass bei Letzterem üblicherweise *Technologien* patentiert werden und nicht menschliche Bewegungen.«

»Ganz recht. Nehmen wir …« Roderick blättert in seinen Notizen, findet das Gesuchte und schlägt mit frischem Selbstvertrauen einen neuen Kurs ein: »Schauen wir uns ein ganz alltägliches Szenario an. Ein Mensch wischt über ein Smartphone oder Tablet. Ja?«

McKraken nickt stillschweigende Billigung.

»Könnte man nicht den betreffenden Menschen *selbst* als das Tool ansehen, das eine Datei oder Anwendung öffnet?«, fragt Roderick. »Die Tastbewegung der Hand oder der Finger, ihre spezifische Konfiguration könnte doch theoretisch … also zumindest im Prinzip …«

»… als eigentümlich verstanden werden?«, ergänzt McKraken.

»Warum nicht? Die Geste selbst ist von den Entwicklern, Designern, Programmierern des Geräts erfunden worden … faktisch ist sie der wahre ›Inhalt‹ ihrer Arbeit: Soft- und Hardware sind bloßes Drumherum – Requisiten oder Auslöser. Obwohl *wir* die Geste vollziehen, ist es *ihre* Schöpfung – die der Designer; genau wie eine gegebene Tanzsequenz von ihrem Choreographen erschaffen worden ist. Trotzdem genießen Gesten oder Gebärden – auch wenn sie sofort mit einem bestimmten Produkt oder einer Persönlichkeit assoziiert werden – nach allem, was wir wissen, kein und schon gar nicht dasselbe Ausmaß an Schutz. Noch nicht …«

»Das ist eine Sackgasse«, Dorley unterbricht ihn. »Solche Überlegungen haben in den letzten Jahren immer wieder fröhliche Urständ gefeiert, haben einen Klaps auf den Po bekommen und mussten ohne Abendbrot ins Bett. Heavy-Metal-Sänger, die sich ihren Satansgruß beurkunden lassen wollten, und all so Sachen ... Solche Fälle fallen immer schon an der ersten Hürde auf die Nase: leichtfertig, abgewiesen.«

»Was bei denen kein Wunder ist«, stimmt Elsaesser ihm zu. »Aber am anspruchsvolleren – *technologischeren* – Ende des Spektrums ...«

»Gestenbasierte Interaktion in HCI-Systemen«, spult Roderick eine Liste ab, mit der er bislang nicht herausgerückt ist, um sein Pulver trocken zu halten. »Handtopologie- und Skelettdatendeskriptoren, codiert mittels Fisher-Kernels und mehrstufiger Temporalpyramiden ... Auf Merkmalsvektoren angewandte lineare SVM-Klassifikatoren, errechnet aus prä-segmentierten Gesten, um aus kontinuierlichen Verläufen diskrete Augenblicke des Erkennens herauszugreifen ... Wir denken dabei an Forschungsschwerpunkte von Unternehmen wie Bewegung, Kinect und Pantarey.«

»Wir haben Pantarey beraten«, wirft McKraken ein.

»Das ist uns bekannt«, erwidert Elsaesser.

Die Hierarchie verschiebt sich, spürt Dean. Jetzt wird das D&G-Team von Peacocks Expertise auf dem Gebiet mund-tot gemacht, auf dem falschen Fuß erwischt, weil man diese bis eben unter Verschluss gehalten hat. Die andere Seite hat sich strategisch blöd gestellt, um den Gesprächspartner aus der Reserve zu locken. Sie erinnert sich dunkel an den Vertrag mit Pantarey, für den sie zweitrangigen Schreibkram erledigt hatte: Es ging um die antizipatorische Patentierung irgend-eines Dings, einer Art Licht abgebenden Hochgeschwindig-keitskamera. Ob Klient A so ein Unternehmen ist? Eher un-wahrscheinlich: Angesichts der Mühen und Kosten, die man dort auf sich genommen hat, um diesen ganzen formalisier-ten Gedankenaustausch zu instrumentieren, müssen sie in jeder denkbaren Nahrungskette, in der sich D&G hier wie-derfindet, weiter oben stehen – ein deutlich einflussreicherer

Akteur, der hier in sehr viel dünnerer Höhenluft die Strippen zieht …

Diesmal hüllt sich Elsaesser in Schweigen; er entscheidet, wann und wie er es beendet.

»Auf allen Gebieten«, sagt er, »in der Gaming-Branche ebenso wie in der Produktion und in der Kriegsführung übernehmen gestische Verfahren, was bisher Joystick-Modelle und noch früher manuelle Tätigkeiten geleistet haben. Bei Klient A fragt man sich – oder sagen wir, man *spekuliert* darüber –, inwiefern diese Veränderungen im Lauf der Zeit auch unser juristisches Verständnis spezifischer Mensch-Maschine-Schnittstellen modifizieren könnten. Nicht die *Gesten,* sondern die *Schnittstellen*; die Konfigurationen.«

»Wenn wir die alte Dichotomie von Mensch und Maschine hinter uns lassen«, wieder Roderick, »die Opposition von Anwender und Tool, und uns daran gewöhnen, das Ganze als … eine Art *Konstellation* zu begreifen …, die von einer kontextspezifischen Anziehungskraft in Formation gehalten wird: einer jeweils definierten Aufgabenstellung, einem eigenen Design-Moment, einer eindeutig kodifizierten Zuordnung …«

Er lässt den Gedanken in der Schwebe, in Formation gehalten kraft seiner Logik. Auf dem Großbildschirm setzt Barrault auf dem Mond immer noch seinem Alien nach, und im Zusammenwirken von Atmosphäre, Begehren und Rausch treten seine Augen hervor. McKraken versucht, die Kontrolle über die Sitzung wieder zu D&G zurückzubringen, wendet sich an Dean und sagt:

»Das wäre jetzt vielleicht der Moment …«

Sie ist dran. Julius räumt seinen Platz und überlässt ihr das Feld und den Laptop. Die Folien sind schon hochgeladen; trotzdem legt sie erst mal einen Fehlstart hin, wechselt zwischen verschiedenen Thumbnails, wird rot … Dann erscheint auf dem Widescreen-Monitor die erste der historischen Photographien, die sie bearbeitet, kopiert und vergrößert hat – auch wenn sie überzeugt ist, dass das in dieser erlauchten Runde trotzdem nur kleine und schwache Angebote sind …

Das Photo zeigt eine Frau, die neben einem riesigen Schokoladenbottich sitzt. Ihre Gestalt selbst ist unscharf: Ihre Schultern und Arme sind verdoppelt und verdreifacht, verschwimmen zu einem Bewegungs-Shimmy, und ihr fast inexistentes Gesicht lässt nur noch Umrisse von Nase und eingesunkenen Augen erkennen. Neben dem Bottich ist eine Ablage mit dreizehn kleinen Schokoladentupfen – ein Bäckerdutzend mundgerechter, säuberlich in zwei Reihen angeordneter Klackse. Im Gegensatz zur verschwommenen menschlichen Gestalt sind die Objekte – Bottich, Ablage, Klackse – gestochen scharf; man erkennt sogar Krater und Abbruchkanten in der großen, halb erstarrten und ungeschöpften Schokoladenmasse, die Böschungen und Gräben, die beim Abbau ins Wattenmeer eingeschnitten worden sind. Ein so scharfer Lichtstrahl, dass er massiv wirkt, legt genau da, wo die Arme der Frau am meisten verschwimmen, einen Schnitt zwischen Bottich und Ablage: eine durchgehende Linie, eine Bahn, die kurvend und zuckend einen Kreis bilden will.

»Eine Arbeiterin bei Cadbury«, erklärt Dean der Versammlung. »Aus der Sammlung Gilbreth. Das hier ist ein Schlüsselbohrer«, fährt sie fort und klickt zum nächsten Photo.

»Aus welcher Sammlung?«, fragt Elsaesser. »Was genau ist das?«

Auf dem Bildschirm steht ein Gespenst, das flaumige Überbleibsel eines Manns im Overall, zwischen einer Kiste mit Schraubenschlüsseln und einem fest montierten Bohrkopf. Während der Arbeiter nur ein Dunstschleier ist, haben die Maschine und die Schlüsselkiste ihre Formen behalten; zwischen diesen beiden saust an der Stelle, wo der durchsichtige Nebelarm des Geists in eine Rauchwölkchenhand ausläuft, wieder ein Lichtstrahl hin und her, diesmal eine Vielfachleuchtspur, die ungefähr, aber nicht ganz dieselbe Strecke durchläuft, immer so kräftig pulsierend wie eine Neonröhre.

»Gilbreth«, sagt Dean. »Lillian Gilbreth. Sie hat erst zusammen mit ihrem Mann Frank und dann allein von den 1910ern bis in die 6oer an der Rationalisierung von Arbeitsplätzen gearbeitet: in Fabrikhallen, an Montagebändern, am Ende in ganzen Industriezweigen. In ihrer besten Zeit waren die Gilbreths kleine Berühmtheiten: Sogar ein Film wurde über sie und ihr Familienleben gedreht. Heute sind sie in der Versenkung verschwunden, aber ...«

»Was sind das für Lichtspuren?«, fragt Roderick.

»Die heißen Zyklographen«, erklärt Dean ihm. »Gilbreth befestigte einen elektrischen Lichtring am Finger einer Näherin oder eines Maschinisten, und durch lange Belichtungszeiten konnte sie die Bewegung der Hand beim Arbeitsvorgang als weiße Linie notieren.«

»Warum ist diese durchbrochen?«, fragt Elsaesser, als auf dem nächsten Bild das ektoplasmische Gewölk einer Waschfrau über zwei Taschentuchhaufen wabert (eine knittrige Ansammlung und ein säuberlich geschichteter Stapel). Diesmal besteht die Lichtspur, die vor der Taille des transparenten Körpers zwischen den beiden scharf konturierten Leinenstapeln hin- und herzieht, aus morseartigen Punkten und Strichen.

»Hier hat Gilbreth mit einem Unterbrecher gearbeitet, der das Licht ganz schnell – zehnmal pro Sekunde – an- und ausgehen ließ. Die lange Belichtungszeit zeigt dann nicht nur den Weg der Frauenhand, sondern auch dessen Dauer. Das ist der eigentliche Zweck der Übung. Handarbeit ist repetitiv; eine Taschentuchfalterin oder ein Dreher vollführt tausendmal am Tag denselben Bewegungsablauf. Gilbreth konnte mit ihren Zyklographen zeigen, dass sich bei jedem Einzelablauf, jeder Handlungsiteration die Hand der Arbeiterin meinetwegen 96,5 Zentimeter weit bewegte und dafür 4,1 Sekunden brauchte. Wichtiger war aber, dass sie herausfand, dass eine Iteration nur noch einen Weg von 88,9 Zentimetern und 3,6 Sekunden brauchte, wenn die Fabrikbosse die Werkbank um 3,8 Zentimeter absenkten, ein bisschen näher an die Maschine, die Werkzeuge oder das Werkstück heranschoben oder aber ein kleines Stück von ihr wegrückten. Die Einsparung war für jeden Arbeitstag mit x-tausend und dann für jedes Arbeitsjahr mit 300 zu multiplizieren, und diese Zahl dann mit der Zahl der Angestellten ...«

Roderick ist skeptisch: »Aber eine Photographie ist flach. Wie lassen sich damit *Entfernungen* messen? Man braucht doch Tiefe.«

Dean hat die Antwort auf diese Spitzfindigkeit in den Fingerspitzen, und eine davon sorgt für das nächste Photo.

»Stereoskopie«, kommentiert sie überflüssigerweise, denn das Bild ist ein Diptychon und zeigt eine Lochkartenlocherin in Aktion (eine gewölbte Lichtspur wie der Umriss einer Forelle oder eines Lachses, der aus einem Fluss schnellt) sowohl von vorn als auch von der Seite. »Gilbreth ging aber noch weiter«, fährt sie fort. »Sobald die von ihr so genannten ›Stereozyklographen‹ zur Verfügung standen, konnte man ein dreidimensionales Modell der Handlung anfertigen. Schauen Sie ...«

Jetzt erscheinen vier Schachteln auf dem Bildschirm: schwarze aufgeschnittene Kartons, deren drei Seiten (immer die Grundfläche und zwei sich im rechten Winkel treffende

Wände) mit weißen Diagrammquadraten tapeziert sind. Jede Schachtel ist mit einer herumrasenden Lichtspur bestückt; diesmal wirken diese Spuren aber kompakt, nicht infolge manipulierter Verschlussöffnungszeiten, sondern weil sie tatsächlich kompakt sind – Metallplastiken, mit Häkchen fixiert, die mit zusammengekniffenen Augen gerade noch zu erkennen sind. Bei einer der vier Spuren ist alle anderthalb Zentimeter ein schwarzer Streifen auf den leuchtenden Metalldraht gemalt worden, um den Blinkeffekt des Unterbrechers auf dem vorletzten Bild nachzuahmen.

»Durch die Herstellung konkreter Iterationen konnte Gilbreth den Arbeitern helfen, ihre Bewegungsabläufe zu optimieren – indem sie beispielsweise ihre Hände den modellierten Formen ihrer effizientesten Kollegen nachfuhren … Sie konnte an den Abgüssen, den Drahtformen, auch kleine Änderungen vornehmen, um die Modellhandlung weiter zu vervollkommnen – oft in Kooperation mit den Arbeitern, die ihrerseits Arbeitserleichterungen im Auge hatten. Es hat ja keinen Sinn, den Bewegungsablauf der eigenen Hand zu perfektionieren, wenn man sich dadurch drei Jahre später den Rücken ruiniert hat. Aufgeschlossene Arbeitgeber wie Cadbury, ein Familienbetrieb in Quäkerhand, verstanden das. Und wenn der Rücken einer Frau nicht nur drei, sondern zehn Jahre lang durchhält, ist sie auch profitabler, denn man muss nicht so oft Nachfolgerinnen ausbilden.«

Sie klickt zwei weitere Photos verschiedener Drahtplastiken auf den Bildschirm, die durch ein großes Formenspektrum morphen: Einige erinnern an Achterbahnschienen, andere an Cowboyhüte mit Krempen und Kuppen, dritte an Tiere mit Rüsseln oder langen Hälsen – Elefanten und Giraffen – oder aber an Insekten mit Antennen und sich entrollende, im Angriff erstarrte Schlangen … Alle Bildlegenden der Photos sind Zeichenketten aus Zahlen und Buchstaben, Schnörkel, die wie miniaturisierte Skizzen der Umrisse aussehen, unter die sie gekritzelt worden sind.

»Wie groß sind diese Schachteln?«, möchte Elsaesser wissen.

»Wie Schuhkartons, nehm ich an«, sagt sie. »Die Bewegungen sind im Maßstab eins zu eins nachgebildet worden.«

»Und wie viele davon gibt es?«

»Das weiß ich nicht. Sie hat sie jahrzehntelang hergestellt. Viele davon sind aber wohl ausgemustert worden, nachdem sie ihren Zweck erfüllt hatten. Nach den Unterlagen, die ich einsehen konnte, hat das Smithsonian ein paar gesammelt. Und das MIT. Der Löwenanteil von Gilbreths Archiv liegt aber an der Purdue, wo sie …«

»An der was?«

»An der University of Purdue in Indiana. Dort hat man ihr spätestens ab 1940 Raum für ihre Forschungen gegeben …«

Deans Finger schwebt über dem Mousepad, und es juckt sie, das nächste Bild anzuklicken. Aber es gibt kein nächstes Bild mehr; das war's. Sie hat ihr Blatt ausgespielt, mehr hat sie nicht. Sie wird wieder rot, weiß nicht, was sie mit der Vorführung machen soll, deren Moderation sie wieder abtreten muss. Sie entscheidet, zu Julius' letzter Folie zurückzukehren, der GIF-Datei des mondsüchtigen Barrault. Niemand im Raum sagt etwas; die Peacock-Leute machen sich anscheinend nicht mal Notizen. Dean hat das Gefühl, ihre Präsentation war ein Reinfall; sie möchte sich schon entschuldigen und auf die Toilette davonstehlen, da fragt Roderick:

»Würden Sie sagen …?« Er stockt und setzt neu an: »Lassen sich diese Modelle Ihrer Meinung nach als ›Erstbelege‹ ansehen?«

»Juristisch?«, fragt sie.

Er nickt.

»Das wäre meines Erachtens ähnlich zu diskutieren wie im Fall K-Pop – auch wenn das nicht dasselbe ist. Ich meine …«

»Vielleicht kann man das als alternative Form der Labanotation betrachten«, schaltet sich Elsaesser ein, »nur plastisch statt schriftlich. Sie erfassen ja eine Sequenz.«

»Ja«, sagt Dean, »aber …«

Sie ist zu durcheinander, um sich genau zu überlegen, was sie mit versagender Stimme ausführt, das spielt aber auch keine Rolle, weil es sowieso in den plötzlich überall aufkommenden Einzelgesprächen untergeht, einem Durcheinander aus Kommentaren, die anschwellen, sich abspalten und wieder zusammenfinden.

»… nur ist das bei der Musik stärker kodifiziert«, sagt Julius. »Seit der Dubset-Vereinbarung ist das Streaming IP-mäßig standardisiert. Die MixSCAN-Algos scannen den Datenverkehr und verteilen Tantiemen und so weiter … Aber *Bewegungen*, wie sie Klient A interessieren … da stecken wir noch in einer Art Wildem Westen, was die Verallgemeinerung …«

»… wann es da zu rechtskräftigen Entscheidungen kommt«, überlegt Elsaesser. »Die sind unausweichlich: Vielleicht dauert es noch zwei, fünf oder zehn Jahre, aber …«

»Es ist eine ziemlich abstruse Vorstellung« – Dorley findet das alles weiterhin nur mittelprächtig –, »dass man auf Bewegungen durchgängig dieselben Kriterien wie auf Musik-Downloads anwenden könnte. Wie soll man denn …«

»Klar, aber die *Konstellation*«, kommt Roderick wieder mit seinen Schlagworten, »der *Moment*, die gestaltete *Beziehung* … Wo der Trend der Bewegungserfassung jetzt zur Markerlosigkeit geht und die Beobachtungsmöglichkeiten zunehmend unbegrenzt sind – warum sollen die Algos das nicht auch scannen können, also alle möglichen Typen von …«

»… gleich zu Anfang einsteigen«, bedrängt Elsaesser McKraken. »Künftige Patentanmeldungen oder vielleicht eher rückwirkende Übernahmen …«

In den verbleibenden Minuten des Meetings sieht Dean wieder die Spulen vor sich, die sie vor einer Woche zu Gesicht bekommen hat: die ringförmig angeordneten Haspeln gestapelt wie Aufträge oder Ausschüsse, bei denen jede Schicht die darunterliegende überwacht und der darüberliegenden Bericht erstattet, die noch höher liegenden aber nicht in Blick bekommt … Sie wird das Bild während der Rückfahrt in die Goodge Street und den ganzen Nachmittag über nicht los – und hat es wieder vor Augen, als Dorley sie eine Woche später in sein Büro zitiert.

»Ihre kleinen Drahtgestelle müssen einen Nerv getroffen haben«, eröffnet er ihr.

»Bei wem?«, fragt sie.

»Bei Peacock«, sagt er. »Oder Klient A. Egal. Sie wollen mehr davon.«

»Mehr was?«

»Mehr«, wiederholt Dorley. »Ich möchte, dass Sie diesen Weg ein bisschen weiterverfolgen. Ich glaube, Sie können an der Stelle weitermachen, wo Sie aufgehört haben.«

»Weiterverfolgen …«, setzt sie an und stockt. »Was genau soll ich machen?«

»Ich glaube, Sie sollten einen Flug nach Indiana buchen«, sagt Dorley.

6. Inszenierungen

Sie sitzen in Reihen und schauen alle in dieselbe Richtung. Licht – flüssiges Kunstlicht, das aus den Bildschirmen vor den Sitzenden fließt – gerinnt in Brillengläsern und tropft über Haut ab, die unabhängig davon, welche ethnische Zugehörigkeit man (fakultativ) auf dem Bewerbungsbogen von Degree Zero angekreuzt hat, in diesem Raum neu graugefärbt wird. Alle tragen Kopfhörer, dick und gepolstert wie die Wände in Heilanstalten. Die einen haben abgepackte Sandwiches neben sich liegen, andere in Plastik kompostierte Reisnudelpampe; neben den Glidepads stehen auf allen Tischen Trinkflaschen mit integrierten Perma-Strohhalmen Wacht. In vielerlei Hinsicht eine typische Büroszenerie – mit einem Unterschied.

Als Phocan das letzte Mal hier in der Berners Street war, konnte er es auch nicht sofort ausmachen; als er heute aber diesen Vorraum voller unterbezahlter Modellbauer durchquert, eine Art konzentrierte Luftschleuse zwischen dem für die Öffentlichkeit gedachten und mit Postern und Auszeichnungen geschmückten Foyer und dem Allerheiligsten des Art Departments, fällt es ihm an genau derselben Stelle wieder ein, an der Eldridge es ihm beim ersten Besuch gesagt hat, kurz bevor er nämlich die per Keypad, in dessen Code das Stammpersonal dieses Raums nicht eingeweiht ist, bediente Tür erreicht: Keiner hat ein Smartphone. Keines liegt auf einem Tisch, keines ragt aus einer Tasche, nicht mal Ladekabel sprießen aus Hemden oder Jacken: Sie sind streng verboten. Zieht man eins raus oder lässt sich auch nur durch ein Klingeln aus der Handtasche verraten, ist man weg vom Fenster – keine Gnade, kein Auge-Zudrücken, nur der Rausschmiss. Die Leute haben nicht mal einen Internetanschluss:

Bis auf das Intranet von DZ, genauer gesagt schmale Seiten-
straßen davon (CAD, Maya und Autodesk-Dateien, für die
sie individuelle Freigaben erhalten haben), sind sie komplett
isoliert. Hier herrscht eine durchgehende Sicherheitssperre,
der nicht mit lärmenden Blechbechern an Gitterstäben und
Buhrufen die Korridore runter begegnet wird, sondern mit
leisem Maus-Klicken, *Komponenten einfügen, Zeile, Zeile wiederholen, einkreisen, schwenken, zoomen, zentrieren, rückgängig machen, speichern,* wenn Ränder festgelegt sowie rotiert
und Oberflächen ausgelegt werden, Objekte mit definitions-
konformen musivischen Bereichen erzeugt und Landschaften
Unwraps unterzogen werden – und gleich wieder Rewraps erhalten, eingepfercht in strikte geometrische Begrenzungen,
Parameter und Verhältnisse, die nach jeder Änderung und
mehrmals pro Sekunde nachberechnet werden: ein kollekti-
ves, ruheloses und schicksalsergebenes Entwerfen diverser gespiegelter oder hochgerechneter Versionen von Zellenwänden.

»Die haben alle ihre beruflichen Qualifikationen«, erklärt
Eldridge ihm diesmal und senkt kaum die Stimme, während
seine tippenden Finger die Innentür aufzaubern. »Für die
wurde der Koordinatenraum 1982 erfunden, als *Tron* raus-
kam – zehn Jahre vor ihrer Geburt. Wenn du denen mit Fest-
körpermechanik, dem Eigengewicht von Baukörpern oder
Katastervermessungen kommst, verstehen die gar nichts. Die
kennen nichts anderes als das da«, deutet er verächtlich zurück.«

Gemeinsame Erinnerungen folgen Phocan und ihm, als sie
über die Schwelle treten: steil ansteigende Hörsäle im Imperial College, Fluidmechanik 21, das Gesetz von Bernoulli und
die Grenzschichtgleichungen, Geländerhüpfen im Hyde Park,
besoffene Sprünge in den Serpentine morgens um zwei, das
Gerippe eines Brathähnchens, das so lange auf dem Küchen-

tisch ihrer Studentenbude liegenblieb, dass ihm über dem vierteiligen Rippengewölbe eine neue Kruste wuchs … Sie werden aber nicht beschworen, und Eldridge beschränkt sich auf ein:

»Kleine Hosenscheißer.«

Beide lachen, aber in ihrem Lachen liegt eine zwiespältige Unruhe. Ist die Pointe tatsächlich die Jugendlichkeit dieser Programmierer? Oder machen sie sich selbst zur Zielscheibe des Spotts, weil sie – zwei Männer in den besten Jahren – sich angesichts dieser Milchgesichter alt vorkommen? Sie *sind* alt: In dieser Welt ist man mit vierzig uralt. Wenn die eigene geistige Hauptplatine hier keine fest verdrahteten Kenntnisse von Blender, Topsolid oder Tekla mitbringt, gehört man nicht nur zu einer früheren Generation, sondern in eine ganz andere evolutionäre Kategorie, die von neuen Mutationen zum Aussterben verurteilt wird. Ist *das* der eigentliche Witz? Dass sich Phocan und seinesgleichen einreden, sie würden hier die Zukunft zur Welt bringen, während sie in Wahrheit nur zielstrebig zum eigenen Veralten beitragen? Obwohl sich Eldridge noch vor fünfzehn Jahren als Bohémien gerierte und das beruflich zumindest teilweise in der ›Kreativbranche‹ auslebt, hatte er immer eine Gerissenheit, die Phocan abging: Ob das nun Selbsterkenntnis oder Bauernschläue war … Vielleicht bäumt er sich mit seiner heutigen Ironie gegen die eigene Ausrottung auf – sie verblasst und erstirbt, als sie ins Allerheiligste kommen.

Der innere Raum ist nicht größer als der Außenbereich, und auch hier gibt es nur Kunstlicht, aber er wirkt auf Anhieb luftiger, großzügiger ausgelegt und ganz allgemein patrizischer, die Operationszentrale eines Feldmarschalls. Dutzende von Photos und Risszeichnungen von realen wie fiktiven Raumschiffen und Raumstationen sind an die Wände gepinnt: Landebuchten und Mannschaftsquartiere, Fitnessräume, Flugschrauber und Sonden. Unter ihnen auf dem Boden liegen handgezeichnete Skizzen, die Elemente und Merkmale ihrer vertikal angeordneten Bildquellen samplen und remixen: Hier ein Solarmodul, dort ein Sichtfenster, in eine Richtung ausgerichtete Achsen einer Zentrifuge, ausradiert und neu entlang einer anderen Linie ausgerichtet … Auf einem großen Tisch in der Mitte des Raums, wo die Pappmachélandschaft eines Schlachtfelds stünde, wenn das hier wirklich ein militärisches Hauptquartier wäre, steht ein Modell (im Maßstab 1:72) des Federal Starship *Sidereal* vom Planeten Kern. Es ist noch nicht fertig – teils weil es noch im Bau ist, teils weil Herzberg, der Art Director von *Inkarnation*, die übliche Schnittdarstellung nutzt, um allen Beteiligten das Verständnis und die Unterstützung zu erleichtern: Graphikdesigner, Baukoordinatorin, Requisiteurin, Drehbuchautor, Requisitenhersteller, Kostümbildnerin, VFX-Supervisor, CG-Regisseur (Eldridge), Kamerafrau, erste, zweite und dritte Regieassistentin sowie schließlich noch, am Scheitelpunkt dieser spezifischen Nahrungskette, der Regisseur (Lukas Dressel). Im Moment steht das Kerntriumvirat (der erste, die zweite und der vierte der Genannten) gerade um das geschnitzte und abgeschabte Styroporraumschiff herum und bespricht – erbittet oder bestreitet – verschiedenste Einwände ihres technischen Beraters Ben Briar.

»Wo ist das CC?«, fragt Briar.

»CC?«, fragt Herzberg nach.

»Crew Compartment. Die Mannschaftsräume.«

»Wir haben uns gedacht, die wohnen überall«, erklärt Herzberg ihm. »Die Heizer, Tszvetans Besatzung, seine Buddies und Vize-Schmuggler können unter Deck einquartiert werden, hier unter den großen Treibstofftanks. Die Prinzessin bekommt die Gästesuite, die mit dem Hauptteil der *Sidereal* verbunden ist. Dadurch wollen wir ihren Parda-Status betonen. Tszvetan haben wir so angelegt, dass er sich meistens auf dem Steuerdeck herumtreibt. Deswegen brauchen wir von Ihnen noch Füllmaterial.«

»Füllmaterial?« Diesmal ist Briar ratlos.

»Sachen, an denen er rumfummeln kann, während er seine Dialoganteile spricht. Knöpfe drücken, Hebel umlegen … so 'n Kram.«

»Seit der Sojus 1967 hat es in Raumschiffen keine ›Hebel‹ mehr gegeben«, informiert Briar ihn kühl.

»Ist ja auch egal«, entgegnet Herzberg. »Touchpads, Sprachschnittstellen …«

»Tszvetan ist Pilot«, meldet sich Berul, der Drehbuchautor von *Inkarnation*, zu Wort. »Steuermann, Kapitän, Rudergänger. Er laviert sehr geschickt. So muss er unbedingt angelegt werden: Auf der Brücke, mit Befehlsgewalt über den Kurs, Herr seines Schicksals – jedenfalls bis zur Thanadrinepisode, wo er dann natürlich übel abschwenkt …«

Federal Starship Commander Tszvetan ist das, was man in der Branche einen *Archetyp* nennt. Sein Stammbaum reicht weit zurück: über Han Solo und Rick Blaine bis zu Drake, Raleigh und wie die Kaperfahrer im Staatsauftrag alle hießen. Man gebe ein paar Prisen Pete »Maverick« Mitchell und Huckleberry Finn hinzu, und fertig ist der Genpool: rebellisch, unabhängig und – kraft dieser Eigenschaften, aber eher aus eigener Entscheidung als aus Pflichtbewusstsein heraus – unerbittlich loyal. Seine abwechslungsreiche Vorgeschichte, die erst in wochenlangen Parallelarbeiten konstruiert und dann in einem Hotel in Dorset verschmolzen worden ist, in dem man das gesamte Drehbuchteam wie Geschworene abgeschottet hat, enthält Elternverlust, Kidnapping, Aussetzung in einer kleinen Raumpiroge, die dann auf irgendeinem Planeten angespült wird oder eher (*superman*-mäßig) abstürzt, nämlich auf Kern, auf dessen Bevölkerung der noch nicht zugerittene junge Vollbluthengst beim Erwachsenwerden einen solchen Eindruck macht (drei Jahre in Folge Sieg im Tagel-Rennen, unzählige Kerben für den Abschuss feindlicher Piloten im Dritten Saraónischen Krieg usw. usf.), dass Kerns Herrscher Louis Q ihn zu seinem Neffen ernennt – ironischerweise, denn beiden ist unbekannt, dass sie tatsächlich verdeckte Blutsverwandte sind. Als ranghoher Militär, mehrfach ausgezeichnetes Fliegerass und dann auch noch Adoptivmitglied des Herrscherhauses genießt Tszvetan jede Menge Spielraum, um galaxisweit sein freies Unternehmertum zu betreiben – ein Unternehmertum, das in einem so wilden Sonnensystem wie diesem oft genug auf blanke Kriminalität hinausläuft; im Filz der inter-föderativen Verträge und Bündnisse ist es allerdings auch lebenswichtig, auf die Nuancen einer gegebenen Situation flexibel reagieren zu können, aus jeder Zufallsbegegnung in den Tiefen des Alls das Beste zu machen und die eigene Moral auf die jeweiligen Gegebenheiten abzustimmen. Natürlich sollte seine Freibeuterei seinen offiziellen Pflichten nicht zu sehr in die Quere kommen – aber das tut sie natürlich auch nie, denn der weise Louis Q versteht ebenso gut wie die Felipes und Elisabeths von anno Tobak, dass diese Aktivitäten bestens unter einen Hut zu bringen und füreinander Ansporn und Lebenselixier sind.

Zu Beginn von *Inkarnation* steuert Tszvetan die *Sidereal* gerade nach Doon Leer hinein, den gigantischen Raumhafen des Planeten Argeral, einst der Erzfeind seiner Wahlheimat Kern, jetzt, dank der Entspannungspolitik seit Landis, ihr Handelspartner und wankelmütiger ›Verbündeter‹. Infolge verschiedener Subplots, die nur eingebaut worden sind, um die Sache zu verkomplizieren – bzw. Komplexität zu suggerieren –, hat sich die *Sidereal* während ihrer drei Mondzyklen dauernden Herreise von Kern als Forschungsschiff ausgegeben, das diverse astronomische Durchgänge verfolgen sollte; kaum vom Raumhafenamt Doon Leer eingestempelt und eingewiesen, legt sie diese Tarnung ab und entpuppt sich als Schmuggelfrachter – was stimmt, aber auch nur die halbe Wahrheit ist. In Wirklichkeit ist Tszvetan Louis Qs Handlungsbevollmächtigter und soll den Antrag des Letzteren auf Eheanbahnung mit Argerals Kronprinzessin Tild voranbringen.

»Da komm ich nicht mit«, sagt Phocan, als Eldridge ihm den Plot zusammenfasst. »Für wessen Antrag soll er da als Bevollmächtigter ein Angebot unterbreiten?«

»Na, er soll einen Heiratsantrag überbringen, ein Reichmir-die-Hand-mein-Leben: Louis Q will die Thronanwärterin als Trophäenbraut, um die *pax romana* zwischen seinem und ihrem Königreich, Kern und Argeral, zu zementieren. *Deshalb* macht Tszvetan in Doon Leer Quartier …«

An einem zweiten Tisch in der Ecke des Raums entwirft eine Eliteeinheit von Eldridges eigenen Vizes, seine zuverlässigsten Modellbauer, Doon Leer. Auch sie kupfern ungeniert bei den an die Wand gepinnten Bildern ab; sie übertragen aber ohne Umweg über Papier direkt auf die Bildschirme. Ihre oberste Maxime lautet: Nicht kleckern – klotzen! Dressel will, dass die filmische Darstellung von Argerals Raumhafen Kultstatus bekommt; sie soll künftigen SF-*auteurs* nicht nur als Quelle, Referenzpunkt und Messlatte dienen, sondern sich ins kollektive Gedächtnis einer ganzen Kinogeneration eingraben, sie in die Träume verfolgen und ihre Erfahrungen von hunderten von räumlichen Schnittstellen in der Wirklichkeit einfärben – das Äquivalent ihrer Epoche zum War Room in *Dr. Seltsam*. Argeral ist die große Nummer im

Sonnensystem B-Roth: die militärische Supermacht (obwohl Kern wie auch andere ehemalige Vasallenplaneten nicht zuletzt dank früheren Heldentaten von Tszvetan der imperialen Flotte immer wieder empfindliche Niederlagen beigebracht und auf diese Weise kleine Widerstandsnester erkämpft haben) und de facto auch die größte Wirtschaftsmacht. Alles läuft über Argeral; egal wie weit ab vom Schuss in welchem subplanetaren Drecksloch etwas abgebaut, gehandelt oder geplündert worden und durch welche Einflussbereiche welcher provisorischen oder regionalen Autoritäten es als Konterbande gewandert ist – erst wenn es hier angekommen ist, kann es als Rohstoff, Ware, Dienstleistung oder anderes zu Geld und Kredit gemacht werden – im Jargon von *Inkarnation* »aufgeladen« werden (die Drehbuchautoren haben ein kleines Lexikon erstellt). Und da Doon Leer das administrative, militärische und steuerliche Nadelöhr ist, wo sämtliche Schiffe, Menschenseelen und Güter abgefertigt werden, die auf Argeral starten oder landen, ist der Raumhafen das Erste, was Reisende von dem Planeten zu Gesicht bekommen, wenn sie durch Sucher oder Fenster starren: Er glüht, pulsiert und zieht mit Traktorstrahlen ihre Schiffchen hinab, egal was ihre kümmerlichen Triebwerke vorhaben. Dressel will, dass dieses ganze galakto-ökonomische Ereignisfeld, diese astro-politische Konstellation ins Tableau der Eröffnungsszene umgesetzt wird, ein Weitwinkelballett aus Raumschleppern, riesigen Frachtern, winzigen Pilotdrohnen, die an den von den Verkehrsleittürmen des Raumhafens ausgesandten Traktorstrahlen auf- und absteigen, Boulevards und Korridoren aus Licht und Bewegung, die alle an diesem größten aller Raumhäfen konvergieren; eine perspektivische Wiedergabe der Macht und Majestät der Stadt, in der sich die ganze Faszination des Anflugs bündelt: Alle Raumrouten führen nach Doon Leer.

Die Jungen und Mädchen vom Art Department haben sich dementsprechend durch ihre Canalettos, Coles und Turners hindurchstibitzt, ganz zu schweigen von Berkey, Paul und Hoesli: hier ein gondelgespickter Canale Grande, dort ein mit Rippengeneratoren verbundenes Geflecht aus Zitadellen und Beobachtungsposten, an den Rändern wirbelnden Blindtromben, die alle auf denselben Punkt zentriert sind. Für ihre Hauptvorlage haben sie die Aussicht ausgeschlachtet, die sich Dorothy und ihren Freunden bietet, als sie über den gelben Ziegelsteinweg zur Smaragdstadt wandern: In ihren Entwürfen erhebt sich ein kristalliner Doon Leer über grauzonige Ballungsgebiete, die den Raumhafen umwuchern, aus den daran angrenzenden peripheren landwirtschaftlichen und industriellen Außensektoren – Pufferzonen zwischen seiner Pracht und Herrlichkeit und den verwilderten Wald- und Wüstengebieten, die abertausende von Quadratkilometern der Oberfläche von Argeral bedecken, bevor der Planet am Horizont in die Abgründe des Alls übergeht. Die Stadt besteht (zumindest aus dieser Entfernung) aus Quadraten, genauer gesagt Parallelogrammen, die wie zahllose abgeschrägte Ziegelsteine aufeinandergetürmt worden sind – schief, aber elektrifiziert, denn sie leuchten. Insgesamt macht die Metropole den Eindruck eines dauerhaften Montagezustands, ein puckerndes kompaktes Gebilde aus kristallinen Platten, ein ewig expandierendes Schachbrett aus Smaragdgrün und Azurblau.

Für die Modellbauer ist das leicht zu rendern, denn Quadrate und Parallelogramme sind auch ihre Bauklötzchen. Schwieriger ist die Vielzahl der Ein- und Ausflugschneisen des Raumhafens: Verlaufen sie zu gerade, wirken sie starr und anachronistisch, gestaltet man sie zu schlingernd, verliert man den entscheidenden optischen Fluchtpunkt.

»Wir haben uns an Bienen orientiert, die ihre Bienenstöcke verlassen und zu ihnen zurückkehren«, erläutert Eldrige Phocan gerade. »Die Routen können unbegrenzt variieren, aber letztlich bewegen sich alle durch dasselbe winzige Loch ...«

»Schöner Zufall, dass ihr an Bienen denkt«, sagt Phocan. »Wir waren letzte Woche erst zu einer Kooperation im Institut für Zoologie, um genau das nachzuverfolgen. Ich bin zweimal gestochen worden.« Er krempelt den linken Ärmel hoch und zeigt die Schwellungen am Unterarm. »Am Ende haben wir uns gesagt, dass wir die Algorithmen genauso gut per PIV bestimmen lassen können.« Er knöpft den Ärmel wieder zu.

»PIV?«

Phocan presst Daumen und Zeigefinger zusammen und hält sich den angedeuteten Ring vor halbgeöffnete Lippen. Eldridge glaubt erst, er spiele auf das Kiffen an, das in South Kensington ihre Dauerbeschäftigung war, merkt dann aber, dass Phocan nicht inhaliert, sondern *pustet*, und kann die Scharade entziffern:

»Ach so – Blasen. Das hast du erwähnt – auch in Bezug auf das Modellieren der Schlusssequenz, wenn das Schiff anfängt ... also im Wind ... Holland war das, oder? Schlitten ...«

»Rennbobs«, korrigiert Phocan ihn. »Nächste Woche. Ich kann mal vorfühlen, wie das aussieht, ob sie eine Auflösung simulieren können, Offerten einholen und so weiter.«

»Ich mein, du weißt ja, wir haben ein Modell bei den Wasserleuten in Berlin, aber ...«

»Ich weiß. Und was die Blasen angeht: Die beobachte ich durch schlepper-, frachter- und drohnengetönte Linsen. Wenn dabei was Gutes rauskommt ...«

Er zwinkert Eldridge zu, damit der weiß, dass ihre gemeinsame Vergangenheit ihm bestimmte Privilegien verschafft, einen Einblick in Materialien, die eigentlich genauso abgeschottet und unzugänglich bleiben sollten wie die königliche Passagierin auf der *Sidereal*. Eldridge nickt dankbar und zieht ihn zum nächsten Trakt zusammengestellter Bildquellen. Dressel und Herzberg wünschen sich naturgemäß eine Eröffnungssequenz, bei der aus einer Breitwandszene langsam auf die Metropole gezoomt wird, was Tszvetans Blickwinkel spiegeln soll, während die *Sidereal* zur ihr zugewiesenen Andockbucht manövriert. Dann ein bodennaher Schwenk über jede Menge Abfertigungsstationen, Frachtwaagen, Zollfilterbecken … Dieses Horizontalreich ist die Domäne von Doon Leers Ladern – »Lader« ist die Bezeichnung für das Heer aus Muschkoten und rangniederen Hafenbeamten, die Ladungen löschen, Zolltarife zuweisen und die in den Ladungsverzeichnissen der Schiffe aufgelistete Fracht (sowie natürlich alles, was sie sonst noch so hinter Boden- und Deckenpaneelen entdecken) mit Argerals spezifischer Version radiumhaltiger Sub- und Supraelektrizität zappen (»aufladen«). Auf Argeral ist Energie die entscheidende Maßeinheit: Waren, Dienstleistungen, Kredit – alles nur noch Begriffe für verschiedene Weisen der Ladung. Ladung mag ein galaxisweit austauschbarer und ausbaufähiger Standard geworden sein, aber nur auf Argeral kann sie auf Dinge übertragen und so »gemünzt« werden, eine Umprägung, die durch den formellen Durchgang durch Doon Leer bewirkt wird, und die grundlegende, schweißtreibende und schmierige Plackerei von dessen Durchführung obliegt eben den genannten Hafenarbeitern. Diese Lader bilden einen eigenen Stamm – mehrere Stämme, mehrere Spezies: Sie setzen sich aus Wanderarbeitern aus allen Ecken und Enden des B-Roth-Sonnensystems zusammen. Dunkelhäutige Arwaks, spitzköpfige Tallier, dreihändige Girodeaner und Konsorten: nomadische Populationen, die hierher migriert sind, aber nie Wurzeln geschlagen haben; die in den Schenken und Bordellen von Doon Leer schlafen, auf den Matratzen irgendwelcher Absteigen oder in Behelfsbaracken aus zweckentfremdeten Frachtkapseln. Sie stehen unter dem Schutz ihres charismatischen Rottenführers Ourman, in dem Tszvetan einen Gleichgesinnten entdecken wird (ein Sequel, das schon in der Pipeline ist, verfolgt das Schicksal des heroischen, aber innerlich zerrissenen Ourman, der im Chaos eines blutigen Aufstands oder Staatsstreichs die gesamten Ladungsreserven von Argeral in Sicherheit bringt). Obwohl sie (nicht nur im augenfälligen phylogenetischen, sondern auch im zivilrechtlichen Sinn) Aliens sind, sind diese Lader repräsentativ für die Bevölkerung von Doon Leer, die ebenfalls großenteils aus Außenseitern besteht – migrantischen Händlern, Maklern, Diplomaten, Spionen, Sklaven, von der Ladung hergelockt aus aller Herren Sonnensysteme.

»Das ist der Punkt bei großen Reichshauptstädten«, schärft Berul, dessen Team Fallstudien zu einer transhistorischen Auswahl von denen erarbeitet hat, Briar, Herzberg und allen anderen in Hörweite ein. »In Großreichen, ob Rom, Inka oder Amerika, geht es immer um Bewegung. Wenn ein Ort ›verwurzelte‹ Vibes hat, wenn seine Einwohner alle gleich aussehen oder reden, signalisiert man den Zuschauern den beschränkten Charakter eines Kleinplaneten. Will man dagegen vermitteln, dass es sich um den Brennpunkt des Leviathans handelt, die Schaltzentrale der Macht – dann muss man ein rastloses Gewimmel, einen unendlichen Formenreichtum verschiedener Körper vorführen; die ganze Stadt muss ein einziges wildes, hektisches, brodelndes, schacherndes und koberndes Getriebe sein.« Seine Hände wedeln und zucken zur Illustration durch die Luft, dann legt er sie an die Ohren. »Und man braucht einen Soundtrack, in dem eine Kakophonie der Sprachen schrillt …«

Berul, Dressler und Herzberg ist es vergönnt, ein Universum zu erschaffen. Sie sind Götter. Die Regeln, an die sich Handlungen und Ereignisse in *Inkarnation* zu halten haben, von folgenreichen Plot-Umschwüngen bis zu unbedeutenden Hintergrundfüllseln, sind in einem wuchtigen Folianten festgehalten, der den fast schon biblischen Titel *Das Buch Inkarnation* trägt. Die Designer und Koordinatoren sind seine Tempelpriester, die Modellbauer seine Geistlichen. Briar ist eine Art Einmanninquisition, der Frevel und Häresien ausrottet, wobei sich in den von Zeit zu Zeit aufkommenden theologischen Debatten für die wahren Gläubigen herausschält, dass der Two-Cultures-Mann der Vollstrecker der Dogmatik seiner eigenen Kirche ist, wie er selbst es nach seiner Ankunft in London formulierte. Sie mögen Welten gebären, diese müssen aber den Wahrscheinlichkeiten gehorchen, die im großen Buch der Naturgesetze geschrieben stehen, mit dem er ihnen ständig vor der Nase herumfuchtelt. In einem konkreteren Sinn müssen sie von den Geldgebern und Produzenten unterschrieben werden, die das Filmteam darauf verpflichten, ihnen am Ende jedes Drehtags Einlichtmuster zu schicken und Knöpfchen drückenden Fokusgruppen praktisch ungeschnittene Szenen vorzuführen, bloß um dann Nachdrehs, Neuschnitte und Neufassungen zu fordern. Das Drehbuch hat schon sieben Versionen hinter sich. Götter oder nicht, Dressler und die Seinen geben sich keinen Illusionen hin und wissen nur zu gut, dass sie es mit einer engen Rückkopplungsschleife aus Niedertracht und Idiotie zu tun haben. Ihr Deck auf der Trireme mag ein bisschen höher liegen, die Riemen und Bänke mögen weicher sein, aber Galeerensklaven sind sie genauso wie die Kids draußen im Vorraum. Unter ihren Füßen summt die Renderfarm und lässt Keller und Erdgeschoss vibrieren, als steckte das ganze Gebäude wie die *Sidereal* im

Traktorstrahl von etwas Größerem, einem so unerbittlichen wie undurchsichtigen Prozess.

»Für die Thanadrinszene brauchen wir – wenn ich vorgreifen darf – noch mechanische Aufhängungen«, erklärt Eldridge Phocan.

»Um die Darsteller zu bewegen?«, fragt der.

»Nein. Oder ja und nein. Um sie zu bewegen und damit sie sich bewegen können. Die Szene findet in der Schwerelosigkeit statt.«

»Cool.«

»Und zwar im Observatorium«, sagt Herzberg und lenkt Phocan zur Styropor-*Sidereal* zurück. »Das ist die Glaskuppel hier oben. Das Wichtigste sind die Lichtverhältnisse: Die Raumschiffbeleuchtung ist aus, aber die beiden Schauspieler werden vom reflektierten Licht der Monde und Planeten angestrahlt, das durch die Kuppel hereinfällt. Die Szene spielt sich am Ende der Rückreise nach Kern und am Ende einer langen Sonnennacht ab, als sich die ersten Morgenstrahlen von Fidelus gerade um die Krümmung von Ardis Minor herum in die Atmosphäre des Heimatplaneten vortasten. Wir möchten, dass das Licht so um ihre Körper herumfließt, dass es gut aussieht, aber auch zur von uns konstruierten Konstellation von Sonne und Planeten passt.«

»Dann sollten wir zwei Aufhängungen bauen«, überlegt Phocan. »Eine für die Menschen, und eine für Scheinwerfer und Kamera. Roboter aus der Automobilindustrie eignen sich da ganz gut. Und wir können das zuerst mit einem Raytracer modellieren.«

»Was ist das?«, fragt Briar.

»Man schickt Lichtstrahlen aus einer Kamera auf einen Punkt, der beim Dreh die Lichtquelle sein soll«, erklärt Phocan. »Dann verfolgt man die Photonen, die von den Flächen und Objekten abprallen, die man in der Szene braucht. Auf die Weise kann man rückwärts, nämlich vom Auge ausgehend verfolgen, wie das Licht reflektiert und gestreut wird.«

»Sie wollen Joel Reney und Rosanna Wilmington in einen Autoproduktionsroboter stecken?«, fragt Briar.

Bei der Vorstellung müssen Phocan und die Truppe von Degree Zero grinsen.

»Nein«, sagt Eldridge. »Wir nehmen Mo-Cap-Akteure.«

»Schauspieler aus der Bewegungserfassung«, ergänzt Phocan. »Aus Bergen. Vom Movement Underground.«

»Von wo?« Briar ist verwirrt.

»Bergen. Das ist in Norwegen«, erklärt Phocan ihm.

Eldridge erläutert geduldig: »Bei den faktischen Dreharbeiten für einen solchen Film stehen größtenteils Doubles vor der Kamera – sofern wir überhaupt noch echte Körper brauchen. Die Joel Reneys und Rosanna Wilmingtons tauchen erst am Schluss der Dreharbeiten auf, sprechen ihre Dialoge ein, und wir filmen ihre Gesichter und kopieren die auf die Schädel der Akteure …«

»Dann kassieren sie ab …«, fügt Herzberg hinzu, bekommt Eldridges Blick mit, fährt fort: »Hören Sie, ich wollt Sie noch was fragen …«, und zieht Briar auf die andere Seite des Raums.

»Der Typ ist gruselig«, vertraut Eldridge Phocan und Berul halblaut an.

»Technischer Sonderberater?«, flüstert Phocan. »Und hat noch nie von Raytracern gehört?«

»Eher Realismusfetischist als TSB. Wenn die NASA bei den Space Shuttles oder für die Internationale Raumstation keine Raytracer verwendet hat, interessiert ihn das nicht … Aber apropos Schädel: Wir brauchen vielleicht deine Hilfe für die Episode mit dem Schädel-Klinge-Abgleich.«

Als Phocan Eldridge nur ausdruckslos anstarrt, souffliert Berul: »Szene 25 ...« Als sein Gegenüber sichtlich nicht schaltet, sagt er: »Bitte sagen Sie jetzt nicht, Sie haben mein Drehbuch gar nicht gelesen.«

»Meines Wissens hat Pantarey kein Exemplar geschickt bekommen ...«, sagt Phocan vorsichtig.

Berul wendet sich kopfschüttelnd ab. Eldridge verdreht die Augen. »Paranoide Vollidioten. Ich kümmer mich drum.«

Er macht ein kleines Walkie-Talkie vom Gürtel los und bittet einen Untergebenen, Soren zu ihm zu schicken, den Laufburschen von Degree Zero, dem er aufträgt, auch gleich die Vertraulichkeitsvereinbarungen und Verzichtserklärungen zusammenzustellen, die erforderlich sind, um Phocan ein digitales oder analoges Exemplar des Drehbuchs zu beschaffen. Soren, der Flaumfusseln auf der Oberlippe hat, Samtgrannen, die noch nie einen Rasierapparat gesehen haben, wieselt durch den Vorraum zurück, durchs Foyer, aus dem Produktionsgebäude hinaus und über den Hof zu den umgewidmeten Stallungen, in denen die Rechtsabteilung von DZ untergebracht ist. Unterwegs sieht er zwei Junkies zu der Treppe zotteln, hinter der die Renderfarm im Keller liegt. Er kommt am blauen Transporter von Deli Svevo vorbei, der den ranghöheren Angestellten ihre Lunch-Sandwiches bringt, und an Kurieren, die mit Fahrrädern, Motorrädern oder zu Fuß auf dem Kopfsteinpflaster unterwegs sind, die schmalen Treppenhäuser zu den Büros und Werkstätten von DZ und anderen Unternehmen hinauf- und hinabschießen, Umschläge und Päckchen abholen, andere aus ihren Umhängetaschen mit Klettverschlüssen ziehen, Strichcodes scannen, E-Pads zum Unterschreiben zücken, sich über Funk den nächsten Auftrag durchgeben lassen und dabei die ganze Zeit auf Russisch, Polnisch, Englisch, Arabisch und Spanisch stockende Gespräche über FaceTime und WhatsApp führen. In all dieser Vergänglichkeit und Unbeständigkeit verbirgt sich eine Haltbarkeit, die Soren zur Kenntnis nehmen sollte, wenn er es in dieser Branche oder überhaupt im Leben zu etwas bringen will. Weltreiche zerfallen zu Staub und Todessterne explodieren, aber Scurrier wird es immer geben.

7. Ground Truth

Genau wie Briar ist Diamond von Phocan in alle Einzelheiten des Photonenbewegens eingeweiht worden. In ihrer ersten Woche bei Pantarey ist sie nur mit ihm mitgelaufen. Als die Techniker am Montag ein Turnpferd in die gerasterte Fläche der Kammer geschleppt haben, hat er ihr die Grundlagen der passiven optischen Bewegungserfassung auseinandergesetzt.

»Ein Marker reflektiert Licht zur Kamera zurück«, sagte er und hielt zwischen Daumen- und Fingerspitzen die cremefarbene seidenweiche Kugel, die er von einem Tisch genommen hatte, eine von tausenden, die überall in der Firmenzentrale wie kleine Pilze aus dem Waldboden zu sprießen schienen. »Die LEDs der Kamera strahlen das Licht aus, und der Marker, der ›Nippel‹, reflektiert es und sendet damit die Koordinaten seiner Position. Ein Marker, eine Position; zwei Marker, zwei Positionen; drei, drei; und so weiter. Das ist seine einzige Funktion: Licht reflektieren – deswegen nennen wir das ›passiv‹. So weit alles klar?«

Sie nickte. In einer Tür auf der anderen Seite der Kammer tauchte ein kleiner, muskulöser Turner auf.

»Hier kommt es aber zu einem Paradox«, fuhr Phocan fort. »Die markierte Position ist nicht der Endzweck. Sie ist nicht der Punkt, auf den wir aus sind.«

»Wie meinst du das?«, fragte sie.

»Die Stelle, die uns eigentlich interessiert, die wir *wirklich* suchen, aus kinetischer Perspektive, ist der wahre Drehpunkt oder das Zentrum – was wir die ›Wurzel‹ nennen. Bei menschlichen Bewegungen ist die fast nie direkt zu sehen. Die Marker dienen als Sprungbretter oder Zwischenstationen auf dem Weg zum Ausgraben dieser schwer fassbaren Wurzel.

Mit vier Markern können wir Punktewolken um sie herumbauen und sie per Hochrechnung rekonstruieren.«

Die abstrakten Formulierungen leuchteten ihr nach und nach ein, als der Turner, den Sennet eifrig mit Markern bestückt hatte, am Seitpferd mit seinen Schwüngen und Scheren begann. Auf dem Bildschirm, vor dem Phocan und sie saßen, konnte Diamond verfolgen, wie leuchtende Punktvierecke in sich wiederholenden Sequenzen herumwirbelten und rotierten.

»Die siehst du hier.« Phocan deutete auf verschiedene Vierecke in Bewegung. »Wenn wir diese vier um sein Handgelenk herum angeordneten Marker herausgreifen« – seine Maus klickte sich durch die beschriebenen Schritte – »und dann diese Box erstellen …« Mit fünf, sechs weiteren Schnellfeuerklicks hatte er ein Rechteck um das Handgelenk herumgebaut, gab die (immer noch bewegten, Teilschritte des größeren Körpertanzes ausschneidenden) Punkte darin wieder und erweiterte und vergrößerte ihre ursprüngliche Verteilung; dann huschte er über Randleisten, Pull-down-Menüs und Ähnliches und ließ die vervielfältigten Punkte wie Laserkanonen vier Strahlen feuern, die in einem fünften Punkt innerhalb ihres Umfangs zusammenliefen und diesen letzten Fleck – der, von den markerderivierten Punktbewegungen hin- und hergezogen, selbst über den Bildschirm wanderte – zur Sichtbarkeit aufflackern ließen. Freudestrahlend verkündete Phocan Diamond: »Da haben wir unsere Wurzel. Das ist der Kern des Handgelenks.«

Er stöberte noch ein paar Wurzeln von verschiedenen Gliedern und Gelenken des Turners auf, baute daraus Rechtecke am Bildschirmrand, kopierte in ihnen die Punktwolken der Marker und ließ Strahlen von ihnen ausgehen, um neue Drehpunkte ans Licht zu bringen.

»Bei der hautnahen Körper-Mocap ist unser Ziel in aller Regel das aufgelöste Skelett.«

»Das *was*?«, fragte sie.

»Stell dir deine Kleidung in Bezug auf die Haut darunter vor«, sagte er. »Die Kleidung *eines Menschen*«, korrigierte er sich, als er merkte, wie sie auf ihren Sweater hinunterschielte. »Sie bewegen sich die ganze Zeit. Ein Marker auf einem T-Shirt oder so liefert keine präzisen Daten über die genaue Position eines Leberflecks auf der Haut. Genauso liefert ein Marker auf der Haut keine punktgenauen Koordinaten eines Gelenks darunter, weil auch Haut hochbeweglich ist: Was uns betrifft, ist auch sie nur eine Stoffschicht. Wir sind hinter dem Unterbau her, den Knochen unter der Haut: eben dem aufgelösten Skelett. Zumindest in medizinischen Kontexten. In der Unterhaltungsbranche sieht das ein bisschen anders aus, da liegt der Schwerpunkt eher auf erweiterten Effekten.

»Und hier?«, fragte sie ihn und deutete auf die herumwirbelnde Gestalt.

Er musste kurz überlegen und sagte dann:

»Das ist ein Zwischending. Hier suchen wir weniger das *Skelett* als vielmehr den ganzen Kreislauf aus Kraft und Gegenkraft, Balance und deren Grenzen. Hier ist die Wurzel weder Knochen noch Muskel, sondern etwas anderes, etwas Systemischeres …«

Diamond starrte auf den Bildschirm, und ihr Blick verlor sich in den immer mehr werdenden Feldern. Als sie wieder den realen Turner ansah, sah sie noch eine Schachtel: das Seitpferd, um das er herumrotierte, -schnellte und -schwang. Es war langgestreckt, lederbezogen und wölbte sich nach außen wie ein Sarg. Dass alle diese Bewegungen, diese Sequenzen, diese extrem formalisierte Vorführung um Positionen herum

organisiert wurden, die selbst begraben blieben … Der Gedanke frappierte sie; in den folgenden Wochen verschattete er
ihr Weltbild; bei allem, was sie sah, in allen Szenen oder Situationen, die sie beobachtete oder an denen sie beteiligt war,
begann sie zu extrapolieren, zu rekonstruieren, Wurzeldreh-
punkte zu bilden, und baute an den Seiten Schachteln, Kästchen und Felder …

Am Dienstag machten sie eine Exkursion nach London.
Im Untergeschoss vom Guy's Hospital, Flügel A, Aufzug C,
erhielten Phocan und sie Zutritt zu einem Ganglabor, an dessen Wände Stachelrochen, Oktopoden und Meerjungfrauen
gemalt waren, die um eine versunkene Schatzkiste herumtoll-
ten, die Diamond auf den ersten Blick für einen Flugschreiber
hielt. Um einen Desinfektionsmittelspender und einen Ver-
bandskasten herum lagen auf einem niedrigen Tisch neben
einer Untersuchungsliege haufenweise Dinosaurier, Enten
und Gorillas aus Stoff; über ihnen zerfledderte Hefte von *Helfer auf vier Pfoten* und mit Magneten an einem Whiteboard
befestigte *Peppa-Wutz*-Sammelbilder, Tiere, die sich amüsiert
die Schaubilder ansahen. Der Patient (der *Klient* im Manage-
ment-Jargon des gedruckten Dossiers, das Dr. Cromarty, der
Leiter der Forschungsklinik, studierte, während der Raum
vorbereitet wurde) wartete bei ihrer Ankunft draußen und
trug ein Schild mit der Aufschrift *MJ2703*.

»*MJ* steht für männlicher Jugendlicher«, erklärte Cromarty.
»Das ist heute sein dritter Termin.«

Er hielt Diamond das Dossier hin. Sie blätterte darin und
fand seitenweise Kurzberichte mit eingefügten Kästchen, in
denen dreifarbige Linien (violett-orange-grau, die sich mal
überlagerten, mal kreuzten und mal voneinander fortstrebten)
Fußprogressionswinkel und Ausmaße der Sprunggelenks-
distorsion abbildeten.

»Das Format hab ich selbst entwickelt«, sagte Cromarty. »Die Fachärzte, die es analysieren müssen, um ihm Anhaltspunkte für chirurgische Entscheidungen zu entnehmen, hassen es. Die wollen bloß eine Geschichte mit einer schlichten Moral: *Mach dies – lass das* ... Die Pathologie besteht aber nicht aus Fabeln. Meine Aufgabe besteht darin, alles in seine Bestandteile zu zerlegen.«

MJ2703 war schon ganz schön zerlegt: Das Dossier enthielt dramatische Höhepunkte – eine Oberschenkelfraktur und eine Wadenzerrung im Vorjahr zum Beispiel –, die waren aber selten. Meistens ging es um Nebenhandlungen – Rückgang der Adduktorenspannung und Überdehnung des Kniegelenks –, deren Auswirkungen auf den Spannungsbogen oder auch aufeinander ziemlich überspannt schienen; unterm Strich bot sich eine nur dürftige Entwicklung, die nicht den Eindruck vermittelte, auf einen Höhepunkt oder eine Auflösung zuzusteuern, ob nun glücklich oder nicht.

»Die Zerebralparese ist nicht progredient. Das macht ihn zu einem ergiebigen Forschungsobjekt, zur Beute oder –« Cromarty sah sich um und senkte die Stimme, als wollte er das Wort nicht in Hörweite seines *Klienten* aussprechen – »zur Muse.«

»Hier, Lucy«, Phocan saß mit der Assistentin des Ganglabors, einer Agnieszka Czajka, an einem Tisch mit mehreren Bildschirmen und rief sie zu sich. »Du kannst den Signalabnehmer testen. Mach mal ein paar Schritte und wirbel den herum.«

Er warf ihr einen Kalibrierstab zu, und sie ging hin und her, drehte sich hierhin und dorthin und wirbelte den an den Enden mit Querstücken versehenen Stab in kleinen Kreisen durch die Luft, als wollte sie den Raum mit Weihwasser segnen oder mit der Wünschelrute überhaupt erst Wasser aufspüren. Als sich die dazugehörigen Schleifen und Spiralen auf ihren Bildschirmen abzeichneten, unterwies Phocan Czajka in den Menüs und Shortcuts sowie (wie er bereitwillig zugab, auch wenn die Hilfeseite von Pantarey das nicht tat) Fallstricken von Physis 6™.

»Der wichtigste Unterschied zwischen Version 6 und der Vorgängerversion ist, dass man nicht mehr jeden Gelenkpunkt einzeln markieren muss: Das erledigt die Software für einen. Beim Event-Setzen erspart einem das jede Menge Zeit.«

»Kann er dann kommen?«, rief Cromarty von der Untersuchungsliege her.

Phocan gab ihm grünes Licht.

»Showtime!« Cromarty verwandelte sich in einen Zirkusdirektor und lüpfte und schwenkte einen unsichtbaren Zylinder. Dr. Winter, der Vize der Forschungsklinik, verließ den Raum und kam mit einem Jungen und (vermutlich) dessen Mutter zurück.

»Was soll das denn?« Cromarty drehte sich ihnen von der Liege zu, tat so, als müsse er zweimal hinsehen, und starrte den Vierzehnjährigen mit freundlich-erstaunten Augen an. »Die müssen uns Nathans großen Bruder geschickt haben!«

Der Junge lächelte und wurde rot, Cromarty winkte ihn zu sich, und der Junge ließ seine Mutter stehen und ging mit spitz zulaufenden Zehen mit geschnittenen Nägeln zu ihm. Während MJ2703 auf ihn zukam, spielte Cromarty weiter den Schockierten, instruierte Winter, doch bitte zu prüfen, ob sie nicht versehentlich superstarke Wachstumshormone verschrieben hätten, grimassierte wie Quint und knurrte mit seiner besten Seebärenstimme *Wir brauchen ein größeres Ganglabor* … Diamond stand direkt neben ihm und sah, dass er dabei aber schon Messgrößen kalibrierte und eine Bestandsaufnahme machte.

»Nathan«, verkündete er, als der Junge vor ihm stand, »unsere Augen strafen die Wissenschaft Lügen. Wir müssen dich messen, um deinen Wachstumsschub unter den Baldachin der Vernunft zurückzuholen. Zieh dich doch bitte bis auf die Unterhose aus.«

Der immer noch knallrote Nathan kam der Bitte nach. Cromarty nahm ihn zur Liege mit und maß mit einem Bandmaß seinen oberen Bauchumfang und die Länge vom Handgelenk zum Ellbogen, während sein Vize die Länge vom Knie zum Fuß und die Zehenspreizung vom unteren Liegenrand aus maß, wo er sich wie ein Landvermesser, der im Schatten einer Auslegerbrücke kauert, hinhockte und ein Winkelmaß zwischen ein offenes Auge und die über ihm aufragenden angezogenen Beine hielt. Als sie den Jungen fertig vermessen hatten, tupften sie ihm die Waden und Schenkel ab und befestigten an denen EMG-Elektroden, fleischfarbene Scheibchen, an denen winzige Kästchen hingen und regelmäßig blinkten wie miniaturisierte Seenotsender. Ihre Akkus, vielleicht aber auch seine eigene Nervosität, lösten in Nathans Beinmuskulatur kleine lokale Spasmen aus, kräuselten seine Haut, und er wurde wieder rot, peinlich berührt von der subkutanen Erregung, die kurz deutlich sichtbar war, bevor Winter sie sittsam verschleierte, indem er Verbände um die Beine wickelte, um die Elektroden an Ort und Stelle zu halten – für Phocan und Czajka waren sie auf den Bildschirmen aber immer noch sichtbar, denn sie konnten Reihen von unscharfen Soundbars beobachten, die auf den Monitoren bei jedem Erschauern seismische Sprünge von links nach rechts machten. Dann tüpfelte Winter mit Diamonds Hilfe Nathans Mittelfußknochen, Schenkel und Kniescheiben mit Pantarey-Markern.

»Auf zum Laufsteg!«, kommandierte Cromarty.

Winter brachte Nathan zum Zentralbereich des Ganglabors, zu einem schmalen Streifen oder einer Piste.

»Wenn du das P6-Fenster hochziehst«, sagte Phocan an ihrem Tischchen zu Czajka, »sollte zu sehen sein ...«

Und da war es auf ihrem Bildschirm: ein Satz von Lichtpunkten, die sich genauso im Verein bewegten wie beim Turner auf dem Pferd.

»Wenn du jetzt auf *Splines füllen* klickst, dann ...«, sagte Phocan.

Als Czajka das machte, zeigten sich plötzlich Linien – grüne, rote und weiße – zwischen den weißen Punkten und webten eine Katzenwiege aus irregulären, sich schneidenden Dreiecken, die auf lotrecht aufeinanderstoßenden Ebenen lagen; eine rein geometrische Anordnung, die aber eindeutig den Unterkörper von MJ2703 von der Ferse bis zur Hüfte darstellte. Als Cromarty, der immer noch den Zirkusdirektor gab, Nathan vom einen Ende der Gehstrecke zum anderen gehen ließ, bewegte sich auch dieses Gebilde: eine komplexe Pfeifenreinigergestalt oder deren untere Hälfte, deren einzelne Eckpunkte und Seiten sich mit jeder Bewegung verschoben und neu zusammensetzten. Manchmal verschwand eine Linie zwischen zwei Punkten, blitzte zwischen zwei anderen wieder auf und versuchte, eine plausible Verbindung zu bilden, die sich ihrerseits entweder als haltbar erwies oder aber von der Software überschrieben wurde und wieder verschwand.

»Ich dachte, das Programm weiß, welcher Punkt welcher ist«, sagte Czajka, als der linke Schenkel der Gestalt aus der Sichtbarkeit verflackerte.

»Meistens weiß es das auch«, sagte Phocan. »Besonders wenn es ihm einmal gesagt worden ist. Wenn du den Punkt da RTIB für rechte Tibia oder Schienbein nennst und den da

LFER für linke Ferse, sollte es diese Bezeichnung bei den weiteren Bewegungsabläufen behalten.«

Czajka zog die Bezeichnungen von einem Menü auf der rechten Bildschirmhälfte herüber und heftete sie an die Punkte, die die Markerpositionen verfolgten, die ihrerseits die räumliche Verortung von Schienbein und Ferse des Jungen zeigten; während seines weiteren Gangs über die Gehstrecke ergänzte sie dasselbe Ziehen-und-Ablegen für RTOE, LASI, RASI, LPSI … Als MJ2703 das Stegende erreicht hatte, bedeutete Cromarty ihm mit einer Drehbewegung der Hand, sich umzudrehen, und schickte ihn zurück; dieselbe Kehrtumbewegung, als er wieder seinen Ausgangspunkt erreicht hatte; dann noch mal und noch mal. Phocan behielt recht: Nach drei Durchläufen verschwanden die Linien zwischen den Punkten nicht mehr, sondern blieben von Phase zu Phase intakt.

»Alle markiert«, sagte Czajka beeindruckt. »Können wir jetzt zum Fußabsetzen übergehen?«

»Unbedingt«, nickte Phocan. »Und es sagt dir, wenn du einen guten gelandet hast. Klick auf *Platten zeigen* …«

Als Czajka das tat, teilte sich die Gehstrecke auf ihrem Bildschirm in drei Rechtecke, die mit *1*, *2* und *3* markiert waren und jedes einer Kraftmessplatte im realen Boden des Laufstreifens entsprachen. Als MJ2703s Ferse beim nächsten Durchlauf auf die erste Platte trat, schoss am Bildschirm ein Pfeil aus dem ersten Rechteck und stieß in Übereinstimmung mit dem Schenkel des Strichmännchens vom Boden hoch.

»Das ist ein Treffer«, sagte Phocan. »Du musst ihn nicht markieren; das Programm taggt ihn automatisch.«

»Wie läuft's?«, mimte Cromarty durch den Raum.

»Ein Treffer bei diesem Durchlauf«, rief Czajka ihm zu.

»Jetzt kommt die nächste Phase, Nathan«, hielt Cromarty

den Jungen an. »Mach so weiter. Stell dir vor, du bist eine Schildwache, die vor den Palasttoren auf und ab paradiert.«

Beim nächsten Durchlauf bekamen sie Treffer in den Abschnitten 1 und 3. Die mittlere Kraftmessplatte sprach offenbar aber nicht an; entweder war der Sensor schon verschlissen, oder sie lag nie im Gangmuster des Jungen … Als er noch achtmal hin- und hergegangen war, pingte auch Abschnitt 2 endlich im Einklang mit den anderen. Czajka übernahm Phocans Geste und streckte ihrem Boss den Daumen hoch; Cromarty sagte dem Jungen, er wäre ein Star in der Manege, könne sich verneigen, ausruhen und wieder anziehen, und alle anderen Anwesenden bat er um Applaus, der den Jungen wieder erröten ließ.

Als der Beifall abgeklungen war und Diamond neben ihm stand, sagte Phocan zu Czajka: »Jetzt setzt du Events. Wiederhol die Sequenz; wenn du den Notch anklickst, der jeden Event markiert, schlägt das Programm dir vor …«

Sie zog den Cursor schon zum ersten, ganz links liegenden Notch; als er darauf landete, ging ein Kästchen *Event setzen* auf, in dem schon *MJ2703 Rechten Fuß Absetzen* stand.

»Klick *Bestätigen* …«, sagte Phocan.

Czajka bestätigte und bestätigte auch gleich den Default Content des nächsten *Event-Setzen*-Kästchens als *MJ2703 Rechten Fuß Anheben*; dann *MJ2703 Linken Fuß Absetzen* und so weiter, bewegte sich nach rechts über die Gehstrecke, bis der gesamte Zyklus markiert war.

»Jetzt füllen wir die Löcher«, sagte Phocan.

»Da sind immer noch Löcher?«, fragte Czajka.

»Ich fürchte ja. Auch mit Physis 6 lässt sich nicht verhindern, dass Marker mal in blinden Flecken landen, miteinander kollidieren und Ähnliches«, räumte er ein. »Seine Stärke ist, dass es einem Tools an die Hand gibt, um das zu korrigieren.«

Dann ging er mit ihr eine Viertelstunde lang Schritt für Schritt die Lückenfüllmethoden der Software durch. Er murmelte Anweisungen, Czajka ließ das Strichmännchen auf dem Bildschirm rotieren wie einen Tonkrug auf der Töpferscheibe und durchkämmte die Aufzeichnung nach Stellen, wo trotz der Interventionen der Software noch Körperkonturen fehlten; wenn sie eine solche Stelle fand, stürzte sie sich darauf, zoomte einzelne Punkte heran, verkettete sie mit wellenförmigen Fasern, die sie durch Nadelöhre von Kegeln bis zum nächsten vergrößerten Punkt fädelte, den sie genauso verkettete, und die flaumigen Flechten umflossen die Gestalt in einem losen Gespinst, bis sie die Fasern festzurrte und die Leere zwischen den gepaarten Punkten wieder überbrückte. Nach jedem erfolgreichen Füllen unterzog Czajka das Ganze einem Praxistest und ließ die Schienbein- oder Schenkelformation, zu der das Füllen gehörte, rückwärts und vorwärts durch Teilsegmente des Events laufen, in dem sie ihrerseits eine Mikrorolle oder -funktion übernahmen: die Viertelsekunde, in der sich nach dem Absetzen des rechten Fußes der Mittelfußknochen streckte, oder die Fünftelsekunde vor dem Anheben der Ferse, wenn er sich wieder krümmte …

Diamond hatte währenddessen nicht viel zu tun und musterte die Mutter von MJ2703, die sich um das Tischchen von Phocan und Czajka herumdrückte und zusah, wie die gesammelten Daten auf den Server des Ganglabors hochgeladen, mit den zwischengespeicherten Werten der beiden früheren Termine zusammengeführt und in die Online-Kataloge von CMAS und ESMAC eingespeist wurden, um von den Qualitätsmanagementsystemen für medizintechnische Produkte auf fünf Kontinenten und in wer weiß wie vielen führenden Forschungsinstituten indikationsübergreifend durchgearbeitet und vernetzt zu werden. Der Baldachin der Vernunft. Unter dem Blick dieser Frau wurden die synaptisch unter dem Tisch blinkenden Prozessoren zu eingepackten Hierophanten, Orakeln, zu deren Befragung sich die Bittstellerin in diese Grotte herabgetraut hatte; die Kabel, die sie miteinander verbanden, wurden schwarze Nabelschnüre, die sich hinter Rotguss außer Sicht schlängelten und zu dunklen Geheimnissen zurückspulten, Ursprungsmysterien, traurigen Inkunabeln ihres Kindes. In ihrem Blick, der ihnen bis zu ihrem Verschwinden folgte, lag nicht nur ein forschender Ausdruck, sondern auch ein Flehen – als läge irgendwo in den Labyrinthen der Schaltkreise, auf nanometerkleinen Arbeitsspeicherbereichen gedruckt, der Schlüssel, wie Nathan zu *heilen* war, wie die ganze Situation wieder repariert werden konnte: etwas so Leichtes wie das Umlegen eines Schalters, die Umkehrung einer Rückkopplungsschleife, das Neuschreiben einer Codezeile …

Als auch Cromarty zur Bearbeitungsstation herübergeschlendert kam, fragte die Mutter ihn unsicher: »Und? Was halten Sie jetzt davon?«

»Wovon?«, fragte er zurück.

»Von der Rhizotomie.« Sie sprach das Wort sorgfältig aus, als enthielten schon seine Silben eine Beschwörung.

Cromarty verzog das Gesicht. »Das eigentliche Problem der SDR oder Rhizotomie«, sagte er, und Diamond merkte, dass er zu seinem Standardvortrag zum Thema ansetzte, »besteht in dem Glauben, man könne eine Funktionsstörung ohne weiteres von dem Körper isolieren, in dem sie auftritt. Ihn einfach so wieder instand setzen. So funktioniert das leider nicht. Körper sind Systeme; komplexe Netzwerke; alle Bestandteile sind miteinander verflochten. Bei neuralen Aktivitäten gilt das in besonderem Maße. Die bloße Durchtrennung der Nervenwurzeln im Rückenmark unterbindet noch nicht die Reizüberflutung im Großhirn; die Ataxie wird von Millionen anderen Kanälen und Transmittern verursacht, die allesamt überfeuern. Schauen Sie, hier ist …«

Auf den Dossierrändern skizzierte er ihr ein Motoneuron. Als Diamond ihm zwei Minuten später wieder zuhörte, hatte er seinen Vortrag auf die Geschichte hyperkinetischer Funktionsstörungen – ihren gesellschaftlichen Stellenwert, die ihnen geltenden Einstellungen und Gepflogenheiten – seit Anbeginn der Zeiten ausgeweitet.

»In der Antike hatte man Hochachtung vor den Leidenden, bei denen man das zweite Gesicht vermutete; im Mittelalter schrieb man ihnen die geweihte Inbrunst der Anhänger des heiligen Veit zu, die vor dessen Statuen in rhapsodische Schüttelkrämpfe verfielen: *choreia, chorus*, Chor. Man muss das nicht als Fluch ansehen.«

»Mach ich ja gar nicht«, entgegnete die Mutter halb empört und halb ertappt.

»Außerdem liegt die Entscheidung über einen operativen Eingriff schlussendlich nicht bei mir«, setzte Cromarty noch hinzu.

Seine Worte verloren sich, und er tippte mit dem Bleistift aufs Papier, als wollte er einen Rhythmus bestimmen – für den Prozess der Entscheidungsfindung, der Krankheit oder schlicht der Zeit und ihres Nichtvoranschreitens. Das von ihm skizzierte Neuron hatte einen Kern, aus dem Tentakel wuchsen, die es wie eine Qualle nachzog. Diamond kam sich vor wie ein Eindringling und sah zur Wand des Ganglabors hinüber, an der mit Seetangwedeln umwundene Zephalopodenglieder geschmeidig mit den glücklichen Krebsen und erotischen Meerjungfrauen tanzten.

Am Mittwoch war sie dann wieder in der Firmenzentrale und ging von der Einzel- zur Mehrkörpererfassung über. Als sie in die Kammer kam, hatten Bauklötze aus Schaumstoff deren Fläche eine Art Raumaufteilung gegeben, bei der die Wände nur schienbeinhohe Stümpfe waren.

»Das ist eine Botschaft«, erklärte Phocan ihr.

»Welche?«, wollte sie wissen.

»Eine prototypische«, sagte er. »SG baut ein Trainingstool für Polizeikräfte in aller Welt. Das Uraltszenario der Botschaftsstürmung: Terroristen, Geiseln, Fenster einschlagende Abseilaktionen, Granaten, das ganze Pipapo.«

SG war Serious Games PLC, ein regelmäßiger Klient von Pantarey. Terroristen und in Geiselhaft genommenes Botschaftspersonal hatten sie gleich mitgebracht – alles Nachwuchskräfte des Unternehmens, wie Diamond entdeckt hatte, als sie sich über den aus ihren Plastikfolien gewickelten Brie-und-Chutney-Sandwiches, deren Schmelz rasch verharschte, mit ihnen unterhielt.

»Ich komm mir vor wie der letzte Schwachkopf«, erklärte ihr ein junger Mann namens Darren, der in einem glutäal wenig schmeichelhaften nippelbestückten schwarzen Bodysuit neben dem Tapeziertisch stand. »Der Pearly King als Sexsklave ausstaffiert.«

»Stell dich nicht so an«, ergänzte Michael, sein Kollege und ihr Gegenstück, der Praktikant bei SG. »Letztes Mal waren es Bekloppte für …«

»Psychisch andersorientierte Nutzer und Nutzerinnen medizinischer Versorgungsinstitutionen«, korrigierte Darren ihn.

»Psychisch andersorientierte Nutzer und Nutzerinnen medizinischer Versorgungsinstitutionen«, wiederholte Michael und parodierte den Tonfall eines ungezogenen Schülers. »Da mussten wir die Wände langrutschen und uns über Böden schlängeln, damit Schwestern und Pfleger lernen konnten, uns zur Pilleneinnahme zu bringen oder zum Stillstehen, während uns Zwangsjacken über die Köpfe gezerrt wurden.«

»Wenigstens müssen wir nicht in Gesichter abspritzen«, murmelte Darren.

Diamond verstand, worauf er hinauswollte, als Darren, Michael und die anderen Bodysuits ihre angebissenen Sandwichs liegen ließen und in ihre verschiedenen Nummern eingewiesen wurden: Terroristen, die sich an Schutzschildgeiseln drückten und seitwärts an den Wänden entlangschoben, durch Türen hechteten, um abwesende Sondereinsatzkommandos ins Visier zu nehmen, oder, von deren zu erwartenden Kugeln durchsiebt, zu Boden stürzten. Sie verrichteten diese und andere Aktivitäten auf nüchterne, undramatische Weise; beim Sterben zeigten sie weder Schock noch Bedauern; drohten sie mit dem Tod, strahlten sie keine Gefahr aus; Sprengstoffwesten, die mit den banalen Gesten ausgelöst wurden, mit denen man einen Sitzgurt öffnet, bewirkten keine Explosionen. Es gab weder Rufe noch Schreie: Alles fand in betriebsamer Stille statt, die nur von quietschenden Gummisohlen auf dem Boden und gelegentlichen Anweisungen ihres SG-Vorgesetzten oder des von diesem mitgebrachten ehemaligen Special-Air-Service-Manns durchbrochen wurde. In der Regel sollten sie dann einen bestimmten Bewegungsablauf wiederholen, hechten oder stürzen oder aber sich zu einem anderen Punkt auf dem Boden begeben, um dort irgendeine ganz andere oder zumindest nicht aus dem Vorigen hervorgehende Handlung zu vollziehen, und so gab es überhaupt keinen Zusammenhang, keinerlei Geschlossenheit, und niemand tat auch nur im Entferntesten so, als würde er als Einzelner oder in der Gruppe die Situationen oder Ereignisse durchleben, die er darstellte.

»Die Mimik wird später ergänzt«, erklärte Phocan, als sich Diamond danach erkundigte. »Wir haben eine ganze Schatzkiste an Gesichtsausdrücken – Angst, Wut und so weiter –, aus der sie sich bedienen können. Und für die tool-spezifischen Dialoge kommen heute Nachmittag noch zwei Schauspieler.«

Als diese Schauspieler dann kamen, wurden sie in übergroße Teenager verwandelt, ihre Gesichter wurden mit Markern verpickelt, und dann mussten sie Sachen aufsagen wie *Zurück, Die bring ich um, Ich hab eine Bombe* und *Rette mich*, alles mit den jeweils erforderlichen Mienen der Verzweiflung, des Entsetzens und der Entschlossenheit – aber da Phocan sie angewiesen hatte, deutlich und, schlimmer noch, *langsam* zu sprechen, damit die Unterkiefer- und Lippenbewegungen möglichst gut erfasst werden konnten, waren sie letzten Endes genauso unnatürlich wie die Bewegungen am Vormittag.

»Das ist doch gar kein Schauspielen, oder?«, meinte sie zu Phocan, als der die Wurzeln von Wangen, Schläfen und Jochbeinen rekonstruierte und in einem anderen Kästchen die Drehpunkte eines Zähnefletschens wiederherstellte.

»Oh doch«, sagte er, hob die Stimme und rief zum männlichen Zuschauer hinüber: »Peter, kannst du mal herkommen?«

Der immer noch von Seidenakne gebeutelte Peter kam, und als Phocan ihn bat, Diamond zu sagen, was er studiert hätte, sagte er stolz: »Deutschen Expressionismus. Hab ich meine Abschlussarbeit drüber geschrieben.«

Als sie ihn nur ausdruckslos ansah, ergänzte er:

»Was Sie immer in den frühen Stummfilmen sehen – die Schurken blicken finster und lachen hämisch, und die Heldinnen reißen Mund und Augen zu klaffenden Kreisen auf, um eine Gefühlslage zu vermitteln, die jedes Publikum erkennt. Das verstand man damals unter Schauspielen: mi-

misches Springreiten. Man jagte Haut und Muskeln durch einen Parcours, musste über Hindernisse springen wie über Wassergräben und Gatter: Freude, Erschrecken, Drohen …«

»Sind Sie auch im Theater aktiv?«, fragte sie.

»Meinen Sie zeitgenössisches Theater? Ob ich da auf die Bühne gehe?«

Sie nickte.

»Um Gottes willen«, schnaubte er. »Naturalistischer Schnickschnack – als hätte es nie ein 20. Jahrhundert gegeben, ganz zu schweigen von … dem hier.« Er deutete in die Kammer zurück, lächelte Phocan mit einer Mischung aus Zuneigung und Dankbarkeit an, hatte Diamond den Eindruck, und bekräftigte: »Hier spielt die Musik. Das hier ist das einzig Wahre.«

»Gesichter sind Landschaften«, erklärte Phocan ihr, als er Peters Gesichtszüge digital aufbereitete, nachdem sich der Schauspieler mit seiner Bühnenpartnerin zurückgezogen hatten. »Sie haben Gipfel, Grate und Schluchten, die mit absoluter Genauigkeit vermessen werden können. Hat man erst die Umrisse, kann man anfangen, sie zu bearbeiten – wie ein Landschaftsarchitekt … du weißt schon, Capability Brown … Nichts ist unmöglich. Schau mal …«

Nach ein paar Klicks rollte sich Peters Oberlippe auf und legte seine linke Wange frei. Phocan schob den Zeiger zum rechten Ohr, schälte die andere Wange ab, klappte sie über die Reste vom Mund und heftete ihren Gipfelpunkt (der jetzt ihr Tiefpunkt war) an den langen, herabhängenden Vorsprung der Stelle am Unterkiefer, wo das Kinn in den Hals übergeht. Mit diesem Origami machte er weiter, bis das, was eben noch Peters Gesicht gewesen war, kubistisch zerstückelt war und eher einem Steinbruch oder Bombenkrater als einem menschlichen Gesicht glich.

»Für viele Anwendungen brauchen wir gar keine Schauspieler mehr«, meinte er zu Diamond. »Du kannst die Gesichtszüge aus dem Nichts montieren und dann ausgestalten. Schau mal …«

Er sprang zwischen den offenen Programmen hin und her, öffnete eine Datei namens *Annabel*, und ein Mädchengesicht erschien auf dem Bildschirm – ein Kindergesicht, keine Konstruktion aus Punkten, sondern offenbar ein mit einer Webcam gefilmtes GIF-Format: Das Mädchen lächelte, strich sich die Haare aus den Augen und blinzelte schüchtern.

»Das haben wir für Interpol erstellt«, legte Phocan dar. »Eine Sexfalle für Pädophile. Aus ethischen und juristischen Gründen gab es kein Original. Aber sie sah echt aus und konnte mit den Gesuchten sogar kurze Gespräche führen. Sie glaubten, sie sprächen über FaceTime mit einem echten Kind, und blieben lange genug online, dass die Polizei ihre IP-Adressen lokalisieren konnte.« Er schloss die Datei und sagte: »Arme Annabel. Hat's nie zur Existenz gebracht. Ist immer ein Kompositum aus allgemeinen Kennzahlen geblieben: lange Wimpern, dünne Arme, braune Haare, was weiß ich …«

Er saß eine Weile da und schwieg. Diamond sah ihn an und wartete darauf, dass er die Schulung fortsetzte. Anscheinend hatte er aber eine Art Absence, starrte etwas an, das sie nicht sehen konnte, und durchforstete im Kopf ihr unzugängliche Dateien. Als er ihr vorgestellt worden war, hatte sie sich verhört und geglaubt, er hieße *Focal*, und die Bedeutungsverschiebung war hängengeblieben – führte er sie nicht überhaupt erst in die Welt der Wahrnehmung, des Fokussierens ein? Später hatte sie gemerkt, dass sein eigener Blick manchmal zwischen verschiedenen Entfernungen und Tiefenschärfen hin- und hersprang, als versuchte er, zwei oder mehr Brennpunkte zugleich wahrzunehmen – nur um dadurch zwischen zwei optischen Anhaltspunkten verlorenzugehen, gestrandet in einer Fuge, deren Unbestimmtheit den Blick anspornte, neu zu fokussieren, was dann erst recht in einer spannungsreichen Unbestimmtheit resultierte. Als hätte er seinen Gegenstand – wie die ersten Photographen, aus deren Balgengerätewust mit den Samtvorhängen diese ganze Disziplin geschlüpft war – durch multiple Stufenlinsen in die Sichtbarkeit hergezaubert, ihn gleichzeitig auf den Kopf gestellt und umgestülpt, und das nicht nur durch Blenden, sondern auch durch Schleier. Auch jetzt hatte er diesen Blick und starrte anscheinend nicht auf den realen Bildschirm vor sich, sondern auf einen abwesenden oder versetzten, der gespenstisch ein paar Zentimeter vor oder hinter diesem schwebte. Sie fand das faszinierend und verlockend, und obwohl sie es nicht auf den Punkt bringen konnte, war es für die Tätigkeit, die sie hier eigentlich erlernen sollte, irgendwie genauso aufschlussreich wie ein konkretes oder spezifisches Wissen, das er ihr anvertraut hätte.

Phocan, Fokus, hokuspokus. In den letzten paar Stunden am Mittwoch räumten sie auf. In Sachen Sichtlinien war die Mehrkörpererfassung ein einziger Alptraum. Gliedmaßen und Torso einer Gestalt, die vor einer anderen oder gar dritten vorbeiging, wenn Terroristen Geiseln an sich drückten oder sich hinter ihren Gefangenen duckten und mit ihnen durch den Raum schoben, produzierten bizarre und groteske Verschmelzungen: Körper schienen zu mutieren, trieben in alle möglichen Richtungen Organe und Anhängsel aus, die sie dann wieder abstreiften – eine instabile Orgie aus simultan ablaufenden Prozessen des Aufbaus und der Demontage mit einer Bandbreite an Geschwindigkeiten und Rhythmen, die ungerichtet und doch verbunden waren und unterm Strich alle mit demselben Tempo verarbeitet wurden. Phocans (und Diamonds) Aufgabe war es dann, die Körper wieder voneinander zu trennen, das schizoide Gemetzel den Einschränkungen festgelegter individueller Identitäten zu unterwerfen, bei denen ein Bein, ein Kopf oder eine Schulter einer einzigen Person zugewiesen waren, und dann wurde festgelegt, ob diese Person ein Aggressor war, der bezwungen, oder ein Opfer, das gerettet werden musste.

»Wir sind wie der Schiedsrichter im Rugby«, sagte er. »Der muss ins Paket tauchen und die Spieler einen nach dem anderen wegziehen, muss rausfinden, in wessen Hand der Ball liegt, in welchem Verhältnis dazu und zum Erdboden sich Hand oder Bein eines anderen Spielers befinden und so weiter. Wenn ich's mir recht überlege, ist es im Sport sogar noch schlimmer«, fuhr er fort und drehte sich vom Bildschirm weg. »In ein paar Wochen muss ich nach Rom und unsere Software bei einer Handelsmesse für Sportwissenschaft anpreisen. Vorher sollen wir uns ein Tool einfallen lassen, mit dem sich der Spielerhaufen auf einem zu Boden gebrachten Torschützen im Fußball entwirren lässt.«

»Und schaffen wir das?«, fragte sie. »Ich meine, fällt uns da was ein?«

»Nein«, antwortete er. »Das ist nicht zu machen. Aber wir können die Lücken, also die unbekannten und unerkennbaren weißen Flecken mit den statistisch plausibelsten Annahmen füllen. Bei dem Geiseldrama hier« – er wandte sich wieder dem Bildschirm zu – »hast du genau wie bei der Einzelkörpererfassung im Ganglabor gestern Splines- und Strukturfüllungen, starre Körperfüllung und kinematische Füllung, dann zyklische und quintische Spline-Füllungen …«

Er glitt vertikal über das Drop-down-Menü und prüfte all diese Optionen auf Herz und Nieren – eine nach der anderen und mit unterschiedlichem Erfolg. Manchmal schied sich eine vermanschte Masse wieder zur selben Anzahl klar voneinander differenzierter Körper, die ursprünglich in die Mischung eingegangen waren; dann wieder erhielten die rekonstruierten Gestalten manchmal Zubehör, das neben ihnen in der Luft schwebte – weder Schusswaffen noch Handtaschen oder andere Requisiten, die im Lauf des Tages im Spiel gewesen waren, sondern so unvereinbare Utensilien wie Regenschirme, Partyballons und Zylinderhüte.

»Artefakte«, lächelte Phocan.

»Artefakte?«, wiederholte sie. »Also handgefertigte Sachen?«

Er nickte.

»Aber sind die denn nicht das Gegenteil davon?«, fragte sie. »Gar keine Sachen oder auch nur Bilder von Sachen … Warum nennt man die Artefakte?«

»Keine Ahnung. Vielleicht weil sie artifiziell sind – in der Wirklichkeit gar nicht vorhanden, sondern nur generiert, eben an der Schnittstelle von Gegenstand und dessen Rendering ›handgemacht‹. Das sind die Fata Morganen unserer Branche. Finden sich oft, wenn man mit UAV arbeitet.«

»UAV?«

»Unmanned Aerial Vehicles oder Unbemannte Luftfahrzeuge. Drohnen. Darum geht's morgen. Ich muss dir noch die Freigabe besorgen.«

Faktisch verbrachten sie dann den Donnerstag und den Freitag in der Firmenzentrale von BAE bei Farnborough. Das Gelände war riesig und wurde von zwei hochgerüsteten grünen Sperrgürteln eingefasst; neben einem Kontrollposten, dessen Besatzung eine Viertelstunde brauchte, um sie durchzuwinken (ihr über Funk mehrmals hin- und hergehender Begriff lautete »verifizieren«), hing am Eingang an einer riesigen Fahnenstange ein schlaffer Union Jack.

»Ist das ein Unternehmen oder eine Militärbasis?«, fragte sie ihn, als sie an diversen am Straßenrand und auf Verkehrsinseln in Position gegangenen Düsenjägern und Hubschraubern vorbeikrochen.

»Das ist hier kaum noch zu unterscheiden, würde ich sagen«, meinte Phocan und parkte vor einem gewaltigen Hangar. Er zeigte auf zwei Gestalten, die aus einer winzigen Tür an dessen Fuß traten, und ergänzte: »Ah, da ist Roger ja. Das ist unser Mann.«

Roger war der jüngere der beiden; der andere, elegant, aber nüchtern gekleidet, musste über sechzig sein, wurde ihnen nicht vorgestellt, murmelte Roger noch Anweisungen zu, nachdem sie das Gebäude betreten hatten, und verschwand dann einen Korridor hinab in einen Bereich mit, wie Diamond annahm, noch stärkeren Zugangsbeschränkungen. Roger führte sie in einen Teil des Hangars, in dem drei oder vier Drohnen in einem Luftraum herumschwirrten, der ähnlich abgegrenzt war wie die Kammer: schwarzer Gummiboden, eine feste Wand, drei frei bewegliche Wände aus hängenden Maschennetzen, HDI220-Kameras, an Schienen geklemmt, die gewissermaßen die ›Decke‹ des Kontrollbereichs bildeten (die echte Decke des Hangars erstreckte sich gut dreißig Meter über ihnen). Die Drohnen waren so groß wie die Drachen, die sie sonntags manchmal über Port Meadow schweben sah, Kinder- und Bastlerspielzeuge – nur wirkten diese aggressiver und angriffslustiger. Sie beschleunigten in ihrem Geviert und hielten dann abrupt über einem Staubkorn in der Luft, scheinbar ohne erst abbremsen oder verlangsamen zu müssen; manchmal beschrieben sie auch Achten in der Luft, die sie an die Bewegungen des Turners über seinem Pferd erinnerten. Anders als im Park zerstreute hier kein Wind ihr ebenfalls stechendes Geräusch, ein eindringliches und unversöhnliches Sirren.

»Bei Drohnen ist die Änderungssensitivität entscheidend«, erklärte Phocan ihr und schleuderte eine mitten in den Kontrollbereich, wo sie erst verwirrt ein bisschen torkelte, ihr Flugverhalten dann aber stabilisierte. »Die Wurzeln müssen jede Sekunde mehrmals neu berechnet werden – wodurch der Mensch als Schnittstelle größtenteils wegfällt.«

»Wieso?«, fragte sie.

»Wir sind zu langsam.« Er lächelte ihr zu, als hätte ihre Frage und das rechnerische Armutszeugnis, das sie sich damit ausstellte, schon selbst die Antwort geliefert. »Diese Quadrokopter haben IMEs, und damit messen sie …«

»Haben was?«

»Entschuldige: inertiale Messeinheiten mit Drehratensensoren. Dahinter steckt die Vorstellung, dass Drohnen ihren Kurs durch Türen, Öffnungen und Hohlräume aller Art bestimmen und verfolgen und erforderliche Entscheidungen autonom und mit Bordmitteln treffen können sollten.«

»Hey«, rief Roger von der gegenüberliegenden Seite des Kubus. »Der alte Seemann hat den Abgang gemacht; jetzt können wir deiner Freundin die Buzzby-Berkeley-Nummer zeigen.«

»Der alte Seemann?«

»Pilkington.« Roger wies mit dem Daumen über die Schulter grob in die Richtung des Labyrinths, in dem sein grauhaariger Boss verschwunden war. »Wie wär's?«

Phocan lächelte nachsichtig. Roger und sein Helfer Josh holten sich jeder ein paar Drohnen, die am Rand der Kontrollzone gelegen hatten, tanzten im Krebsgang durch das markierte Geviert und verteilten sie symmetrisch. Dann verließen sie den weiß abgeklebten Bereich und trafen sich an einem Laptop mit Beastie-Boys-Aufkleber, und Josh sah mit gespannter Vorfreude zu, wie Roger Anweisungen eingab.

»… fertig … los! Macht's euch gemütlich und genießt die Show …«

Er machte einen Schritt zurück, und alle Drohnen hoben synchron ab. Auch sie präsentierten in der Luft einen Krebstanz, eine Quadrille, Paare zogen Parallelogramme um andere Paare, trennten sich und bildeten neue Paare, die andere Parallelogramme zeichneten und ungreifbare Kettenhemden in die Luft webten, als der ganze Schwarm diagonal und mit intakter Gesamtstruktur aus der einen Ecke in die andere flog. Dort angekommen, verkeilten sich alle Drohnen im rechten Winkel der Ecke zu einer komprimierten Knospe, drehten sich wie Flugsamen windverwehter Pusteblumen nach außen, lösten sich voneinander, bildeten Reihen und schossen in die entferntesten Ecken des Kubus.

»Die Nummer heißt ›Little Web of Dreams‹«, erklärte Josh ihr.

»Und ich fürchte, für Sie war das schon das Finale«, fügte Roger hinzu, immer noch im Conferencierston, als sich die einzelnen Traumgespinste zu den ihnen zugewiesenen Punkten auf dem Boden zurückbegaben und weitere Anweisungen abwarteten. An Phocan gewandt, erläuterte er: »Als Nächstes kommt das Reaper-Leitsystem. Das ist Stufe zwei.«

Auch Diamond drehte sich zu Phocan, um das übersetzt zu bekommen.

»Ich konnte für dich keine Freigabe über Stufe eins hinaus bekommen«, rechtfertigte er sich. »Ich fürchte, du musst das hier aussitzen.«

»Sie können versuchen, Aidan nebenan Staatsgeheimnisse aus der Nase zu ziehen«, flachste Roger, als sie ihren Weg ins Exil antrat. »Der plaudert nur zu gern aus dem Nähkästchen.«

Aidan konnte einem tatsächlich die Ohren abkauen. Genau wie Josh und Roger trug er Jeans und Joggingschuhe; er verhielt sich allerdings steifer, war nicht so ungezwungen – was, wie sich herausstellte, an seinem militärischen Werdegang lag.

»Ich hab die Dinger geflogen«, erklärte er ihr.

»Quadrokopter?«, fragte sie.

»Nein«, sagte er und klappte seinen Laptop – ohne Aufkleber – auf. »Predators – das waren die Vorläufer der Reapers, bei denen Ihre Leute uns unterstützen. Die sehen so aus …«

Auf seinem Bildschirm sah Diamond das Bild einer langen, fensterlosen Röhre mit mehreren kurzen Flügelpaaren, die wie bei Insekten in verschiedenen Stellungen und Winkeln aus dem Thorax hervorragten und teils nach unten, teils nach oben zeigten. Es musste aber ein Wasserinsekt sein, denn sein glatter grauer Carapax erinnerte sie an Robbenfell oder an die große, strukturlose Unterseite eines Wals, der an einem Touristenboot vorbeizieht. Wie beim Sichten eines Wals hatte der Anblick etwas Unvollständiges und Unbefriedigendes, als läge das Gesicht oder der Charakter des Lebewesens, der Sitz seiner Intelligenz, auch in der Nahaufnahme unter Wasser.

»Es hat keinen Kopf«, sagte sie.

»Ich bin sein Kopf«, sagte Aidan. »Wir haben sie vom Boden aus gesteuert.«

»Wo?«, fragte sie. »In Afghanistan?«

»Ja«, sagte er. »Das heißt nein. Der Predator war in Afghanistan; gesteuert hab ich ihn von einem Feld in Hampshire.«

»Sie standen auf einem Feld?« Sie sah wieder die Drachen an ihren Schnüren in Port Meadow vor sich.

»Ich saß in einem Hangar auf einem Feld«, sagte er. »Wie dem hier, nur kleiner. Einer frachtcontainergroßen Steuerungseinheit in einer Bodenstation. Natürlich auf einem Militärstützpunkt. In voller Uniform und in Kontakt mit diversen Offizieren in anderen Räumen, denen ich Bericht erstattete: Nachrichtenkoordinatoren, Einsatzleiter, Computer-Support-Spezialisten. Aber in der Steuerungseinheit saßen nur ich und mein Kopilot, der Sensoroperator, und haben das Ding geflogen.«

»Mit einem Joystick?«, fragte sie.

»Na ja, nicht nur«, sagte er und klang verdutzt. »Wir hatten sechs oder sieben Bildschirme um uns rum: Live-Übertragung, Armaturen, Flugdaten, Geländekarten, von den Truppen hochgeladene Ground-Truth-Daten, vor allem Photographien … Dann Chat-Fenster, damit wir mit den Bodentruppen vor Ort und den eigenen Vorgesetzten reden konnten – auf dem Stützpunkt, in London, Kandahar, egal wo – direkt und in Echtzeit. Wir saßen in Neunstundenschichten an den Kontrollen.«

»Nur zum Beobachten?«

»Je nachdem. Einmal hab ich einen Monat lang ein Haus beobachtet, in dem die Leute ein und aus gingen oder auch nicht; da ist nie was Wichtiges passiert. Manchmal haben wir die Straßen nach USBVs abgesucht: Rohrbomben und Sprengfallen. Die Bodentruppen konnten die nicht sehen, wir aber schon, weil Metallgegenstände eine andere Temperatur haben als die Erde, in der sie vergraben worden sind. Die Kabel zu den Sprengzündern übrigens auch: Das sind leuchtende Hitzesignaturen, die einen direkt zu den Aufständischen führen, die an den Auslösern darauf warten, dass ein Humvee oder ein Schützenpanzer vorbeikommt. Wenn wir die lokalisiert hatten, konnten wir ihre Standorte entweder den Bodentruppen durchgeben oder vom Vogel aus selber angreifen.«

»Von welchem Vogel?«

»Der Drohne. Wir haben eine Hellfire-Rakete abgefeuert und sie ausgeschaltet.«

»Und wie lange haben Sie das gemacht?«, fragte sie.

»Zwei Jahre lang«, sagte er. »Dann hab ich meinen Abschied bekommen.«

»Warum?«

»PTBS«, sagte er. »Pilkington hatte Mitleid mit mir, hat mich hierhergeholt, und …« Er unterbrach sich, hielt ihren verwirrten Blick für Verständnislosigkeit und erläuterte: »Posttraumatische Belastungsstörung …«

»Ich kenn die Abkürzung«, sagte sie. »Aber Sie waren doch gar nicht …«

»Was war ich nicht?«

»Sie waren nicht … ich meine … im Kriegsgebiet …«

»War ich nicht?« Er lächelte und setzte hinzu: »Sind wir das nicht?«

Diamond antwortete nicht. In der benachbarten Sperrzone legte sich ein Quadrokopter in die Kurve oder beschleunigte, das Sirren schwoll aggressiv an und ging dann genauso plötzlich auf das fast unhörbare Summen zurück, das Neonröhren oder Kühlschränke von sich geben. Aidan wollte das Gespräch am Laufen halten und sagte plötzlich: »Raten Sie mal, womit die Sensoroperatoren und ich unsere actionfreie Zeit verbracht haben.«

»Actionfrei?«

»Weg vom Kriegsschauplatz. Raten Sie mal, was wir gemacht haben, wenn wir dienstfrei hatten.«

»Weiß ich doch nicht.« Sie zuckte die Schultern. »Geschlafen? Gesoffen?«

»Wir haben Videospiele gespielt«, sagte er.

»Sie nehmen mich auf den Arm.«

»Überhaupt nicht«, sagte er. »Manchmal hab ich mir sogar mit einem Flugsimulator die Zeit vertrieben. Da konnte man zwischen verschiedenen Epochen wählen: eine Handley Page Victor fliegen, eine de Havilland Mosquito und sogar zurück bis zur Sopwith oder R. E.8. Ich fand das entspannend, sogar therapeutisch. Da wurde keiner getötet …«

Wieder trat mit modulierendem Hintergrundsirren gespicktes Schweigen ein. Dann meinte Aidan plötzlich lebhaft:

»Hey, wollen Sie mal das Licht Gottes sehen?«

»Wie bitte?«, fragte sie zurück.

»Hier, schauen Sie.« Er winkte sie wieder zu sich vor den Laptop, sein Cursor hüpfte zwischen Ordnern hin und her und klickte schließlich eine .mpeg-Datei auf, die mit Nachtsicht-Kamera aufgenommene Stadtszenen zeigte: Häuser, Bäume, eine menschenleere Straße … Gefilmt wurde das Einsatzgeschehen vom Boden aus und wahrscheinlich mit einer Body-Cam (das schloss sie aus der leichten Bewegung, den langsamen Hebungen und Senkungen, als atmeten die Bilder). Nichts tat sich – bis plötzlich eine breite leuchtende Lichtsäule vom Himmel fiel und rund hundert Meter vom Filmenden auf den Boden traf.

»Das ist unser Strahl«, kommentierte Aidan. »Der Laser, den wir vom Himmel schicken. Unsere Jungs am Boden setzen die Nachtsichtgeräte auf, *pow!*, sehen alles und wissen, wohin sie zielen müssen. Nur sie: Für die Bösen ist es unsichtbar, aber für unsere Leute leuchtet es wie eine Heiligenerscheinung: das Licht Gottes. Am Boden blüht es auf.«

»Zu was?«

»Meistens zu einem Viereck.«

»Gott ist ein Viereck?«

»Sieht so aus. Das hier war mein eigener Einsatz: Ich hab einen Heckenschützen lokalisiert und mit dem Licht markiert, und nachdem sie den Typ ausgeschaltet hatten, hat der Captain sich bedankt, indem er mir das Video als Andenken geschickt hat. Moment, ich kann Ihnen noch ein anderes zeigen …«

Das .mpeg, das er als Nächstes öffnete, war tagsüber vom Predator aufgenommen worden – genauer gesagt, von dessen Hellfire-Rakete, präzisierte Aidan. Diamond schaute es sich an und musste erst an typische YouTube-Videos von Fallschirmspringern denken: Das Video zeigte aus dem Blickwinkel eines sinkenden, selber unsichtbaren Körpers, wie sich dieser Körper durch die Luft bewegte. Erst war nur blauer Himmel zu sehen, dann erschien am unteren Bildrand der flache Horizont; dieser kippte hoch wie eine Falltür, die über ein unmittelbar neben dem Bildrand liegendes Scharnier aufgeklappt wurde, der Himmel wurde weggeschoben, als würde ein Kissen oder eine Plane auf ihm liegen, und durch eine einzige trockene braune Fläche ersetzt, die den gesamten Bildschirm füllte. Diese neue Fläche kam rasend schnell näher und zeigte dabei immer mehr Einzelheiten, denn die Pixel wurden in einer Geschwindigkeit aktualisiert, die der Geschwindigkeit des Sinkflugs entsprach. Aus dem erdigen Flor trat schließlich eine Form, ein Bild hervor: eine Siedlung oder Ortschaft, vielleicht nur ein Dorf, dessen weiße Bauten sich um einen freien Marktplatz oder eine Plaza in der Mitte gruppierten. Auf diesem Platz standen Menschen in weißen Gewändern, ein lockeres Grüppchen, das eine Zusammenkunft abhielt. Als die Erdoberfläche näher kam, schien der Beobachter zu beschleunigen, die Platzränder schossen aus dem Bildfeld, die leere Fläche wuchs, erweiterte sich nach außen, die Grenzen flossen hinaus, und auch das Zentrum wuchs und wurde immer deutlicher: weiß gekleidete Männer, die sich ungezwungen unterhielten und nicht ahnten, dass sie beobachtet wurden – bis sie auf den letzten .mpeg-Bildern schließlich hoch, direkt in die Kamera und Diamond ansahen, Sekundenbruchteile vor Erlöschen des Bilds.

»Ich nehm mal an, das kann ich Ihnen zeigen«, überlegte Aidan. »Das ist mein eigenes; ist nie zur Verschlusssache gemacht worden. Ich sage ›mein eigenes‹, aber eigentlich war es da die Software, die die Bösen durchschaut hat: Sie hat Bewegungs- und Gruppierungssequenzen nachgewiesen, die mit einer Wahrscheinlichkeit von 95,6 % auf aufständische Aktivitäten hindeuteten. Über 95 % wird in aller Regel ein Angriff angeordnet. Ich hab das Ding da nur runtergesteuert und das Video als Andenken behalten. Von denen hab ich weit mehr, als ich je … Bleiben Sie über Nacht in Farnborough?«

In dem Augenblick tauchte zum Glück Phocan auf und holte sie in Sicherheit. Auch am nächsten Tag blieb sie vormittags aus dem Allerheiligsten des Hangars ausgesperrt, konnte Aidan aber bewegen, ihr nur Bilder von Artefakten zu zeigen (sie hatte sich den Fachbegriff gemerkt, und er war beeindruckt), die die Fernerkundungssoftware der Drohnen konstruiert hatte: Regenbogenautos und -flugzeuge mit verdoppelten, verdrei- und vervierfachten Umrissen, in RGB-getrenntes Technicolor getupft; glaziale und kristalline Geländeeffekte, erzeugt durch Vignettierung und musivisches Weichzeichnen, durch Bildverlagerung, Farbabgleich, chromatische Aberration, bidirektionale Reflektanz … Sie hatte das Gefühl, diese Glitches eine Ewigkeit lang gefesselt anzustarren. Sie waren nicht nur zauberhaft; weil sie Schlachtfelder, Heckenschützen, Sprengfallen und todgeweihte Dorfversammlungen darüber hinaus zu pointillistischen Schwaden und lasiertem Schmelz, zu Klecksen, Spritzern und Schmierspuren abstrahierten, boten sie ihr auch Entlastung und eine Art psychischen Tarnanstrich …

So verging ihre erste Woche. Das war vor einem Monat. Heute ist sie mit FB-Analysen beschäftigt. Klient ist in diesem Fall Ruff, eine Architekturfirma, die von der City of Bedford den Auftrag zur Neugestaltung einer Shoppingmeile im Stadtzentrum erhalten hat. Pantareys Auftrag gilt alliterativ drei Aspekten: Transit, Tumult und Tempo. Die Einkaufszone liegt im Freien, ist aber autofrei, weil durch Einzelhandelsgeschäfte, Stufen und Poller von der Straße getrennt; daher der heutige Untersuchungsmodus (FB steht für »Fußgängerbewegungen«; im Haus wird der Branchenbegriff »Personenströme in Stadtlandschaften« bevorzugt, auch wenn dessen Abkürzung zuverlässig für Kichern sorgt). Sie sollen nicht nur Routen, sondern auch Rhythmen unfreiwillig selbstselektiver Passanten im Untersuchungsgebiet festhalten und alle Strudel und Ausflockungen, alle Dellen, Schlenker und Auflösungen in Daten-Cluster übersetzen, die zur Basis eines Modells werden, auf dessen Grundlage Ruff und im nächsten Schritt dann Bedfords Kommunalverwaltung den zur Debatte stehenden Stadtraum neugestalten. Anstelle von weißem Klebeband werden die Grenzen dieses Raums diesmal von T40S-Kameras definiert (wenn auch nicht markiert), die sich heimlich in die Traufen der Fassaden und Ausleger von Laternenpfählen schmiegen – Kameras, die nicht mehr die Lichtstrahlen auffangen, die von an den Probanden befestigten Reflektoren zurückgeworfen werden (denn in diesem Umfeld trägt ja niemand Reflektoren), sondern Laserdetektoren zum Einsatz bringen, um die Tiefenschärfe zu erfassen. Das ist ein neues System, eine neue Methode, mit deren Hard- wie Software Pantarey (wie Garnett gern herausstreicht) die Konkurrenz weit hinter sich gelassen hat, was dem Unternehmen nicht nur deutliche Marktvorteile in der Branche verschafft, sondern auch einen Heldenstatus mit mystischen Elementen. Markerlosigkeit ist der heilige Gral der Mo-Cap.

Lucy hat nicht nur den Schritt zur Markerlosigkeit gemacht, sie ist auch Mark los: Phocan ist unterwegs, um gallonenweise ein Blasengemisch zu kaufen, durch das er nächste Woche in Holland einen Rennbob schicken will. Sie trottet ihm sowieso nicht mehr einfach hinterher; sie wird jetzt jedem angedreht, der gerade einen Helfer braucht. Heute ist sie Sennet zugeordnet. Der hat sie auf eine Leiter steigen lassen, um eine Kamera auszurichten, dann sollte sie die Kassierer im Pret a Manger der Fußgängerzone rumkriegen, bei ihnen zwei iPads und einen Mac mit fast leeren Akkus aufladen zu dürfen, und jetzt ist sie gerade in denselben Pret zurück, um ihnen Plunderstücke und Kaffee zu holen, damit sie sich inkognito draußen an einen Tisch setzen können: Lieschen Müller und Max Mustermann, die rein zufällig am St. George's Walk sind, zwei Sandkörner oder Kieselsteine am Strand, umgeben von allen anderen, die hier sitzen, gehen, bummeln, klicken, essen … nur tun sie nichts davon. Diese beiden Sandkörner enthalten die Welt: Wie die Quaker-Oats-Packung in der Hand des Schotten auf der Quaker-Oats-Packung zeigen ihre kleinen Monitore die ganze erfasste und eingezäunte Ladenzeile von oben …

»Das Interessante an den Bewegungen der Menschen im öffentlichen Raum ist, dass sie sich nie so verhalten, wie sie sollen«, nuschelt Sennet durch Blätterteigreste am Mund. »Sie halten sich nie an die festgelegten Wege. Die Stadtplaner haben sich vorgestellt, die Kunden würden aus dem Waitrose und den kleinen Läden kommen und sich hier auf die Bänke setzen, bevor sie weitershoppen. Die Bänke haben sich aber die Nichtsesshaften gekrallt, sich da dauerhaft niedergelassen und ein natürliches Sperrgebiet um sich herum erschaffen; außerdem hat man's unter den Weiden viel besser, weil man im Sommer im Schatten sitzt und im Winter dank der Lücke im Süden zwischen dem Supermarkt und der Reinigung von der niedrigstehenden Sonne gewärmt wird. Und siehst du die

Stufen, die als Hauptausgang gedacht sind? Keiner benutzt die. Alle nehmen die Abkürzung zwischen den Pollern und dem Brillenladen …«

Auf dem Laptop ist die für das unbewaffnete Auge nicht feststellbare Richtigkeit seiner Behauptungen unmittelbar evident – erst recht bei Anwendung eines Wärmebildfilters, der die akkumulierten Nachleuchtschleppen aller Passanten sichtbar macht, seit sie vor einer halben Stunde mit dem Aufzeichnen angefangen haben.

»Im Gegensatz dazu haben bestimmte Interventionen bestimmte vorhersagbare Folgen«, fährt Sennet fort. »Die Tapeziertische beispielsweise: Da klettern die Leute nicht drüber, sondern gehen drum herum. Trotzdem wirst du gemerkt haben, dass die meisten Gäste von Pret a Manger mit ihren Snacks lieber zu den leeren Marktständen rübergehen und die als Picknickorte in Beschlag nehmen.« Er nimmt den Filter raus und sagt dann: »Das können wir graphisch aber alles darstellen. Richtig schwer in den Griff zu kriegen sind nur freiwillige Verstopfungen.«

»Was meinst du damit?«, fragte Diamond.

»Menschen bewegen sich instinktiv zu Stellen, wo schon andere Menschen sind. Solche Stellen können Zwischenstellen sein, müssen das aber nicht, das heißt, sie tun sich in den Lücken zwischen ›echten‹ Stellen oder Wahrzeichen auf. Wenn sie sich aber aufgetan haben, *werden* sie – zumindest befristet – zu Wahrzeichen. Das heißt, auch sie können von wieder anderen Stellen wettgemacht werden, die sich zwischen ihnen auftun; und so weiter und so fort; ein infiniter Regress. Die einzige Konstante ist die Lückenstruktur, das ›Gapping‹ selbst. Das Leben im Freien spielt sich in Intervallen ab.«

Sennet hat zwei Steckenpferde. Das eine ist, Phocan schlechtzumachen:

»Mark kapiert das nicht«, fährt er fort. »Man kann ein Gelenk, einen Oberschenkelknochen oder eine Drehmomentsteigerung bis zum letzten Mikrometer oder noch weiter definieren – aber was ist damit an Informationen über Fluss und Rückfluss im größeren Zusammenhang, über die Zeitmusterbildung gewonnen? Es wundert mich immer wieder, dass Garnett das nicht versteht. Er liebt Mark und behandelt ihn wie seinen eigenen Sohn …«

In solchen Augenblicken spürt sie mit einer Mischung aus Erregung und Überempfindlichkeit (als wäre die Vision ein Geheimnis, dessen Enthüllung geradezu obszön ist), wie das erfasste Skelett von Pantarey selbst ins Blickfeld kriecht. Sennets zweites Steckenpferd sind Markow-Ketten. In jeder nur denkbaren Gesprächspause kehrt er zu dieser Nullstellung zurück – und die Sensibilität für Rhythmen, die die heutige Aufgabe ihr eingeschärft hat, verrät ihr, dass es jetzt offenbar wieder so weit ist. »Wir haben es hier mit einer zeitdiskreten Markow-Kette mit abzählbarem Zustandsraum zu tun«, doziert er über seinem Kaffee. »Wobei sich meines Erachtens auch die These vertreten lässt, dass wir es beim Korridor hier mit einem stetigen oder allgemeinen Zustandsraum zu tun haben … Die Übergangsmatrix setzt sich in jedem Fall aus denselben Sprüngen und Verweilzeiten zusammen. Angenommen, du nimmst nur eine Kennzahl – meinetwegen die Pausenlänge zwischen zwei Häufungen von Vorwärtsbewegungen … Hier, ich versuch's dir mal hochzuziehen …«

Diamond kaut Dörraprikosen, schaltet ab und lässt die Blicke durchs Einkaufsviertel schweifen. In einem Abschnitt sind die Pflastersteine durch Platten ersetzt worden – oder weniger ›ersetzt worden durch‹ als ›umgewandelt worden in‹, denn die Platten sind aus den Pflastersteinen zu Blöcken mit inkongruenten Kanten geschnitten, in dünne Metallrahmen gefasst und wieder verlegt worden, jede Platte an der ursprünglichen Stelle, aber entfernbar, um gegebenenfalls Zugang zu Rohr- und Kabelarbeiten unter dem Straßenniveau zu ermöglichen. Acht dieser gerahmten Platten verlaufen hintereinander von einer Stelle neben ihrem Tischende bis zum Eingang zum Waitrose: Ein Streifen im Streifen wie eine abgespulte altmodische Filmrolle, die mit der Entfernung von ihr schmaler wird, was durch die Säulenreihen auf beiden Seiten der Einkaufs- straße perspektivisch noch verstärkt wird. Eine Frau im Kleid betritt gerade diesen Unterstreifen und wird durch die von Sennet erwähnte Lücke seitlich von der Sonne beschienen. Ir- gendwo hinter ihr, außer Sicht, erklingt Akkordeonmusik und weht durch die Luft: eine langsame, repetitive Melodie voller Mollakkorde. Bei den Pollern am anderen Ende der Einkaufs- passage verlässt ein Mann den Brillenladen und hält einer Po- lizistin die Tür auf, die beim Hineingehen auf ein Notebook blickt. Im Ladenfenster neben dem Eingang zeigt ein Schau- bild im Querschnitt das menschliche Auge mit Lederhaut, Netzhaut, Hornhaut, Regenbogenhaut, Kammerwasser, ex- traokulären Muskeln und Netzhautgefäßen – alles genau ge- kennzeichnet. Daneben stellt ein kleineres Schaubild einen ge- sunden Augapfel (sphärische Hornhaut, nur ein Brennpunkt) einem astigmatischen (ovale Hornhaut, mehrere Brennpunk- te) gegenüber. Ein paar Männer mit Krawatten gehen zwi- schen Diamond und dem Poster vorbei; neben ihrem Tisch sagt der eine, *Wenn ich das sehe, weiß ich, dass ich wegmuss*; ein anderer fragt rhetorisch *Erst dann?*, und alle lachen. Der ers- te Mann macht noch einen Spruch, aber die Akkordeonmusik übertönt seine Worte, als sie den Weg der Frau im Kleid kreu- zen und ihre Stelle im Sonnenlichtteil einnehmen …

Diamond verfolgt einen seltsamen Tripelpass: Gerade hat ein kahler Mann mit einem Rucksack über der Schulter die

Lichtzone Richtung Reinigung durchquert. Als er hinein-
ging, kam ein anderer Mann heraus, kahl, aber ohne Rucksack. Jetzt, keine halbe Minute darauf, geht ein dritter Mann
hinein, auch er ohne Rucksack, dafür aber stark behaart. Weil
Sennet es ihr gesagt hat, weiß sie, dass die Muster, die sie aus
diesem Kommen und Gehen extrapolieren, nicht nur von
Ruff für die Neugestaltung der Shoppingzone verwendet werden; auch bei Pantarey werden sie genutzt, aufbereitet und
weiterverkauft, in anderen Zusammenhängen und für andere
Aufträge zum Einsatz gebracht, sie gebären Algorithmen für
Massenszenen in Filmen, Hintergrundaktivitäten in Com-
puterspielen … Jetzt beschleicht sie aber eine Ahnung, die
zusammen mit dem Zucker einen Stoffwechsel schrulliger
Spekulationen auslöst: ein Argwohn, dass hier *längst* ein Algorithmus am Werk ist, die Tempi dieses Raums formt und
seine Pfade und Modulationen orchestriert; ein Quellcode,
der sich anders als ein Skelett nicht unter Muskel-, Haut- und
Kleidungsschichten versteckt, sondern ganz im Gegenteil in
der Vergänglichkeit seiner Wechselwirkung mit der Oberfläche und darüber hinaus, in seiner verstohlenen Konvektion
in die Flüchtigkeit hinauf. Sie betrachtet wieder den Boden.
Rechts von den gerahmten Platten sind Zeichen und Zahlen aufs Pflaster gemalt worden, Anweisungen an die Stra-
ßenbauarbeiter, die es nächste oder übernächste Woche auf-
sägen werden: algebraische Chiffrenketten, als wäre es schon
mit Anmerkungen ausgeliefert worden. Sie sieht wieder hoch
und nach rechts in eine der T40S-Kameras, deren kalter Blick
ihr nichts verrät. Von einem Sims darunter starrt eine Taube
scheinbar Sennets und ihre Plunderstücke an; für Diamond
hat die Konzentration des Vogels aber etwas Verschwöreri-
sches, als hätte er auf der Ebene irgendeiner tierischen Frequenz das alles (im Gegensatz zu ihr) längst herausgefunden

und gelernt, sich auf die Ströme und Thermiken der algorithmischen Sequenz einzuschwingen – daher der überlegene und herablassende Blick, den er ihr zuwirft.

»Sie sind natürlich gedächtnislos«, sagt Sennet gerade. »Das ist die entscheidende Eigenschaft von Markow-Ketten: das Fehlen jeder Hysterese. Die Länge des Zeitintervalls zwischen diesem Bewegungsausbruch und dem vorangegangenen oder dem vorletzten hat keinen Einfluss darauf, wie lange wir auf den nächsten warten müssen. Nur die Gegenwart zählt – oder die ›Stoppzeit‹, um's genau zu sagen.«

Diamond ist aber nicht gedächtnislos. Wie heimkehrende Brieftauben oder Traumgespinste wandern ihre Gedanken zu Aidans Video in der ersten Woche zurück: das zweite, das .mpeg vom Dorf. Es überfällt sie abrupt und wächst rasch an: die inkongruente Projektion, Ebene für Ebene und Bild für Bild, der ausländischen Szene auf das Tableau der Fußgängerzone, die so weit geht, dass sie das Gefühl hat, die Episode von neulich noch mal zu sehen – nicht auf ihrem Bildschirm, sondern real vor sich, im Raum selbst, wo sie zwischen Oberflächen und Texturen erneut stattfindet und immer schneller auf das tödliche Ende zurast. Wird die seltsame Überlagerung, das Überschreiben einer Plaza in Bedford durch einen Marktplatz in Afghanistan durch gemeinsame formale Eigenschaften verursacht? Eher unwahrscheinlich: Der Marktplatz war quadratisch, die Ladenpassage ist langgestreckt, und auch die Gebäude und die Kleidung der Menschen war ganz anders … Außerdem hatte Aidans .mpeg keine Tonspur: keine menschlichen Stimmen, weder Verkehrsrauschen noch Akkordeonmusik drangen hinter den Marktständen hervor; es gab auch keine Gerüche, weder vom Gebäck noch vom Tabak oder dem Parfum, nach dem die Frau riecht, die gerade aus dem lateralen Lichtkeil herauskommt und einen Kondensstreifen von Roberto Cavalli hinter sich herzieht, der sich verteilt und verflüchtigt …

Nein: Es ist dieses Darüberding, die Darüberheit, die die Hysterese in ihr auslöst. Dass sie mit unbewaffneter Regenbogenhaut, Hornhaut usw. die ganze Todeszone von hier unten auf der Bank und *gleichzeitig* von oben sehen kann, in einen topographischen Entwurf übersetzt und durch die auf diesem ablaufenden Bewegungen in gespaltene Bereiche zerschnitten, die wie gruselige Pralinen zusammengesetzt werden – diese Spaltung, diese Verdopplung regt ihren Verstand dazu an, sich auf eine Weise zu öffnen und Fühler auszustrecken, die er einfach nicht gewohnt ist. Kleine Spannungsspasmen wandern aus ihrem Rückgrat durch den ganzen Körper. Sie empfindet ihre eigene Gegenwart als Bedrohung: für Gebäude, Menschen, das Leben selbst, die ganze Atmosphäre und das Habitat, in das sie sich eingebettet weiß – unvermutet und tödlich streicheln ihre Finger die Schnittstelle, das Datenpaket, das Befehlsfenster, über das die Zerstörung herabgerufen wird; beim bloßen Beobachten verspürt sie eine so zerstörerische Gewalttätigkeit, dass nichts, nicht einmal diese Vision selbst, ihr entkommen kann. Als die Sequenz am Eingang der Reinigung weitergeht und ein neuer Mann mit *sowohl* Haaren *als auch* Rucksack auftaucht, stellt Diamonds Vorstellungskraft zur Verfügung, was weder Daten noch Einkaufszone zeigen konnten: die Explosion – Schreie, Glas- und Betonkaskaden, aufklaffende Platten und Körper, zerfließende Gesichter, abschilfernde und zerbröckelnde Räume. Würde diese Menschenmenge, diese nach dem Zufallsprinzip versammelte Bürgergemeinde, in der sie nur ein kleines Sinnesorgan darstellt, überhaupt *wissen, dass* sie getroffen worden ist? Oder würden all diese Menschen mit dem Standbild von eintönigen Marktbuden und Bänken, Parfum und

Akkordeonmusik sowie von alten Damen an den Nichtsesshaften vorbeigeschobenen Einkaufswagen in die Ewigkeit eingehen und sich daraus ihr Leben nach dem Tode basteln? Wer weiß denn schon, ob das nicht *jetzt gerade* der Fall ist …?

Diamond hat noch nie eine Panikattacke gehabt und weiß nicht genau, ob da gerade eine im Anmarsch ist, aber ihr Atem geht stoßweise, sie hat das Bedürfnis, jemanden anzusprechen und ihn darüber in Kenntnis zu setzen … aber worüber? Die Polizistin kommt aus dem Brillenladen heraus und klappt ihr Notebook zu. Sie sieht erst Diamond an und dann zur Taube hoch. Diamond dagegen sieht die Papiertüte an, in der ihr Plunderstück gesteckt hat. Soll man da nicht reinatmen? Ihre rechte Hand schiebt sich auf der Tischplatte schon auf das Requisit zu, dreht in letzter Sekunde aber (ob aus Selbsterhaltungstrieb oder schlicht Hunger) zum Gebäck selbst ab – und das rettet sie: Sie führt es zum Mund, spürt die Struktur und Festigkeit, den ledrigen Widerstand und die Gewährleistung des Lebens, die das Gespenst der Vernichtung bannen und stark genug sind, um ihren Atem wieder zu zügeln und ihre Muskeln zu entspannen; sie beißt hinein und spürt mit zurückkehrendem Weltvertrauen, dass die Krise, die sie nahen gespürt hat, abgewehrt worden ist. Als sie den letzten Rest in den Mund steckt, lacht sie in sich hinein, ob über den Irrsinn des Ganzen oder aus Erleichterung. Sie lässt den Blick wieder über die Pflastersteine gleiten. Festgetretene Kaugummiklumpen im sonnenbeschienenen Streifen flimmern wie Marker; in den dunkleren Flächen sitzen sie wie stumpf gewordene erloschene Sterne. Ihre Lippen schmecken nach Aprikose und bilden lautlos die Worte: *Alles gut, nichts passiert, alles geht weiter.*

8. Der eine beste Weg

Hinter Chicago macht der Interstate 90 am Lake Michigan einen gilbrethschen Knick, dreht nach Osten ab, passiert seitlich Gary, und an der Kreuzung mit dem Interstate 65 nimmt dieser die Südrichtung nach Lafayette auf. Dean segelt auf einem erhöhten Abschnitt kilometerweit an verfallenen Fabriken und mit Brettern vernagelten Häusern vorbei und murmelt in der Tonart des Mietwagensummens halb erinnerte Fetzen eines Songs in einem alten Film vor sich hin, den sie an einem verregneten Sonntagnachmittag gesehen hat, in einer Epoche fester Programmstrukturen, die weiter weg ist als die Kindheit selbst: quietschfidele volkstümliche Zeilen, die *Indiana* auf *Louisiana* reimen, *Rome* auf *home, syncopation* auf *hesitation* – oder war das *explanation*? … Bei Remington hat sie die letzte Zeile vor dem Refrain und diesen selbst wieder zusammen –

> *There is just one place that can light my face:*
> *Gary, Indiana,*
> *Gary, Indiana …*

– mehr aber nicht. Der Text geht ihr die ganze Strecke bis nach West Lafayette nicht aus dem Kopf, und nachdem sie mit dem Aufzug in den dritten Stock vom Hilton hochgefahren ist, geduscht hat, sofort eingeschlafen ist und prompt morgens um vier aufwacht und zusehen darf, wie das erste Dämmerungsgrau durch die billigen Lackvorhänge hereinsickert, hat sie ihn immer noch im Ohr, Echos im Rhythmus der Hotelheizung, leere Räume und Fugen ihres Jetlags: *syncopation, hesitation, ana, ana, home …*

Dorley hat sie hergeschickt, sie soll sich das Gilbreth-Archiv anschauen und nach Möglichkeit sicherstellen ... ja, was eigentlich? Ihr Auftrag ist da ungenau: Sie soll in den Beständen wühlen und vorfühlen, ob die spezifische Modelliertechnik, die eine Pionierin arbeitsorganisatorischer Zeit- und Bewegungsstudien vor hundert Jahren entwickelt hat, als Begründung, ob deren Wiederholungen als eine Reihe von »Erstbelegen« und ob diese schließlich als Rechtsgrundlagen für ... für irgendwas verstanden werden können. In wessen Namen stellt sie diese Nachforschungen an? Klient A ... über Peacock ... ihr erster und sogar einziger Ansprechpartner, die Stelle, der sie Bericht erstattet, das Mutterschiff, die Bodenkontrolle, ist aber D&G, auf deren Server sie ihre Forschungsergebnisse ebenso wie die Paragraphen und Seiten ihrer Zwischenberichte täglich hochladen soll ...

Ihr Auftrag ist de facto so ungenau, dass er die Stringenz, die ein Diplom in englischem Recht, ein Referendariat sowie eine Juniorteilhaberschaft ihr antrainiert haben, in methodologischer Hinsicht geradezu unterbindet. In Ermangelung dieser Stringenz ist sie ins kalte Wasser gesprungen, in den Ozean der Gilbrethheit. Diese Gilbrethheit flutet und rauscht über ihren Schreibtisch, und die Reihenfolge, in der ihr die Schuber ausgehändigt werden, bestimmt das Anbranden der verschiedenen Wellen. In den ersten drei Tagen hat sie über Lillian Gilbreth vier Dinge erfahren:

1. Dass ihre Familie in den Sommerferien nach Nantucket fuhr. Ihr Ehemann Frank brachte den Kindern das Segeln bei, indem er einen Bootsumriss auf den Boden zeichnete, Dollbord, Bug und Heck in die trockene Erde ritzte, Seilenden für Groß- und Fockschot sowie bewegliche Stangen für Baum und Ruderpinne auslegte und ihnen die Kunst

des Halsens, Wendens, Krängens und Lenzens beibrachte, bis sie schließlich ein fortgeschrittenes Niveau der Seemannskunst erreicht hatten, ohne je ein Segelboot bestiegen zu haben. Der örtliche Drugstore, in den sie immer zum Eisessen gingen, hieß Coffins.

2. Dass ihr die Idee für die Zyklographentechnik kam, als sie für Remington (das Unternehmen, nicht die Stadt) Methoden ausarbeiten sollte, um Tippgeschwindigkeit und -genauigkeit zu steigern: Sie schaute sich an, wie die Stenotypistinnen die Finger krümmten und streckten und ein oder zwei Tastenreihen hochsprangen, bevor sie über der Grundstellung wieder zur Ruhe kamen – nie entlang einem einfachen Hoch-runter-Vektor, sondern (nahm sie an, und die Zyklographen bestätigten ihre Vermutung) in Bögen und krummen Schleifen, bei denen außer der Ruhestellung keine einzige Haltung zweimal auftauchte; wie ganze Hände auf so asymmetrischen wie fließenden, selbsteinschließenden Pfaden zu Schreibmaschinenwalzen und Wagenauslösern hochschossen und wieder herabsanken … Später wurde sie zusätzlich damit beauftragt, ein effizienteres Abfeuern von Maschinengewehren auszutüfteln, die ebenfalls von Remington hergestellt wurden. Wie sich zeigte, war der Mechanismus so ziemlich derselbe.

3. Dass sie zeitlebens eine Republikanerin war, die sogar mit der Eugenik liebäugelte – dass Lenin ihre Methoden dieser Rechtslastigkeit zum Trotz aber so sehr schätzte, dass er sie in der gesamten Sowjetunion einführen ließ, weil er hoffte, sie würden dem Staatssozialismus den Weg ebnen. Sie war mit russischen Delegationen und amerikanischen Gewerkschaftlern zusammengetroffen. *Wenn bloß alle zu-*

sammenarbeiteten, konstatierte sie mit einem rhetorischen Schnörkel, der der Mehrheit ihrer Leser entging, *wären Klassenkämpfe aufgelöst in Luft, in dünne Luft.*

4. Dass sie als Kind zusammen mit Isadora Duncan, Jack London und Gertrude Stein zur Schule ging –

– welch letztere Tatsache zu Deans Überraschung ein Schuljahrbuch der Oakland High aus dem Jahr 1891 enthüllt. Eine seiner Photographien zeigt die Zeremonie einer Preisverleihung: Auf einer wacklig aussehenden Bühne überreicht eine Dame in einer langen Robe den Kindern, drei Mädchen und einem Jungen, ihre Medaillen. *Von links nach rechts: Gertrude Stein (Rhetorik), Lillian Moller (Grammatik), Isadora Duncan (Turnen), Jack London (Mathe).* Die Mädchen stehen als Gruppe zusammen; der kleinere Junge steht ihnen gegenüber und hält seine Medaille hoch, als überlege er, welcher von ihnen er sie überreichen wolle – weniger London als Paris, überwältigt von drei Göttinnen. Er scheint sich nicht wohl zu fühlen, als hätten sich die Linien eines kurzen Lebensentwurfs schon seinem Gesicht eingegraben: das rastlose Verlangen, das Herumstolpern in der hintersten Provinz, die Suche nach einem nie eingefangenen Augenblick, einem verlorenen 18. Jahrhundert ... Die Mädchen sehen dagegen zuversichtlich aus, als wüssten sie schon, dass sie nach Verlassen dieses Photos ein blühendes 20. Jahrhundert einläuten werden.

Derselbe Schuber 27 enthält einen Brief, den Lillian einige Tage nach ihrer Hochzeit ihrer Schwester Vera schrieb. Sie sinniert:

Ich habe das Gefühl, dass ich nicht nur meinen Namen, sondern ein ganzes Bühnenbild – Räume mit hohen Decken, golden gerahmten Spiegeln, steifen schwarzen Sofas mit Rosshaarpolstern, Grammophonen und Wachsblumen unter Glasglocken, unsere ganze hochdeutsche Mollerwelt – gegen diese neue Welt der Emporkömmlinge eingetauscht habe. Frank *ist* Amerika.

Was meint sie damit? Frank war definitiv ein Emporkömmling: ein kleiner Selfmademan, der kein Recht hatte, ihr den Hof zu machen; ein Maurer, der seine aufeinanderfolgenden Bosse mit seinen Abhandlungen zur Effizienz bzw. Ineffizienz allen Hochreichens von Tragmulden, allen Bewegungen von Kellen an Mauern, Händen an Ziegeln, Ziegeln auf Mauern usw. so zur Weißglut brachte, dass sie ihn immerzu beförderten, um ihn bloß wieder loszuwerden, bis er schließlich Betriebsabläufe für Großbaustellen, dann Unternehmen und mit erst 27 Jahren schon ganze Industriezweige durchrationalisierte. Ihre Flitterwochen verbringen sie im St Francis in der Nähe des Union Square. Lillian schildert Vera detailliert, wie der Junge vom Zimmerservice das Frühstückstablett bringt, über die Schwelle stolpert und alles, was auf dem Tablett steht, fallen lässt:

Ich sehe das Bild noch vor mir: Das Tablett flog durch die Luft, Tassen und Kaffeekanne, Gläser mit Orangensaft, Teller, von denen das Rührei mit Speck rutschte, Gegenstände, die nicht mehr zu einer Einheit verschmolzen waren, sondern alle ihren eigenen Flugbahnen folgten.

Frank steht gerade in Verhandlungen mit der neuenglischen Butt Company und entscheidet vom Fleck weg, im Rahmen seines Angebots die Schwellen in allen Fabrikhallen entfernen zu lassen. Lillian fährt fort:

> Wenn ich mir die Szene vergegenwärtige, sehe ich sie seltsamerweise nie in Bewegung, sondern unbewegt, als wären die einzelnen Gegenstände alle eingefroren, würden in der Luft über der Schwelle schweben …

Das Paar bekommt dreizehn Kinder, von denen zwölf überleben. Frank führt die Familie wie ein Trainingslager, ein Laboratorium oder auch ein Musterzimmer seines Kults des Zeitmanagements. Er filmt die Kinder beim Essen, Tischdecken und -abräumen, denkt sich nach der Analyse der entwickelten Aufnahmen Methoden aus, dieselben Aufgaben effizienter zu erledigen, und nach der Einführung von Verbesserungen filmt er auch diese. Er filmt ihre Mandel- und Blinddarmoperationen und entwickelt daraus neue Chirurgiepraktiken: Die Schwestern sollen die Instrumente den Ärzten in die Hände legen wie die Caddies die Schläger den Golfspielern, wodurch gewährleistet wird, dass die OP beziehungsweise das Golfspiel unterbrechungsfrei vonstattengeht, vom Tee übers Fairway ins Green, vom Schnitt über die Resektion zum Nähen … Immer wieder flattern verschieden große, von den Magnesiumlampen geblendete Gilbreth-Kinder auf Deans Bibliothekstisch; meist sind es aber Aufnahmen aus den von Frank und Lillian in den Fabriken ihrer Arbeitgeber eingerichteten »Verbesserungsräumen« oder ihrem eigenen Labor an der Purdue – akkurate Nachbauten der Fabrikhallen und Arbeitsplätze. In Schuber 14 finden sich vergrößerte Einzelbilder aus Filmen, die Arbeiter – Schneiderinnen, Schlachthofarbeiter, Telephonistinnen, alle mit Lichtringen – bei der Verrichtung ihrer Tätigkeiten in Rasterfeldern zeigen: In einigen Fällen in real gerasterten Kulissen, in anderen in einem dem Film durch Mehrfachbelichtung eingeätzten Raster. Sie sind mit unzähligen Anmerkungen versehen, Häkchen, Kreisen und Pfeilen mit eingefügten Kommentaren – *Arbeitsrhythmus hier gebrochen* – an den Stellen oder »Knoten«, die entwirrt werden sollen. An einer Aufnahme ist mit einer Büroklammer eine handschriftliche Bemerkung befestigt:

Jeder Ablauf in Einzelabschnitte / Durchführungszyklen unterteilt; jeder Zyklus dann in Teilzyklen = Elementarbewegungen.

Das vollständige, in Schuber 31 enthaltene getippte Konzept fährt fort:

Sobald alle Elementarbewegungen identifiziert und modelliert worden sind, können Methoden geringerer Zeitverschwendung synthetisiert werden.

Der Satz findet Eingang in *The Quest for the One Best Way*, Lillians Hauptwerk. Frank filmt seine Probanden gern mit Höchstgeschwindigkeit und lässt im Hintergrund Uhrzeiger mitlaufen, die Hundertstelsekunden messen. Lillian hat dagegen das Paradox begriffen, das dem gesamten Projekt zugrunde liegt: Bewegungen lassen sich nur dann ausbeuten – aushorchen, zum Ausplaudern ihrer Geheimnisse bringen –, wenn ihr Territorium, ihre dunkle Innenwelt, von ihrem Gegenteil, der Stasis, kolonialisiert worden ist.

In Schuber 7 findet sich hier noch eine weitere Szene sistierter Bewegung: die Photographie eines Picknicks am Wegesrand. Der Pierce-Arrow der Gilbreths steht auf einer kleinen Lichtung am Waldrand; Picknickkörbe, Sitzdecken und Kinder, zahlreich wie Elementarbewegungen, sind ausgepackt und auf der Wiese verteilt worden. Lillian beschreibt dieses oder ein ähnliches Picknick in einem anderen Brief, an Vera, der sich in Schuber 9 befindet: Der für die Straßenkarte zuständige Frank hat dafür gesorgt, dass sie sich verfahren, und sie sitzt am Lenkrad und murmelt leise vor sich hin:

> *Nel mezzo del cammin di nostra vita*
> *mi ritrovai per una selva oscura*
> *ché la diritta via era smarrita …*

Neben den Decken finden sie einen großen Ameisenhügel. Frank stellt ihn ihnen als Inbegriff rationeller Arbeit dar. Um seine Predigt auszubalancieren, gibt Lillian den Kindern ein nuancierteres Porträt einer hochkomplexen Gesellschaftsstruktur, die letztlich nicht von Effizienz, sondern vom Glauben zusammengehalten wird – dem Glauben an den Dienst für eine Königin und an die Gesamtheit der Kolonie; einem fest in den Insekten verdrahteten Glauben, der auf einer nicht weiter ableitbaren, elementaren Ebene in ihnen pulst, pure neurale Elektrizität …

Auf *seiner* elementaren Ebene hasst Frank Verschwendung. Er verabscheut sie, für seinen Gott der Effizienz fällt sie unter Blasphemie. Lebensmittelverschwendung, Wasserverschwendung, Energie-, Geld- oder Bewegungsverschwendung: Das alles beleidigt ihn, trifft ihn bis ins Mark. Verschwendung ist Umweltverschmutzung; Verschwendung ist Dreck. Ein Großteil seiner Zeitmanagementrituale gilt dem Säubern und der Sauberkeit. Im Haus der Familie hängen Waschanweisungen an den Badezimmerwänden:

Seife in die rechte Hand nehmen und auf die linke Schulter legen; außen am linken Arm hinabführen, innen am linken Arm hinauf zur Achselhöhle; außen am linken Bein hinab, innen am selben Bein hinauf; das alles dann spiegelbildlich auf der anderen Körperseite …

Lässt ein Kind nach dem Waschen einen Wasserhahn tröpfeln und läuft die Wanne wieder voll, muss es noch einmal baden, *das lehrt sie, kein Wasser zu verschwenden* … In einem Sommer in Nantucket arbeiten sie alle zusammen an einem Forschungsprojekt zu der Frage, wie man am besten Spülmitteldosen packt. Überlegungen, sich einen Familienhund anzuschaffen, drehen sich um Berechnungen sinkender Müllmannbewegungen infolge geringerer Lebensmittelabfälle im Haushalt. Für Darmentleerungen bekommen alle feste Stuhlgangszeiten zugewiesen. Wenn sie sich hier beim Picknick erleichtern müssen, werden sie zu zweit in die Wälder gescheucht, die silbergelatinös hinter ihnen aufragen: Lichtungen müssen sauber gehalten und Exkremente müssen in Erde und Dunkelheit vergraben werden. Als Lillian Franks Denken zusammenfasst, schreibt sie, die Müllvermeidung resultiere in ›glücklichen Minuten‹ und ›gesparter Zeit‹. Gespart wofür? Abgespart wovon? Dean hält in ihren Notizen fest:

Richtet sich Franks wahres Bestreben nicht vielmehr auf eine dermaßen hygienische Zeit, dass sie leer wird – eine Zeit ohne alle Bewegung, die außer sich selbst keinerlei Inhalt mehr hat? – Und wäre diese leere, entleerte Zeit dann *reine* Zeit oder nur … Leere?

Die Archivarin, die Dean betreut, ist eine Ms Bernadette Richards, MA, Dipl.-Bibl., CA, Bearbeitungsbeauftragte im Öffentlichen Dienst (Archive und Spezialsammlungen). Füllig und schwarz, in die zeitlose Form mittleren Alters gegossen, behandelt sie Dean wie eine Tante, die sie seit zehn Jahren nicht mehr gesehen hat: nennt sie *Honey*, bringt ihre Verwunderung darüber zum Ausdruck, *dass sie die ganze Strecke aus England rübergesaust ist!*, und führt sie jeden Tag zu der persönlichen, von ihr für sie freigehaltenen Lesenische. Sie tischt ihr zusätzliche Materialien auf, die nicht in den Gilbreth-Beständen aufbewahrt werden, sondern mehr in den Bereich der allgemeinen Öffentlichkeit gehören. Es gibt ein längst vergriffenes Buch, das zu seiner Zeit ein Bestseller und von zweien ihrer Kinder als Erwachsenen geschrieben worden war, Frank jr. und Ernestine; außerdem (worüber Dean die Peacocks informiert hat) einen Film. Beide sind so volkstümlich wie das »Gary, Indiana«-Liedchen, gespickt mit ulkigen Anekdoten und absurden Begebenheiten – Zusammenstöße mit entnervtem Personal; Mautstellenangestellten, denen beim Anblick von zwölf in ein Auto gestopften Kindern die Augen aus dem Kopf fallen und die sie gratis durchwinken … Buch wie Film heben auf Frank ab und präsentieren ihn und nur ihn als den Ursprung der ganzen gilbrethschen Weltanschauung, als den artesischen Brunnen, aus dem die Initiative und der Tatendrang sprudeln. Aber schon nach der ersten Stunde über den Archivbeständen ist für Dean sonnenklar, dass Lillian und nur Lillian Franks beschränkte ergonomische Vision ausgeweitet und Felder und Dimensionen herausgekitzelt hat, von deren Existenz er gar nichts ahnte. Und nach dem ersten Tag ist ihr auch klar, dass Lillian und nicht Frank die Essays und Bücher geschrieben hat, deren Autorschaft manchmal beiden, manchmal ihm allein zugeschrieben wird. Hätte Frank diese Passage formulieren können?

Erkennt der Arbeiter die Bedeutung der geringsten Abweichung von einer geraden Linie oder einer gleichmäßigen Kurve, beginnt er, in Elementarbewegungen zu denken. Verfolgt er mithilfe unserer Modelle diese Bewegungen – Bewegungen, die durch Veränderungen der Postierung von Stuhl und Werkbank verfeinert werden, der Arbeitsflächenhöhe und der Neigungswinkel, durch die Analyse der Modelle der effizientesten Arbeiter (wobei andere Arbeiter die Drahtstrukturen der Modelle immer wieder mit den Händen nachfahren) und die nachfolgende Verfeinerung auch ihrer Arbeitsabläufe –, dann zeitigt das alles eine Überführung von Unbeholfenheit in Anmut, von Bedenklichkeit in Entschlossenheit …

Natürlich nicht. Dank ihrem Abschluss in Psychologie verstand Lillian, dass Arbeiter *im Besitz* ihrer Bewegungen sein müssen, um sie ausführen zu können. Frank sollte das nie begreifen; er war ein Taylorist und vertrat die Auffassung, Arbeitern müsse erklärt – gezeigt – werden, was sie tun sollten. Sie dagegen sah, wie wertvoll es war, wenn ein Arbeiter dank intimem, aus Wiederholungen gewonnenem kinetischen *Wissen* jede Kurve, jeden Bogen, jede Krümmung seiner eigenen Handlungen wie ein Liebhaber kannte und im Streben nach der vollkommenen Linie *begehrte*. Noch einmal: Hätte Frank das hier schreiben können?

Die Bedeutung des Rhythmus wurde in assyrischen und babylonischen Bilddokumentationen erkannt, die die Methoden ihrer besten Manager fortsetzen. Nach derselben Fortsetzungslogik muss der Arbeiter ausgebildet werden, bis sein Auge Bewegungspfade verfolgen, ihre Länge, Geschwindigkeit und Dauer abschätzen und ergo ein inneres Zeitgefühl entwickeln kann, unterstützt von stummem rhythmischem Zählen, das Bewegungszeiten und -routen mit instinktiver Genauigkeit einschätzen kann …

Nie im Leben. Sie hat das bei der Gedichtinterpretation gelernt: den Spielraum der Metren, Kadenzen und Pausen. Vor dem Psychologiestudium hat sie (wie Dean) einen B.A. in Anglistik gemacht; ihre M.-A.-Arbeit hat sie über Ben Jonsons *Bartholomäusmarkt* geschrieben. In das Gewebe aller ihrer Überlegungen ist Literatur eingesponnen. Wenn sie im ersten Kapitel von *The Quest* die Verschwendung angreift und schreibt, *wahre Erhaltung denkt weder an Vergeudung noch an Kargheit*, dann schwingt als Surround-Sound im Hintergrund Shakespeares *Vergeudest kargend zarte Selbstigkeit* aus dem ersten Sonett mit. Wenn sie Pausenräume für Arbeiter designt, die für deren Leistungstakt ihrer Meinung nach entscheidend sind, füllt sie sie mit Büchern – für jeden Raum eine andere Zusammenstellung, nur eine zweisprachige Ausgabe der *Göttlichen Komödie* ist immer dabei (die schmuggelt sie auch in alle ihre Wartezimmer ein und stellt sich ungeduldige oder fahrige Blicke vor, die auf den Vers im vierten Gesang des Fegefeuers fallen und dort verweilen: *attendi tu iscorta, o pur lo modo usato t' ha' ripriso?*). Sie dichtet selber. In Schuber 27 findet Dean eine Elegie auf Gantt:

Er predigte das neue Management,
Auf Fakten und Prinzipien erpicht.
Er wies den Weg und zeigte uns das Ziel.
Er glaubte nicht, dass er je Jünger fänd'.
Gefolgschaft fiel für ihn nicht ins Gewicht –
Er focht für einen neuen Arbeitsstil.

Natürlich richtig schlecht – zu korsettiert, zu klappernd –, aber darum geht es nicht. Sie würdigt die *Mechanik* des Prozesses. Das Schreiben ist eine Tätigkeit wie das Nähen, das Walzen von Stahlblech oder das Bauen von Schachteln. Lillian hat Marey studiert und weiß, dass die Arbeit des *père de la chronophotographie* mit Sphygmographen begann, Pulskurvenschreibern, die die Kadenzen und Metren des Blutkreislaufs auf berußten Glasplatten aufzeichneten; dass seine frühesten Bewegungsphotographien neben wirbelnden Bajonettspitzen beim Nachfahren der Konturlinien idealer Stiche teilweise in die Luft geschnittene fließende Handschriften festhielten. Töten und Schreiben. In den Marginalien in ihrem zerfledderten Exemplar (Schuber 20) von le Profs *Du Mouvement dans les Fonctions de la Vie* probiert sie verschiedene Übersetzungen für Mareys Neologismus *chronostylographie* aus: *das Schreiben der Zeit ... Zeitschreiben ... Zeit-als-Schreiben ...* Als Frank während des ersten Remington-Auftrags ihre Kinder zu Versuchskaninchen macht und sein Lernsystem des Blindschreibens an ihnen testet, indem er die Tastatur mit einem leeren Blatt abdeckt, damit sie die Anordnung der Buchstaben verinnerlichen müssen, lässt er sie eine Passage aus *Moby-Dick* abtippen. Er hat das Buch nie gelesen, einfach nach einer im Schuppen ihrer gemieteten Ferienwohnung herumliegenden Ausgabe von Harper & Brothers gegriffen und nur noch flüchtig gewusst, dass das Buch mit Nantucket und dem Meer zu tun hat. Lillian hat es aber gelesen und analysiert im Kopf zwei Tage lang die Passage, bei der sich der Band in Franks Händen rein zufällig aufgeschlagen hat und in der der polynesische Harpunier Queequeg die Tätowierungen von seiner Haut auf seinen (vorerst nicht gebrauchten) Sarg überträgt:

Viele freie Stunden verbrachte er damit, absonderliche Figuren und Zeichen in den Deckel zu schnitzen, wobei er anscheinend versuchte, ungeschickt, wie er war, die verschlungenen Tätowierungen auf seinem Körper in Teilen auf den Sarg zu übertragen. Diese Tätowierungen waren nämlich das Werk eines verblichenen Propheten und Sehers seiner Insel, welcher ihm mit diesen Hieroglyphen eine komplette Theorie vom Universum auf den Leib geschrieben hatte, dazu eine mystische Abhandlung über die Kunst der Wahrheitsfindung, so dass Queequeg ein leibhaftiges Rätsel war, das es zu lösen galt, ein Wunderwerk in einem Bande, dessen Mysterien jedoch nicht einmal er selbst zu enträtseln verstand, obwohl doch sein eigenes lebendiges Herz unter ihnen schlug, weshalb diese Mysterien dazu bestimmt waren, am Ende gemeinsam mit dem lebendigen Pergamente, auf dem sie geschrieben standen, zu vermodern und somit auf ewig rätselhaft zu bleiben.

Nadel, Harpune, Stift; weißer Wal, weißes Papier … Parallel dazu arbeiten sie in jenem Sommer auch für die Automatic Pencil Company. Frank inszeniert einen Werbegag und filmt die Kinder beim Bau einer Schatulle, die sie mit altmodischen Festbleistiften füllen und mit geziemend feierlichen Mienen im Sand vergraben. Zur Belohnung bekommen sie im Coffins alle doppelte Portionen, reihen sich an der Bar auf und schnippen sich über ihren Eisbechern mit den Daumen Graphitspäne zu. Der Name des Drugstores, erfährt Lillian im Gespräch mit dem Inhaber, geht auf Vorfahren zurück, die Sargunternehmer waren. Holz aus Nantucket hat eine unverwechselbare Schwarzfärbung. Da sie im Haus zu viel zu tun hat, um Notizbücher zu führen, und immerzu zwischen

Schlafzimmer und Speisekammer, Veranda und Badezimmer hin und her läuft, hat sie in jedem Stockwerk ein Diktiergerät stehen; die Tonbänder werden täglich gewechselt und zwei Schreibkräften gebracht, die in einem kleinem Raum neben dem Wohnzimmer arbeiten. Das löst die kleine Epiphanie eines Buchs aus, das schon lange zu Lillians geistiger Grundausstattung gehört: *Dracula.* In einem Brief an ihre Mutter (Schuber 34) schreibt sie:

> Es gibt in dem Roman so viel *Sekretariatsarbeit* – immerzu muss Mina die Notizen und Geständnisse der anderen Figuren abtippen und vervielfältigen, obwohl das Vampirblut in ihr revoltiert. Als Du mir das Buch als Kind vorgelesen hast, habe ich mich immer gefragt: Woher nimmt sie bloß die Zeit für all das?

Jetzt (im Juni 1924) *versteht* sie es endlich; sie versteht, dass all die Kisten mit Erde, in denen der Graf sein Territorium und seine Domäne aus Transsylvanien über Whitby nach London verfrachten lässt, die Totenbettkisten, in denen er sich selbst aus dem Halbleben zum wiederbelebten Untod schickt, als Doubles dienen, Satelliten sind, die den echten Kasten umkreisen, zwischen dessen Wänden das Leben getötet und wiederbelebt wird:

> Jetzt verstehe ich das, Mutter: Die wahre Truhe des Vampirs ist Dr. John Sewards Diktiergerät.

Drei Tage nach dem Poststempel dieses Briefs erleidet Frank in der Telephonzelle, von der aus er sie gerade angerufen hat, einen tödlichen Herzinfarkt. Nach der Beerdigung verfasst Lillian wieder eine steifleinene Elegie:

Geh vor, mein Schatz, ich wank' und falle nicht,
Ich kenn' ihn nicht, doch spür' ich deinen Weg.
Mit Gott geh! Schwenk nicht ab, wart nicht auf mich.

Als sie drei Jahrzehnte danach einen Auftrag von Macy's bekommt, denkt sie an die Schreibmaschinen und Bürozimmer jenes Sommers zurück. Unter den Etagen mit Toastern, Herden und Kühlschränken (die Nachfrage nach automatisierten Küchen ist nicht zuletzt durch ihre Arbeit sprunghaft angestiegen) lässt sie Filzpolster in die Rohrpostanlage einbauen, durch die die Scheine von den Kassen im Erdgeschoss in den Tresorraum hochschießen und Wechselgeld in die Gegenrichtung klirrt – achthundert Geldbomben, druckluftgetrieben, was in den Verkaufsflächen für konstant dröhnende Vibrationen sorgt. Druckluft, *pneuma*, der Hauch Gottes; jetzt gedämpft. Tag für Tag und Woche für Woche filmt sie die Kassiererinnen und zieht mal diese, mal jene aus der Reihe, um ihre Bewegungen im Verbesserungsraum vor Ort zu isolieren und einen Metallabguss anzufertigen, dann optimiert sie die Positionen der Rohrposteinwürfe, Stühle und Registrierkassen, und wenn sie aus dem Zwischengeschoss des Warenhauses ihre neuen Anordnungen betrachtet, nimmt sie erneut ein verzwanzigfachtes Sekretariat wahr: Die Frauen schlagen rhythmisch ihre Tasten an, schreiben ein großes Werk ab, direkt vor ihren Augen nimmt hier ein Buch Gestalt an. Wenn es Borels Affen vorherbestimmt ist, irgendwann den *Hamlet* zu schreiben – was macht dann wohl Gestalt und Inhalt des Opus der Kassiererinnen aus? Vielleicht bekommt es nie einen Titel, vielleicht wird es sich immer knapp jenseits der Lesbarkeit herumtreiben, dazu verdammt, bis in alle Ewigkeit in der Schwebe des Komponiertwerdens zu bleiben …

Und dann sind da die Schachteln. Am vierten Tag ihrer Recherchen wird Dean von der freundlichen Ms Richards in die Magazine hinabgeführt, aus denen ihr die Schuber gebracht worden sind; dann gehen sie weiter in einen Hof hinaus – einen großen Hof, eher schon eine Ladebucht oder eine Lagerhalle ohne Dach –, in dem reihenweise Wellblechcontainer stehen, wie man sie von riesigen Frachtschiffen kennt.

»Das ist unser Depot für Übergrößen«, vertraut die Archivarin ihr an und zwinkert, als würde sie sie in ein Geheimnis einweihen. »Für Sie ist Nummer 7.«

Ms Richards schiebt die Hand in die Rocktasche, zieht einen Schlüsselanhänger mit einem Plastikplättchen heraus und hält es vor sein Gegenstück an der Tür von Container Nr. 7. Das Gegenstück oder das Plättchen piept leise; man hört das abgefederte Klacken, mit dem sich Riegel und Zylinder öffnen, die Tür springt von allein auf und lässt sie ein. Da stehen sie, in Reihen, Stapeln und Schichten wie im Lagerraum eines Schuhgeschäfts: Unmengen kleiner Schachteln in einer großen Schachtel. Sie sehen auf Anhieb genauso aus wie auf den Aufnahmen, die Dean in London gesehen hat, und doch ganz anders. Genauso, weil es sich um schlichte schwarze Schachteln handelt, bei denen zwei Seitenwände und das Dach fehlen, weil in jeder davon eine dünne Metallspur vom Boden aufsteigt, die Luft durchzuckt, sich krümmt und als Schleife in ihren Anfang zurückfindet, und weil ihre Schwünge und Bögen zusätzlich durch die Planquadrate hervorgehoben werden, die das Innere der Schachtel markieren. Ganz anders, weil zwischen den die schwachen Sonnensäulen durchschwebenden Staubflocken die angedeutete Geschwindigkeit und kinetischen Schwingungen der verdrehten Stäbe sowohl erhalten geblieben als auch faktisch stillgestellt, in einen Standby-Modus verschoben worden sind. Sie schilfern ab, sind oxidiert und verfältelt wie alte Haut. In den konkreten Objekten sieht sie nicht nur die Krampen, die die Drahtgestelle am Boden der Schachteln fixieren, sondern in den komplexeren oder stärker aus der Balance geratenen Gebilden auch die hinter ihnen versteckten dünnen vertikalen Stützskelette. Die gemalten Hintergrundquadrate, die auf den Schwarzweißphotos so leuchten, wirken im Chromatismus der richtigen Luft schwächer; außerdem sind sie im Lauf der Zeit deutlich ausgebleicht. Als Dean aber näher herantritt und ein paar Strukturen genauer unter die Lupe nimmt, scheinen die schlauchförmigen Schleifen ins Leben zurückzuzischen, als würden sie allein durch räumliche Nähe reaktiviert; sie kann die Flugbahnen der Lichtringe nicht nur sehen, sondern instinktiv *spüren*: Die Handlungssignaturen so vieler Drehbankarbeiter oder Näherinnen sind hier erhalten, Fragmente aus Zeit und Bewegung vor dem Vergessen bewahrt worden … Lillian sprach gern von *gestaltgewordenen Daten* … Genau wie die ersten Nutzer dieser Modelle legt Dean unbewusst Daumen und Finger um die Drähte, fährt mit der Hand ihre verschlungenen Pfade nach, wiederholt einen hundert Jahre alten Augenblick – besiedelt, ja *belebt* vielleicht wieder Haut, die über Metall streicht …

»Wie viele davon haben Sie hier?«, fragt sie.

»Laut Katalog 385«, sagt Ms Richards nach einem Blick in einen Ausdruck. »Bei uns. Die Inventarlisten der Gilbreths selber verzeichnen noch mehr in anderen Archiven …«

Allerdings. Lillian hat jede einzelne sorgfältig aufgelistet. Das Smithsonian hat rund achtzig, das MIT ein Dutzend, Stanford eine Handvoll im Muybridge-Archiv. Hunderte sind verloren oder zerstört – aber inventarisiert. Das sind sie alle: Jede einzelne Schachtel, die die Gilbreths je gebaut haben. Lillian war unnachgiebig entschlossen, jede einzelne Bewegung festzuhalten, wollte sich keine einzige durch die Maschen ihres Erfassungsnetzes gehen lassen. War eine Handlung in Draht modelliert, wurde das Modell photographiert – wieder in Stereoskopie, zu einem Pärchen von Miniaturansichten rückentwickelt, Photographien des nach Photographien gefertigten Modells, das dann eine Nummer erhielt und zusammen mit Titel oder Kurzbeschreibung der jeweiligen Handlung (»Regalbau«, »Telephonvermittlung« usw.) in das Verzeichnis einging, dessen Ausdruck Ms Richards in der Hand hat. *Dafür* standen die unter die Photos gekritzelten Schnörkel, die Dean den Peacocks gezeigt hatte: wenigstens *ein* Rätsel gelöst. An den nächsten beiden Tagen erfasst Dean, zu welchen der 814 inventarisierten Bewegungen hier in Container 7 des Depots für Übergrößen auch Modelle überdauert haben. Sie ordnet sie einander zu, Miniaturansichtspärchen und Schachteln – wobei ihr zugutekommt, dass die jeweilige Nummer in weißer Farbe auch in der Schachtel festgehalten worden ist, ebenfalls verblasst, auf ihren Böden vorn am Rand aber noch lesbar …

Im Einkaufszentrum gleich vor dem Campus gibt es ein Five Guys und nur zwei Häuser weiter ein Tender Greens. Dean wechselt in den Mittagspausen zwischen den beiden ab und merkt, dass sie beobachtet, wie die anderen Gäste essen – oder Speisen durchs Restaurant tragen, sich an Tische setzen, Jacken ausziehen, Taschen an Stuhllehnen hängen, zur Toilette gehen, Türen öffnen – dem Sehvermögen okulierte Raster und Chronozyklographen sind ihre unsichtbaren Prothesen geworden. Der Weg einer Gabel zum Mund, einer Hand zur Serviette, eines Arms zum Ärmel oder einer Hüfte zum Türpfosten – alles wird Ergonomie, Choreographie. Die in den Gerüchen nach Burgern und angebratenem Thunfisch wehenden Säume und Schals erinnern sie an Julius' körnige und nachkolorierte GIF-Datei von Loïe Fuller. Isadora Duncan:

Lillian hat unregelmäßigen Kontakt zu ihr, bis sie (Isadora) stirbt. Schuber 24 enthält einen Brief aus dem Jahr 1913, in dem sich die Diva bei ihrer alten Schulfreundin für das Kondolenzschreiben nach dem Ertrinken ihrer Kinder bedankt. *Ihr Vater würde Dir gefallen: Seine Vorfahren waren Maschinisten* … Ähnlich in Schuber 25 aus dem Jahr 1927: *Unten in* le Midi, *cheri, beim Herumtollen mit Desti und Chatov* … Im Tagebuch aus demselben Jahr (ebenfalls in Schuber 25) kommentiert Lillian, dass Isadora Chatovs Schal trug, der sich zwei Wochen nach dem Poststempel dieses Briefs in der Radfelge ihres offenen Amilcars verfing, Isadora das Genick brach und sie *à la gloire* schickte … auch Gertrude Stein bleibt auf ihrem Radar – alles andere wäre auch schwierig, denn die füllt in den Dreißigern Konzertsäle in ganz Amerika, deklamiert vor verzückten Zuhörern –

überhaupt was hatte meine Herkunft aus Oakland für einen Sinn es war nicht natürlich von dort zu stammen, darüber zu schreiben ja wenn es mir gefällt oder sonst irgendetwas wenn es mir gefällt ja aber nicht da, da ist kein Da.

– und an Lillian privat:

Dir würde es gefallen, dass sie aus unserem alten Viertel ein Industriegebiet gemacht haben …

Es gibt Unmengen an Korrespondenzen. Denen wendet sich Dean zu, als ihr Abgleich von Inventar und Schachteln ins Stocken kommt. Hier, in den Schubern 42-45 sind Umschläge mit sowjetischen Stempeln und Hommagen des russischen Tayloristen Alexei Gastew, der ihr schreibt, sie habe dem Arbeiter den Pfad zu dem einen besten Weg gezeigt; ihm die Fesseln seines Körpers abgenommen; Ihre Lichtringe weihten seinen neuen Ehebund mit der befreienden Dynamik der großen Maschine …

Oder hier, in Schuber 46, eine Einladung vom Präsidenten des Vassar College zur Einweihung eines nach ihr benannten Studentenwohnheims,

> um unsere Studenten trotz der damit verbundenen großen Herausforderungen noch besser zu inspirieren, den einen besten Weg zu suchen …

Immer wieder taucht in den Artikeln, Büchern und Briefen diese Formulierung vom *einen besten Weg* auf. Als die Projekte größer werden und Lillian älter wird, verändert die Wendung offenbar aber ihre Bedeutung oder zumindest ihren Geltungsbereich, und irgendwann sucht sie nicht mehr den einen besten Weg, fünfhundert Spielzeuge in eine Kiste zu packen oder tausend Schokoladenklumpen von einem Fließband in die Pressformverpackungen zu befördern: Sie ist hinter größeren Fischen her. Im Herbst 54 schreibt sie (Schuber 61) Powel Crosley aus Sarajewo: *Könnte es nicht sein, dass es einen – wirklich nur einen einzigen – besten Weg gibt? Für alles, meine ich …* Je mehr sie sich in den Purdue-Nachlass vergräbt, desto deutlicher erkennt Dean – in den Schriften oder vielleicht eher zwischen ihnen –, wie sich in Lillians Denken der Umriss einer Idee abzeichnet, als wäre die Ganzheit des Archivs selbst ein Drahtmodell, auf dessen geknickten Pfaden Deans Denkhand wie ein Pilger im Heiligen Land entlanggleitet. In ihrem Bericht an Dorley schreibt sie:

Ab Mitte der vierziger Jahre tauchen in Ms Gilbreths Notizbüchern Begriffe wie »vollkommene Bewegung« und »reine Ursprungsgeste« auf – oft für sich stehend, ohne jeden Kontext, was (in meinen Augen) darauf hindeutet, dass sie zunehmend an die Möglichkeit einer noch nicht Modell gewordenen Form »höherer« oder »absoluter« Bewegung denkt, die sich unter Umständen auch keiner anderen Quelle als sich selbst verdankt (falls man sich so etwas überhaupt vorstellen kann). Diese Wende fällt zeitlich zusammen mit Ms Gilbreths zunehmender Faszination für blinde Arbeiter, die sie angelernt hat. Von der Annahme ausgehend, dass körperbehinderte Menschen bei angemessener Unterstützung das Leistungsvermögen unbehinderter Menschen erreichen und dann an Fließbändern und sogar in Handwerksberufen eingesetzt werden können, gelangte sie zu der Auffassung, dass Blinde ihren Mitmenschen gegenüber nicht nur keine Nachteile, sondern sogar Vorteile haben.

(Dean mag »Mitmenschen«; das ist so ein gilbrethsches Wort.)

Für Blinde, argumentierte sie, werden Bewegungen faktisch immer schon von äußeren Kontexten und Umgebungen abstrahiert; gleichzeitig werden Handlungen verkörpert, obwohl kein äußeres Korrelat nachgeahmt wird. Von den späten Fünfzigern an, als erst das NACA und dann dessen Nachfolgerin NASA Ms Gilbreth konsultierten, wurden ihre Äußerungen seltener und versponnener, als hätte die Aussicht auf Vorstöße ins Weltall die Grenzen des Möglichen oder Denkbaren hinausgeschoben. Am Ende …

Zwei Stunden nach Abschicken dieser Mail ruft Dorley sie aus London an und ist hörbar erregt. »Die NASA?«, ruft er. »Wollen Sie damit sagen, Ms Gilbreth hat *Astronauten Raumspaziergänge* beigebracht?«

»Das wäre zu viel gesagt«, erwidert Dean verschlafen (in West Lafayette ist es drei Uhr früh). »Es ging eher um Bewegungen im Kommandomodul, dessen Designer sich stark von Gilbreths Arbeiten zur häuslichen Ergonomie hatten inspirieren lassen. Sie hatte ihre Kinder schon früh dazu gebracht, ihr mit Bindfadenrollen und Reißzwecken durch die Küche zu folgen und ihr Hin- und Hergehen zwischen Spüle, Mülleimer und Arbeitsfläche oder zwischen Schrank, Mülleimer, Tür und wieder Mülleimer zu markieren, bis die ganze Küche wie eine überdimensionierte Katzenwiege aussah.«

»Das ist doch krank«, schnauft Dorley. »Die Nachbarn hätten das Jugendamt holen sollen …«

»Nicht unbedingt«, wiegelt Dean ab. »Es funktionierte und brachte sie dazu, bessere Küchen zu entwerfen. Nach ihrer Arbeit mit Blinden entwarf sie welche für Menschen mit eingeschränkter Mobilität: vereinfacht, durchdacht, kompakter und mit allem in Reichweite. Die anschließende Arbeit für die NASA war nur logisch: Eine Raumkapsel ist, so gesehen, nichts anderes als eine Küche oder ein Wohnzimmer für Menschen mit eingeschränkter Mobilität.«

Dorley schweigt eine Weile, um das zu verarbeiten. Auch die Verbindung hält gewissermaßen den Atem an, und das Knistern, Knarzen und Surren legt sich, das ihre Stimmen wie eine dreckige Aura begleitet hat. Dann befleckt er die Reinheit der Stille mit neuem Rauschen und sagt:

»Sie sagen, es gibt ein Inventar aller Bewegungen, die ihr Mann und sie modelliert haben?«

»Ja«, bestätigt sie.

»Schicken Sie mir das bitte«, weist er sie an. »Ach und schicken Sie übrigens keine unverschlüsselten Dateien mehr. Benutzen Sie ab sofort CounterMail oder Proton.«

»Okay«, sagt sie. »Wird morgen erledigt. Ich bin noch dabei, die durchnummerierten Inventareinträge mit den Modellen im Depot abzugleichen. Es gibt da einen kleinen Glitch, der sich aber beheben lassen sollte.«

Es gibt dann zwei Glitches: Die Angelegenheit hat ihre Haken, und Deans Pfad durchs Archiv hat ›Knoten‹ gebildet. Der eine ist auf den ersten Blick trivial: Die Einträge im Inventar springen von 807 zu 809 – 808 gibt es nicht. Vielleicht ein bloßer Schreibfehler – für die sorgfältige Lillian allerdings ungewöhnlich. Dean würde sich da keinen Kopf drum machen, wenn nicht eine zweite Mucke damit einherginge. Die ist mehr so ein Gefühl, nicht so leicht festzumachen und betrifft eine Verhaltensänderung des Magazinpersonals. Ms Richards, die in den ersten Tagen so zuvorkommend und hilfsbereit war, bleibt neuerdings auf Abstand – weicht ihr aus, genauer gesagt. Sie ist noch da, kümmert sich um Dean und betreut die Aushändigung der Archivalien, aber ihr Verhalten ist von zunehmender Verschlossenheit. Zweimal sind in den letzten beiden Tagen Bestellscheine mit einem aufgestempelten »in Gebrauch« zurückgekommen. Auf Deans Frage »Bei wem?« schien die Archivarin zurückzuzucken und nahm das Formular wieder an sich, als hätte Dean damit schon zu viel gesehen. Als sie nach dem zweiten Vorfall das Gebäude verließen und Dean über den dunklen Parkplatz zum Hilton ging, um ihren Tagesbericht nach London zu schicken, rief Ms Richards ihr seltsamerweise nach:

»Passen Sie auf sich auf!«

Das war keine dahergesagte Floskel; es klang, als würde die Archivarin ihr wirklich zur Vorsicht raten, weil sie eine auf den Fußwegen und in den Grünanlagen der Purdue drohende Gefahr gewittert hatte – eine so seltsame Bemerkung, dass sich Dean noch einmal umdrehte und nachfragen wollte, aber da war es schon zu spät, Ms Richards' Haarknoten und ihre Gestalt mit Mantel und vollgepackter Ledertasche waren schon in der Dunkelheit verschwunden, und die Frage blieb Dean in der Kehle stecken. Als sie am Tag darauf noch einmal den fehlenden Eintrag zu Nr. 808 ansprach, sagte Ms Richards kurz angebunden:

»Da kann ich Ihnen nicht helfen.«

Kein *Honey*; kein strahlendes Lächeln; Dean konnte nur verdrossen die Lücke auf der Seite anstarren (da ist eine Leerzeile – sie stellt sich eine Hand vor, Lillians oder die einer ihrer Sekretärinnen, die hochgleitet, den Wagen der Schreibmaschine von links nach rechts schiebt, zweimal um die Buchstabenbreite dreht und wieder sinkt), zwischen den Photographien und kurzen Bewegungsbeschreibungen der Schachteln 807 und 809. Natürlich könnte es schlicht ein Irrtum gewesen sein: Diese Einträge gehören zu den letzten und wurden in einer Zeit angefertigt, als Lillians Sehvermögen schon ebenso nachließ wie ihr Gedächtnis, Briefe und Notizbucheinträge abschweiften und sich ins Uferlose verloren, die Handschrift immer mehr zum Schmierakel wurde und das Ende in all seiner Formlosigkeit in Sicht kam …

Ihre letzten drei Lebensjahre verbringt Lillian in einem Altenheim in Phoenix, Arizona. Es heißt *The Beatitudes*. Dean assoziiert bei dem Namen eine Art Gürtelzone wie die gemäßigten oder heißen Klimazonen, die Tropen, Antipoden, Indien oder kanadische Seeprovinzen; erst als sie den Ausdruck nachschlägt, geht ihr auf, dass sich der Name auf die Seligpreisungen in der Bergpredigt bezieht, Matthäus 5.3-11: *Selig sind, die da … usw. … usf.* Nominell ist Lillian Agnostikerin – trotzdem glaubt sie an Aufwärtsbewegungen, Apotheosen und Transformationen: vom Zögern zum Entschluss, von der Unbeholfenheit zur Anmut. Mittlerweile ist sie unglaublich berühmt. Von der ganzen Welt wird sie mit (grundsätzlich abgelehnten) Einladungen überschüttet, Vorträge zu halten oder wenigstens, sich einen Ehrendoktortitel verleihen zu lassen; man spricht davon, ihr Denkmäler zu errichten, sie zur (von der Freiheitsstatue mal abgesehen) ersten Frau auf einem amerikanischen Geldschein zu machen … in der Sowjetunion hat Lenins Verehrung für sie tiefe Wurzeln geschlagen, hat Lenin überlebt und ist zwei, drei Generationen später neu erblüht, noch über Gastew und Rozmirovich hinaus, Rationalisierungsverbände, *ob'edineniia* … Ihre Kinder besuchen sie und erzählen ihr von der Mondlandung, zu der ihre Arbeit so entscheidend beigetragen hat, aber so ganz versteht sie das nicht mehr. Gelegentlich hält sie noch letzte Einträge in ihren Notizbüchern fest und schreibt den einen oder anderen Brief. In dieser Korrespondenz der letzten Lebensjahre, die die letzten beiden Schuber füllt, stößt Dean auf die Vanins-Briefe.

Es gibt zwei davon, zusammengefaltet in Umschlägen, auf denen – wie auf Gastews Briefen – sowjetische Briefmarken kleben, im Fall Vanins' aus den Jahren 1969 und 1970. Die Blätter haben kyrillische Briefköpfe und ein Bild, das eine Universität oder ein Forschungszentrum zeigen dürfte. Der Brief selbst ist in lateinischen Buchstaben abgefasst: handschriftliches Englisch. Er ist ziemlich schwer zu verstehen, teils weil der Verfasser nicht besonders säuberlich geschrieben hat, teils weil er einen Hang zu graphischen Darstellungen und algebraischer Kurzschrift hat. Autor der Briefe ist ein Raivis Vanins – ein Dean schon vertrauter Name, denn Lillian hat einige Jahre zuvor ein Treffen mit ihm erwähnt, in …

beim Zurückblättern in Schuber 32 findet sie Ort und Datum: Zürich, Viertes Internationales Symposium für Angewandte Kinetik. Im Tagebucheintrag vom 26. 2. 65 hält Lillian fest, wie sehr der junge Physiker sie beeindruckt hat, der *meine Arbeit in eine interessante und ziemlich unerwartete Richtung weiterdenkt ...* Die Briefe scheinen in einem größeren Zusammenhang zu stehen: Zum einen beziehen sie sich auf eine (hier nicht archivierte) frühere Korrespondenz; zum anderen sind sie unvollständig, denn manchmal fehlen ganze Blätter.

Im ersten Brief schlägt Vanins einen vertrauten Ton an (Lillian wird mit dem Vornamen angesprochen) und bedankt sich für ihre enthusiastische Reaktion auf die Arbeit, die er »im Licht der T. T.-Episode ausgeführt« hat. Er entwickelt in groben Zügen und mit Skizzen und Berechnungen, die für Dean so unverständlich sind, dass sie mit derselben Plausibilität auch formelhafte Abhandlungen über die Beschaffenheit Dunkler Materie oder die Flugschneisen irgendwelcher Insekten sein könnten (er hat eine Art Kegel gezeichnet, zwei gerichtete Pfeile ziehen sich korkenzieherartig um eine gerade vertikale Linie, und daneben stehen wieder die Buchstaben »T.T.«), seine Thesen zu der besagten »Episode« und teilt ihr mit, dass er diese, ihre Erlaubnis vorausgesetzt, modellieren möchte. Vom zweiten Brief steckt nur die zweite Seite im Umschlag: Der Text beginnt und endet mitten im Satz und benachrichtigt sie über etwas, das Vanins »meinen Schock – meine Verblüfftheit und vielleicht Verzögerung« nennt – *Verzögerung?* Nein, den Buchstaben hat er nur nach unten statt nach oben verlängert, das soll *Verzückung* heißen ... »meinen Schock – meine Verblüfftheit und vielleicht Verzückung – über die Konsequenzen dieser Entdeckung, die all unsere Grundsätze und« (unleserlich: *Annahmen?*) »über den Haufen ...«

Hier endet die Seite. Mit einer Büroklammer ist aber das Photo eines Drahtmodells daran befestigt – eine kleine Momentaufnahme wie die Dean schon bekannten Thumbnails im Gilbreth-Inventar; anders als bei denen handelt es sich hier aber um ein einzelnes Bild, keine Stereoskopie; auch leicht verzerrt, weil es (wahrscheinlich von Vanins) in einem anderen Umfeld und aus einem anderen Winkel aufgenommen und mit anderen Chemikalien auf anderem Photopapier entwickelt worden ist. In der aufgeschnittenen Schachtel des Modells steigt die Metallspur an, dreht sich erst gegen den und dann im Uhrzeigersinn, bevor sie wieder zum Boden abfällt. Oben ist auf die Photographie selbst wieder das Doppelinitial *T. T.* geschrieben worden; unten steht *Schachtel 808.*

Es liegt nicht an der Klimaanlage, dass Dean plötzlich eine Gänsehaut bekommt, als sie das Photo betrachtet – eher die zum Körpergefühl gemorphte jähe Erkenntnis, dass ein bislang fehlendes Puzzleteil seinen Platz einnimmt. Mit neuem Elan springt sie zwischen den verschiedenen Schubern hin und her, weil sie spürt, wie hier etwas Gestalt gewinnt: etwas Konkretes, fast schon *Sagbares* – aber wenn, dann stumm, in dieser Kritzelsprache aus bildhaften und alphabetischen Chiffren, gekrakelten Hieroglyphen … und gerade dank diesen irgendwie doch *wiederherstellbar* …

Im letzten Schuber findet sich der letzte Band von Lillians Tagebüchern, den sich Dean noch nicht näher angeschaut hat. Auch hier stößt sie auf Unmengen von Kritzeleien, Buchstaben und Symbolen, die an und für sich auf eine Art mathematische Notation hinauslaufen mögen, vielleicht aber auch nur die Auftrennung eines zerfasernden Geists dokumentieren, dem Kett- und Tuchbaum aus den Angeln geraten und Holzwurm und Zersetzung zum Opfer fallen. Auch in diesen Fusseln, in diesem unverkennbaren Schiffbruch stehen aber noch Wörter: Bruchstücke, Fetzen von erinnerten oder un-vollendeten Gedanken ... *Name für Kraft, die alle Dinge in Bewegung hält? ... Praxis* (energeia), *Arbeit* (ergon), *Potential* (dynamis) – *aber Kontemplation ...?* Ein Gewirr aus diesen Rudimenten bildet den letzten Eintrag des Bands, um eine Zeichnung herumgestreut (wie Anmerkungen zu ihr), die Dean als zittrige Kopie einer der Kegel-und-Korkenzieher-Skizzen in Vanins' erstem Brief erkennt. Einige Wörter, die Lillian zwischen die Federn und Pfeile eingefügt hat, könn-ten Namen sein: *de Honnecourt, Maricourt, Bessler ...* Ande-re, weiter unten, scheinen altes Italienisch zu sein: *fattore ... farsi ... fattura ... legato con amove in un volume ... geomètra misurar lo cerchio ... l'amov che move ...* Drei Kreise sind mit Buntstiften über diese unteren Fragmente gezogen worden, jeder Kreis mit einem Farbverlauf, der die anderen teilweise reflektiert. Unter diesen steht in fett gemalten Buchstaben, fast wie ein Etikett, die englische Zeile: *Schachtel 808* – soll das *ärgert* heißen? Nein: *ändert – Schachtel 808 ändert alles.*

Während Dean die neun unbenutzten, jungfräulichen Blätter des Notizbuchs bis zum Einband vor- und dann wie-der zu dieser Seite zurückblättert, wird ihr wenigstens eines klar: Dass Schachtel 808 im Inventar fehlt, ist weder Zufall noch Versehen oder eine vertippte Zahl. Dahinter steckt et-was – ein Etwas oder ein *Alles.* Dieses Etwas hat einen Namen beziehungsweise eine Nummer – 808 – und eine konkrete Ausgestaltung: eine Schachtel, deren suboptimale Photogra-phie sie, Dean, in der Hand hält. In der Rechten; mit der Lin-ken sucht sie auf dem Tisch fieberhaft (und blindlings) nach den Kopierantragsblättern – vergeblich, wie sich zeigt: Sie muss alle aufgebraucht haben, die Ms Richards ihr gegeben hat. Sie überlegt, zum Arbeitsplatz der Archivarin hinüber-zugehen und um Nachschub zu bitten, hat aber Angst da-

vor, die Schuber offen liegenzulassen, so dass die Konstellation, in die sie sie eben gebracht hat – eine Konstellation, die
wie die der Sterne für einen Astrologen weitreichende Folgen
haben, ja eine Offenbarung sein könnte, aber nur wenn sie
flüchtig und mit der richtigen Bewegung aus dem richtigen
Blickpunkt angeschaut wird –, ihr wieder entgehen könnte.
Sie bleibt, bis das Archiv schließt, schreibt erst alle Wörter ab,
starrt die Seiten dann einfach nur an, und ihre Augen schießen zwischen Tagebuch, Photographie und Brief, Brief, Pho-
tograph und Tagebuch hin und her, als wollte sie mit Bind-
faden und Reißzwecken eine Katzenwiege der Szenen und
Bewegungen oder wenigstens ihrer Spuren konstruieren, die
sich ihr hier eröffnen – und mit derselben Bewegung wieder
verschließen …

Nachdem sie an die Luft gesetzt worden ist, läuft sie direkt
ins Hilton zurück und verbringt den größten Teil der Nacht
damit, Dorley einen neuen Bericht zu schreiben. Ihre Auf-
regung und die späte Stunde verleiten sie zu einem rhetorischen Überschwang, den sie sich normalerweise nicht gestat-
ten würde, und sie schreibt:

Irgendwo beim Staffellauf zwischen Ms Gilbreth und
ihrem jungen Anhänger auf der anderen Seite der Welt
und des Eisernen Vorhangs, irgendwo bei den Über-
stellungen und Übersetzungen, bei den unerwarteten
Weiterleitungen, wie sie nur geographische Entfernungen, Generationsunterschiede, in erster Linie aber die
Launen des Zufalls verursachen, muss etwas aufgetaucht
sein, das sie beide entzückt, verbiestert und überrascht
hat – zum Mindesten muss es Ms Gilbreth so verein-
nahmt haben, dass sie es in einem letzten und kontrain-
tuitiven Schwenk im Index ihres Lebenswerks zensiert

hat. Die Bedeutung, die sie Schachtel 808 beimaß, ist
den unzähligen Unbekannten zum Trotz, die sie von allen Seiten einengten, absolut unstrittig. Für sie und in
ihren eigenen Worten ›änderte sie alles‹. Nach meinem
Dafürhalten ist es auf eine robuste intellektuelle Enklave,
einen uneinnehmbaren Bergfried absoluten Scharfsinns
zurückzuführen, dass sie trotz ihrer Zerrüttung –

zu stark – und voreingenommen

   – dass sie trotz der Verschlechterung ihrer Gesamtverfas-
   sung in dieser Zeit erkannte, dass ihr Mitstreiter Vanins
   (der seinerseits auf dem Höhepunkt seiner beruflichen
   und intellektuellen Fähigkeiten stand) eine wegweisen-
   de Entdeckung gemacht hatte …

Ist Dean davon wirklich überzeugt? Ja. Trotz der zittrigen
Schrift und der gelegentlich fehlenden Zusammenhänge
strahlen diese Federstriche und diese Wörter eine Überzeugung und eine Sicherheit aus, die kein Zweifel und keine senile
Verwirrtheit erschüttern können. Nur stellt sich die Frage –

   Nun stellt sich die Frage: Welchen Weg hatte diese
   Schachtel gewiesen, den hunderte vorangegangener
   Schachteln nicht gewiesen hatten? Die von Vanins und
   dann auch von Ms Gilbreth so genannte »T.T.-Episode«
   muss den Lauf der Dinge verändert und eine bahnbre-
   chende Einsicht oder Erkenntnis produziert haben. Ich
   tappe völlig im Dunkeln, worum es sich bei dieser Episode gehandelt haben könnte. Vermutlich sind jetzt Recherchen in Vanins' eigenem Archiv erforderlich, falls
   ein solches existiert. Wie es ausfindig zu machen wäre,

ist angesichts des Zusammenbruchs des Staates, unter dessen Schirmherrschaft er arbeitete, mehr als …

Weisungsgemäß schickt sie ihren Bericht in verschlüsselter Form über die abhörsichere Datenleitung der Kanzlei. Sie legt sich noch ein paar Stunden hin, wird aber von unruhigen Träumen heimgesucht – Schachteln werden mit Containerschiffen an falsche Adressen geschickt, Strohhalme von Five Guys und Tender Buttons zu Drahtmodellen verformt, die in den Kulissen (hinter dem Tresen, in der Küche oder anderen nicht weiter spezifizierten Hinterzimmern) ablaufende Bewegungen von großer Tragweite modellieren, verzögert abgegebene Kopierantragsblätter vervielfältigen sich zu Hotelbadetüchern, die Schrift verbleicht, das Papier weicht durch und löst sich auf. Schon am frühen Morgen sitzt sie dann im Au Bon Pain vom Einkaufszentrum, zehn Minuten bevor das Magazin aufmacht, observiert dessen Eingang und wünscht sich nichts brennender, als dass dessen Mitarbeiter – Hausmeister oder Pförtner, ja selbst Reinigungskräfte, am besten aber Ms Richards – um die Ecke biegen und mit dem Schlüsselbund klirren.

Ihr Wunsch geht nicht in Erfüllung: Ms Richards kommt heute nicht. Als das Magazin endlich öffnet, nimmt ein Mann ihren Arbeitsplatz ein: etwas jünger, vielleicht Ende dreißig, weiß, mit akkurat geschnittenem Schnurrbart in einem grauen, glattrasierten Gesicht. Als sie auf seinen Arbeitsplatz zugeht (er hat umgeräumt; heute ist es *seiner*), spürt sie eine atmosphärische Veränderung. Er steht zu ihrer Begrüßung auf, aber es ist kein freundliches Aufstehen, sondern mehr ein – *fast* schon ein – Wegversperren.

»Kann ich Ihnen helfen?«, sagt er kalt und in einem Ton, dem sie anhört, dass Hilfe das Letzte ist, was ihm einfallen würde.

»Oh«, sagt Dean, »ich arbeite hier. Ich meine …«

»Sind Sie hier angestellt?«, fragt er.

»Nein, nein«, antwortet sie. »Ich lese. Ich bin zu Recherchearbeiten hier. Ich bin schon seit – genau da …«

Als sie über seine Schulter hinweg zaghaft auf ihre Lesenische deutet, sieht sie, dass ihr kleines Nest aus Schubern und Papieren, dass Ms Richards nie angetastet hat, aufgeräumt worden ist.

»Oh …«, macht sie wieder.

»Können Sie sich ausweisen?«, fragt er.

»Wie bitte? Ja, natürlich«, sagt sie und wühlt in ihrer Handtasche. Der Mann bemüht sich um eine ausdruckslose Miene, verzieht das Gesicht aber ganz kurz zu einem Mikrolächeln, gleichsam der Vorfreude auf das, was gleich geschehen wird.

»Authentifizieren Sie sich bitte«, weist er sie an.

Ms Richards hat ihren Ausweis ausgestellt und ihr am ersten Tag gezeigt, wie das Anmeldeverfahren funktioniert, danach aber immer gleich auf den Summer gedrückt, so dass Dean ihn nie gebraucht hat. Als sie den Ausweis jetzt auf das elektronische Lesegerät legt, wird das mit einem säuerlichen Piepston quittiert, der, wenn sie synästhetisch veranlagt wäre, denselben Farbton wie das Gesicht des Mannes hätte.

»Oh …«, murmelt Dean zum dritten Mal. »Soll ich …?«

Der Mann sagt nichts und reagiert überhaupt nicht. Nach einer scheinbar endlosen Pause sagt er:

»Ihr Ausweis hat in diesem Zentrum keine Gültigkeit.«

»Was kann ich …?«, setzt sie an, und dann: »Vielleicht kann ich …«, aber auch das löst keinerlei Reaktionen aus. Schließlich gelingt ihr ein: »Ich meine, ich bin eine eingeschriebene Besucherin.«

Diesen letzten Satz kapiert er endlich. »Ihre Besuchsberechtigung ist außer Kraft gesetzt«, informiert er sie.

»Wie meinen Sie das?«, fragt sie.

»Sie sind hier nicht länger willkommen. Bitte gehen Sie jetzt.«

Die nächsten Minuten bleiben bei späteren Rückblicken hartnäckig leer, sind so wenig ins Gedächtnis eingegangen wie nie modellierte Bewegungen aus grauer Vorzeit. Sie muss umgekehrt und den Korridor zurückgegangen sein, an der Pförtnerloge vorbei, muss die Eingangstür geöffnet haben und hinausgegangen sein – aber all das hat sich genauso in Luft aufgelöst wie ihr Zugang zur Welt von Lillian, Frank, Vanins, den Kurven aus geformtem Licht und gebogener Zeit und all den anderen Zauberspielzeugen, die für sie plötzlich wieder außer Reichweite sind. Ihre Erinnerungen setzen erst wieder ein, als sie auf dem riesigen Parkplatz des Magazins in der mitleidlos sengenden Sonne steht und dem Juckeln und Sausen der Fahrzeuge in einiger Entfernung auf dem Inter-state 52 lauscht.

BUCH ZWEI

1. Und runter gings

Man hört das Gebläse nicht anspringen. Da setzt kein langsames, schwerfälliges *Fapp … Fapp* ein, das einen Zahn zulegt zum *Fapp, fapp, fapp* und durch die *Fappfappfappfapp*-Schicht beschleunigt, bis am Ende nur noch ein gleichmäßig fließendes Surren zu hören ist. Teilweise liegt das an der Anordnung der Motoren und Kompressoren, die am Kreis am weitesten von der Teststrecke und dem Kontrollraum entfernt sind; teilweise am elektrischen Brummen, das von den zu den Motoren gehörenden Transformatoren ausgeht und die ganze Anlage durchdringt. Alle Ingenieure wissen aber, wenn das Gebläse an ist. Als Erstes spüren sie das Kräuseln der Teeoberfläche in ihren Bechern; als Nächstes klirren die Fensterscheiben und alle Ränder verschwimmen (oder werden sie *geschärft*? Da hasen-entet van Boezem noch): Desktops, Bildschirme, Schubfächer, Whiteboards. Ein paar Sekunden danach schließt sich das Fleisch den erwachenden Schwingungen an: Man spürt sie in der Magengrube, in Druckwellen, wie einen Bass – nur merkt man, wenn die Frequenz schließlich den hörbaren Schallbereich erreicht, dass es ein hoher und kein tiefer Ton ist; ein Sopran, eine drängende und ins Unendliche ausgedehnte Fermate, die dem angespannten Zwerchfell einer mechanischen Rheintochter entlockt wird.

Die meisten Windkanäle haben zwei Kontrollräume: Im einen werden die Aktivitäten der verschiedenen aerodynamischen Teilanlagen synchronisiert, im anderen wird das Handling der Modelle gesteuert. Hier bei Nederlans Wind NV (dem ehemaligen Nederlans Lucht- en Ruimtevaartlaboratorium Luttelgeest) sind beide Funktionen in einen Raum zusammengelegt worden, der dafür in fast kathedralenartige Ausmaße vergrößert worden ist. Unter einem riesigen Halolicht, das flach und rund wie ein gutwilliges Raumschiff unter der Decke schwebt, befinden sich zwei weiße Bankreihen, vor denen in regelmäßigen Abständen Bildschirme wie Gebetbücher stehen. Momentan zeigen mehrere davon Temperaturwerte der Beruhigungskammer, des Regeldiffusors und des Kompressors, Druckwerte am Ausgleich der Dehnungsmessstreifen und am Stickstoffauslass sowie Spannungsmesswerte vom Heizmodul, alle topographisch angeordnet. Andere zeigen den geometrisch schematisierten Umriss des Modells. Dieses faktische Modell, das konkrete Objekt, wird auf einer in den Boden der Messstrecke eingelassenen Kraftmessplatte montiert und an Ort und Stelle gehalten. Die Messstrecke liegt einen halben Meter höher als der Kontrollraum und wird von diesem durch eine Trennwand abgeschottet, in deren Mittelbereich eine dicke Panoramafensterscheibe eingelassen ist. Die Erhöhung, die Rahmung und erst recht die Beleuchtung durch die in den Boden der Teststrecke eingelassenen Lampen geben dem Modell und den darum herumstehenden Männern den Anschein von Figuren auf einem Altarbild oder Buntglasgemälde: ein Master-Bild, auf das sich die kleineren und niedrigeren Monitoransichten votivartig beziehen. Das Modell scheint (und das ist gar nicht so weit hergeholt) von innen heraus zu leuchten – in Laienbegriffen handelt es sich auch gar nicht um ein Modell, sondern um das Ding selbst, in Originalgröße, voll lenkbar, Glasfaserverkleidung und Parabolkufen aus Stahl (4000 Euro das Stück), frisch zerschrammt vom Eiskanal Igls, den es vor zwei Tagen erst hinabgerast ist: ein knallroter Rennbob, BMW, fünfte Generation und der ganze Stolz des Österreichischen Bob- und Skeleton-Verbands (Zweierbob-Abteilung).

»Es gibt aber keine Bewegung«, sagt Cheftrainer Otto Ebner, ITK, M. Sc. (Linz), und betrachtet nervös das kostbare Gefährt, während die NW-Ingenieure das Schlussstück der Kraftmessplatte fixieren.

»Nein, der *Rennbob* bewegt sich nicht«, räumt van Boezem ein. »Die Luft bewegt sich um ihn herum.«

»*Ja, natürlich*«, sagt Ebner ungeduldig auf Deutsch. »So weit komm ich mit. Ich meine aber, dass es keine *Reibung* gibt. Es steht nur auf der Platte, und die Kufen bleiben an derselben Stelle. In der *authentischen* Bobbahn gleiten die Kufen über das Eis.«

Van Boezem kneift sich den Nasenrücken. Er braucht keine Lorentz-Transformationen, um zu wissen, dass das ein langer Arbeitstag wird. »Bodenreibung gehörte nicht zu unseren Parametern«, bringt er Ebner schonend bei. »Nur Luftwiderstand. Wenn Sie darum gebeten hätten, hätten wir ein mitlaufendes Band unter das Modell montieren können, wenn auch keins aus Eis – dann würden sich die Geschwindigkeiten, mit denen …«

»Nein, nein; alles gut.« Sven Medosch, der Statistiker des Verbands, legt Ebner den schlanken Arm um die Schultern, dirigiert ihn von van Boezem zu einer Reihe von Klemmbrettern und zwinkert dem Cheftechniker zu. So leicht ist Ebner aber nicht abzuwimmeln; mit Adleraugen mustert er den Bob, die Ingenieure, seine halbnackten Bobpiloten, denen die Oberteile von Elastantrikots von den Taillen und deren ausgebreitete Arme in schlaffen Opferposen herabhängen … Seit dieser Hollandtrip erstmals erörtert worden ist, hat er auf Wirklichkeitsnähe gepocht. Er hat seinen Fahrern eingeschärft, das Windkanalumfeld überhaupt nicht zur Kenntnis zu nehmen, sondern sich ausschließlich den Anblick, die Geräusche und Gerüche der Bobbahn ins Gedächtnis zu rufen:

die vorbeirasenden weißen Wände, die kurz durch ihr Blickfeld flitzenden Dächer der Badhaussiedlung, das Scharren und
Krachen, das Ammoniak der Kälteanlage … alles zählt. Bei
der Gesamtzeit haben sie es mit Tausendstel- und Zehntau-
sendstelsekunden zu tun, was in jedem diskreten Augenblick
in diesem Kontinuum in Mikro-, ja Nanosekunden zu übersetzen ist. Hier spielen sich die Dinge auf der Molekulareb-
ne ab, da ist er sicher. Schon ein Gedanke an irgendwas *(Hier
kommt eine Steilkurve … Es ist kalt … Eis sticht mir in die Wangen)* feuert Neuronen, die Veränderungen der Muskelspann-
ung zur Folge haben, Hals- und Schenkelnerven reagieren
lassen und Schulterkontraktionen auslösen; all diese Abläufe
haben ein für das Auge nicht erkennbares Volumen, bewirken
Gliederungen und Remontagen – auch die müssen sich doch
in einem gewissen Maß erfassen lassen, müssen Oberflächen
und Ränder bieten, die sich berühren lassen und Widerstand
leisten, oder? … *Wer weiß?* Das gehört alles mit zum Bild.

Da ist auch Phocan, durch mehrere Monitorreihen sowie NW- und ÖBSV-Mitarbeiter vom leuchtenden Schrein
der Teststrecke getrennt. Lucy Diamond und er stehen Wa-
che bei einem Gerätewagen mit mehreren großen Behältern.
PIV: Particle Image Velocimetry. Neuerdings – jedenfalls für
Pantarey – werden diese Messgeräte in der Kammer an Lüf-
tungsgebläsen ausprobiert, die ungefähr so stark sind wie ein
Haufen Haartrockner; ansonsten sind sie aber noch keinem
Praxis- bzw. eben Windkanaltest unterzogen worden; heute ist das ihre reale Premiere. In Gedanken stolpert Phocan
über das Wort »real« – nicht aus den naheliegenden Gründen
(künstliches Setting, simulierte Geschwindigkeit usw. usf.),
sondern weil es das Heck des Raumschiffsnamens bildet, der
sich bei ihm in diversen Gedankengängen verkeilt hat, seit sie
die Spritztour zu den Räumlichkeiten von Degree Zero in der

Berners Street und dem ganzen Projekt *Inkarnation* gemacht haben: *Sidereal.* Er musste das Wort nachschlagen *(*als Adjektiv *siderisch,* von lat. *sidus* ›Stern‹, ›Gestirn‹, steht für den Bezug auf Fixsterne in der Astronomie und bezeichnet Zeiten bzw. Umlaufdauer von Himmelskörpern) und sogar das Lautsprecher-Icon des Online-Wörterbuchs anklicken, um sich die richtige Aussprache vorsagen zu lassen. *Side-ear-ial,* mit Betonung auf *ear.* In seinem eigenen Ohr, seiner inneren Echokammer, hört er es aber immer noch als *side-real:* zwei Wörter, die Seite an Seite Nachbarschaft betonen – ihre eigene, klar, aber auch Nachbarschaft im Allgemeinen, die Nähe von Dingen, die an der Seite anderer Dinge stehen. Wären das, fragt er sich, während auch er zusieht, wie sich die Bobpiloten anziehen, wären das dann *irreale* Dinge, aus dem Königreich der Realität rausgeschmissen, die sich jetzt in die Ecke der Täuschungen und Lügen stellen und schämen müssen? Oder wären das reale Dinge, die *selbst* beseitigt worden sind, umgeleitet, leewärts getrieben und versteckt in einer Quantenparallele zu Raum und Zeit? Auf dem Höhepunkt des Films soll das Raumschiff zerfallen; *danach* soll er van Boezem heute eigentlich fragen, im passenden Augenblick nebenbei fragen: *Wäre es machbar, die Auflösungssequenz hier zu modellieren?* Im Wasser modellieren sie sie schon in Berlin, aber ein Windkanalversuch würde noch mal eine andere Perspektive liefern – das Teil soll schließlich vom Wind zerlegt werden … Und wenn van Boezem die Frage bejaht, würde er nicht nur seinem Freund Eldridge einen Gefallen tun, sondern auch für sein eigenes Unternehmen die Werbetrommel rühren und dafür auch bei Garnett Pluspunkte sammeln, zwei Fliegen mit einer Klappe. Vorher geht es jetzt aber erst mal um die Laser und die Verzögerungsgeneratoren – und vor allen Dingen um die Blasen …

Die Trikots sind angelegt, und die Logos von BMW und ÖBSV prangen an Unterarmen, Brust- und Deltamuskeln. Als sich die Bobpiloten nach ihren Helmen bücken, zieht Katja Avanessian, die Physiotherapeutin der Mannschaft, zwei Plastiktütchen aus der Tasche ihrer Jogginghose und gibt jedem eins davon. Es sind Ohrstöpsel aus Polyurethan, die zusammengedrückt werden und sich dann der Form des jeweiligen Gehörgangs anpassen. Als Oskar Luksch seine hineindrückt, spürt er, wie ihre Spitzen über knorpelige Startkurven gleiten, an den faserigen Wänden erst der ersten, dann der zweiten S-Kurve entlang, bevor sie irgendwo in den Radarfallen des Meatus acusticus verkeilt werden. Er beginnt mit seiner Visualisierung: Während Bremser Eward Miessen Box Jumps macht und Wadenheben übt, Avanessian leere Wasserflaschen wegräumt und Ingenieur de Veen seine Nebelmaschine präpariert, steht Steuermann Luksch die nächsten 54,25 Sekunden unbeweglich und mit geschlossenen Augen da, seine Hände umklammern Spektralringe, die direkt vor seiner Taille schweben, er schwenkt sie erst in die eine und dann in die andere Richtung, die gebeugten Schultern geben eine Linie vor, der Brust und Bauch folgen, die Hüften dehnen und stimmen sich ein, dann zuckt der ganze Rumpf, stellt sich neu ein und folgt einer anderen Linie ... Auf van Boezem und seine Mitarbeiter wie auch auf Phocan und Diamond macht er den Eindruck eines *Sensei* oder *Senpai*, eines Meisters oder Lehrlings einer esoterischen Kampfsportart – vielleicht auch einfach eines Verrückten.

»Hochgeschwindigkeitsstrecke gut; Kompressor gut; Windfahnen in Position; Temperatur stabil ...« Die Augen des Zweiten Technikers Roussel hüpfen über die drei Bildschirme, während er die Funktionen abhakt.

»Windströmung auf .4 hoch«, instruiert van Boezem ihn.

In der österreichischen Fraktion verbreitet sich spürbare Erregung; alle beobachten die Messstrecke und erwarten … ja, was eigentlich? Dass Blätter über den Boden wehen, Zweige peitschen und tanzen, Reiter nach Laternenpfählen greifen, als sich ihre Regenschirme umstülpen und davonfliegen? Natürlich passiert nichts davon. Aber ein Rütteln ist zu spüren, das wie das tiefsitzende Zittern und Singen (das sie nicht als *neu* wahrnehmen, sondern als vertraut und bisher nur unbemerkt) aus ihrem *Inneren* genauso wie aus den Tiefen des Tunnels zu dringen scheint: eine zugleich gespenstische und belebende Ahnung, dass das, was hier geschehen soll, um sie herum unsichtbar längst geschieht.

Van Boezem nickt Medosch, Ebner und Avanessian zu. »Wir fangen langsam an.«

Ebner signalisiert seinen Bobpiloten mit hochgestrecktem Zeigefinger: Position Eins. Luksch steht links vom Bob, klappt den Schubbügel aus der Einbuchtung und hält die offenen Hände rund acht Zentimeter davon entfernt, als würde er sich die Handflächen an ihm wärmen. Miessen stellt sich einen halben Meter hinter ihn und leicht rechts von ihm ans Heck des Bobs, seine Hände schweben ähnlich über den unbeweglichen Heckschubbügeln. Die Piloten bleiben eine gute halbe Minute lang reglos und stumm, bis sie im Gleichtakt atmen. Dann stimmt Luksch ihr Marschlied an:

Ach, du lieber Augustin,
Augustin, Augustin

Nach den ersten beiden Versen fällt Miessen ein, die beiden schaukeln gemeinsam vor und zurück und singen:

Ach, du lieber Augustin,
Alles ist hin!

Ihre Stimmen werden mit jedem Taktschlag lauter, bis sie
schließlich *hin!* und Schubbügel gleichzeitig mit einem lauten
Schrei treffen und sich mit dem ganzen Gewicht ihrer Geis-
ter und Körper auf das Wort, das Metall und – das ultimative Ziel, das bedrängt, überfallen und ins Vergessen gesprengt
werden muss, bevor es eine Chance hat, Gegenkräfte zu mobi-
lisieren – die Stasis stürzen. Oder so *würden* sie das jedenfalls
machen, wenn sie in Igls auf der Startrampe stünden; hier in
Luttelgeest können sie nicht *wirklich* Schub geben. Sie wissen
aber genau, wie sie mit dem Unterschied umgehen; Ebner hat
ihnen sehr genaue Anweisungen gegeben: Sie sollen auch hier
jedes einzelne Energiejoule auf die Schubbügel richten – aber
an genau dem Punkt, wo die ausgeübte Kraft (bei normaler
Abfolge der Dinge) von den Händen aufs Metall übergehen
würde, sollen sie die Bewegung einfrieren. Nicht entspannen,
versteht ihr – ganz und gar nicht! –, sondern einfrieren oder in
diesem Zustand *anhalten*, sodass die Kraft weiterhin da ist,
konzentriert und sogar aktiv, aber zurückgehalten. Das machen die beiden Männer jetzt, bleiben in dieser Haltung, und
der erforderliche Kraftaufwand verdoppelt sich durch die
Gleichzeitigkeit von Druckausübung *und* Zurückhaltung.

»Und jetzt besäen wir die Luft«, erklärt van Boezem den
Österreichern.

Er nickt Ingenieur de Veen zu, der sich zwei Meter oberhalb der Piloten an der Tunnelwand postiert hat. De Veen
drückt auf eine Taste seiner Nebelmaschine und hält deren
Stutzen so, dass die Düse direkt im Strömungszentrum liegt.
Das austretende Propylenglykol erscheint erst als Schliere, die
nicht weiß, wo sie hinsoll – dann gleitet sie aus der Öffnung,

wird länger, steigt auf und wiegt sich beim Vorrücken von Seite zu Seite wie eine Schlange, die dem eintönigen Flöten der Schlangenbeschwörer des Tunnels gehorcht, die Fahne kräuselt träge, bis die Strömung sich ihrer bemächtigt und als stramme schnurgerade Faser zum Modell mitreißt. Als sie auf die Nase des Bobs trifft, krümmt und schmiegt sie sich an ihn, ohne Gestalt oder (scheinbar) Geschwindigkeit zu verlieren; für die ungeschulten Augen der Österreicher ist sogar die Verkleidung zu sehen, die den Nebel zieht und knickt, um ihn zu beschleunigen. Als der Dampffaden erst Lukschs und dann Miessens Körper erreicht, zerfasert er – angehalten, abprallend, vom eigenen anhaltenden Vorrücken gebrochen – in einen Wirrwarr aus unregelmäßigen Streifen, die sich ihrerseits in eine amorphe Wolke um die Helme der Piloten herum auflösen und verwehen.

»Stehen ist nicht gerade aerodynamisch, wie Sie sehen«, kommentiert van Boezem unnötigerweise.

»Stimmt«, sagt Medosch, »aber unvermeidlich. Wie sollen sie sonst so schnell in Bewegung kommen? Außerdem ist die Geschwindigkeit in dieser Phase niedrig – also erzeugen sie nicht viel Widerstand, glaube ich. *Oder ...?*«

Der Cheftechniker nickt ihm pädagogisch anerkennend zu. »Die Reynoldszahl um die Körper liegt an diesem Punkt bei ...« Die Aussage hängt unvollendet in der Luft und schwebt auf Roussel zu, der den gefragten Wert der rechten Spalte des linken Bildschirms vor sich abliest und sie aufklärt: »1×10^2.«

»Was besagt eine Reynoldszahl?«, fragt Medosch.

»Das Verhältnis von Trägheit zu Viskosität«, antwortet van Boezem. »Das ist eine dimensionslose Kenngröße, daher können wir sie nutzen, um eine bestimmte Ausgangssituation zu erhöhen oder zu erniedrigen oder um eine dynamische Ähnlichkeit zwischen verschiedenen Positionen herzustellen – in diesem Fall die der Piloten ...«

Luksch und Miessen wissen auf ihrer Messstrecke nichts von Reynoldszahlen. Luksch hält sich an Ebners Anweisungen und stellt sich Berggipfel vor – Patscherkofel, Serles, Kreusspitze, Speckkarspitze –, die er in den Rauch stellt. Miessen geht seine Zwischenzeiten durch: .1 Sekunden vom Führungstempo bei fünfzig Metern bedeutet .3 auf Bahnlänge; .2 bei fünfzig beläuft sich auf .7; .3 schon auf klaffende 1.5 ... Auch das ist Säen: Bei Erreichen der ersten Marke ist die schlussendliche Verzögerung schon in den Boden dieses Augenblicks eingelassen, das genetische Schicksal der Endzeit den ihm entsprießenden Wurzeln und Ranken schon eingeschrieben, ein Code, den keine noch so akrobatischen Eventualitäten des Geschicks oder des Glücks je ganz auslöschen oder überschreiben werden. Miessen ist wie alle Bremser unter der Last dieser Verantwortung erstarkt. Sie belastet ihn rückläufig: Wenn er Luksch an der Stelle, an der er in der Startzone in den Bob springt, die Zügel überlässt, schenkt er dem Steuermann eine Zukunft, die *schon am Übergabepunkt* größtenteils festgelegt ist, auch dieser Punkt ist dann gesät, vorherbestimmt – von den ersten Anschubschritten über die Anspannung der vorangehenden Kadenz, sein Aufwärmen noch davor sowie noch frühere Vorbereitung; Trainings- und Ernährungsprogramme; die allgemeine Ausbildung, die sich über Wochen, Monate und Jahre zurückerstreckt. Er umklammert die Heckschubbügel noch fester und beschwört im Nebel sein erstes Bobrennen herauf: die Party zum 14. Geburtstag seines Vetters, die Bahn von Königssee schimmerte in winterlicher Dunkelheit unter den Bogenlampen, deren Zähler von den Münzen seines Onkels Lukas sattsam gefüttert worden waren (*privat vermietet* für ganze zwei Stunden;

Tobias' Zweig der Familie schien im Vergleich zu seinem aus Aristokraten zu bestehen, und die halbjährlichen Sternexplosionen von Audis, Dressurpferden und Urlauben auf Antigua zogen im Zeitraffer vor seinem inneren Auge vorbei); da er die anderen Gäste nicht kannte (allesamt Klassenkameraden von Tobias aus Kalksburg), hielt er, der arme Verwandte, sich im Hintergrund – bis Tobias vor seiner vierten oder fünften Fahrt einen Jungen in einem nagelneuen Schöffel-Skianzug vom Schlitten wegstieß, stattdessen ihn zu sich auf den Rücksitz winkte und mit rot angelaufenem Gesicht schrie *Festhalten, Eward … gut festhalten …*

Auf gleicher Ebene mit seinen Piloten und das Gesicht lotrecht zu ihnen auf der anderen Seite des Beobachterfensters, lässt Ebner den Blick von ihren behelmten Gesichtern und elastanüberzogenen Schultern, Hüften und Knien am Strömungslauf hinauf (und den imaginären Fahrtverlauf hinab) in den Rauch wandern. Seine aufgesprungenen und blau angelaufenen Lippen sind geöffnet, bewegen sich fast unmerklich und intonieren etwas, das van Boezem, der ihn verstohlen ansieht, für seine eigenen Skalen und Messwerte hält, die Reynoldszahlen seiner Arkandisziplin. Er irrt: Was hier in die Luft aufsteigt, ist die Fortsetzung des Marschlieds:

Geld ist weg, Mensch ist weg,
Alles hin, Augustin!
Ach, du lieber Augustin,
Alles ist hin!

Die Wörter, vom Tunnelgesang zugleich getragen und erstickt, färben die groteske Abstraktion der Szene ein: die Versetzung von Bob und Piloten aus ihrer Eisrinne 1200 Kilometer weit weg in diese leere Röhre; die Gleichzeitigkeit von Tun und

Nichttun ihrer Tätigkeit; ihr Eingefrorensein in der Zeit, obwohl die Zeit doch sichtbar an ihnen vorbeifließt … Als das Volkslied und der arhythmische, monotone Gebläseklang im Raum um seine Ohren verschmelzen und wieder zerfließen, spürt Ebner, wie aus der Teststrecke eine Art Melancholie mit einer Beharrlichkeit, gegen die ihn kein noch so dickes Glas abschirmen kann, heraussickert, die Luft im Kontrollraum tränkt und bei jedem Atemzug seine Lungen füllt. Er stellt sich den Komponisten des Volkslieds vor, den betrunkenen Bänkelsänger Marx Augustin, der (wie die Liedstrophen festhalten) in einem Massengrab, einer Pestgrube verscharrt wurde, der weder Geld noch Freunde, Kleider oder auch nur ein Stück Erde hatte, auf dem er sich hätte ausstrecken können – nur seinen Dudelsack, fremdländisches Zubehör seiner fahrenden Zunft, ein elegischer Sack Wind …

»Otto. Hey, Otto!« Medosch hat schon ein paarmal seinen Namen gerufen. Mit einem Grunzen reißt sich Ebner aus seiner Versunkenheit.

»Was denn?«

»Bereit zu Position Zwei?«

»*Ja, selbstverständlich.*« Er winkt Luksch und Miessen zu; als sie ihn bemerken, sich aufrichten, lockern, Hände und Füße ausschütteln und die Köpfe im Nacken kreisen lassen, hält er zwei Finger hoch. Folgsam steigen sie in den Bob, Luksch vorn, Miessen hinten. Drinnen beugt sich der Bremser tief hinunter und senkt den Kopf, bis er hinter Lukschs Kreuz verschwindet; der Steuermann schiebt die Beine bis zur Spitze in die Bughaube des Bobs, die Hände tasten nach den Steuerseilen, und sein Rumpf versinkt, bis nur noch Helmvisier und -oberschale über den Rand der Glasfaserverkleidung hochragen.

»Du kannst die Geschwindigkeit dann erhöhen«, sagt Medosch zu van Boezem. Der Cheftechniker nickt und weist

Roussel an, die Windströmung auf 1,5 hochzudrehen. Wieder spähen die Österreicher alle gespannt zur Teststrecke hoch, auf der sich augenscheinlich (wieder) nichts verändert hat – bis de Veen wieder seine Nebelmaschine anwirft und seinen Zauberstab ausstreckt: Diesmal reißt der Wind den Faden sofort mit, peitscht ihn direkt zur Spitze des Bobs und über dessen Oberseite zu Lukschs Helm – beim Auftreffen knickt er wieder ab, genauso glatt und stetig wie vorher; hinter der Helmoberschale krümmt er sich nach unten, fährt ein paar Zentimeter des oberen Rückens nach, schält sich dann ab, findet wieder in die Horizontale, ignoriert Miessen, der sich weit unter ihm wegduckt, und rast unzerfranst zum Regeldiffusor des Tunnels.

»Wie eine Seidenstrumpfhose über ein gewachstes Bein, was?«, grinst van Boezem Medosch an.

Von den Männern unbemerkt, werfen die beiden anwesenden Frauen, Avanessian und Diamond, sich einen Blick zu und verdrehen die Augen.

»Welche Grundgeschwindigkeit wird da gerade simuliert?«, fragt Medosch.

»Rund siebzig Kilometer die Stunde«, antwortet van Boezem.

»Die Geschwindigkeit haben sie nur bei der ersten Hälfte des Rennens«, erklärt ihm der Statistiker. »In der zweiten erreichen sie 120 bis 140.«

Van Boezem dreht sich halb zu Roussel und lässt auch diese Zahl zu ihm hinüberschweben. Dessen Hände gleiten über drei Tastaturen, Organistenfinger drücken auf Tasten, setzen Abstrakten in Gang, pressen Bälge, ziehen Register. Auf der Teststrecke stellt de Veen das vordere Bein vor und drückt sich an die Wand zurück. Der Nebel schießt jetzt über das Modell und die Piloten weg, schleift sie wie ein Bandschleifer mit perfekt angesetzter scharfer Kante. Die Rheintochter echauffiert sich mehr und mehr: Ihr Gesang strömt weiterhin von überall her – aus Wänden, Tischen, Gegenständen, Luft – und wird höher, lauter und schneller. Nach rund einer Minute bei dieser Strömungsgeschwindigkeit (3,1, wie Roussel dem Raum erklärt) stellt sich ein so gespenstischer und (scheinbar) übernatürlicher Effekt ein, dass sich bis auf die NW-Mitarbeiter alle umdrehen und wie verzauberte Seeleute verwirrte und faszinierte Blicke um sich werfen.

»Wo kommen die her?«, fragt Ebner stellvertretend für alle; »die« bezieht sich auf die kontrapunktischen Stimmen, in die sich der Einzelton verzweigt und vervielfältigt. Das ist kein Duett mehr, das ist ein Madrigal mit äolischem Moll, Tritonus-Intervallen und aufsteigenden Sexten – alle leicht *schief*, das jedoch nach Intervallen, die zwar nicht einheitlich, aber koordiniert wirken; das Maß des jeweiligen Schiefseins korrespondiert nach einem System, das keine irdische Musikologie analysieren oder messen könnte, den Maßen der anderen. Ebner veranschaulicht es sich mit dem Bild von Hochspannungsmasten, die im Wind singen: Spaliere, Käfige, Gerüste, Ausleger, Drähte – alle oszillieren, Stimmen summen in all ihren verschiedenen Frequenzen, verflechten sich aber zu einem hermetischen *cantus firmus*.

»Von den Heckflossen«, antwortet van Boezem ihm, deutet darauf und lenkt ihre Blicke so zur Teststrecke zurück, wo sie jetzt verfolgen können, wie der Nebelfaden am Heck des Bobs zu Schnipseln zerhackt wird, die sich winden und krümmen, als wollten sie sich im Luftstrom zurückbiegen, zurück in die Zeit vor dem Zerhacktwerden, der jähen Geburt, der traumatischen Unterbrechung, aber sie können nur ihre Plätze in einer Reihe unverbunden sich kräuselnder Wirbel einnehmen.

»*Le tourbillon*«, sagt Roussel wissend.

»Was?«, fragt Medosch.

»Der älteste Freund des Ingenieurs: der Strudel«, merkt van Boezem an. »Ihr Bob flaniert die von-Kármán-Straße runter.«

»Reynolds ist auf 90 hoch«, stellt Roussel fest – für Medoschs Geschmack viel zu genüsslich; »Strömungswiderstandsbeiwert also .075.«

Die Zahl versteht Medosch. Er dreht sich zu van Boezem und sagt verhalten: »Nicht gut …«

»Oh doch«, antwortet der Cheftechniker beruhigend. »Das ist gut. Sie müssen sich diese Turbulenz als den Sand denken, in dem der Schatz, den Sie hier bei uns heben wollen, vergraben liegt. Hier fangen wir an zu graben, sammeln Messwerte und können Ihnen Verbesserungsvorschläge machen … Unsere Maschine –« Die begleitende Helixgeste seiner Hand weitet den Referenzbereich des altmodischen Begriffs *Maschine* aus, so dass er nicht nur die Teststrecke, sondern auch die außer Sicht liegenden Tunnelbereiche umfasst; außerdem den Kontrollraum, die gesamte Windkanalanlage und noch dahinter eine geheimnisvolle oder vielleicht dimensionslose Quantität, die dazu bestimmt ist, bis in alle Ewigkeit mehr als die Summe ihrer Teile zu sein, »– wird für Sie zugleich Schatzkarte und Schaufel. Wir nehmen Ihnen sogar das Buddeln ab …« Für die Analogie hat NW einer Markenberatungsfirma 50 000 Euro gezahlt. Bei dem Österreicher zahlt sich die Investition jetzt anscheinend aus.

»Ja. Ja, natürlich«, sagt er. »Was müssen sie machen?«

»Die Piloten?«, fragt van Boezem zurück. »Nichts. Wir erhöhen die Windströmung bis zu den Höchstgeschwindigkeiten, die der Bob erreichen kann, und halten die, solange sie die Position halten können. Dabei modifizieren wir die Anströmwinkel, indem wir …«

Medosch liegt eine Frage auf der Zunge, aber van Boezem liefert die Antwort, bevor er ein Wort herausbekommt:

»Das ist der Winkel zwischen der Anströmung und der ausgezeichneten Achse des Modells, beim Bob also der Sehne eines Profils. Das erreichen wir, indem wir den Neigungswinkel der Kraftmessplatte ändern. Dadurch können wir nicht nur den Luftwiderstand, sondern auch Auftrieb, Seitenkraft, Gieren, Schlingern und Stampfen bei verschiedenen Anströmwinkeln ermitteln.«

»Und die können Sie alle *sehen*?«, fragt Medosch.

»Einige davon können wir dem Nebel und der Kreide ablesen; andere« – er nickt der britischen Delegation zu – »den Blasen. Aber was wir mit den Augen wahrnehmen, ist nichts als eine Skizze. Das Gold kommt erst später an die Oberfläche, wenn die Daten verarbeitet worden sind.«

Mit einer Art Habgier verarbeitet Roussel die neue Zahl – 5,2 –, die van Boezem ihm jetzt zumurmelt. Als er das Ventil noch weiter öffnet, spüren sie das Anschwellen der Magenwogen, die Wellen breiten sich aus ihren Bäuchen in den Raum, die Luft und die Körper der anderen Anwesenden aus – und nach innen, schwingen in Muskeln, Gewebewasser und Knochen. Der Chor kreischt jetzt, Permutationsfugen scheren aus und schlittern zu den Außengrenzen des Feldes, wo *jedes* Intervall- oder Stimmenverhältnis herrschen könnte: Toniken tauschen mit Subdominanten nach einzelnen Tönen, die sich in drei Oktaven auf einmal auszuleben scheinen, falsche Einsätze, Inversionen, Krebsgänge und Diminutionskanones randalieren durch alle Tonarten – bis sie sich auf einmal verziehen wie Wolken, und als die plötzliche Stummschaltung ihnen noch in den Innenohren pulst, wissen sie mit dem ruhigen, triumphierenden Schweigen, das sich in Flugzeugkabinen in den ersten Sekunden nach Start und erfolgreichem

Steigflug einstellt, dass sie die Hörschwelle hinter sich gelassen haben.

Phocan und Diamond sind heute mit dem frühen Flug um 5.45 aus Stansted gekommen. Phocan, der vorläufig noch keine Aufgabe hat, heftet den Blick auf Roussels Bildschirme, ihre Zahlenballungen und Wärmebilder, Umrisse und Auren, die in peristaltischen Rhythmen pulsieren, wenn die eingespeisten Daten aktualisiert werden. Wenn Roussel Zeilen und Diagramme sichtet, schleifende Bewegungen gruppiert und Farbfelder in Informationen übersetzt, ist Phocan einfach nur hypnotisiert. Medusaliert. Auf dem mittleren Bildschirm kauert knatschblau die Silhouette des Rennbobs, die innerste Puppe eines Matrjoschka-Satzes, um die herum sich immer größere Silhouetten anlagern, deren Farben sich, je mehr es werden, über grün zu gelb abstufen. Diese Puppen haben aber keine festen Formen, sondern leben – vielleicht sterben sie auch. Sie purzeln eskalierend nach außen, und dabei brechen ihre Körper auf, gepixeltes Lebenselixier ergießt sich von einer Ebene auf die nächste, die ebenso zerplatzt wie die dritte – und immer so weiter in grellen Fluten, die sich zu einer diffusen Peripherie verbreitern, und wenn dann alle Formen und Strukturen längst verebben müssten, wenden sie und fließen wieder nach innen, und die wechselseitige Strömung erzeugt mitten im Lauf vergängliche kleine Inseln, kurzlebige Schwellen, die ebenfalls zu bluten beginnen, kaum dass sie entstanden sind. Irgendwo an den Grenzen seiner eigenen geblendeten Denkbildfläche spürt er, wie eine Ahnung ein provisorisches Revier abzustecken oder wenigstens einen Treibanker in die Flut zu werfen versucht; er spürt, dass in diesen Gezeiten eine Art *Logik* am Werk ist. Keine strenge Logik wie die, unter deren Schirmherrschaft Roussel agiert und in deren Zuständigkeitsbereich die Prozessoren und Festplatten Häufigkeiten und Kennziffern akkumulieren … Nein, Phocan ahnt allmählich die Anwesenheit einer Abart – einer *unlogischen* Logik, deren schemenhafte und endlos mutierende Grammatik nicht von festen Termini, sondern gerade von deren Wandelbarkeit gebildet wird, ihrem reinen Dahintreiben … Wohl aber einer Logik, in deren Zentrum oder an deren Randzone (denn auch diese beiden tauschen immerzu die Positionen) eine Aussage liegt …

Diese Aussage – schwer fassbar und vielleicht lächerlich, in NWs ungeheurer Apparatur und durch den Flor seiner kognitiven Dissonanz gefiltert heute Morgen aber nicht weniger eindringlich – lautet rundheraus: Diese ganze Vorführung, dieses grelle Trickbild ist für ihn gefertigt worden, für ihn und nur für ihn maßgeschneidert – wenn er nur … wenn er nur die nötigen Mittel mitbrächte … Wieder stellt sich der Plastikfolieneffekt ein, die Überlagerung und Gleichzeitigkeit: Dieses verschlungene Doppeldrama von Formgewinn und Formverlust, von Ausfällung und Auflösung, scheint sich zu sammeln und zu zerstreuen, schleppt etwas in die Kenntlichkeit und verwürfelt es in derselben Bewegung wieder, ein Prozess – wäre es übertrieben, ihn als *Kampf* zu bezeichnen? –, dem Phocan, auch wenn das nie bewusst geplant war, sein ganzes Leben gewidmet hat. Diese selbstverklärt gepixelte Pantomime scheint ihm das in einer Endlosschleife zu bestätigen; sie begibt sich in chiffrierter Zeichensprache aus Schatten und Umrissen auf eine lange Suche, die er nie richtig *benennen* konnte; bei all ihren Begegnungen hat er nur flüchtige Blicke erhascht, ist ihrer nie wirklich habhaft geworden, alles war nur Verführung, deren Erfüllung prachtvoll gewesen wäre, aber immer (darauf deuten das Aufplatzen und die Blutströme hin) Szenen monumentaler und erbarmungsloser Gewalt bedingt oder zumindest mit sich gebracht hätte. In der Magengrube spürt Phocan mit den Erschütterungen des Riesengebläses ein doppeltes Gefühl von Zielstrebigkeit und Schuld – Schuld an einer Handlung, für die er, auch wenn er sie nie wirklich *begangen* hat, seit langer Zeit Rechenschaft ablegen muss.

»Mark?«, fragt Diamond. »Woran …?«

Und genauso unvermittelt verdunsten die Ahnung und die Einsicht wieder, die er pulsierend an den Rand der Klarheit ziehen zu können glaubte, die Mutmaßungen zerrinnen, vorbei an den Matrjoschka-Rennbobs auf den Bildschirmen und in den Grauzonen seines Geists, von den unversöhnlichen Umrissen ihm entrissen und bis zur Unkenntlichkeit verwandelt, alle Schlussfolgerungen zerfasern in ihrem Tanz …

»*'ch hab eine Frage.*« Ebner ist einen Meter näher an der Teststrecke dran als Phocan und hat genauso seinen eigenen Gedanken nachgehangen – die sich bei ihm durch die Glasscheibe auf den tatsächlichen Rennbob beziehungsweise die Nebelschlieren um den herum richteten. Er murmelt seine Bemerkung auf Deutsch, weil er wirklich bloß laut vor sich hin gedacht hat; da er aber eine Frage signalisiert hat, fragt van Boezem, was er denn wissen möchte. Der Cheftrainer zögert einen Augenblick, schaltet dann auf Englisch um und platzt heraus: »Wenn ich Sie richtig verstehe, mündet Ihre …« Er entscheidet sich wieder für das drollige Wort »*Maschine …* wieder in sich selbst.«

Trotz der etwas einfältigen Formulierung versteht der Cheftechniker, worauf er hinaus will. »Ja«, sagt er, »das ist ein Prandtl-Tunnel. Ein Kreislauf.«

»Das heißt also«, fährt Ebner fort, »der Wind, der an meinen Männern vorbeistreicht, biegt um eine Ecke und dann noch eine und noch eine und streicht irgendwann ein zweites Mal an ihnen vorbei, dann ein drittes und viertes und fünftes …«

»Äh, ja«, sagt van Boezem.

»Dann frage ich Sie: Wenn er ihre Körper und den Bob trifft, ändert er sich doch. Er wird … markiert. Seine Form hat sich schon verändert, wie uns der Nebel zeigt; und diese Veränderung ist eine Information.«

»Ja, genau.« Van Boezems strahlt wieder lehrerhaftes Wohlwollen aus.

»Dieses bisschen Wind bewegt sich dann also weiter, den Tunnel hinab und ist *die ganze Zeit so geformt.* Er ist nicht mehr einfach bloß ein neutrales Stück Luft; er ist ein *Abdruck,* ein, wie heißt das auf Englisch …«

»*Imprint. Impression*«, soufliert Avanessian.

»*Genau:* ein *imprint* vom Ellbogen meines Steuermanns, von der Wange meines Bremsers, dem Bug des Bobs oder diesen Turbulenzen an den Heckflossen. Und nicht nur vom Körper: Es ist ein *Stempel,* ein … ein *stamp, ja?*, von diesem Augenblick, von diesem Punkt in der Zeit, *nicht wahr?*«

»Ja, aber …«

»Also: Wenn er dann das zweite Mal die Runde macht, schon geformt und *gestempelt* ist und wieder die Nase, die Wange oder den Ellbogen trifft, was wieder eine Markierung hinterlassen sollte, einen Informationspunkt – also, dann sage ich mir …«

Geduldig warten die anderen darauf, dass er den Gedanken ausspricht – auch sein eigenes Team. Er hat drei olympische Goldmedaillen gewonnen, viermal Silber und sechsmal Bronze. Methode im Wahnsinn; er darf hier zurückliegen.

»… dann sage ich mir, dass dieser zweite *Abdruck* nicht mehr rein sein kann. Es ist kein Abdruck auf einem unbeschriebenen Blatt, sondern auf einem schon bedruckten. Wenn der Wind die erste Runde hinter sich hat, ist doch jedes Luftteilchen schon zum zweiten, dritten, tausendsten Mal bedruckt. Und dieser Augenblicks*stempel* wird dann zum nächsten Augenblick herumgetragen, der sich ebenfalls einem schon gestempelten Moment aufdruckt … und für mich ist das ein Riesenproblem … denn wenn …«

Medaillen hin oder her, diesen Gedanken kann er nicht in Worte fassen. Er sieht ihn klar und deutlich vor sich; den schwindelerregenden Argwohn, dass die Wahrnehmungsblitze seiner Piloten (Kälte; Eispeitschen; die erkennbare Tunnelkurve) und damit neu erzeugten Stücke *Jetztsein* im Kreis strömen, in sich zurückgefaltet und wie Marx Augustin aus dem Hohlraum seiner falschen Beerdigung immerzu wiederholt werden.

»So läuft das aber nicht«, bricht van Boezem die peinliche Stille. »Sowohl in der Beruhigungskammer als auch in der Kontraktionszone gibt es Honeycombs und Siebe zur Strömungsausrichtung, die Turbulenzen und Lateralschwankungen beseitigen, wenn die Luft durch ihre Zellen strömt. Auch die Diffusorenblenden zerlegen Strudel in kleinere, die schneller abklingen. Alle diese Mechanismen dienen dem Turbulenzabbau; dadurch können wir einheitlich reine Luft in die Teststrecke blasen.«

Ebner verarbeitet das skeptisch und fragt dann:

»Wo bekommen *Sie* die Luft her?«

»Ganz am Anfang, meinen Sie?«

Ebner nickt.

»Die saugen wir aus der Umgebung an, genau wie ein offener Eiffel-Kanal.«

»Aus der Umgebung?«

»Der unmittelbaren Umwelt: den Feldern, dem Himmel …«

»Aus der Umwelt kommt sie und in die Umwelt kehrt sie zurück«, intoniert Roussel und schaut zum Halolicht hoch.

Van Boezem wirf Ebner ein beruhigendes Lächeln zu, das dieser halbherzig erwidert. Die Physikstunde hat den Cheftrainer vorläufig beruhigt; kleine Einschlüsse der Unruhe halten sich aber unverdorben und strudeln im honigsüßen Schweigen stromab. Van Boezem spürt selbst eine leichte Beunruhigung, die mit seiner eigenen Auslassung zu tun hat, auf die Ebner Gott sei Dank nicht weiter eingegangen ist und die die Luft von Luttelgeest als ultimativ unbeschriebenes Blatt darstellt: unverdichtet, ungefiltert, frei wie die Vögel, die in ihr herumschießen. Unaufrichtig: Als *polderburger* wie als Ingenieur weiß er nur zu gut, dass die Luft über diesen Feldern und unter diesem Himmel alles andere als neutral ist. Auch sie ist *gestempelt.* Diese Landschaft ist künstlich: Menschen haben die Linien festgelegt, die Abschnitte rechtwinklig unterteilt und alle Wasserläufe in ausgesteifte Gräben umgeleitet. Wie sagt das alte Sprichwort?: *Gott schuf die Welt – aber die Holländer schufen Holland.* Vor einem Jahrhundert gab es hier weder Erde noch Luft, sondern nur Wasser. Die Polder liegen drei Meter unter dem (vorläufig) ausquartierten Meeresspiegel, sind ausgeschöpftes, hohles Land: ein riesiger Windtunnel. Und wie in allen holländischen Poldern hat von Anfang an der Wind die Schöpfarbeit übernommen: Mützengedeckelte Segel haben das Wasser durch *duikertjes* in archimedische Schrauben gepumpt, die gleichfalls von Windmühlen angetrieben wurden ... Und als die Polder wuchsen, aneinander angrenzten und das aus dem einen geschöpfte Wasser seinen Nachbarn zu überfluten drohte, bekämpften und sabotierten sich die Gemeinden nicht gegenseitig (wie das bei Dörfern in Bangladesch noch der Fall ist), sondern machten ihre jeweiligen Polder wie Kinder, die ihre Legosteine poolen, zu Kammern in einem einzigen riesigen Polderbezirk – der dann seinerseits eine integrierte Verwaltung brauchte, einen

landesweiten Kontrollraum, in dem Subsysteme aus *baljuws,*
heemraaden und *dijkgraafs* gebildet wurden. Unter van Boezems Vorfahren finden sich drei *baljuws*; einer von ihnen wird
in Leeghwaters *Dagboek* erwähnt; sein Großvater väterlicher-
seits (der, den er kennengelernt hat) hat direkt unter Lely gearbeitet. Umweltmanagement liegt ihm im Blut und kreist
durch seinen Körper: reguliertes Strömen, jeder Kreislauf
eine neue Generation …

Die Unruhe aber auch – weniger vornehm gesagt: Angst.
Denn es gibt noch den anderen Wind, der weit weniger neutral von der Nordsee herpfeift, Rhein-, Maas-, Schelde- und
Emsnymphen, die sich zu einer riesigen rasenden und rach-
süchtigen Zuidermaiden zusammengeschlossen haben (auch
Götter können Legosteine poolen). Man kann sie nicht immer
hören, aber sie sendet nach wie vor auf der einen oder anderen Frequenz, auch wenn das Sturmgebläse Leerlauf hat: Frühere Triumphe haben sich der Erde eingegraben, runde *wie-
len*, gekerbt von den Schraubbewegungen der landeinwärts
schießenden Fluten; sie sind wie der Name von van Boezems
Großvater mütterlicherseits (dem, den er nie kennengelernt
hat) in Gedenksteine geschnitten worden, neben denen für
seine Großmutter und die beiden Onkel, die er auch nie kennengelernt hat und die 1953 im Schlaf ertrunken sind; oder
sie erscheinen ihm in Träumen, die er wie jeder *polderburger*
noch mindestens einmal im Jahr hat, trotz der verwirklich-
ten Delta- sowie der zum Meer hin ganz geschlossenen Sperr-
werke (der Polderbezirk ist heute ebenfalls ein geschlossener
Regelkreis), trotz der mit EUMETSAT und FOAM vernetz-
ten und MPP-fähigen Wettererfassungssysteme, an die jedes
einzelne *stadhuis* in der Provinz Flevoland angeschlossen ist:
Alpträume von Sturmfluten, die so senkrecht herabstürzen
wie die Deichmauer, die sie gerade überwunden haben, und

sich donnernd und kochend verteilen, ein gigantischer Besen, der Bäume und Vieh, Häuser und Menschen fortkehrt ...

Der Tunnel ist jetzt eine halbe Stunde lang mit 5,2 gelaufen. Roussel wendet sich vom Bildschirm ab und signalisiert seinem Chef, dass er alles hat, was er vorläufig braucht; van Boezem gibt das an Medosch weiter; dieser wirft Ebner einen fragenden Blick zu, der ihn mit einem Nicken erwidert und den Piloten ein Zeichen gibt, aus dem Test bzw. dem Bob auszusteigen. Ihre Ohren knacken, als das abklingende Gebläse in den Hörbereich zurückkehrt. De Veen lässt das Nebelgewehr sinken und greift nach einer Kamera; von den Seiten macht er Aufnahmen vom Heck des Rennbobs, auf das er vor Beginn der Untersuchung eine mit fluoreszierender Kreide gemischte monochrome Kerosinschicht aufgetragen hat. Der Wind hat das Kerosin verfliegen lassen und die Kreide dazu verlockt, eine auffallend kontrastreiche Reihe von Wirbeln und Sinuskurven zu bilden, die sich als abstrakte geometrische Gemälde über die beiden Heckflossen ziehen. Van Boezem dreht sich zum Duo von Pantarey und kündigt an:

»Blasen ahoi!«

Für Phocan und Diamond ist das das Stichwort, ihre Behälter auf dem Gerätewagen auszupacken. Den Schaumauskleidungen, die ihre Ausrüstung einbetten wie Gelenkteile von Saxophonen oder Gewehren, entnehmen sie ganze Sortimente an Gelenkarmen, Kameras, Lasern, Schutzbrillen und einen autobatteriegroßen Plastikbehälter, aus dem ein Schlauch herausragt und in dem eine grünliche Flüssigkeit schwappt, als sie ihn zur Messstrecke bringen. Während Phocan de Veen dabei hilft, die Laser und Kameras an Wänden und Decke des Tunnels zu befestigen, erklärt van Boezem den Österreichern:

»Sie sind die ersten NW-Klienten, die von dem neuen Strömungstracer profitieren.«

»Sind die Schutzbrillen für uns?«, fragt Avanessian Diamond.

»Nein, die sind für die Piloten«, antwortet sie. »Aber falls hier jemand an Epilepsie leidet, sollte er oder sie lieber den Raum verlassen.«

Dass das in weiser Voraussicht gesagt ist, zeigt sich, als Luksch und Miessen sich frisch bebrillt wieder in ihr Gefährt ducken und der Wind wieder hochgefahren wird. Phocan schaltet die Laser ein, deren Stroboskoplicht um den Bob herum lila leuchtet, am Sichtfeldrand der Betrachter seltsamerweise aber grün. Noch seltsamer ist, dass sich der Lichtstrahl im Testbereich in drei klar definierte, wenn auch poröse Wände teilt: eine an der Bobspitze, eine zweite am Heck und die dritte einen halben Meter windstromabwärts; jede bildet eine dünne Lichtebene, die wie ein Schleusentor quer im Strom steht. Am seltsamsten ist, dass der stromaufwärts vom Modell platzierte Plastikbehälter unaufhörlich Blasen in die Luft laicht: eine Blasenschar von biblischen Ausmaßen – Exodus, Horde, hektischer Pilgerzug –, immer mehr und alle auf panischer Massenflucht den Tunnel hinab; sie prallen von der Verkleidung ab, hüpfen über Lukschs Helm, tanzen in den Heckwellenstrudeln Reels und Reigen, stürzen sich schließlich wie eine Schar Lemminge von den Klippen des Regeldiffusors und zerplatzen an dessen Siebfelsen.

»Wofür sind die drei Laserebenen da?«, fragt Medosch Phocan.

»Die geben das Reibungsfeld den Tunnel hinab wieder«, erklärt er. »Jede Ebene ist eine Untersuchungszone. Die Blasen geben spezifische Indexpunkte an, von denen entlang diachroner Strecken Werte abgelesen werden.« Er beugt sich über de Veens Schulter und manövriert ihn durch die tomographische Software, die voreingestellten Bandpassfilterungen

der Laser, die Timing-Auflösungsskalen der Verzögerungsgeneratoren …

Ebner starrt in die Wiedergabeebenen, die die Helium-
kügelchen, von denen sie ununterbrochen beharkt werden,
einfangen und seinen Augen neckisch Präsenz und Stasis suggerieren, während sie die Illusion mit derselben Geste wieder
fortscheuchen, zur Auflösung in den Wind schicken. Er sieht
etwas Gespenstisches in ihrer *Nachglut*. Van Boezem sieht,
wie sich der *Cheftrainer* in den Blasen verliert, und lächelt:

»Hat was von einem Kindergeburtstag, ne?«

Ebner reagiert nicht. Er hatte nie eigene Kinder. Sportler,
die jung genug waren, um seine Sprösslinge und dann die
Sprösslinge seiner Sprösslinge sein zu können, sind durch seine Arme gegangen, alle drei oder vier Jahre ein neuer Schub:
Er hat sie, dann sind sie weg, die Rampe runter, nach der ersten Kurve außer Sicht, und als Nachbilder bleiben Trophä-
en, Photographien und dann der nächste Schub, dessen Gesichtern ihre Gesichter gespenstisch eingeprägt sind wie ihnen
die des Schubs zuvor eingeprägt waren. Jetzt ist es der Tanz
der Blasen, der in seinem Kopf den Rhythmus des Volkslieds
klopft und seine gesprungenen Lippen wieder zu stummen
Bewegungen verzieht:

Jeder Tag war ein Fest,
Und was jetzt? Pest, die Pest!
Nur ein großes Leichenfest,
Das ist der Rest.

– und gerahmt und aufgelöst von jeder Ebene sieht er, was Tag
für Tag von der Party des Vortags übrig blieb: stillgestellt und
gleichwohl kopfüber zum nächsten Tag und zur nächsten Party weiterstürzend; bis alle schaurig gleichgerichteten Ebenen

das Schauspiel von Pestleichen präsentieren, die sich an Pestleichen gütlich tun und gelegentlich im Schmausen innehalten, um ihn, ihren neuen Weggefährten, direkt anzustarren und mit untoten Stimmen zu skandieren:

Augustin, Augustin,
Leg nur ins Grab dich hin!
Ach, du lieber Augustin,
Alles ist hin!

Auch die Visionen von Pilot Luksch erreichen ein Finale oder wenigstens eine Coda. In den letzten neunzig Minuten muss er die Bobbahn von Igls mindestens zwanzigmal hinabgefahren sein – hat sich durch Nadelöhr und Labyrinth gefädelt, eine Linie durch Höcker, Fuchsloch, Hexenkessel und Weckauf gelegt, ein Diakarussell durch sämtliche Gebirgszüge Österreichs absolviert. Er ist körperlich und geistig erschöpft – aber die Blasen, die der Luft Leichtigkeit einträufeln, bauen ihn ein bisschen auf: Er merkt, dass er gedanklich abschweift, nicht von Hafelekarspitze und Patscherkofel, sondern vom Winter zu Frühling und Sommer. Obwohl die Übung streng genommen nicht in das von Ebner umrissene Aufgabengebiet fällt, tüpfelt er die Tiroler Bergwelt vor seinem geistigen Auge mit Blumen, deren Namen er von einer Liste abspult, die er in der vierten Klasse auswendig lernen musste: Blaue Gamswurz, Marienfrauenschuh, Gegenblättriger Steinbrech und Zweiblättriger Blaustern; Schwarzblattlkraut, Windröschen, Blaue Mondraute und der Stengellose Enzian, der dann der Rückseite der Ein-Cent-Münze aufgeprägt wurde … dann Frauenmantel, Bergwohlverleih und der strahlende Augentrost; Schusternagerl, Krauser Ampfer, Trollblume, Weißer Germer, Mausohr-Habichtskraut, Taubenkropf, Bitterwurz und das (seltenste von allen, das Juwel der Sonnenspitze mit seinem eigenen, ihm vorbehaltenen Volkslied) Edelweiß …

Mit welchen Maßstäben oder in welchen Dimensionen müsste eine Maschine arbeiten und durch die Überblendung welcher Ebenen, mit welchen optischen Hilfsmitteln, eingeschnitten in welchen Strömungstracer oder die wellenförmigen Konturen auf welchem Bildschirm könnte sie den Versammelten das Folgende erzählen: dass die von Luksch unhörbar aufgesagte Litanei ursprünglich 1583 von einem Carolus Clusius geschrieben wurde? Was bringt das? So einiges. Ein geschlossener Kreislauf ist hier am Werk, der die Niederlande mit den Höhen Österreichs und Österreich wieder mit Holland verbindet und einen Sog erzeugt, in dessen Turbulenzen die Begebenheiten dieses Nachmittags geraten und durch das Nadelöhr von Lukschs Tagtraum gehen. Der gebürtige Flame Clusius legte als Hofbotaniker von Maximilian II. nämlich nicht nur den Kaiserlichen Heilkräutergarten in Wien an, sondern erstellte auch die erste definitive Pflanzenkunde der österreichischen Alpenflora; als er von Maximilians Sohn Rudolf II. wegen seines protestantischen Glaubens entlassen wurde, gelangte er nach einigen Zwischenstationen an die Universität Leiden und machte sich in deren *hortus botanicus* an die Erforschung der seltsamen Permutationen einer neuen Pflanzensorte. Gepflückt am vierzigsten Breitengrad des Himalaya – an den Hängen des Pamir, in den Gebirgszügen und Tälern von Tian Shan, Kunlun und Karakorum –, mäandrierte sie über die seidene Unterkleidung osmanischer Krieger, die multitaskingfähigen Henker und Gärtner von Süleyman dem Prächtigen und Ogier Ghislain de Busbecq, den kaiserlichen Botschafter an dessen Hof – oder aber (die Daten sind hier unzureichend) über Ceylon und die alles an sich reißenden Amtsstellen von Gouverneur Lopo Vaz de Sampaio –

zu dem unbekannten flämischen Kaufmann, der in einer Tuchlieferung einen Satz Knollen fand, für Zwiebeln hielt, den Geschmack aber nicht mochte, so dass er sie einpflanzte und, als sie im Frühjahr blühten, seinen Nachbarn, einen Botaniker namens Joris Rye, zu ihrer Bewunderung einlud, der sofort an Clusius schrieb … Auf welchem fliegenden Teppich der Geschichte die Tulpe auch immer angeflogen kam, mit ihrem langen Stängel, den großen Blättern und kühn gewölbten Blüten (*Tulipan* oder *tülband*, ›wie ein Turbanband‹, sagten die Türken), entlockte sie den glotzenden Holländern eine so spontane Reaktion, dass spätere Küchenpsychologen spekulierten, die Form der Blume habe der ›Volksseele‹ durch eine Laune des Zufalls oder des Schicksals eine optische Chiffre verschafft, auf die sie einfach reagieren *musste* …

Und sie reagierte auch (dieser Teil ist gut bekannt) und kitzelte die Gattung zur Artenvielfalt heraus – *Admiral Liefken, Admiral van der Eijck, Viceroy*, die nach ihrem Erforscher benannte *Tulipa Clusiana* –, die, da man nun einmal in Holland war, gehandelt wurde. Am höchsten wurde das »Brechen« geschätzt: Spektakuläre Verwandlungen, prachtvolle scharlachrote und dunkle, fast schwarze Violetttöne, geflammte, gestrichelte, gestreifte oder gesprenkelte Blütenblätter, die der Gattung die uneingeschränkte Herrschaft in der Blumenwelt verschafften, *so wie* (O-Ton Charles de la Chesnée Monstereul) *die Menschen die Herren der Tiere sind, die Diamanten alle anderen Edelsteine in den Schatten stellen und die Sonne die Sterne beherrscht.* Das Problem war, dass die Muster des Brechens unberechenbar waren und sich trotz aller Tricks der damaligen Züchter (Pfropfen, Veränderungen der Bodentiefe, Düngerentzug, Düngerübersättigung, Gefrieren, Erhitzen; mancher versuchte es sogar mit Alchemie) nicht wiederholen ließen: Sie geschahen oder eben nicht und nahmen ihren

Lauf. Es war, sinnierte Monstereul, als würden sich die Blumen selbst zur Vollkommenheit bringen, indem sie ihre eigenen Muster fänden – die Logik des abendländischen Gärtners kreuzbefruchtete sich an diesem Punkt mit der des morgenländischen Dichters (Chayyāms Tulpen schlürfen wie wir alle himmlischen Nektar, bis es dem Himmel beliebt, uns wieder wie geleerte Tassen in den Boden zu stecken) beziehungsweise des Theologen, für den die Tulpe (arabisch *lale* – dieselben Buchstaben wie *Allah*) den Kopf senkt, wenn sie in Blüte steht und so die edle Tugend der Bescheidenheit vor Gott verkörpert …

Wenn auch nicht vor dem Markt. 1634 erzielte eine *Viceroy* 3000 Gulden, eine *Liefken* 4400. An den Börsen von Amsterdam, Rotterdam, Haarlem, Alkmaar und Hoorn werden die berühmten Märkte für den Tulpenhandel eingerichtet. Als Heerscharen von zwiebelpackenden Immigranten und Flüchtlingen im Zuge des Aufstands aus den südlichen Niederlanden in die Sieben Vereinigten Provinzen strömen, steigen die Einsätze; die Händler werden reich; ihre *handelhuisen* investieren in Landgewinnungspläne, gestalten Gärten, in denen neue Zwiebeln kultiviert werden, und legen ihre Gewinne wieder in neuen Polderprojekten an; das Karussell dreht sich immer weiter, der zentripetale Zyklus zieht immer weitere Kreise: Raum, Geld, Raum, alles zusammengehalten von immer größeren Membranen der Liquidität … So zeugt Clusius, der Vater der Tulpe, Holland.

Wie spätere Forschungen zeigen, geht das Brechen auf das Tulpenmosaikvirus zurück. Von Blattläusen übertragen, erzeugt es herrliche Muster – senkt aber die Reproduktionsrate der befallenen Blumen. Also weniger geflammte Tulpen – was deren Wert *natuurlijk* nur noch steigert. 1637 wird die Zwiebel einer *Semper Augustus* für das Zehnfache des Jahreseinkommens eines Handwerkers versteigert. Auf dem Gut Heemstede von Adriaan Pauw, einem Platzhirsch unter den Tulpenspekulanten, soll ein riesiges Beet von denen blühen – in Wahrheit handelt es sich um eine Anordnung von Spiegeln in der Erde, die ein Blumenbüschel zum Füllhorn vervielfachen. Als Pauw seinen Gärtner eines Tages anweist, die Spiegel zur Effektsteigerung neu anzuordnen, fragt er sich, ob er dieses Büschel überhaupt braucht, um die Illusion zu nähren? Braucht man auch nur *eine*? Schließlich (sagt er sich), ist diese *Semper Augustus* als die kostbarste aller Tulpen so selten geworden, dass seit drei Jahren überhaupt keine mehr *gesehen* worden ist. Angeblich gibt es von ihr nur noch zwölf Exemplare, alle im Besitz von … diesem *Mann*, der angeblich in Amsterdam lebt, dessen *Identität* aber … Einerlei: Wir brauchen die Blumen und die Zwiebeln nicht, sagen die Händler; wir schließen Verträge über Lieferungen in der Zukunft. Der Käufer braucht das Bargeld nicht; der Verkäufer braucht die Ware nicht; sie brauchen beides auch nicht, wenn der Termin näher rückt – sie begleichen nur die Preisdifferenz zwischen jetzt und dann. Da die Preise täglich schwanken und gewiefte Händler die Rhythmen dieser Preisschwankungen erkennen (und, versteht sich, manipulieren) können, handelt man nach den Mustern nicht des *Werts* der Blumen, sondern der *Schwankungen* ihrer Kurswerte. Was aufs selbe rausläuft: Muster. Index und Wert. Ob es einen Piloten gibt, der sich in die Verkleidung der *Beurs* duckt und mit unmerklicher Meisterschaft die Steuerseile frisiert? Bringen sich auch diese Seilschaften selbst zur Vollkommenheit? Die Händler rechnen damit; sie umtänzeln ihren Windschatten, denken sich Optionen und Terminkontrakte aus – sogar noch, als die Pest, die menschliche Beulenpest, langsam ihre eigene Reproduktionsrate und ihre Bestände sinken lässt …

Und dann wird der Windschatten zum Strudel. Leerverkäufe, Baissemanöver, links und rechts herumwirbelnde Gerüchte ... Hier verkauft eine Drecksau *Ausfallrisiken*! Da hämmern wütende »Blumenhändler« an die Tore der *Eerste Kamer* und fordern Zahlung aller vor dem 30. November rechtskräftig gewordenen Kontrakte; flehen dann für Übernahmen für ein Fünftel des Werts; dann (*kommt schon, Leute!*) wenigstens für ein *Zehntel* ... Von wegen, sagen die Politiker: Das Maß ist voll. Es gibt ein Wort für das, was ihr *klootzaks* hier gespielt habt: *windhandel*, ihr habt heiße Luft verkauft. Wir verbieten das. Alle Kontrakte (Unterverträge, Termin- und Swapgeschäfte, Börsenhandel) sind nichtig. Wie sich denken lässt, ist von dem Punkt an die Hölle los: Die Spekulanten jagen sich durch die Pflasterstraßen, zerreißen Kontrakte und streuen die Schnipsel von den Brücken in die Grachten; und die Zwiebeln (die normalen; die, die tatsächlich zum Verkauf stehen) lassen sich nicht mal verschenken; die wahren Sorten, die verlorenen Sorten, die steilufrigen Kurven und Labyrinthe sind unbefahrbar geworden, die Unausweichlichkeit des Crashs zeigt sich in seiner krassen Offensichtlichkeit als vom ersten Augenblick an angelegt, und seine Vorwegnahme ist das Einzige, was einen wissen lässt, dass er noch nicht da ist, bis ... die Blase platzt.

Die Windmaschine ist abgeschaltet; die Piloten sind in den Lagerraum zurückgeschickt worden, um wieder Alltagskleidung anzuziehen; die Laser zerlegt, die Gelenkarme von den Wänden geschraubt; der Bob ist in einen Plastiksack eingehüllt und in einen wartenden Transporter verstaut worden. Roussels Bildschirme leuchten noch, zeigen aber statische Bilder. Unter ihnen, unter dem Tisch, summen die Festplatten. Sie wissen alles, wissen aber noch nicht, was sie wissen; es wird noch eine Woche dauern, bis die ausgewerteten Ergebnisse dem ÖBSV präsentiert werden. De Veen hat einen Mop geholt und wischt den Schmierfilm auf, der sich auf dem Tunnelboden gebildet hat. Die Blasen haben auch auf den Lamellen des Regeldiffusors Markierungen angebracht und das Geflecht mit stumpfgrauen Tüpfelchen gesprenkelt, die im Lauf der kommenden Wochen, Monate und Jahre noch stumpfer und grauer anlaufen, ineinander- und mit neuen zusammenlaufen werden; ein verdicktes und zusammengesetztes Fleckenhauptbuch, das niemand je lesen wird, falls es überhaupt jemand versuchen sollte (und warum sollte er?), das aber gleichwohl in gedämpftem und zusammenhanglosem Gesudel festhält, dass hier einmal oder mehrmals etwas geschehen ist.

2. Liebestrank

An Bord der KFS *Sidereal* spitzen sich die Dinge zu. Tild, die königliche Passagierin des Schiffs, von deren wohlbehaltenem Überbringen zu ihrem Verlobten die Hoffnungen auf das künftige Wohlergehen und die Sicherheit von Kern, Argeral und überhaupt so ziemlich des gesamten B-Roth-Sonnensystems abhängen – wie übrigens auch die Ehre von Commander Tszvetan, ihrem Überbringer –, reist (wie vom Protokoll vorgeschrieben) in einer Isolierung, die splendid ist, deshalb aber nicht weniger einsam. Im ersten Mondzyklus der langen Reise mopst sie sich auf den makellos ihren Körperformen angepassten Ruhekissen, Ottomanen und Hängesesseln, die ihre Suite schmücken. Gelegentlich wagt sie sich hinaus und erkundet die langen, leeren Korridore der *Sidereal*; ersucht ein Mannschaftsmitglied sie unterwürfig, in ihre Quartiere zurückzukehren, maßregelt sie ihn, weil der Mann sich erdreistet, *ihr* vorschreiben zu wollen, wo sie sich aufzuhalten hat, und während sie ihn angiftet, wirft sie die schwarzen, von radiumfarbenen Zickzacksträhnen durchzogenen schwarzen Haare zurück. Trotz ihrer Überheblichkeit hat die ganze Mannschaft Ehrfurcht vor ihr – ist fasziniert weniger von ihrer Stellung als von ihrem Temperament. Nach ihrem Abflug in Doon Leer hat sie sich anfangs manchmal im Maschinenraum blicken lassen, mit den Heizern Atcheque gespielt und ihre Elixiere gegen Amphoren mit 'kwavit getauscht, den sie nach Kern zurückbringen (»zurück« wie in wieder zurück: Der Heimatschnaps ihres Planeten entfaltet sein ganzes Aroma erst, wenn er zweimal über die Kwador-Scheidelinie befördert worden ist, in jede Richtung einmal, denn die hieraus sich ergebende chemische Reaktion erzeugt erst seine einzigartige Würze und Stärke). Als Tild via Blu-text informiert wurde, derlei Fraternisieren sei der Mannschaft streng untersagt, zuckte sie nur die Schultern; als sie aber erfuhr, dass der Heizer, der sie am freundlichsten behandelt hatte, für seine Liebenswürdigkeit gezüchtigt worden war, stellte sie die Besuche ein. Jetzt mopst sie sich also nur noch und faulenzt, einsam, voller Heimweh und vor allem Langeweile.

Erst in der Mitte des zweiten Zyklus findet sie zum Observatorium. Dessen Kammer liegt über dem obersten Steuerbordausleger der *Sidereal* – schwebt fast darüber wie ein Anhängsel und kommuniziert mit dem eigentlichen Schiffskörper nur über eine Wendeltreppe, die sich um den Gelenkarm windet, ohne den sie sich ablösen und ins All hinaustrudeln würde. Die Kammer hat vollkommene Kugelform: eine Zyste, ein Fischglas oder ein riesiger Helm, ein schwebender Augapfel, dessen Wände (ein Bravourstück des Ingenieurwesens) aus einer einzigen getemperten Saphirglasplatte bestehen. Hier schmiegen sich Torqueta, Dioptrae, Astrolabien und Spektroheliskope in weichen Samtformen um eine zentrale Bedienungskonsole, auf deren Oberfläche ein zweiter, viel kleinerer und durchscheinender Globus angebracht ist, ein Lesegerät, mit dem sich Sternenpositionen bestimmen lassen, das neu erscheinenden Konstellationen aber, wenn seine Speicherfunktionen dem gewachsen sind, auch provisorische Angaben zuordnet, Namen bei Bedarf auf die große Innenfläche der Kuppel projiziert und so Karte und Territorium zur Deckung bringt. Als Tild zufällig auf den Raum stößt, lässt sie sich keine Zurückhaltung vorwerfen, sondern pflegt großzügigen Umgang mit den Instrumenten, sieht durch sie hindurch, spielt an den Scheiben und Flanschen der Konsole herum und fährt langsam mit nach unten gedrehten Händen über den Globus, als wollte sie ihn aufwärmen (das Lesegerät wird wie ein Theremin bedient). Als sie so dasteht, eingesponnen in echte und projizierte Sternkonstellationen, deren Licht auf ihrem Gesicht glänzt und die Winkelgeometrie ihrer Haare um neue Transversalen bereichert, wird sie von einer Männerstimme, die aus dem All selbst zu kommen scheint, plötzlich aus ihrer immersiven Versunkenheit gerissen:

»Eigentlich haben Sie hier nichts zu suchen.«

Tild fährt herum. Er steht hinter ihr, neben der Luke zur Wendeltreppe – aber nicht sehr nah: Unbemerkt muss er sie schon eine Weile beobachtet haben. Die Prinzessin versucht den Schreck über seine Anwesenheit, die Wut auf seinen Voyeurismus und das Bedürfnis nach Wiederherstellung ihrer Autorität auszutarieren, hält sich das Astrolabium, das sie bei seinen Worten fast hätte fallen lassen, wieder vor die Augen und erkundigt sich gleichgültig:

»Sagt wer?«

Eine rein rhetorische Frage: Die Stimme gehört Tszvetan. Auch er hat sich während des letzten Mondzyklus viel auf der Kommandobrücke der *Sidereal* gemopst und ist ihre Korridore entlanggewandert, und der letzte lange Marsch hat ihn hierher in den Adlerhorst geführt. Hat er Angst, seine Pflicht gegenüber seinem »Onkel« (faktisch seinem Onkel) Louis Q zu vernachlässigen, klingt in ihm immer noch die Trauer wegen des Verlusts seiner Eltern nach, oder ist es schlicht die auf jahrelangen Reisen zwischen den Sternen gewachsene Einsamkeit, die ihm dieses traurige und nachdenkliche Flair verleiht? Oder hat das einen aktuellen Anlass? Er macht einen Schritt auf Tild zu und sagt:

»Sie halten das falsch. Ich zeig's Ihnen mal …«

Und so beginnt der erste Observatoriumsgipfel. Er erklärt ihr die Software des Lesegeräts, lotst sie durch die Rotation der Eingabestifte, die Ausrichtung der *Tabula quinoctialis* und die gleichzeitige Illustrierbarkeit von horizontalen und ekliptikalen Koordinatensystemen … Zu seinem Erstaunen begreift sie sofort und intuitiv die dafür erforderliche komplexe Mathematik und korrigiert ihn einmal sogar, als er die Verschiebung der Rotationsachse des Planeten Gallon, an dem sie gerade vorbeifliegen, mit 25 Grad falsch beziffert (korrekt sind 23,5 Grad).

»Ihre Berechnungen schwächeln ein wenig«, neckt sie ihn.

»Für den Saraónischen Krieg haben sie gereicht«, flachst er zurück.

Die Atmosphäre in der Kammer ändert sich abrupt, als hätte der Thermofühler die Temperatur jäh gesenkt.

»Den Dritten?«, fragt Tild.

»In den ersten beiden war ich noch zu jung zum Kämpfen«, antwortet er.

»Mein Onkel ist im Krieg gestorben«, eröffnet sie ihm.

Er hält kurz inne und sagt dann ohne übertriebene Anteilnahme oder Stimmveränderung:

»Tut mir leid.«

»Echt?« Unsanft stellt sie den Sextanten weg und beschert dem Indexspiegel einen Haarriss. Als sie sich nach einem Gegenstand umschaut, mit dem sie ihre Hände ablenken kann, wird sie von dem Rapier angezogen, das er, um sich besser über das Lesegerät beugen zu können, ein paar Augenblicke zuvor abgeschnallt und auf die Konsole gelegt hat, wo es jetzt leise vor sich hin summt.

»Bitte fassen Sie mein Rapier nicht an«, sagt er leise und gemessen – und obwohl die Prinzessin nicht gewohnt ist, direkte Anweisungen, geschweige denn Verbote zu befolgen, verharren ihre Hände wenige Zentimeter vor der Waffe. Tszvetan spürt, dass er Herr der Lage ist, nutzt den Vorteil und ergänzt mit einer Stimme, in der Grausamkeit mitschwingt: »Es hat Menschen getötet.«

Mit diesen Worten findet der Gipfel ein abruptes Ende. Tild stürmt aus dem Observatorium, verbringt die nächsten drei oder vier Tageszyklen in ihrer Suite und beamt große 3D-Projektionen in die abgestandene Luft. Sie beamt zwei Atcheque-Figuren hoch, die sie in ihrer Tasche gefunden hat, von einer unabgeschlossenen und nun unabschließbaren Partie im Maschinenraum übriggebliebene Gefangene. Sie beamt eine tote *cigala* hoch, die sie leichenstarr und vertrocknet zwischen Pumps und Sandalen in einem Kleiderschrank findet. Sie beamt Scans (von Gegenständen, Gesichtern, Szenen) hoch, die Freunde von Argeral ihr blugetextet haben. Wie sich zeigt, hat die *Sidereal* ein gutes bordeigenes Projektionssystem, das sowohl schnell streamen als auch qualitätsstark hochskalieren kann, ohne bei der Auflösung Konzessionen zu machen. Wenn sie ihren Text-Kompakter oder jeden beliebigen anderen Gegenstand auf den 3D-Projektor legt, kann sich Tild durch das Simulakrum, das dieser vor ihr im Raum erzeugt, bewegen und es von allen Seiten und aus allen Winkeln anschauen, sogar von unten: Stundenlang fläzt sie sich auf dem Boden und studiert verträumt die verschiedensten Formen, ihre Kurven und Massen – studiert sie umso verträumter, wenn sie ihre mitgebrachten Elixiere geschluckt hat. Auf Argeral war Tild sowohl Wildfang als auch Spitzenstudentin, Jahrgangsbeste in Quadrive und Alkimia; bis Tszvetan und seine Mannschaft auftauchten und ihr mit Louis Qs Heiratsantrag den Diplomweg versperrten, war sie Magisterkandidatin an der Akademie gewesen und hatte für ihre *disertatiö* die molekulare Mineralstoffzusammensetzung der für ihren Planeten charakteristischen Energiequelle erforscht, seines Agens, hatte das Ladungsfeld in Komponenten zerlegt und aus diesen essentiellen Bestandteilen Derivative fraktioniert, deren Einnahme aus psychoaktiver Perspektive gelegentlich *interessante* Auswirkungen hatte …

Nicht dass sie ein reines Heißhirn wäre. Es könnte wie eine Schrulle oder eine Faszination für seine Struktur und Gliederung wirken, wenn sie auf die Prüfung des Amuletts, das sie um den Hals trägt, mehr Zeit verwendet als auf jeden anderen hochgebeamten Gegenstand – sie hat aber einen dunkleren Grund. Der Anhänger ahmt bis ins feinste anatomische Detail die Schädelform ihres Onkels Merhalt nach – des Onkels, der, wie sie Tszvetan informiert hat, im letzten Waffengang ihrer beider Planeten umgekommen ist. Merhalt war nur drei Jahre älter als sie und eher ein Bruder als ein Onkel: Sie sind zusammen aufgewachsen und gemeinsam in königlichen *brinquedotecques* und *gzhiardini* herumgetollt. Als sie erfuhr, dass er seinen Platz unter den Millionen von Opfern eingenommen hatte, die die sinnlose Raumkaperfahrt draußen auf Saraō gefordert hatte, weinte sie wochenlang, weigerte sich, ihr Boudoir zu verlassen, und ging allen Besuchern aus dem Weg. Sie kam erst wieder heraus, als sie hörte, Merhalts Leiche sei im vollen Ornat zurückgebracht worden und werde alle gebührenden Bestattungsriten empfangen. Bevor es dazu kam, hatte sie sich beim Hofpathologen einen Schädelscan verschafft (er war – untypischerweise – im Nahkampf gefallen; ein Rapierstoß in den Schädel hatte sein Hinscheiden herbeigeführt) und vom königlichen *mettalourgon* zu einem Amulett aus seltenem blauen Osmium verarbeiten lassen.

Im Brauchtum von Argeral gab es hierfür keinen Präzedenzfall; es war voll und ganz ihr eigener exzentrischer Plan, bei dessen Umsetzung sie weit über ihre königlichen Privilegien hinausging. Aber sie setzte ihn um, und seither hängt das Amulett als komplex gearbeitete Reliquie an ihrem Hals.

In ihrer Botschaftersuite an Bord der *Sidereal* legt sie es auf den 3D-Projektor, beamt es ebenfalls hoch, bricht die Plombe eines weiteren Elixiers (mit kleiner und enger Öffnung) und schluckt es in spitzlippigen Schlückchen. Als der überlebensgroße Schädel dann in Hüfthöhe plastische Formen im Raum annimmt, sitzt sie erst, liegt dann und schiebt sich schließlich um ihn herum und inspiziert die akribisch wiedergegebenen Flächen, Furchen und Fächer, die sich alle um eine Sutur in der Mitte vereinigen, die wie eine Naht die Schädelfront durchläuft und sich jäh zu einem Krater weitet, einer Höhlung, die alle Flächen und Linien in ihre Leere zu saugen scheint – und doch ist sie, da aus hochgebeamtem Licht geformt, genauso ›präsent‹ wie die anderen Zonen der Projektion, genauso ausgefüllt wie die ganze leuchtkräftige Sphäre, die sie, würde sie ihr eigenes Gesicht in vergleichbarer Auflösung hochbeamen, nicht nur in der konvexen Außenmembran ihres Auges gespiegelt sähe, sondern auch in der Träne, die sich gerade vor eben dieser bildet und gleich hinabrinnen wird …

In der Zeitspanne nach dem ersten Observatoriumsgipfel macht sich ein Stillstand breit und setzt sich fest, eine Auszeit oder (wie in Tilds Atchequepartie) eine Pattsituation, ein Interregnum, eine Phase suspendierten Spiels. Die Prinzessin mopst sich in ihrer Suite und starrt masselose Formen an; Tszvetan mopst sich auf der Brücke, fingert überflüssigerweise an den (mehrheitlich automatisierten) Kanzeleinstellungen herum, schlendert durch die Korridore, die mit jedem Ausflug zu wachsen und sich zu vermehren scheinen, kehrt immer wieder in das nur noch verlassenere Observatorium zurück, lehnt die Stirn ans Kuppelglas, starrt in die Leeren des Weltraums und lässt den Blick auf einem Punkt verweilen, einem Planeten oder Vulkanoiden, einem Zwergstern, Hyperriesen oder Unterriesen, lässt ihn weitergleiten zu einem noch weiter entfernt liegenden und noch winzigeren getrennten Doppelstern oder Nebel, was zur Folge hat, dass sich alle Sterne und Sternhaufen ständig von ihm, von der *Sidereal* und voneinander zu entfernen scheinen …

»Der Schauder angesichts intergalaktischer Entfernungen«, murmelt Herzberg und schaut Eldridge über die Schulter, der seinerseits seinem Starprogrammierer Charlie über die Schulter schaut, der auf dem Tisch unter ihnen Tastatur und Glidepad bedient. »Sag mal, gibt es eine Möglichkeit zur stärkeren *Hervorhebung* …«

Eldrige schlägt vor: »Kannst du hier vielleicht alle Sternpunkte nehmen und den Raum zwischen zweien immer um eine Einheit vergrößern, die … was weiß ich … der verstrichenen Zeit proportional ist oder so …«

»Klar, das lässt sich machen«, sagt Charlie. »Bei Parergon lassen sich relationale Gradienten mit Raumvergrößerungs- und Zeitverkleinerungsvektoren eingeben. Das sorgt für eine Art Unendlichkeitsperspektive.«

»Aber …« Die Vorstellung macht Herzberg noch nicht ganz glücklich. »Es geht uns nicht unbedingt um *Unendlichkeit*; kein Verschwinden an den Rändern oder der Grenze. Eher so etwas wie … eine *Invasion* des Nahen durch die Weite … Als würden sich alle Flächen und Schwellen zurückziehen, sogar von den eigenen Positionen fortschrumpfen …«

Teilweise denkt er dabei an die Treppenhausszene in *Vertigo* oder die Gegenschussaufnahme von Brody am Strand im *Weißen Hai*. Vor allem aber kramt er tief versunkene Erinnerungen an seine Kindheitsmeningitis hervor: Wie sich der Raum, sein kleines Kinderzimmer, mit einer grenzenlosen Fläche zu füllen schien, die es zugleich leerte oder auffraß, als würde ein kosmischer Baggerfahrer ganze Brocken an *Dort*sein ausheben und durch *nicht dortseiende* Krater ersetzen. Die Krater schwollen an und gingen mit Abwesenheit schwanger, sein Fieberwahn agierte als ihre Hebamme und brachte sie in Schweiß und Gewimmer direkt über dem Teppich zur Welt – und dann nahmen Kleiderschrank, Schreibtisch, Spielsachenkiste und sogar die Nachttischlampe das Erscheinungsbild widerspenstig ferner Gegenstände an, obwohl sie sich direkt neben ihm befanden. Die Krankheit öffnete ihm gleichsam das Guckloch zu einem Universum der ausgedehnten Leere, das irgendwie neben oder sogar *in* diesem angelegt war und nur seine Gelegenheit, seinen Spalt, den richtigen Moment abwartete …

»… eine monströse Entfernung in Nahaufnahme«, erklärt er Charlie. »In die inneren Schlupfwinkel eingefaltete Außenbereiche … oder als hätte sich die Ewigkeit in jede einzelne Sekunde hineingeschlängelt – das ist der Look, der mir vorschwebt: hilflos, kalt und neutral. Ausgesprochen kalt.«

»Kann Parergon auch«, sagt Charlie zuversichtlich; »keine Hürde.« Er tippt *k-a-l-t* in die Randleiste.

Mit dem dritten Mondzyklus setzt ein Stimmungsumschwung ein. Unabhängig voneinander, aber synchron, als würde der Kurs ihrer künftigen Fluten, Ebben und Ennuis von Mechanismen festgelegt, die ihnen so wenig bewusst sind wie den Gezeiten, kreuzen Tszvetan und Tild – fast buchstäblich – die Klingen erneut im Observatorium. Diesmal ertappt sie ihn dort; im Gegensatz zu ihr bemerkt er sie zwar sofort, lässt sich aber ein paarmal von ihr umkreisen, bevor er sie anspricht:

»Ist jetzt nicht mehr weit«, kommentiert er und deutet durch die Glaswand der Kuppel auf eine Stelle irgendwo hinter ihrem linken Ohr. »Wir passieren schon Acephalus.«

Sie dreht sich um und sieht den Planeten mit dem charakteristischen blauen Ring, traut sich aber nicht zu antworten. Schließlich setzt er wieder an:

»Sie müssen glücklich sein.«

Auch auf diesen Satz gibt sie keine Antwort. Ähnlich wie bei ihrem knappen ersten Austausch diktiert ihr Schweigen die Schwerkraft der Kammer: Selbst die Luft lastet auf ihnen. Nach einiger Zeit kehrt sie dem Kuppelglas wieder den Rücken und sieht ihn an.

»Sind Sie verheiratet?«, fragt sie.

Tszvetan schüttelt den Kopf. »Höchstens mit meinem Job.«

»Und der wäre?«

Seine Geste umfasst das Observatorium, könnte aber auch alle Galaxien und Nebel einbeziehen. »Ich steuere.«

»Und Sie schmuggeln«, ergänzt sie mit einem aggressiven, aber nicht feindseligen Grinsen. »Ihr Frachtraum ist voll mit Zeletrion und ʼkwavit.«

»Ist alles aufgeladen«, sagt er. »Ich kann Ihnen das Frachtverzeichnis zeigen.«

»Klar doch«, lacht sie. »Und wenn …«

An dieser Stelle bricht das laute Jaulen der Alarmanlage der *Sidereal* auch den zweiten Observatoriumsgipfel vorzeitig ab. Auslöser war dann zwar nur ein schnell behobener Kurzschluss in der Kompostieranlage, aber das weiß Tszvetan noch nicht. Er stürzt auf die Brücke – und lässt, wie Tild auf dem Weg zur Luke merkt, sein Rapier auf dem Boden liegen. Natürlich greift sie danach. Und nachdem sie es genauso wie die Torqueta und Dioptrae beim ersten Besuch des Observatoriums in den Händen hin- und hergedreht hat, nimmt sie es mit in ihre Suite zurück.

Warum tut sie das? Schwer zu sagen. Vielleicht weil sie sich seit ihrer Kindheit alles nehmen kann, was sie haben möchte. Vielleicht ist es aber auch gerade kein Ausüben ihres Geburtsrechts, sondern eine Reaktion auf ihre situationsbedingte Machtlosigkeit: Wenn sie im Grunde eine Geisel der Diplomatie und der Wechselwirkungen der Realpolitik ist, dann nimmt sie eben eine Untergeisel und verwandelt dieses leuchtende und summende Ding in ein ebenso symbolisches Objekt wie die Atcheque-Figuren. Vielleicht … vielleicht ist sie aber auch von dem Objekt selbst einfach fasziniert. Das liegt nicht nur an der Aura, die seine tödliche Funktion ihm verleiht; da ist noch etwas, irgendetwas an der Form spricht sie an, flüstert etwas Vertrautes, ja Intimes …

Mit dieser letzten Intuition liegt sie halb richtig – oder (genauer gesagt) *genau* falsch. Nicht die Form des *Rapiers* hat sie erkannt, sondern die seines Konterparts. Als sie es auf ihren 3D-Projektor legt und als großes Hologramm in die trockene Luft der Suite hochbeamt, zeigen die materiellen Eigenschaften der Klinge – die ausgeprägte distale Verjüngung, die tiefe, seitlich versetzte Hohlkehle, die sich vom Schwerpunkt bis zum Schwingungsmittelpunkt zieht, und die geschichteten Strukturen der Nioi-Zackenstruktur aus körnigem Leichtmartensit an der Schneide – Spuren eines anderen Abdrucks. Beziehungsweise Spuren des Blocks, der diesen Abdruck von etwas anderem erst *verursacht* hat, das Negativ oder Korrelat all seiner Furchen, Falten und Abschrägungen. Instinktiv weiß sie sofort, was das ›etwas andere‹ war. Sie schiebt das Rapier beiseite, nimmt die Kette vom Hals und legt den blauen Osmiumanhänger auf den 3D-Projektor. Sie vergrößert die Projektion, untersucht die Schädelfraktur und sieht sofort, dass die Topologie identisch ist – sprich dass sie es mit dem unzweideutig dazugehörigen Gegenstück zu tun hat. Sie legt das Rapier daneben, richtet die beiden Gegenstände aus … ja, so … und hat eine perfekte Passung: Alle Dellen, Kerben und Vertiefungen, die den tiefen Schädelkrater und die tödliche Höhlung charakterisieren, lassen sich präzise (*amphichiral* – der Begriff aus ihren auf Argeral zurückgelassenen

Vorlesungsmitschriften fällt ihr wieder ein) den sichtbaren Bestandteilen der Klinge zuordnen: Sie sind deren Spiegelbilder. Diese Waffe hat Merhalt umgebracht, und die Hand, die sie führte, gehörte und gehört immer noch keinem anderem als ihrem Piloten und Beschützer Tszvetan.

Das ist die erste Krise des Plots. Und seine zweite, denn es handelt sich um eine Doppelkrise. Warum? Weil Tild trotz allen Versuchen, sich diese Tatsache durch Projektionsschwaden und Elixierduselschleier zu vernebeln, längst sonnenklar ist, dass sie Tszvetan liebt. Angefangen hat das noch auf Doon Leer im Prunk und Gepränge des Abschieds, unter all den in gold- und scharlachfarbenen Roben angetretenen Höflingen und dem Lärm der Hoboen und Tomburinen der Startbucht: Schon da fiel ihr die Aura von Selbstbeherrschung und Traurigkeit der Gestalt auf, die da allein an der Raumschifframpe stand, von der ganzen Zeremonie fast so losgelöst wie der Raum, in dem sie einander jetzt zweimal begegnet sind, und damit auch (als wäre die Abschiedsfeier nur ein grotesker Ersatz gewesen) vom Leben selbst. Auf ihren ausgedehnten Streifzügen durch das Labyrinth der *Sidereal* hat sie das Objekt ihrer Obsession gleichzeitig loszuwerden versucht und gehofft, ihm (quasi zufällig, hinter der nächsten Biegung des Korridors oder auf der anderen Seite einer Luftschleuse) zu begegnen. Genau wie er. Es beruht auf Gegenseitigkeit: Auch Tszvetan ist zunehmend fixiert auf diese zackhaarige Prinzessin, die sich benimmt wie eine Schwester, die er nie gehabt hat, die alle Regeln und Gepflogenheiten zu verachten scheint, gleichwohl aber den höheren Sinn dieser Eheschließung zweier Königshäuser einsieht und sich ihr auf irgendeiner Ebene fast schon trotzig unterwirft. Das Schweifen der beiden dezentriert das Labyrinth und hat die Korridore der *Sidereal* in ein Kepler-Feld verwandelt, in dem sich Doppelplaneten auf verunsicherten Ellipsen umkreisen, und beide suchen den sich entziehenden Brennpunkt, der, wenn sie ihn je erreichen, für die garantierte katastrophale Kollision sorgen wird. Jetzt ist aber zusätzliche Masse, ein Schwarzschild-Element, ins Gravitationsfeld geworfen worden: Sie hat das Rapier. Irgendwann muss er kommen und es aus ihrer Suite zurückholen …

Und wenn er kommt, ist sie gezwungen, ihn zu töten. Alles andere hieße, auf Merhalts Grab zu spucken. Für Tszvetan ist es dasselbe: Wenn er seinem Begehren nachgibt, entehrt er *seinen* Onkel, dreht ihn durch eine Mangel, die schlimmer ist als der Tod. Trotzdem übt die Botschaftersuite einen unwiderstehlichen Sog auf ihn aus. Er weiß, dass er persönlich in ihre Suite gehen und das Rapier absolut diskret zurückholen muss. Noch während er sich das sagt, weiß er, dass der Plan der letzte Scheiß ist, aber wenn er ein Besatzungsmitglied schickt oder auch nur ansatzweise durchblicken lässt, dass Tild es gestohlen hat, riskiert er einen diplomatischen Zwischenfall. Der Teil ist also wahr; der an den Haaren herbeigezogene Schwachsinn ist ihm dabei klar: Wenn er runtergeht und den Dingen ihren Lauf lässt, kommt es zu einer politischen Eskalation, die zehnmal schlimmer ist als so ein putziger Rapierklau …

Es kommt also zu einer zweiten Pattsituation, die weit aufgeladener ist als die erste, weil die Einsätze weit höher sind – und noch steigen, denn Tild hat zwischen ihren Ottomanen und Hängesesseln eine Entscheidung getroffen. Jenseits von Acephalus, noch hinter Gorgon und dem Lethe-Nebel liegt ein Planet namens Nocturnis. Unter den Wasserstoffwolken seiner Atmosphäre und den Humusschichten aus Kaolinit liegen verdichtete Mineralflöze aus dem namengebenden Noctural. Seit dem Jahr 742 (eine Ironie des Schicksals, die auf eine Klausel im Waffenstillstandsabkommen von Landis zurückgeht, das den Dritten Saraŏnischen Krieg in diesem Jahr beendete) verfügt Argeral über das Schürfrecht für diese Abbaugebiete und hat die kleinen Bergwerke aufgemöbelt (Noctural wird in bestimmten Industriebereichen als Nischenprodukt genutzt), die auf den Granchap Fields verwahrlost waren, dem einzigen Halt des Lebens – von Zivilisation gar nicht zu reden – auf dem besseren Felsbrocken. Es war Tilds Forschungsgruppe an der Akademie, die Noctural erstmals ernsthaft analysiert und seine Elemente identifiziert hatte, und eine bis dahin unbekannte Komponente war sogar von Tild selbst auf den Namen »Thanadrin« getauft worden. Diese Verbindung – von noch höherer Massendichte als das Osmium, das sie um den Hals trägt – enthielt, wie sich herausstellte, eine so konzentrierte Mischung aus Thebanum und Chalkanthit, dass ihre Einnahme schon bei der geringsten Dosis zum träumerischen, sorglosen und vielleicht sogar phantastischen, in jedem Fall aber unvermeidlichen Tod führte, worauf der von Tild ersonnene Name hinwies. Als unverbesserlich risikofreudige Studentin hat sie einen Extrakt dabei, ein Elixier, das sie aus Sicherheitsgründen von ihren anderen Tränken getrennt verwahrt. Als sie es jetzt hervorkramt, auf den 3D-Projektor legt, hochbeamt, um die Reproduktion herumgeht und die Farbgebung bewundert – tiefschwarz mit einem Blaustich, nicht unähnlich den Weiten der interplanetaren Leere, die sich jenseits der Außenhaut der *Sidereal* um sie herum erstreckt –, fragt sie sich, ob sie wohl eine besondere Erfahrung dieser abgründigen Räume machen wird, eine bewusstseinserweiternde Wahrnehmung ihres Aufgehens in und Verschmelzens mit ihnen, des Vergessens selbst, wenn sie die Tinktur schluckt. Denn das ist ihre Entscheidung: Sie wird das Thanadrin trinken, zu Merhalt zurückkehren und auf diese Weise sowohl ihrem Bruder-Onkel als auch – da sie ihn weder töten noch lieben kann – Tszvetan treu bleiben.

Sie begibt sich wieder ins Observatorium, um ihren Plan durchzuziehen. Sie möchte es nicht in der Beengtheit ihrer Suite tun, sondern lieber unter den Sternbildern, in denen sie bald aufgehen wird. Sie entfernt das Siegel des Fläschchens, lässt den Korken ploppen, streckt es den Galaxien, Sternenballungen und Leeren entgegen und prostet ihnen allen mit einer abschließenden Geste zu; dann trinkt sie schlückchenweise das Thanadrin (das Fläschchen hat einen zu engen Hals, um in einem Zug geleert zu werden). Ein weiteres Zeichen, in welchem Ausmaß sich die Gedanken der beiden, von ihren Bewegungen ganz zu schweigen, längst verflochten haben, ist Tszvetans Hereinplatzen, als sie das halbe Fläschchen intus hat. Er sieht sofort (ob an ihrer Blässe, ihrer fatalistischen und entschlossenen Miene oder aber den krampfhaften Zuckungen ihres Unterleibs), was sie vorhat. Sie starrt ihn durchdringend und trotzig an, als er auf sie zustürzt, ihr das Fläschchen entreißt und es schlückchenweise leert. Auch wenn sie in den letzten Zügen zu liegen scheint, erstaunt sie seine Tat. Ein paar Sekunden lang stehen sie sich gegenüber; als Tszvetans Waden und Schenkel dann genauso unregelmäßig zucken wie ihre, fallen sie sich in die Arme, um gemeinsam auf den Tod zu warten.

Der Tod hat aber anderes zu tun. Erst bei einem Bankett in einigen Zyklen, wo man mehrmals mit 'kwavit auf ihre königliche Gesundheit anstößt, wird Tild beim zufälligen Gespräch mit einem von Louis Qs Baronen begreifen, was da gerade (zumindest auf biochemischer Ebene) passiert ist. So wie der Schnaps seine Zusammensetzung ändert, wenn das Raumschiff die Kwador-Scheidelinie überquert, so ändert sich auch die Molekularstruktur des Thanadrins, das sie gerade geschluckt haben. Die Thebanumkomponente bleibt offenbar unberührt, aber das Chalkanthit wird zwar nicht neutralisiert, wohl aber in einen Stoff *katalysiert*, der Strukturhomologien zu Kantharidinus oder Rhodotoxina aufweist – es ist ganz einfach ein Aphrodisiakum geworden. Als die *Sidereal* Ardis Minor umrundet, den Mond ihres Zielplaneten, und Kern selbst, noch im letzten Abschnitt der langen Nacht, aus dem die Strahlen von Fidelus ihn bald wecken werden, langsam vor ihnen emporwächst, schweben Tszvetan und Tild nackt im Observatorium, umarmen sich, vereinigen sich, trennen sich wieder, vereinigen sich wieder und trudeln langsam durch die Kammer, aus der die von Tszvetan abgeschaltete Schwerkraft ebenso verbannt worden ist wie Pflichtgefühl und Rücksicht auf andere.

Das ist die eigentliche Schwierigkeit. Die Modellierung war noch ein Klacks: Man entwirft mithilfe von CAD den Raum, steckt zwei Körper rein, parametriert ihre Bewegungen, und den Rest erledigt die Software. Und was die Beleuchtung angeht: Die Raytracer haben ganze Arbeit geleistet und (in umgekehrter Richtung) die Bahnkurven der von Fidelus ausgestrahlten Photonen rekonstruiert, die von Ardis Minor und dem inzwischen weit hinter ihnen liegenden Acephalus reflektiert werden, das Saphirglas der Observatoriumskuppel umspielen und durchdringen, von der Konsole, den Formen verschiedener Armaturen, dem Fußboden oder den abgelegten Kleidungsstücken gebeugt oder verdeckt werden, die auf logarithmisch festgelegten Bahnen durch die Schwerelosigkeit ziehen; gebeugt oder verdeckt natürlich auch von den schwebenden und umherziehenden Gliedmaßen und Rümpfen der sich ent- und wieder umschlingenden Liebenden. Das alles ist geritzt. Schwierig wird es bei der Rückkehr in die analoge Sphäre, wenn menschliche Körper, die von Asymptoten und ihren Parabeln keine Ahnung haben, auf der Bildfläche erscheinen und mit ihrem Schwabbeln und Torkeln alles aus dem Gleichgewicht bringen. Sie haben die größten Koryphäen der Branche beigezogen: Mo-Cap-Akteure von den Bergener Fjorden, die sie ausstaffiert und durch die von der Software geskripteten Bewegungsabläufe gejagt haben. Aber das sieht einfach scheußlich aus, selbst wenn man sich die Riemen und Käfige wegdenkt. Zum einen können Haut und Muskeln noch so durchtrainiert sein, sie schlaffen trotzdem an allen Ecken und Enden ab – *hier* herrscht schließlich keine Schwerelosigkeit. Die Art Directors haben alles Mögliche versucht, sogar Fäden in fleischfarbene Trikots gestickt und sie an den Stellen hochgezogen, wo das Durchsacken am schlimmsten war; der daraus resultierende Eindruck von Gänsehaut war für die gewünschte Erotik der Szene aber kontraproduktiv. Zum anderen gab es auch dann noch massive Abweichungen, wenn sie sich mit für das unbewaffnete Auge absoluter Präzision an die vorgesehenen Bewegungsmuster hielten. Echte Körper tun einfach nicht, was man ihnen sagt; selbst wenn sie alle Vorgaben einhalten, bilden sie grundsätzlich an den falschen Stellen Falten, Knicke und Barrieren, die dann alle Lichtwege so durcheinanderbringen, dass man im nächsten Schritt die gesamte Einrichtung, die Eldridge und seine Ausstatter in wochenlanger, mühevoller und kostspieliger Kleinarbeit gebaut haben, in die Tonne drücken kann. Und schlussendlich sieht das Ganze einfach nicht *richtig* aus; niemand kauft ihren Bewegungen ab, dass diese Purzelbäume und Verknäuelungen eine zentrale und leidenschaftliche Sexszene sein sollen.

»Ist ja der reine Marionettenporno!«, rief Herzberg, als er die ersten Einlichtmuster zu sehen bekam.

»Ein Schlachterschaufenster beim Erdbeben«, stimmte Eldridge zu. »Keulen und Lendenstücke beim Frontalzusammenstoß!«

»Stoffpuppen im Wäschetrockner« – wieder Herzberg.

Also sind sie klammheimlich zur Virtualität zurückgekehrt – beziehungsweise zu virtuellen Archiven schon vorhandener Szenen, die keiner von ihnen inszeniert oder bezeugt hat. Niemand hat das – abgesehen von den Beteiligten, und die waren so gesehen ja keine ›Zeugen‹. Phocan hat ihnen bei Zusicherung absoluter Diskretion ein paar Dateien zukommen lassen, die, wie er sich ausdrückte, auf dem Server von Pantarey nur verstaubten, Fehlszenen eines früheren Auftrags, dessen Zielvorgaben Eldridge und sein Team nur raten können. Sie zeigen in allen erfassten und stattgehabten Einzelheiten zwei menschliche Gestalten, Mann und Frau, die in allen nur erdenklichen Stellungen kopulieren sowie in einigen, die niemand für möglich gehalten hätte, bevor er auf diesen Cache-Speicher stieß. Aus der Perspektive des Teams von DZ sind diese Szenen nützlich, weil sie jetzt nicht zwei schwebende Körper, ob nun virtuell oder real, zueinander schubsen müssen – also von einem Ausgangspunkt, an dem sie nicht vereinigt sind, und zwar so, dass die Vereinigung dann auch noch plausibel aussieht –, sondern sie können sich wie beim Raytracer zurückarbeiten und den ganzen Ablauf im Rückwärtsgang zu seiner Ursache zurückverfolgen: Sie *beginnen* mit zwei plausibel (weil in der Realität) beim Sex vereinigten Körpern und arbeiten von diesem Punkt nach *außen*, um Annäherungen, Austrittswinkel und Bahnkurven im Raum hochzurechnen, wie sie das ähnlich schon bei den Raumschiffen gemacht haben, die auf dem Raumhafen Doon Leer starten und landen. Eine pfiffige Entscheidung: Da sie das ausrangierte Filmmaterial von Pantarey nur als Ausgangsmaterial nutzen, in das sie ihre Kernszenen dann in so vielen gemorphten und gerenderten Schichten einbetten, bis das Original (in Sachen Wiedererkennbarkeit) vollständig begraben ist, laufen sie nicht Gefahr, dass irgendwer sie im weiteren Verlauf wegen IP-Rechtsverletzung vor den Kadi zieht. Das Team isoliert Stellungen, Bewegungen und Stöße und gestaltet von diesen ausgehend weiter, konstruiert anmutige und zärtliche Sequenzen, und das alles so ausgefeilt, dass sie sowohl die Mocap-Akteure aus Bergen als auch die CAD-programmierten Körper zumindest zum Teil wieder integrieren können. *Dann* machen sie sich an die Ausleuchtung: In der einen oder anderen Hinsicht sind damit inzwischen zwanzig Programmierer beschäftigt und implementieren das Licht wieder in die neu konfigurierte Mischung, gießen es wieder über die neuen Topologien, das neu gefundene Land aus Kurven und Kanten, die entweder aus eigenem Antrieb umherstreifen oder von der Subjektive in Bewegung gesetzt werden, die in Schleifen und Kreiseln durch die Observatoriumskammer zieht, die Kuppel auch verlässt, sich ins All hinausbewegt und mal durch das Saphirglas zu den beiden Liebenden hineinschaut, mal sich nach außen dreht und auf Ringe und Sternenausbrüche flammt, weiter rotiert und sich Helio-D direkt zuwendet, dann wieder auskornt, als sie sich weiterwälzt, wieder zur *Sidereal* herum, mit Kerns gewölbter und dunstiger Oberfläche im Hintergrund …

»Moment mal.« Ben Briar merkt, dass da was faul ist. »Was soll denn der Scheiß?«

»Linseneffekt«, erklärt Herzberg ihm.

»Macht sich echt gut«, ergänzt Charlie.

Briar spitzt die Lippen, als hätte auch er ein bitteres Elixier gekostet. Sorgfältig wählt er seine Worte und erkundigt sich:

»Und warum …?«

Jetzt ist es an Herzberg, die Aberrationen zu verteidigen:

»Ich dachte, das würde Ihnen sogar gefallen: Das ist realistisch – genau diese Flecken würden Sie bekommen, wenn Sie genau dort eine Kamera aufstellen.«

Briar lässt sich das verbale Belastungsmaterial nicht entgehen: »Wir sollen also glauben, dass da eine Kamera ist, ja? Eine richtige echte Kamera mitten im Vakuum, und die flattert praktischerweise gerade am Nest der Turteltäubchen vorbei, ja? Gehört das zum Plot? Warum zeigen Sie dann nicht auch das Gerüst oder den Stabilisator oder lassen gleich den eingeblendeten Timecode mitlaufen?«

An sich hat er sich da nicht einmal um Lichtjahre vergaloppiert, wenn auch auf andere Weise, als er glaubt. Der Plot beinhaltet tatsächlich eine Kamera – diverse Kameras, die sich teilweise knollenförmig aus den Korridordecken der *Sidereal* wölben und ihre Anwesenheit gar nicht kaschieren wollen. Andere sind weniger augenfällig oder ganz unauffällig und larvenartig in Wandpaneele und Nieten eingelassen, in Gleitschienen und freiliegende Rohre, und wieder andere treten sogar offen zutage, werden ihrer nanoskopischen Ausmaße wegen aber nicht wahrgenommen. Tszvetan ist kein Idiot; er weiß nur zu gut, dass die Obrigkeit von Kern sowie Louis selbst ihn auf dem Kieker haben – er weiß auch, dass sein Onkel bei den meisten, wenn nicht allen seinen früheren Vergehen ein Auge zugedrückt hat, ja dass ihre robuste Beziehungskiste von vorgeschützter Unwissenheit zusammengenagelt worden ist. Aber das hier … Bei diesem Einsatz hat ihm von Anfang an geschwant, dass da etwas arrangiert, von langer Hand geplant worden ist, ein Versuchsaufbau, bei dem Tild und er die Laborratten sind, deren Bewegungen durchs Labyrinth die ganze Zeit unter Beobachtung stehen. Als er jetzt in stiller postkoitaler Entrücktheit neben ihr auf dem Boden des Observatoriums liegt, in dem die Schwerkraft wiederhergestellt worden ist, fragt er sich sogar, ob Louis das alles sogar *gewollt* haben könnte; ob er jetzt in Echtzeit zuschaut, und wenn ja, ob er dann tobt oder aber schmunzelt wie ein gütiger, nachsichtiger Gott, der auf seine Geschöpfe hinabschaut, die in ihrer (von ihm so erschaffenen) Unvollkommenheit alles verbockt haben (wie Sein großer Plan ihnen vorgab) … Das kommt aber erst noch. Vorläufig hat Tszvetan den Saft abgedreht (zur Verwirrung seiner Mannschaft, die aber aus Erfahrung weiß, wann man lieber nicht nachfragt): Das Schiff hat keine Energie, kann weder senden noch empfangen, ist antriebslos und hängt im Raum zwischen den Anziehungskräften von Ardis Minor und Kern, dessen Atmosphärenausläufer es touchiert. Alles ist in der Schwebe – nicht zuletzt die Zeit, die am Licht zu partizipieren scheint, bodenlos oder frei schwebend, weit verstreut, verstoßen …

In der langen Woche ihrer technischen Einarbeitung hat sich Diamond immer wieder in der Frage der Verzögerungsfreiheit verheddert. Als Phocan die Kameras von Pantarey mit ihren vier Infrarotlicht auf einer Wellenlänge von 850 Nanometern abgebenden LED-Ringleuchten eingehender mit ihr durchgesprochen hat, hat er ihr auch die Prinzipien der 120°-Ausleuchtung und der passiven optischen Motion Capture im Allgemeinen erklärt:

»Man muss das Licht *rauswerfen* und dann wieder einfangen«, sagte er. »Diese LEDs pulsieren mit der Bildfrequenz der Kamera, die zwischen dreißig und zweitausend Bildern pro Sekunde liegen kann. Die Geschwindigkeit spielt keine Rolle; wichtig ist, dass die Impulsrate der LEDs immer mit der Bildfrequenz der Kamera übereinstimmt.«

»Warum?«, fragte sie.

»Überleg doch mal«, sagte er. »Die Kamera sendet den Markern das Infrarotlicht, und die Marker reflektieren es mit exakt derselben Geschwindigkeit, mit der es gesendet wird; und mit exakt derselben Geschwindigkeit fängt die Kamera das Licht auch wieder ein und zeichnet es auf. Das ist also … na was?«

Das war eine Aufforderung: Er wartete auf ihre Antwort. Sie wusste, was er hören wollte, und lieferte prompt:

»Verzögerungsfreie Erfassung?«

»Verzögerungsfreie Erfassung, haargenau. Nur wirkst du nicht besonders überzeugt.«

Wirkte sie nicht – war sie nicht. Sie knabberte einige Augenblicke daran herum (eine Eigenschaft, die ihre Freundin an ihr mochte; sie sagte, man könne ihr dadurch beim Denken zusehen) und erlaubte sich dann die Frage:

»Nur … wenn das Licht zum Gegenstand reisen muss, von ihm abprallt und zur Kamera zurückkreist … kostet das denn nicht Zeit?«

Phocan lachte.

»Aber Lucy, es reist doch mit Lichtgeschwindigkeit. Das macht es doch verzögerungsfrei.«

Dabei hatte er immer noch *dann* und *zurück* gesagt. Und *wieder*: das Licht rauswerfen und *dann wieder* einfangen … Aber das waren nur Wörter. Im Großen und Ganzen hatte er recht, das sah sie ein. Ja. Aber trotzdem … alles war klar, und die Logik war zwingend, solange es um die Bewegungen eines Turners ging, der zwei Meter vor einem um sein Seitpferd herumschwang, oder wenn Komparsen bei einer Geiselnahme Geiseldoubles durch eine simulierte Botschaft schleiften, ja sogar wenn es um eine Kontrolldrohne in drei Kilometer Höhe ging. Aber was war, wenn man noch über diesen Himmel hinausging und sich noch weiter fortbewegte? Jedes Photon braucht acht Minuten und zwanzig Sekunden, um von der Sonne zur Erde zu kommen; sechzehn-vierzig für den Rückprall. Und das Licht vom Schützen, vom Fuhrmann, von der Kassiopeia …? Jahre, Jahrhunderte, Jahrtausende, unermessliche Zeiträume: Wenn die LED-Ringleuchten *dieser* Kameras die Reflexionen einfangen, *gibt* es die Erde wahrscheinlich gar nicht mehr. Im Prinzip unterscheidet sich das nicht vom Turner; die Entfernung mag geringer sein, aber die Mechanik ist dieselbe: Aussenden und Einfangen, alles mit einer Geschwindigkeit, die letztlich genauso begrenzt ist wie die von Schallwellen, Sirup oder den Autos, die vor den Bodenwellen in der Zufahrt zu Finns Business Park bremsen … Sie behielt ihre Meinung für sich, behielt die Spitzfindigkeit von da an aber für sich als Zeichen einer heimlichen Gewissheit: Strukturelle Verzögerungen waren in den Prozess von vornherein eingebaut; auch wenn dieser unter der Messbarkeitsschwelle ablief, waren sie doch *da* …

An dieser Schwelle agieren Tszvetan und Tild jetzt, in dieser Zeitzone halten sie sich auf: der Zone der Verzögerungen, des langsamen Lichtdurchgangs. Da es bei diesem herrlichen und schwerelosen Schäferstündchen kein Bett, keine Couch, ja nicht einmal einen Fußboden unter Tild gab, hat sie den Eindruck, dass das, was sie stützt, was ihr Halt und Zugkraft verschafft, wenn sie Tszvetan wieder zu sich und in sich zieht, über ihm schwebt, wieder auf ihn hinabsinkt und an seinen Körper andockt, nichts anderes ist als die Ebenen und Kissen aus Licht, das sich so entgegenkommend um sie herum rekonfiguriert. Wenn nötig, härtet es zu Dämmen und Säulen aus, bauscht sich, wenn ihre Bewegungen und Stellungen das verlangen, zu weichen Polstern ohne Daunen, wogenden Wellen, die sich zerteilen, wenn Köpfe oder durchgedrückte Rücken sie nicht mehr brauchen. Das Licht ist Requisit und Medium ihres Liebens; als sie einmal den Kopf in den Nacken wirft und dabei die Augen öffnet, sieht sie einen Lichtstrahl durchs

Saphirglas hereinfallen und darunter in feine Funken zerstäuben, und plötzlich ist sie der festen Überzeugung, dieses Licht müsse reine, verdinglichte Lust sein. Wenn es diese Rolle für sie spielt, übernimmt es aber auch die Rolle der Sicherheit: liebkost sie, umfängt und birgt sie in seiner blendenden Helle, hält ihnen mögliche Konsequenzen vom Leibe. Welches Gesetz, das eine schlichte, tageszyklische Optik fordert, könnte diese engmaschige Wiege durchdringen, um seine Frequenz zu stören und sein verknäultes Leuchten einzufangen? In den letzten Augenblicken, bevor Kerns Traktorstrahl die *Sidereal* einfängt und sie einschläft, weitet sich dieses Leuchten immer weiter um sie aus, wird immer tiefer; ein Abgrund, der ihr Auftrieb gibt, während sie in ihm versinkt.

3. Die Gesellschaft zur Würdigung Norbert Wieners

Die Spezialität im Canard besteht aus einer pochierten Ente, die in weichen Lehm gepackt und eine halbe Stunde im Brennofen gebrannt wird. Um den gebratenen Vogel herauszulösen, der in der hautengen Kruste saftig bleibt, so dass kein Arrosieren nötig ist, zerschlägt man das ausgehärtete Steingut der Einbalsamierung mit einem Hammer – direkt vor den Gästen am Tisch. Ein keltisches Rezept. Der Lehm wird im anderthalb Kilometer entfernten Charlbury aus dem Evenlode gefördert, dicker Schlamm, den der Fluss aus den Cotswolds heranträgt und ablagert, während er sich an Ascott-under-Wychwood, Chadlington und Stow-on-the-Wold vorbeischlängelt … Die Liste derer, die auf einen Tisch warten, muss genauso lang und gewunden sein; Garnett hat einmal zu reservieren versucht und bekam einen Tisch am frühen Abend sechs Monate später angeboten. Aber Pilkington … Pilkington hat ihnen binnen zwei Tagen einen Tisch verschafft, seit er ihm die Nachricht hinterlassen hat, er wolle ihn ›ausquetschen‹. Der Mann ist vernetzt ohne Ende und hat Connections, nach denen Garnett schon seit Jahren lieber gar nicht mehr fragt. Er erwartet ihn in einer stillen kleinen Enklave, fast einer Klause, in der Ecke. Der beste Tisch im Restaurant; sie können nicht belauscht werden.

»Mein Anthony. Knotest du den Schafen immer noch Pinsel ins Fell?«

»Die Dinge haben seitdem Fortschritte gemacht – wie du ja weißt …«

Ihre Hände lassen sich los, und sie setzen sich. Ein Kellner kommt mit Brot vorbei. Als er weg ist, fragt Garnett:

»Wie geht's Thérèse?«

Das ist kein Smalltalk – eher ein Schlag in die Magengrube. Bei Pilkingtons Frau wurde vor zwei Jahren Parkinson
diagnostiziert. Ihr Zustand verbessert sich nicht: Tremores,
Zahnradphänomen, Pillendrehen, Festination … Pilkington
benutzt die medizinischen Fachbegriffe der Symptome und
übersetzt oder kommentiert sie nicht groß, weil er weiß, dass
Garnett sich damit auskennt.

»Eine böse Ironie, dass wir beide uns darüber unterhalten«,
sagt er, als die Liste erschöpfend abgehandelt ist.

Auch hier kann Garnett ihm mühelos folgen, braucht keine Erläuterung und weicht ihm nicht von der Seite – oder
den Seiten, nämlich den Passagen zum Parkinson-Syndrom
in *Mensch und Menschmaschine*. *Die Rückmeldung, die die wil-
lentliche Hauptbewegung steuert, ist der Posturalrückmeldung
entgegengerichtet, soweit die Bewegung solche Glieder betrifft,
die durch die Posturalrückmeldung gesteuert werden … die
Ausschläge werden immer größer … Die Hand eines Patienten
langt nach einem Glas Wasser, zittert immer stärker hin und her,
so dass er das Glas nicht mehr heben kann …* Für Wiener war
alles Rückmeldung oder Rückkopplung, wie man dann später sagte. *Wenn ich nach meiner Zigarre greife, bringe ich einen
gewissen Rückmeldungsmechanismus ins Laufen, eine Reaktion,
bei der der Unterschied, der mir zum Ergreifen der Zigarre noch
fehlt, umgewandelt wird in einen neuen und verstärkten Befehl
an die noch nicht ausreichend reagierenden Muskeln.* Wenn ich
ein Flugzeug abschieße, bildet sich ein integrierter Schalt-
kreis aus meinen Händen an der Flak, dem Draht, durch den
sich der Feuerbefehl den Weg in meine Kopfhörer summt,
die Vakuumröhren, die den Flugzeugkurs auf einen Radarschirm zeichnen, und damit die Zeitachse, auf der aus dem
Anfluggradienten an der Stelle, wo es sich jetzt befindet, der
Anfluggradient an der Stelle extrapoliert werden kann, an

der es sich zwei Sekunden später befindet: In diesem Schalt-kreis ist der Servomechanismus nicht bloß eine Methode der Menschheit, sondern auch ihr Maß. Und auch nicht bloß der Menschheit: Aufzüge, Dampfschiffantriebe, Quallen-amalgame, die ganze Architektur abstrakter Systeme wie der Ökonomie oder des Rechts – sie alle werden von der Ma-trix-Gebärmutter der Kybernetik geboren und strukturiert und ergo auch nur in ihr lesbar. Pilkington und er waren da-von hell begeistert: Für sie als Atheisten gab es nichts, was einer Religion nähergekommen wäre. Jetzt schweben Sche-men zwischen ihnen, winden sich um Weingläser und Brot-teller: Gespenster der beiden jungen Doktoranden der In-genieurswissenschaften mit breiten Jackenkragen, buschigen Koteletten und Cord-Schlaghosen, beide befeuert von den neuen Welten, die sich ihnen auf den Seiten von Nash, Ba-teson, Geyer und von Glasersfeld auftaten. Er war es aber, zu dem sie immer wieder zurückkehrten – dem Propheten, Messias und Apostel, alles vereint in einer einzigartigen Ge-stalt: Norbert Wiener. Seine Vision enthielt etwas, das weit über Informatik, System- und Spieltheorie hinausging; etwas, das Garnett mit Aeschylos, Catull und Sappho hinter sich ge-lassen zu haben glaubte: ein Zustand, der sich am besten mit dem alten, unwissenschaftlichen Begriff *Dichtung* benennen ließ. *Wir sind* (den Satz hatte Garnett sich hinter dem Bild-schirm seines ZX Spectrum an die Wand geklebt) *nur Stru-del in einem ewig dahinfließenden Fluss. Wir sind nichts, was verweilt, sondern Muster, die sich immerwährend fortsetzen …* Oder (aus einer Passage, die bei Ambers und seiner Hochzeit vorgelesen worden war): *Am Leben sein bedeutet, an einem ste-tigen Einstrom von Einflüssen der Außenwelt und an Handlun-gen auf die Außenwelt teilnehmen, in der wir nur die Durch-gangsstufe darstellen …*

»Damals war alles so optimistisch«, sinniert Pilkington und schwenkt den Malbec im Waterford-Kelchglas. »Wiener wies uns einen Weg zu Gerechtigkeit, Wissen, dem Entsperren geschlossener Regelkreise … Wie nannte er das? *den unumkehrbaren Zugang zu einer …*«

»*… die unumkehrbare Bewegung in eine ungewisse Zukunft, die die wahre Condition humaine ist*«, souffliert Garnett.

»Genau. Der Mensch als offenes System. Die Gesellschaft als endloser Prozess der Entfaltung und Kreuzbestäubung. Das Leben selbst als Datentausch *avant la lettre*.«

»Ja – in gewissem Maße …« Auch Garnett mustert seinen Wein, als wäre der und nicht die Aussage das verdächtige Element. »Aber …«

»Aber …?«

»War die Vision nicht von Anfang an dunkel getönt, blutgetränkt? Dieses ganze manichäische Gerede: das aufgegebene Universum, das sich selbst runterwirtschaftet … die Technokratie, die die menschliche Verantwortung in den Wind schreibt, nur um sie als Wirbelsturm zurückkehren zu sehen … Wettrüsten, Kommerz und Werbung, die uns in den Mahlstrom des Verderbens rudern oder aber sanft den Fluss hinab zum nächsten Wasserfall treiben lassen … Er hat uns als *Schiffbrüchige auf einem zum Untergang bestimmten Planeten* bezeichnet. – Sie sehen aus, als wollten Sie uns umbringen.«

Der letzte Satz gilt dem Kellner, der neben ihren Köpfen einen Hammer schwingt. Der Mann ist solche Sprüche gewöhnt und zertrümmert mit der Waffe die hochgedrehte Hülle der Ente, die er mitsamt Servierbrett auf dem Beistelltisch präsentiert hat. Die Bruchstücke der Schalung fallen zur Seite und auf den sanftesten Druck seines Tranchiermessers hin auch die saftigen Keulen und Bruststücke. Mit Gabelzange und Auflegelöffel serviert er ihnen die besten Stücke, garniert sie mit Rosenkohl, schenkt Wein nach und geht wieder.

»Für Wiener drehte sich das ganze Leben um die Leugnung des Todes«, nuschelt Garnett kurz darauf, den Mund voll mit süßem braunem Entenfleisch. »Ob es um den Tod Gottes, des Weihnachtsmanns oder den eigenen ging: Das Bedürfnis, das Verhängnis der Sterblichkeit zu entschärfen, schürt den Glauben an den Fortschritt und die endlose Erzeugung immer größerer und besserer Dinge oder ›Produkte‹ ... Der Todestrieb wird am Fließband wettgemacht ...«

»Dazu wollt ich dich was fragen«, sagt Pilkington.

»Zum Tod?«

»Zu Fließbändern.«

Garnett hat wieder den Mund voll und lässt nur mechanisch die Gabel in der Luft kreiseln: *Red schon* ... Pilkington legt dafür Messer und Gabel auf den Teller und fragt:

»Erinnerst du dich an die Arbeiten von Lillian Gilbreth?«

»Ja natürlich«, sagt Garnett. »Während der Aufbauzeit von Pantarey hab ich mir alle ihre Zeit- und Bewegungsstudien angesehen.«

»Lillian und Frank ...«

»Lillian und Frank, genau. Ihre Methoden haben die Grundlagen für unsere Arbeit geliefert. Unser Norbert erwähnt sie sogar mal flüchtig. Sie schlagen Brücken zwischen dem 19. Jahrhundert – Marey und Taylor – und der mit Ford entstandenen Welt: die Massenautomatisierung und dann die Digitalisierung. Ohne sie gäbe es keine Motion Capture.«

»Sie hat Schachteln gebaut, stimmt's?«

»Genau: Mit Metalldraht nachgebildete und in aufgeschnittene schwarze Schachteln eingesetzte Lichtspuren. Jede einzelne zeigte den Bewegungszyklus eines Arbeiters. Ich hab eine zu Hause.«

»Du hast eine echte Gilbreth-Schachtel?«, fragt Pilkington.

»Nehm ich mal an. Ich hab sie im Lagerraum einer alten Fabrik in Birmingham gefunden, die …«

»Hat sie eine Nummer?«

Das Drängen in der Stimme seines alten Freundes verdutzt Garnett. Jetzt legt auch er die Gabel weg und antwortet:

»Ich glaube nicht. Hab ich nie drauf geachtet. Sie hat dutzende von den Dingern gemacht. Wahrscheinlich hunderte.«

»814.« Pilkington strahlt ihn mit dem Lächeln an, mit dem ein Bridge-Spieler sein Blatt offenlegt.

»Man lernt doch nie aus.« Garnett erwidert das Lächeln. »Sieht ganz so aus, als müsste ich hier die Fragen stellen. Sind sie erhalten?«

»Die Schachteln?«

»Ja: die 814 Schachteln – die 813, die ich nicht habe …«

»Nicht alle in greifbarer Form«, sagt Pilkington. »Einige gehören zu Sammlungen; andere vergammeln wahrscheinlich wie deine in irgendwelchen Kellern. Wieder andere sind wohl einfach weggeworfen worden, nachdem sie ihren Zweck erfüllt hatten. Aber sie hat sie alle katalogisiert. Einzeln aufgelistet.«

»Wie?«

»In Stereoskopie. Im Prinzip durch Umkehrung der Arbeitsschritte ihrer Herstellung. Und diese Unterlagen sind fast hundertprozentig ›erhalten‹. Jede Bewegung, jeder Durchlauf, den sie nachgebildet hat, ist festgehalten worden …«

Pilkingtons Blatt wird greifbar, als er aus einer Mappe in der Ecke neben sich einige Papiere herauszieht und aufs Tischtuch legt.

»Schau sie dir an …«

Es handelt sich um zwei zusammengetackerte Papierstöße. Garnett blättert den mit den Bildern durch: Kolonnenweise schwarzweiße Doppelphotographien von Gilbreth-Schachteln, alle durchnummeriert und beschriftet, genau wie Pilkington sagt. Der andere Stoß enthält nur Text: Absätze einer Art Bericht, in dem praktisch in jeder fünften Zeile der Name Gilbreth auftaucht. Der Stil ist nicht ganz akademisch, nicht ganz fachwissenschaftlich, aber auch alles andere als journalistisch – er ähnelt eher dem Duktus eines Informationsberichts des Unterhauses oder eines Dossiers, das innerhalb eines Unternehmens zirkuliert … *Angesichts der Bedeutung, die Ms Gilbreth der Abstraktion beimaß, oder besser gesagt der Extraktion kinetischer Sequenzen, ist zu vermuten, dass …* Die Schriftart ist Times New Roman … der Text ist in Abschnitte gegliedert, deren Logik weniger Kriterien von Inhalt, Thema oder Kapitel folgt als der einer Flickendecke – Passagen im Fließtext wechseln mit langen Zahlen-, Befehls- oder Codekolonnen in einer anderen Schrifttype ab, die ihn an das alte JavaScript oder ASCII erinnern: *01mdean02cdorley03crypt04decrypt7text102 …*

»Da sind wir letzte Woche drauf gestoßen«, kommentiert Pilkington, nachdem Garnett ein paar Seiten überflogen hat. »Ich wüsste gern, was du davon hältst.«

»*Drauf gestoßen?*«

»Ja: Wir wurden darauf hingewiesen, sind darüber gestolpert, haben sie aufgelesen, wurden darüber informiert …«

»Das klingt alles so passiv.«

»War es auch. Genau wie ihr … wie nennt ihr das noch mal?«

»Passive optische Bewegungserfassung.«

»Genau. Wir haben diese Informationen passiv erfasst, während sie in Bewegung waren.«

»Ihr habt …« Garnett will seinen Freund erst spöttisch tadeln, aber Ente und Gemüse haben plötzlich einen faden Beigeschmack; auch die Luft hat auf einmal eine andere Beschaffenheit und riecht nach Verpflichtungen und Beschlagnahmungen mit einer Note von Amtsapparat. Heißt das inzwischen *MI5* oder *MI6*? Oder hat dieser Dienst einen ganz anderen Namen, der nie geschrieben oder ausgesprochen wird? »Wenn ich nach Hause komm, hau ich als Erstes meinen IT-Fritzen Hossain an, mir beim IT-Grundschutz ein Upgrade und eine bessere Firewall zu installieren …«

»Mein lieber Freund«, Pilkington hat nur einen mitleidigen Blick für ihn übrig, »du greifst lieber zur Schreibmaschine.«

Er nickt stumm und lädt Garnett ein, weiter im Schriftstück zu schmökern. Die ersten Seiten sind ein Abriss von Gilbreths Leben und Werk; abgesehen von ein paar Einzelheiten zur familiären Situation (*zwölf* Kinder), enthalten sie nichts, was ihm völlig neu wäre; ihr Mann hatte einen Abscheu vor Dreck; die unvermutet großen Auswirkungen ihrer Arbeit für die NASA; ihr Faible für das Abfassen suboptimaler Verse … Erst nach mehreren Abschnitten und einer Fülle von ASCII-Einwürfen (immer wieder taucht die Zeichenfolge *mdean* auf) gibt es endlich Butter bei die Fische, Passagen sind mit gelbem Textmarker hervorgehoben, ob nun von Pilkington oder welches *wir* auch immer sich hinter ihm verbirgt, hinter der digitalen Entwendung dieser Seiten, hinter diesem ganzen Nachmittagstreffen …

Die Rede ist offenbar von der Korrespondenz, die Gilbreth um das Jahr 1970 herum mit einem jungen lettischen Physiker geführt hat. Teilweise ist der Schriftwechsel, zwei Briefe von ihm an sie, eingescannt worden – inzwischen zum zweiten oder dritten Mal gescannt, und die Schriftqualität ist mies. Daneben sind weitere Scans reproduziert worden, Seiten aus Gilbreths Notiz- oder Tagebüchern, wenn Garnett das richtig versteht. Auch hier ist die Handschrift kaum zu entziffern – zumal die Autorin offenbar zum Strichmännchenmalen neigte; auch in den Briefen des Physikers stockt der Textfluss manchmal und macht Diagrammen oder Skizzen Platz. Der Autor des Berichts hat versucht, die Korrespondenz zusammenzufassen (keine leichte Aufgabe, denn auch die Anteile des Physikers, und nur diese sind überhaupt im Dossier enthalten, sind unvollständig) und ihre Auswirkungen auf Gilbreth zu beurteilen, soweit sie sich ihren Reaktionen im Notiz- oder Tagebuch ablesen lassen. *Die Bedeutung, die Gilbreth Schachtel 808 beimaß … was er hartnäckig die »T.T.-Episode« nennt … was die Abkürzung »T.T.« bedeuten könnte …* Das häufige Auftauchen der Abkürzung lässt Garnett zu ihrer ersten Erwähnung zurückblättern: dem Teilscan (er beginnt mit der zweiten oder dritten Seite) des ersten Briefs, dessen Autor ebenfalls von der »T.T.-Episode« spricht, die er mit Gilbreths Lichtspurdrahttechnik modellieren möchte (um das Maß vollzumachen, fügt er eine Zeichnung bei, auf der sich ein kegelförmiges Objekt um eine Art Stange herumwickelt, aber ohne die erste oder vielleicht ersten Seiten des Briefs bleibt der faktische, nicht abstrahierte oder extrahierte Inhalt der »Episode« ungewiss). Erst jetzt erfasst Garnett den Namen von Gilbreths Korrespondenten, obwohl sein Blick schon ein paarmal darüber hinweggehuscht sein muss.

»Vanins? Raivis Vanins? Den kenn ich!«

Pilkington bedenkt ihn wieder mit diesem Lächeln des Bridgespielers. Natürlich …

»Ach so«, sagt Garnett kleinlaut. »Das wusstest du natürlich längst. Wolltest du dich deswegen …?«

»Zum Teil«, sagt Pilkington. »Warum nicht? Fangen wir doch damit an. Was weißt du über Vanins?«

»Nicht viel …« Garnett seufzt schicksalsergeben. »Ich hab ihn zweimal getroffen. Einmal Mitte der Siebziger bei einem Kongress in Paris … Dann in Delft, ICAM, so um 1988 herum … Wir haben was getrunken und uns danach noch ein paarmal geschrieben … Da war er geschäftsführender Direktor am Institut für Festkörperphysik in Wilna oder Tallinn oder – wie heißt die Hauptstadt von Lettland?«

»Riga.«

»Genau: an der Technischen Universität von Riga – eine Stelle, die er im gesetzten Alter von 38 oder 39 erhalten hatte.«

»Also ein Wunderkind?«

»Dem Vernehmen nach definitiv«, sagt Garnett. »Ihm wird eine ganze Reihe von Arbeiten zugeschrieben … zu Schall-Licht-Pulsen, zur Scherwellen-Elastographie, Selbstfokussierung, zu Arbeiten von Askarjan, Sarvasjan, Ossipjan … er gehörte zu den wenigen russischen – lettischen, Ostblock-, egal – Wissenschaftlern mit Reisefreiheit; für uns dürfte er eine Art Guckloch auf die gesamte sowjetische Physikwelt gewesen sein. Nicht dass es besonders weit offen stand …«

»Auch nicht nach der Perestroika?«

»Ungefähr zu der Zeit ist er verstummt; hat sich wohl zur Ruhe gesetzt. Aber trotz seiner Abwesenheit blieben Gerüchte über ihn in Umlauf; die in den Jahrzehnten des Kalten Kriegs eingeträufelte Ignoranz muss eine Art Mythomanie zur Folge gehabt haben; der ganze groteske Wahnwitz, den unsere Phantasie in den sowjetischen Labors und Forschungsinstituten angesiedelt hat – muss ich dir ja nicht erzählen …«

Pilkington knurrt zustimmend. Es war wirklich reiner Wahnwitz: Elektronenspinresonanz, Synchrotronstrahlung, Supraleitfähigkeit … Dank undichten Stellen, Überläufern und Propaganda hatten sie gewusst, dass Fortschritte und Durchbrüche erzielt worden waren – aber das Sieben der Datenströme, die Versuche, die Signale vom Rauschen zu trennen und herauszufinden, welche Entwicklungen echt waren und welche bloß paranoide Projektionen … An den äußersten Rändern waren die Spekulationen verzerrt bis zum Aberwitz und drehten in die Bereiche reiner Science Fiction ab: biologische Strahlen, ponderomotorische Kräfte, Z-Strahlen, ESP … Ende der Achtziger, lange nach Albatros, hatte Pilkington lose Kontakte zu einer in Cambridge eingerichteten Gegenforschungseinheit, die ausschließlich die Leistungsfähigkeit der »instrumentalen Psychotronik« à la Beridze-Stachowski erforschen sollte, einfach vorsichtshalber … Und als das ganze sowjetische Kartenhaus dann kollabierte, schuf das nicht etwa Klarheit oder gar eine riesige Offenbarung, sondern die Archive wurden einfach aufgelöst – geschreddert, gingen verloren, wurden in Privatbestände abgezweigt …

»Vanins ist genau wie ich auf Kinästhetik abgefahren«, sagt Garnett. »Er war Gastews Erbe, wenn man so will. Für ihn reichte die Tragweite von Gilbreths Arbeiten weit über Montagebänder und sogar Raumschiffe hinaus. Als seine Schriften in den Westen kamen, übersetzt wurden und Kreise zogen, trafen sie – genau wie Wieners – einen Nerv bei Leuten auf allen möglichen Wissensgebieten, längst nicht nur in der Physik.«

»Und die Gerüchte?«

Garnett zuckt die Schultern. »Die üblichen – zumindest in der Welt der Biomechanik; die uralten Großstadtlegenden der Gemeinde: Er hätte hinter den Mauern seines Instituts eine Methode zur Erzeugung von Torsionsfeldern entwickelt, Tryons Theorie der Fluktuation des Vakuums bewiesen oder sonst einen Stein der Weisen gefunden … Vielleicht hat niemand *wirklich* daran geglaubt – aber was Gleichgewichtszustände anging, war er uns tatsächlich Lichtjahre voraus.«

»Genau dieses Thema oder jedenfalls ein eng benachbartes muss Thema seines Briefwechsels mit Ms Gilbreth gewesen sein«, vertraut Pilkington ihm an. »Hier, auf Seite 24 …«

Er blättert für Garnett zur besagten Seite weiter, auf der wie zuvor zwei von Hand beschriebene Zettel nebeneinander eingescannt worden sind: links eine Seite aus einem weiteren (oder auch demselben) Brief von Vanins an Gilbreth; rechts noch eine Seite aus ihrem Notiz- oder Tagebuch. Im linken Scan beschreibt Vanins *meinen Schock – meine Verblüfftheit und vielleicht* (unleserlich) *über die Konsequenzen dieser Entdeckung, die all unsere Grundsätze und* (Annahmen?) *über den Haufen …* Im rechten Scan hat Gilbreth anscheinend von Hand das Diagramm abgezeichnet, das bei Vanins auf der vorigen Briefseite auftaucht. In zittriger Wiedergabe taucht auch hier der Kegel oder der kegelförmige Gegenstand, vielleicht aber auch einfach nur ein kegelförmiges Vektorfeld auf, das sich um eine vertikale Linie oder Stange schlängelt. Die umkreisende Bewegung ist bidirektional: Das machen die doppelköpfigen Pfeile am Fuß des Kegels, am unteren Randumfang der Drehzone klar. Um die Darstellung herum hat Garnett noch andere kleine Dinge skizziert: gezahnte Mechanismen, Mühlräder, Automaten mit Speichen und Hebeln; außerdem farbige Kreise. Lateinische und spanische Wörter und Wendungen sowie ein paar Namen sind über die ganze Seite verstreut.

»*Maricourt?*«, liest Garnett. »*Bessler? De Honnecourt?* Das Hammerrad, sich drehende Ringe, die nicht aufgezogen werden müssen, Scharlatanerien mit dem Newtonschen Pendel? Fällt Gilbreth in seniler Bröckligkeit etwa auf die uralten Maschen vom Perpetuum mobile rein?«

»Keine Spur.« Pilkington lacht kurz auf. »Obwohl ja erstaunlich viele Zampanos der Physik in dieses Kaninchenloch reingehüpft sind: Wolff, Bernoulli, sogar Leibniz … Sie alle machten sich an den Beweis, dass das Konzept nicht funktionieren kann, wechselten aber eines Tages ins Lager der fanatischen Gläubigen und berauschten sich an der Überzeugung, gerade die Arbeit, mit der sie die Möglichkeit endloser Bewegung zu diskreditieren versucht hatten, beweise deren Realisierbarkeit … dann machte sich der nächste Wissenschaftler in der Reihe an die Entlarvung des ›Beweises‹, nur um ebenfalls zu konvertieren – während der erste inzwischen wieder abtrünnig geworden war. Auch diese Bewegung könnte man als Perpetuum mobile bezeichnen: die wellenartig verlaufende Selbsterneuerung von Skepsis und Glauben, Vernunft und Hirngespinsten …«

Er trinkt einen Schluck Wein. Garnett sieht ihn an und muss an ein Spielzeug denken, einen Schnickschnack, den er seinem kleinen Neffen mal geschenkt hat: einen Sullivanschen Wippvogel, der, wenn ihm das Dichlormethan in den langen Rohrhals stieg, den filzbezogenen Schnabel in ein Glas Wasser tauchte, das dann verdunstete und das Dichlormethan abkühlte, so dass es kondensierte, ins Hinterteil zurückfloss und dieses so schwer machte, dass der Trinkvogel sich wieder aufrichtete und alles von vorn losging.

»In meiner eigenen senilen Bröckligkeit«, Pilkington tupft sich die Lippen ab, »bin ich zu der Überzeugung gekommen, dass unsere Arbeit im Grunde … dass auch all die neumodischen Apparaturen, die wir uns ausgedacht haben, die ganzen Maschinen, Schnittstellen und Arbeitscodes, nur Anstöße für unsere Spekulationen und Projektionen sind, ein Ersatz für irgendeine ultimative Maschine, die wir nie bauen werden, uns aber immer wieder neu ausdenken müssen … Jacquardwebstühle, das Internet, schwachsinnige Zeitreisepatente oder diese Maschinen zur Gehirnwäsche, die ganze Generationen von Psychotikern entworfen haben: Ob sie gebaut oder nur in den Tiefen des Wahns aufgefischt wurden, spielt dabei keine Rolle. Alle Maschinen sind Ausgeburten der Phantasie. Sagt das sinngemäß nicht auch unser Norbert irgendwo?«

»Doch doch«, murmelt Garnett geistesabwesend; er studiert immer noch die kopierten Tagebuchseiten. Von dem zittrig abgezeichneten Diagramm, den farbigen Kreisen, den gekritzelten Namen und lateinischen / spanischen Wörtern zeigt ein Pfeil unten auf die Seite, wo in zielstrebiger und angespannter Handschrift, als wäre der Schreibakt nur unter Aufbietung aller Willenskräfte gelungen, in fetten Buchstaben steht:

»*Schachtel 808 ärgert* …«

»Das heißt *ändert* …«

»… *ändert alles*. Was ist mit Schachtel 808?«

»Schau's dir an«, meint Pilkington vielsagend und schiebt ihm wieder den zweiten Papierstoß zu. Garnett blättert darin, überfliegt die Seiten, sein Blick huscht über die photographierten und durchnummerierten Bewegungsschachteln, durch die Siebenhunderter, dann in die Achthunderter, 805, 806, 807 …

»Oh!«

»Genau.«

Es gibt keine 808; sie fehlt. Wo sie aufgelistet sein sollte, grinst das Papier ihn leer und ausdruckslos an wie ein Kahlschlag im Wald oder wie ein Stück Wand, von dem ein Bild abgenommen worden ist.

»Warum …«, fragt sich Garnett nach ein paar Sekunden Stille, »Warum märt sie sich so darüber aus, wenn – und Vanins da auch …?« Er blättert wieder in dem anderen Papierstoß, den eingescannten Notizen, Briefen, Tagebuchseiten, den Zusammenfassungen und Randbemerkungen des anonymen Autors. Überall geht es um diese Schachtel: … *dass Vanins' Erfahrung der »T. T.-Episode« zum Bau von Schachtel 808 geführt hat, ist äußerst* … Seite 9; *808 muss ein solches Umdenken in ihr bewirkt haben, dass sie ihr gesamtes* … Seite 10;

Seite 11 dann: *Die extreme Bedeutung, die Schachtel 808 für ihr Projekt hatte, bestätigt ...* »Was glaubst du, was ...?«

»Das ist die große Frage«, antwortet Pilkington. »Das hat das ganze Rauschen erzeugt.«

»Das Rauschen?«

»In meiner ... Community. Wir sind nicht die Einzigen, die darauf angesprungen sind. Das hat sich ausgebreitet wie ein Lauffeuer. Alle Welt ist der einhelligen Meinung, dass es da etwas gibt, was man sich genauer anschauen sollte ...«

»Und was wäre dieses Etwas?«

Pilkington überlegt kurz und fährt dann fort:

»Vanins war neben vielem anderen auch tonangebend in der sowjetischen Aeronautik. Ich habe seine Dossiers eingesehen, ganze Ordner voll. Wenn deine Kollegen tatsächlich recht haben und er die Nordwestpassage durch ein von der theoretischen Physik bisher ausgeschlossenes Gebiet gefunden hat, selbst wenn es nicht zu direkten Anwendungsmöglichkeiten geführt hat, von denen wir etwas mitbekommen hätten, sondern wenn das alles entrümpelt, übersehen, verlegt worden wäre ... na, dann interessiert sich das Verteidigungsministerium brennend dafür – und uns würden da auch noch diverse andere Institutionen einfallen ...«

»Aber warum hätte er Gilbreth davon erzählen sollen? Sie war doch keine *Physikerin*.«

»Richtig. Aber von Kinesis verstand sie mehr als jeder andere Mensch. Von Körpern in Bewegung. Und sie hatte dieses Verständnis genutzt, um die Welt zu verändern – eine Heldentat, für die er und viele seinesgleichen sie verehrten. Ich glaube, für diese Leute war sie eine Art Darwin oder Linnaeus, die sämtliche Unterarten, Gattungen und Stämme erfasste: Servietten zusammenfalten, Hebel umlegen, Gewehre laden ... alles Teile desselben Balletts. Mit den Schachteln versuchte sie, eine allgemeingültige Taxonomie von Handlungen und Gesten zusammenzutragen. Zusammenzutragen und zu verbessern – teilweise aus praktischen Erwägungen: Effizienz, Gesundheit von Fabrikarbeitern, Hausfrauen, Astronauten … Sie wollte immer …«

»›den einen besten Weg‹ finden.«

»Den einen besten Weg«, sagt Pilkington. »Genau. Aber – wie die Autorin des Berichts, den du da in der Hand hast, so klar darlegt – die Bedeutung dieser Wörter ändert sich mit der Zeit. Am Anfang signalisieren sie die kürzeste Strecke, den wirtschaftlichsten und produktivsten Weg, den die Hand oder der Körper einer Arbeiterin im Raum zurücklegt, um die jeweilige Aufgabe zu erfüllen. Später dagegen … Später bekommt die Idee Flügel, sie wird zugleich allumfassend und schwammig. Das Ganze bekommt etwas Abstraktes, um nicht zu sagen Andächtiges. Es ist, als käme sie zu dem Glauben, irgendwo, unseren Blicken entzogen, gäbe es eine *vollkommene* Form für jede Handlung – wesenhaft und quasi vorbestimmt. Und als würde sich, noch weiter gedacht, hinter diesen vollkommenen Formen so etwas wie ein *absolut* vollkommener Bewegungskreislauf verbergen – gewissermaßen das Königreich aller Stämme; die Summe ihrer Möglichkeiten, all ihre Unendlichkeits- und Nullstellen, Alpha und Omega …«

»Also war sie *doch* eine Mystikerin«, murmelt Garnett.

»Ja und nein«, sagt Pilkington. »Bist du …?«

»Bin ich was?«

»Bist du das nicht auch?«

»Ich?«

»Pantarey. Mit euren ganzen kinetischen Typologien, die ihr von minimal-invasiven Operationen über Krieg bis hin zu albernen Filmen rauf- und runterbuchstabiert?«

»Zu albernen Filmen wollt ich dich noch was fragen. Wir wollen einen Windtunnel nutzen, um …«, setzt Garnett an, aber Pilkington wischt den Einwurf vom Tisch:

»Geht es bei deiner Arbeit – unserer Arbeit – nicht immerzu um das Erschließen und Anwenden tieferliegender Sequenzen und Muster? Das Abbilden von Einzelheiten auf Universalien? Ist das nicht die Kunst, der wir beide auf die eine oder andere Weise unsere besten Jahre geopfert haben?«

An die Wand geredet, räumt Garnett das schweigend ein.

»Und unser Norbert mit seinen augustinischen Visionen – ist das vielleicht keine Mystik? Für ihn war induktives Denken ein ultimativer Glaubensakt. Ob du das jetzt Physik, Metaphysik oder Theologie nennst, ist gehupft wie gesprungen … aber ich schweife ab. Wir wollen wissen, worum es sich bei Schachtel 808 handelt, und welches *alles* sie ändert.«

»Und da glaubst du wirklich dran?«, fragt Garnett.

»An Schachtel 808?«

»An ein *alles*, das sie ändern würde.«

»*Gilbreth* hat da dran geglaubt«, weicht Pilkington der Frage aus. »Aber da war sie ja schon uralt; die Tagebücher und Notizbücher zeigen, dass ihr Verstand zu lahmen anfing. Außerdem tut es nichts zur Sache, ob da etwas *ist* – ein *alles* oder eine Schachtel, egal. Es gibt ein Rauschen, und das heißt, dass wir die Sache, genau wie Gilbreth mit ihren Photographien, stereoskopisch sehen: Der Fokus richtet sich teilweise auf die faktischen Gegebenheiten, die Wirklichkeit, wie immer sie beschaffen sein mag, und teilweise auf ein Jonglieren mit Spekulationen. Wenn jemand glaubt, *wir* halten das für wichtig, oder wenn Dritte glauben, wir würden glauben, *sie* hielten das für wichtig, dann …«

Garnett erinnert sich: reiner von Neumann, Grundkurs Spieltheorie …

»Selbst wenn in dieser Schachtel nur ein altes Paar Schuhe liegt«, fährt Pilkington fort, »oder wenn sie ganz leer ist – wenn sie existiert, dann wollen wir, dass wir sie haben und kein anderer oder Dritter …«

Der Kellner kommt, räumt die Teller ab und reicht ihnen Dessertkarten. Garnett bestellt die Crème brûlée, Pilkington ein Stück Schokoladenkuchen und Cognac für beide.

Wieder unter vier Augen, sinniert Garnett: »Ein Jammer, dass ihr Vanins nicht fragen könnt, was es mit alldem auf sich hat.«

Pilkingtons Gesicht, der Fluss seines Mienenspiels, vereist plötzlich; er mustert Garnetts Gesicht angespannt. Dieser hakt unsicher nach:

»Ich meine, er ist doch tot, oder?«

»In keinster Weise!«, setzt sich Pilkington jäh auf. »Ich dachte, das wüsstest du.«

»Nein. Ich habe seit Ewigkeiten nichts mehr von ihm oder über ihn gehört, und dachte einfach …«

»Er lebt auf einer Datscha bei Riga«, gibt Pilkington ihm Bescheid. »In den hohen Achtzigern, aber immer noch … *erhalten*.«

»Und warum fragt ihr ihn dann nicht einfach …?«

Sein Satz verliert sich, als er im Blick seines Gegenübers die Naivität seines Gedankens sieht. Taktvoll und fast diplomatisch erklärt Pilkington ihm:

»Dass *wir* ohne Umschweife Kontakt zu ihm aufnehmen, dürfte in diesem Fall nicht ganz angemessen sein.«

Das sieht Garnett natürlich ein – die anschließende Bemerkung allerdings nicht. Pilkington nimmt die Kuchengabel, piekst die Zinken ins Tischtuch – zweimal, ein kurzer Rap im Morsecode – und sagt:

»Wir dachten, du könntest vielleicht …«

»Ich? Wie um Himmels willen könnte ich denn …? Ich meine, wenn deine Leute dazu schon nicht in der Lage sind …«

»Gerade weil du keiner von unseren Leuten bist«, schnurrt Pilkington. »Oder von sonst wem. Mit Pantarey hast du dich auf einen eigenen Weg gemacht. Das macht dich zu einem authentischen Mitglied derselben alten Garde, der er angehört: die Pioniere, Wegbereiter …«

Garnett senkt bescheiden den Blick und aalt sich im warmen Lob. Sein Freund fährt fort:

»Du könntest den Kontakt zu ihm wiederbeleben: das gemeinsame Interessengebiet – vielleicht Gleichgewichtszustände … du hast ein altes Forschungsthema wieder aufgegriffen … möchtest Erfahrungen austauschen … und von da an improvisierst du … Er respektiert dich. Dir würde er vertrauen.«

Garnett sieht wieder hoch: »Und ich würde sein Vertrauen missbrauchen.«

»Für einen ganz bestimmten Zweck. Und es wäre nicht mal ein Vertrauensbruch. Wenn bei dieser 808 nichts zu holen ist, wenn das alles eine Ausgeburt von Gilbreths Senilität ist, kommt niemand zu Schaden. Und wenn doch was dran ist, wird das Wissen geteilt – aus der Schachtel raus ans Licht gebracht. Und wissenschaftlich gesprochen, hat das doch nur Gutes …«

»Ich weiß ja nicht, ob ich das genauso sehen kann …«, setzt Garnett an, aber wieder schneidet Pilkington ihm das Wort ab.

»Dein Mark Phocan ist zu uns nach Farnborough gekommen.«

»Ja und?«, sagt Garnett und kann keinen Zusammenhang sehen. »Ihr seid schließlich unser Klient.«

»Noch«, sagt Pilkington. »Der Vertrag läuft aus. Es gibt Überlegungen, ihn zu verlängern und mit markerlosem Tracking auf eine andere Ebene zu bringen ...«

Garnett starrt seinen Freund an und versucht nachzuvollziehen, worauf er hinauswill – als würden seine Worte wie ein chiffrierter Bericht ihren eigentlichen Inhalt verpackt lassen, einbalsamiert und in einem Panzer aus Manieren eingesargt; nur sickert der jetzt unter genau richtig dosiertem Druck durch geschickt eingearbeitete Risse heraus ... vermischt die Dinge: imaginäre Maschinen, markerloses Tracking – und jetzt das: Jenseits der vollkommenen Bewegung, jenseits der Bewegung selbst schwebt verborgen und alles ändernd ein »Absolutes«, ein körperloser Schaltkreis. Was kann das alles zusammen zu bedeuten haben? Das »Königreich«, auf das Garnett für Pilkington hoffen soll? Oder eine ganz andere Art von Verwaltung, die sich niemand wünschen kann: ein Regime der totalen Erfassung – an dem er, Garnett, immer schon mitschuldig gewesen ist ... Er springt auf Pilkingtons *aus der Schachtel raus* an, ruft sich eine Passage ins Gedächtnis, die mit Rotwild und Sherry abgespeichert worden ist, und stückelt fast vergessene Verse aus Hesiods *Werke und Tage* zusammen: αὐτίκα δ' ἐκ γαίης πλάσσε κλυτὸς Ἀμφιγυήεις / παρθένῳ αἰδοίῃ ἴκελον, *schleunigst erschuf aus Erde der herrliche Bildner Hephaistos züchtiger Jungfrau ähnlich ein Bild ... Pandora ... vom Gefäß,* πίθου, *abnehmend den mächtigen Deckel ... Voll ist wahrlich das Land vom Unheil, voll auch die Meerflut,* πλείη μὲν γὰρ γαῖα κακῶν, πλείη δὲ θάλασσα ... Und dann zitiert er laut:

»μούνη δ' αὐτόθι Ἐλπὶς ἐν ἀρρήκτοισι δόμοισιν / ἔνδον ἔμεινε: *Einzig die Hoffnung blieb in dem niemals wankenden Hause unter der Mündung noch im Gefäß ...*«

»Was ist das?«, fragt Pilkington.

Bevor Garnett antworten kann, kommt es zu einem seltsamen Intermezzo ihres Treffens. Die Pendeltür schwingt auf, Düfte nach geschmolzener Schokolade und karamellisiertem Zucker wehen an ihren Tisch und präludieren dem Kellner, der rückwärts durch den Eingang zur Küche gleitet, im Saal eine Pirouette macht und ihnen in einer fließenden Bewegung die Desserts serviert. Als Pilkingtons Teller auf den letzten Zentimetern vor seiner zugewiesenen Stelle neben der Dessertgabel in seiner Hand verlangsamt, sieht Garnett, wie sich die Hände seines Freundes plötzlich verkrampfen, die Fingerspitzen krallen sich gleichzeitig ins Tischtuch und drücken sich von der Tafel weg.

»Was ist das?«, fragt Pilkington mit aggressiver Stimme, in der für Garnett Furcht mitschwingt.

»Schokoladenkuchen«, sagt der Kellner. »Hatten Sie den nicht bestellt?«

»Doch«, sagt Pilkington, »aber nicht mit … mit dieser …«

Garnett und der Kellner mustern seinen Teller. Er ist weiß und rund, wie Teller das so an sich haben. Ein Teil seiner Fläche wird vom dunklen Keil des Kuchens bedeckt – ein Bereich, dessen zwei Radien an ihren separierten Enden von einem in den Tellerumfang eingefügten und an ihm ausgerichteten Kreisbogen verbunden werden und sich an ihren anderen Enden genau im Tellermittelpunkt schneiden. Aus der gegenüberliegenden Hemisphäre kommend, überschneidet sich mit dem Kuchenstück – teilweise auf ihm liegend – und im stumpfen Winkel zu ihm eine Waffel: hellbraun, etwas kleiner als das Kuchenstück und nicht als Kreissektor geformt, auch nicht als verrutschter, sondern als Dreieck, dessen Grundlinie auf einer Kreissehne ruht, deren Endpunkte (von Pilkington aus gesehen) etwa bei drei und sechs Uhr liegen. Wie die meisten Waffeln zeigt sie den Abdruck des

Waffeleisens, in dem sie gebacken worden ist, ein ihrer Fläche eingeprägtes Gittermuster. Daneben liegt im letzten Tellersegment, das weder vom Kuchenstück noch von der Waffel bedeckt oder durchkreuzt wird, eine Kugel Eis – hochwertige, hausgemachte Eiscreme, in deren sphärischer Masse gemahlene Vanillekörnchen eingeschlossen sind wie winzige Graphitteilchen im Marmor.

»… *Collage!*«, findet Pilkington endlich das *mot juste* und schleudert es dem Kellner fast ins Gesicht. »Ich hab den Kuchen bestellt! Von Eiscreme oder Waffel war keine Rede.«

»Wir zeichnen den Schokoladenkuchen auf der Speisekarte mit *L* und *G* aus, Sir. Wenn Sie eine Laktose- oder Glutenallergie haben, kann ich …«

»Darum geht es nicht!«, unterbricht Pilkington ihn verärgert. »Ich will bloß wissen, warum das … was ich erwarten kann … ohne diese …«

Sein Satz bleibt unbeendet in der Luft hängen, weil er vielleicht schon beim Sprechen merkt, dass er für ihn selbst ebenso sinnlos ist wie für den Kellner oder seinen Freund. Die beiden starren ihn an und würden die Situation gern entschärfen, verstehen aber gar nicht, wo eigentlich das Problem liegt.

»Ich kann den Kuchen nehmen«, bietet Garnett an. »Wir können tauschen.«

»Nein.« Pilkington weist den Vorschlag brüsk zurück. »Darum geht's nicht. Mir wäre es lieber, wenn Sie …«

»Ich nehme ihn wieder mit«, nimmt der Kellner sein Stichwort auf. »Wir streichen ihn natürlich von der Rechnung. Wenn wir Ihnen dafür etwas anderes anbieten dürften …«

»Bloß nicht. Nur die Cognacs. Doppelte bitte.«

»Natürlich«, sagt der Kellner. »Schon unterwegs.« So fließend, wie er den Teller abgestellt hat, entfernt er ihn auch wieder, bringt ihn durch die Pendeltür aus den Augen und in die Küche. Garnett will etwas anmerken, aber Pilkington gewinnt seine Contenance zurück und tut die Episode ab.

»Vanins«, sagt er. »Du wärst mir eine große Hilfe. Schlaf drüber und sag Bescheid.«

Vorsichtig durchstößt Garnett die Glasur seiner Crème brûlée und isst. Die Cognacs kommen; sie trinken. Entspannt und wieder sinnierend bemerkt Pilkington:

»*Schiffbrüchige auf einem zum Untergang bestimmten Planeten* … jetzt fällt mir das auch wieder ein. Aber – sagt er da nicht auch etwas über Erlösung?«

»Eigentlich nicht«, entgegnet Garnett. »Er sagt: *Aber selbst bei einem Schiffbruch müssen nicht notwendig alle Formen menschlicher Anständigkeit und alle menschlichen Werte verschwinden.*«

»Ach richtig. Stimmt: nicht *notwendig* …«

»*Wir werden untergehen,* sagt er, *aber lasst es uns so tun, wie es unserer Menschenwürde entspricht.*«

»Auf die Menschenwürde!«, ruft Pilkington. Er trinkt seinen Rest Cognac aus und gibt dann kund: »Ich zahle. Gehen wir.«

Draußen wartet ein Wagen mit Chauffeur – elegant, für gehobene Ansprüche, unliviert. Pilkington weist ihn an, erst zur Charlebury Station zu fahren, wo sie Garnett absetzen. Als der Wagen wieder anfährt, lässt er die Scheibe runtergleiten und ruft ihm zu:

»Nimm eine Schreibmaschine! Und verbrenn hinterher das Farbband.«

4. The Girl with Kaleidoscope Eyes

Noam Webster, der Hüter der Schädel, fährt mit den Händen über die auf dem Regal aufgereihten Krania. Seine Finger tippen auf das Scheitelbein des einen, bleiben kurz auf der Orbitalplatte eines anderen liegen, überspringen zwei und streifen die Jochbögen eines dritten: seine Aufwärmübung, ein Lockern der beinernen Tasten, ein Wachstupsen zur Aufmerksamkeit, während er überlegt, welche Melodie und in welcher Tonart er spielen möchte. Lucy Diamond steht direkt hinter ihm und lässt die Blicke über sie schweifen. Sie haben so verschiedene Formen und Größen, dass es schwer ist, sie – und Webster und sie – als Angehörige derselben Spezies anzusehen. Manche haben gewölbte Stirnbeine, andere flache – gerade, windschutzscheibenschräg … bei manchen sind die Knochenleisten beidseits der Scheitelbein-Außenseiten erhaben, bei anderen eingefallen … Suturen kritzeln ihre exzentrischen Unterschriften und schlingernden Messkurven auf das Pergament der Kalotten. Und jeder einzelne ist auf spezifische Weise beschädigt – angeschlagen, eingebuchtet, gekerbt, trepaniert, eingedrückt …

»Beim Hochgeschwindigkeitsaufprall – wenn beispielsweise eine Kugel in einen Schädel eindringt, zumal bei einem aus nächster Nähe abgegebenen Schuss, was wir also das ›Hinrichtungsszenario‹ nennen können …« Websters rechte Hand liegt auf einem Schädel, Daumen und kleiner Finger legen sich an die Keilbeine und heben ihn hoch; Zeige-, Mittel- und Ringfinger der linken Hand drückt er als Waffenlauf aufs Hinterhauptbein. »Der Schädel ist so brüchig«, fährt er fort, »dass er beim Eintreten der Kugel« – sein Daumenhammer krümmt sich beim simulierten Spannen des Schlagbolzens – »sofort splittert; die Frakturlinien breiten sich in alle Richtungen aus, wuchern wie Zweige oder wie ein Eisenbahnnetz, das sich über ein Gebiet ausbreitet – bis kein Gebiet mehr übrig ist: Dann gibt es nur noch das Frakturnetz. Wenn sich die Splitterlinien kreuzen, arbeiten sie den Schädel nach ihrem eigenen Bild um wie ein Geflecht leerer Kanäle oder Spalten; an diesem Punkt zerfällt der Schädel. Der Prozess läuft sehr schnell ab. Manchmal geht die Entwicklung vom Kugeleintritt bis zum Schädelzerfall schneller als die Fortbewegung der Kugel; die Risse des Schädelumfangs überholen die Kugel auf dem Weg zur Austrittsstelle. Wenn sie die Stirn erreicht, *gibt* es keine Stirn mehr, also auch nichts, wo sie austreten könnte. Was für die anschließende Ermittlung gewisse Probleme aufwirft …«

»Verstehe«, sagt Diamond und sucht stimmlich von Anfang an einen Mittelweg zwischen empfänglich und autoritär. Heute ist ihr erster Soloauftritt, seit sie zur ordentlichen Mitarbeiterin von Pantarey befördert worden ist (Associate Technology Officer, ATO: Sie hat Webster gerade ihre Karte gegeben). Beim letzten Termin bei Forensis war sie Phocans Handlangerin; heute hat sie Weisungsbefugnis und Vertretungskompetenz. Sie erklärt Webster: »Bei uns geht es nicht um eine Kugel, sondern um ein Rapier. Die Figur hat schon ein Modell des eingeschlagenen Schädels ihres Onkels, und als sie das Rapier, also die Tatwaffe, findet, kann sie …«

»Was ist ein Rapier?«, fragt Webster.

»Eine degenartige Fechtwaffe für den Nahkampf. In diesem Film ist sie voller Energie. Sie glüht.«

»Wie ein Laserschwert.«

»So ähnlich. Aber massiv. Es besteht aus Martensit. Am besten lässt es sich vielleicht mit einem Samuraischwert vergleichen – angereichert mit Plutonium oder einer anderen strahlenden Substanz.«

Tokio: Chofu. Bilder von Hartriegelzweigen im Botanischen Garten Jindai ziehen durch Diamonds eigenen Schädel; *ume*-Blumen mit langen Staubfäden, die sternförmig von der tiefroten Narbe in der Mitte ausgehen, mit geladenen Antheren den Flugverkehr einladen und um die herum sich leuchtende Kronblätter entfalten; in weicheren Formen reproduzieren die Antheren die Satelliten, bei deren Gestaltung Phocan und sie die JAXA beraten hatten. Eines Nachmittags hatten ihre Gastgeber mit ihnen zusammen Yoshiharas Schwertschmiede besucht: endloses rhythmisches Hämmern und Schlagen des geschmolzenen *tamahagane*, das schwere Atmen der Holzfeuer, das Krächzen der Blasebälge, durch die Luft und über dem Boden schwebende Funkenblüten … Auch zu flachen Puppen ausgewalzt, die die endgültige Form des *Katana* im Embryonalstadium schon erkennen ließen, gab es noch geschmolzene Einschlüsse im Stahl, heiß wie ein Planetenmantel. *Ladung.* Durch die hohen Fenster des Creston schaut sie über die nächtliche Stadt, ihre unlöschbare Beleuchtung und magmatischen Neonströme, und sieht ein Aggregat – ähnlich einem Akkusatz oder einer unaussprechlich komplexen Speicherkarte –, das sich ständig auflädt. Und die Menschen … Im Flugzeug hat sie einen Artikel gelesen, der die Nachwehen von Fukushima beschrieb: Ganze Bevölkerungsgruppen waren radio-jodiert und brummten förmlich vor isotopischer Strahlung, die jeden Geigerzähler hätte durchschmoren lassen. Wenn ihr der Besuch bei Yoshihara hängen geblieben ist, dann vielleicht, weil die kostbaren, noch unbeständigen Stangen, die aus dem Schmelzofen gezogen wurden, diesen Eindruck von Ladung vergegenständlichten – verstärkt wurde das natürlich dadurch, wie die Bandanas und Kimonos tragenden Schwertschmiede sie zur ehrerbietigen Untersuchung in die Höhe hielten, von Zange zu Zange untereinander weitergaben, zum Abkühlen auslegten, polierten und bestäubten, weniger handwerklich als zeremoniell, forensisch …

»Das hier ist ein PBR.« Webster hat den Schädel weggelegt und ist vor einen Computer getreten. »Haben wir mit unsrem neusten Spielzeug gemacht, einem Faro-Laserscanner. Das ist der dritte von rechts. Wir könnten Ihnen und Ihren Filmleuten bei Double Zero …«

»*Degree* Zero«, korrigiert sie ihn.

»… Degree Zero einen solchen oder einen sehr ähnlichen Scan verschaffen. Der ist mit demselben optischen Abtastverfahren angefertigt worden, mit dem wir auch beim Pitt Rivers und dem British Museum arbeiten, wenn wir deren ethnographische Artefakte digitalisieren.«

»Artefakte wie in …«

»Statuen, Fetische, handgetöpferte Schalen und so weiter …«, zählt er auf, ohne den Blick vom Bildschirm zu wenden oder die Finger vom Glidepad zu nehmen, über das diese den strahlend grünen Schädel drehen, der aus immer neuen Winkeln perspektiviert wird und seinen Wundkrater und eine detaillierte Vermessung seiner Falten und Grate preisgibt.

»Das ist ziemlich genau das, was die Figur im Film macht«, sagt Diamond.

»Hat die auch einen Faro-Scanner?«

»Version 20.0«, erwidert Diamond sein Lächeln. »Mit bildschirmunabhängigem holographischem Renderer … Hey, was ist das denn?«

Unwillkürlich fällt sie nun doch in die Rolle des kleinen Mädchens zurück: Die Ausdrucke an der Wand hinter dem Bildschirm sind einfach faszinierend. Sie zeigen anscheinend ein unregelmäßiges Straßenraster mit Pfeilen, die verschiedene Routen zeigen.

»Was …? Ach so, das ist Sarajevo«, sagt Webster. »Am 28. Juni 1914. Das ist die Route, auf der Erzherzog Franz Ferdinand durch die Stadt fuhr. Eine Zusammenarbeit mit dem Institut für Geschichte am UCL. Das seit dem Attentat vergangene Jahrhundert hat offenbar tausende von Theorien hervorgebracht, warum der Anarchist Princip geschossen hat oder warum dieses eine spezielle Ereignis zum Funken im größten Pulverfass der Menschheitsgeschichte wurde – aber niemand war bisher auf die Idee gekommen, einfach mal eine Zeit- und Bewegungsstudie durchzuführen.«

»Und …?«

»Und was?«

»Was hat sie erbracht?«

»Sie hat erbracht, dass alles auf eine schlichte Dreipunktkurve hinausläuft«, verkündet Webster stolz.

»Eine Dreipunktkurve – wie mit dem Auto?«

»Genau: Nicht *wie,* sondern *wirklich* mit dem Auto. Der Konvoi des Erzherzogs fuhr hier den Appel-Kai entlang« – er ist an die Wand getreten und zeigt ihr die betreffende Straße –, »bog rechts in Richtung Franz-Josef-Straße ab und wich damit von der aus Sicherheitsgründen geänderten Route ab (zuvor war eine Bombe geworfen worden und hatte ein zweites Auto getroffen; die Seiten der Rede, die Franz Ferdinand unmittelbar vor seiner Ermordung hielt, sind blutbespritzt) – eine doppelte Änderung zurück zur ursprünglich geplanten Route. Was angesichts des Bedrohungsniveaus an dem Tag keine gute Idee war. Als den Leibwächtern des Erzherzogs die mangelnden Sicherheitsvorkehrungen dämmern, entscheiden sie, die Route ein zweites Mal zu ändern, und die neue Umleitung bedingt eben eine Dreipunktkurve. Jetzt stellen Sie sich mal typische Dreipunktkurven vor: Was haben die immer gemeinsam, egal wie geschickt oder schnell sie ablaufen?«

Diamond denkt an ihre Fahrprüfung zurück: Winkel und Entfernungen, Regeln und Abläufe, Rückspiegel-und-Blinker-Manöver … »Schalten zwischen Vorwärts- und Rückwärtsgang?«, probiert sie.

»Ja, das auch … Aber das bedingt etwas anderes, ebenso Grundsätzliches: Jede Dreipunktkurve hat an ihrem – oder *als* ihren – Wendepunkt einen statischen Augenblick. Am Appel-Kai trat er direkt neben Princip ein. Und der zieht natürlich seine Pistole und knallt seine wehrlosen Opfer ab.«

»Wie der Zufall so spielt«, murmelt Diamond.

»Nur dass der Zufall hier ein Stich ins Wespennest war«, sagt Webster. »Je genauer man hinschaut, desto mehr Entsprechungen sieht man – ja fast schon *Symmetrien* – nicht nur in puncto Straßenverlauf, mehrfache Routenänderungen, Spitzkehren, Umleitungen und so weiter, sondern auch auf dem größeren Feld der Kontingenzen des Geschehens. Nehmen wir beispielsweise die Namen und Titel der Hauptfiguren: Auf der einen Seite haben wir den Erzherzog Franz Ferdinand; auf der anderen den Anarchisten Princip. *Erzherzog* bedeutet ebenso wie *Princip* »Prinz« – von *archi-*, ›der erste, oberste‹, verwandt mit *arcus*, einer bogenförmigen Krümmung; plus *dux*, ›Führer, Leiter, Wegweiser‹. Die Leute des Erzherzogs planen einen Weg im Raum; die Anarchisten (hören Sie darin das ›archi‹?) lancieren ihren Anschlag auf die erzene Ordnung, gegen Strukturen an und für sich. Ihre Pläne sind aber mangelhaft – was auch kein Wunder ist: Sie glauben ja nicht an Bögen, das ist ja der springende Punkt. Aber jetzt kommt der entscheidende Dreh, der vielleicht keiner ist: Ein Bogen kommt ihnen zu Hilfe: sogar ein Doppelbogen, der eben als Dreipunktkurve Gestalt annimmt: ein Zusammenkrümmen oder Falten. Und die Franz-Josef-Straße, zu der der Erzherzog unterwegs ist, verdoppelt seinen Namen, jedenfalls zur Hälfte: Franz Josef ist sein Onkel, der ihn nach Sarajevo gesandt hat – ein Double, das als sein Stellvertreter sterben darf.«

»Wollen Sie damit sagen …?«, setzt Diamond an, aber Webster schneidet ihr das Wort ab:

»Ich will gar nichts sagen. Ich fahre nur ein paar Linien nach; ein Frakturnetz. Das ist alles. Ich hab hier schließlich auch einen Hut in den Ring geworfen.«

»Beruflich?«, fragt sie.

»Nominell. Ich bleibe auf dem Untersuchungsfeld von Begriffen und ihren Bedeutungen: *Arch-* kommt vom griechischen *archeion*, was ein Amtslokal oder Regierungsgebäude bezeichnet.« Er breitet die Arme aus und bezieht ihre ganze Umgebung ein. »Im Athen der Antike gab es neun *Archonten*, die höchsten Beamten, Hüter und Deuter der öffentlichen Archive; ihre kollektiven Analysen und Beratungen hielten die Mechanismen der Demokratie und der Gerechtigkeit am Laufen.« Er verstummt kurz und fährt dann fort: »Archive wurden in Kisten oder *arcae* aus Akazienholz aufbewahrt.« Seine Finger gleiten von den Schaubildern und Routen ab, wenden sich wieder den Schädeln zu, und er fährt fort: »*Arca* kann auch *Sarg* bedeuten …«

Diamonds zweiter Vorname ist Sky. Das war der Mädchenname ihrer Mutter. Ihre Eltern waren Hippies der zweiten Generation, Blumenkinder der frühen Neunziger. Als Hommage an die Mandarinenstraßen, Marmeladenhimmel und Gepäckträger aus Knetgummi mit Spiegelbrillen des Songs – sowie der Tatsache, dass sie beide LSD geworfen hatten, als sie sich kennenlernten (das entnimmt sie den Andeutungen im Gründungsmythos, den sie ihr seit Kindheitstagen zärtlich verklickert haben) – hatten sie sie Lucy genannt. Waren da auch Bögen am Werk, die ausgehend von

Grundkoordinaten der Nomenklatur Wege und alternative Routen geplant haben, Einfaltungen und Verdoppelungen, sowohl willkürliche als auch glückliche Zufälle, ja selbst katastrophale Wendungen, denen ihr Leben folgen wird? Oder ist da Älteres am Werk, noch früher festgelegte Routen, komplexe Mechanismen, denen so wenig zu entkommen ist wie den Bewegungen offener Automobile, *Newspaper taxis appear on the shore, waiting to take you away?* Hier, im Back Office von Forensis, einem der vielen abgedunkelten Räume, in denen sie neuerdings einen Löwenanteil ihrer Zeit zu verbringen scheint, überfällt Diamond ein alles durchdringendes Gefühl der Machtlosigkeit, der Freistellung von der Willensfreiheit. Das ist weder ein sonderlich schlechtes noch ein gutes oder befreiendes Gefühl – es ist einfach, wie es ist. Es überfällt sie, sie schüttelt es ab und wendet sich Webster zu, der jetzt sagt:

»Da wäre noch was, was ich Ihnen zeigen wollte.«

Er steht wieder neben ihr vor dem Bildschirm, schließt den grün leuchtenden Schädel und öffnet stattdessen eine LIDAR-Datei, die – in ebenfalls drehbarer Projektion – ein modernes städtisches oder vorstädtisches Wohnzimmer zeigt. Der Raum ist bunt und schematisch eingerichtet wie auf der Aufrisszeichnung eines Architekten. Zwischen orangen und gelben Blöcken und Quadern, die mit *Schrank, Schrägbank, Fernseher* und so weiter beschriftet sind, streckt sich der grüne Avatar eines Menschen aus, dessen Kopf in einer roten ovalen Lache auf dem Boden liegt. Ein ebenfalls roter Kegelschnitt durchzieht schräg den Raum, markiert die Flugbahn einer Kugel von der Tür zur gegenüberliegenden Wand und legt sich über die Rückenlehne eines Sessels, neben dessen Beinen die Füße der Gestalt liegen, Drehpunkte, um die herum auch sie verdoppelt und nach außen und unten gefaltet worden ist, aus der Vertikalen in die Horizontale. Diamond erkennt den Tatort sofort: Pantarey hat den Fall, die Erschießung eines guatemaltekischen Dissidenten, für eine humanitäre NGO übernommen. In der Kammer haben sie den Vorfall vor zwei Wochen mit markierten Komparsen nachgestellt, die verschiedene Szenarien durchgegangen sind. Die Daten wurden dann an Forensis weitergeleitet, die ihre Dienste genau wie Diamonds Firma kostenlos angeboten hat.

»Das ist eine Sneak Preview«, erklärt Webster ihr. »Ist noch in Arbeit. Aber – Spoileralarm – die Version der *Policia Nacional* ist ungefähr so schütter wie die Haare dieses Politikers.«

»Gewerkschaftler, soweit ich weiß«, korrigiert sie ihn wieder. »Wie kommen Sie darauf?«

»Wäre es ein zufälliger Einbruch gewesen, wie die behaupten, hätte sich das Opfer entweder auf seinen Angreifer zubewegt (wenn es nämlich mutig gewesen wäre) oder wäre vor ihm zurückgewichen (wenn die Selbsterhaltung ihm wichtiger gewesen wäre). Außerdem wären Einrichtungsgegenstände oder Möbelstücke verschoben worden. Wenn sie auch nur den *Anschein* hätten erwecken wollen, da wäre ein Einbrecher am Werk gewesen, hätten sie die Stereoanlage oder die Schrägbank umstürzen oder den Schrank durchwühlen können. Haben sie aber nicht. Die Position der Füße des Opfers – verdreht, aber nicht vom Sessel wegbewegt – deutet darauf hin, dass er von der Anwesenheit des Mörders in seiner Wohnung nichts ahnte. Und der Schütze hat sich den günstigsten Winkel für die direkte Liquidierung ausgesucht: klare Ziellinie, gute Hilfsziele im Türrahmen und der Gardinenstange an der Wand gegenüber. Wenn ich alle Achsen einfüge, können Sie sehen …«

Er klickt auf eine Menüleiste am Bildschirmrand, und der dargestellte Raum wird ein Webstuhl, dessen Fäden in der Position des Schützen zusammenlaufen, als wären all seine Inhalte und Dimensionen von diesem einen Punkt, der Mündung seiner Waffe aus, verwebt worden. Die Geometrie ist so klar und vollkommen, dass für Diamond undenkbar ist, dieser Raum, dieses Wohnzimmer könne je für etwas anderes als dieses eine Ereignis entworfen worden sein; all die gebogenen Linien waren ebenso schon immer da wie der Kegelschnitt – nicht *darübergelegt*, sondern allem *zugrundeliegend*, ein integraler Designschlüssel, der besagt: *Dies ist die Bahn der Kugel und ist es immer gewesen; dies ist der Punkt, an dem Ebene A Linie B schneidet …* Wenn dieser Gewerkschaftler gestorben war, dann aus dem einfachen Grund, dass er in diese Geschossbahn geraten war, die Ebene überquert und den Kreuzungspunkt erreicht hatte – er hatte, wenn auch nur vorübergehend, eine bestimmte Stelle in dem Raster eingenommen.

»Ihre Zeitleiste geht auch nicht auf«, sagt Webster.

»Wie bitte? Wie meinen Sie das?«

»Die der *Policia.* Das belegen die Aufnahmen vom Tatort, die zwei Stunden nach dem angeblichen Einbruch aufgenommen worden sein sollen.« Er ruft ein paar Thumbnails auf den Bildschirm, auf denen Symmetrie und Ordnung des Geflechts verloren gegangen, neutralisiert oder von den banalen grauen Flächen des tatsächlichen Zimmers zumindest überdeckt worden sind. »Durchs Fenster können Sie genau sehen, welchen Schatten die Außenwand des Gebäudes auf den Boden wirft. Wir haben uns die ursprünglichen Architekturpläne des Gebäudes besorgt und mit Google Street View sowie ohne weiteres verfügbaren Sonnenstandstabellen für Guatemala-Stadt am fraglichen 15. März abgeglichen … Daraus ergibt sich ein mehr als drei Stunden früher liegender Zeitpunkt. Der Timecode auf den Photographien ist eindeutig gefälscht worden oder stimmt jedenfalls nicht …«

Diamond muss an ein anderes Zimmer mit Freesien und *ume*-Blumen denken; ein Bett, einen Schmelzofen, Sterne, ein Raumschiff, Chofu, Sarajevo … Im Zimmer vom Creston hatte ein Vers von Bashō an der Wand gehangen: *Tage und Monate sind Reisende der Ewigkeit.* Als vergrößerte und wieder schrumpfende Thumbnails in schnell flackernder Abfolge sieht sie wieder die pulsierenden Lichter, das synaptische Schauspiel von Tod und Fortbestand, den Flachbildschirm, auf dem alle Handlungen gleichzeitig stattfinden und sich endlos gegenseitig auffüllen.

»Das verstehen diese Leute einfach nicht«, gluckst Webster. »Alles ist Information. Sie wird ununterbrochen gespürt, aufgezeichnet, gespeichert und untersucht. Die ganze Welt ist ein Archiv …«

Er hat wieder nach dem Schädel gegriffen, den er anfangs in der Hand hatte; wie ein schlafendes Kätzchen schmiegt er sich jetzt in seine hohle linke Hand, die er an den warmen Bauch drückt, während der Zeigefinger seiner Rechten die Sutur entlangfährt wie ein Blinder, der Braille-Zeilen abtastet.

5. Kritisches Intervall

Als der Alitalia Airbus A320 auf dem Vorfeld zurückgescho-
ben wird, beobachtet Phocan ein kleines Drama. Neben
einer Gangway, die an einem mit zunehmender Entfernung
schrumpfenden Terminal akkordeonartig zusammengescho-
ben worden ist, schwebt ein Habicht. Fast, aber nicht ganz
an Ort und Stelle, rüttelt er über dem Riffelblech. Alle paar
Sekunden justiert er seine Position, bewegt sich einen Meter
nach rechts oder links, steigt oder sinkt, kehrt zu einer Stelle
zurück, an der er eben gewesen ist, oder postiert sich in einer
Lücke zwischen den bisherigen. Dabei ist er weder träge noch
spielerisch, sondern zielbewusst, schlägt heftig mit den Flü-
geln, und Kopf und Hals zucken bei winzigen Neuanpassun-
gen, so dass er immer dieselbe Stelle im Blickpunkt hat.

Phocan folgt der Blickrichtung des Greifvogels und sieht,
was der anvisiert: Ein Sperling flattert wenig anmutig über
den Asphalt und unternimmt erfolglose Startversuche in diese und jene Richtung. Phocan mutmaßt erst, er müsse verletzt
sein, durch einen gebrochenen Flügel gestrandet oder Ähnliches; dass der Habicht ihn ausgewählt hat und jetzt nur darauf wartet, dass Energie und Willenskraft des Singvogels verebben und die Resignation einsetzt, bevor er dann zum Töten
herabstößt. Als der Spatz aber knapp vier Meter weit in die
Luft steigt, merkt Phocan, dass er sich geirrt hat: Der Aufstieg war absolut kompetent; der Abbruch und die neuerliche
Landung waren eine genauso bewusste Entscheidung wie die
sorgfältigen Positionskorrekturen des Habichts. Erst nach
weiteren Startabbrüchen des Sperlings und Positionskorrekturen des Habichts versteht er, was hier vor sich geht: Der
Habicht kontrolliert das gesamte Gelände, ohne patrouillie-

ren zu müssen; riegelt ganze Vektoren des Luftraums ab, blockiert Bahnen und potentielle Flugschneisen, jede umstrittene Fluchtroute, einfach indem er sich auf sie ausrichtet. Die beiden Vögel verstehen sich und agieren in genau kalibrierter Abgestimmtheit; eine Schachpartie, die sie mit Zug und Gegenzug spielen werden, wobei der eine das Leben des anderen langsam auslöscht, bis sie sämtliche Sequenzen durchlaufen haben, und wann das Endspiel in die unausweichliche Resignation mündet, ist nur eine Frage der Zeit …

Ein paar Meter vom Sperling entfernt spielt sich eine andere Szene ab. Ein Gepäcktransporter rollt über den Asphalt, vier Anhänger sind zu einem Zug zusammengestellt worden, den eine kleine Maschine zieht. Der Fahrer hält sich an den schmalen Bereitstellungsstreifen, links von roten Linien begrenzt, vor sich vom weißen Fahrzeugkorridor und den Vorfahrtsmarkierungen und rechts vom Flugzeug, das auf dem gelben Rollfeld steht und für das seine Fracht bestimmt ist. Er vollzieht eine enge Kehrtwendung und kommt auf dem (aber nicht innerhalb vom) rotweißen Rechteck der Ladebucht zum Stehen, auf Vorgaben des Wagens vor ihm versucht jeder Anhänger, links oder rechts auszuscheren, so dass sich der Zug als Ganzes teilweise innerhalb der markierten Begrenzungen bewegt, teilweise von ihnen abweicht. *Wanze, Motte:* Die Worte nehmen vor dem aus den Kabinenlautsprechern quellenden Geplapper und dem aufgeschlagenen Flugbegleiter-Magazin Gestalt an. Gestern im Finns hatte Garnett Phocan wieder zu sich ins Büro gerufen. Als er eintrat, sah er, wie sich sein Chef ein YouTube-Video ansah. Es war alt, digital aufbereitetes Fernsehmaterial aus den Sechzigern oder sogar Fünfzigern; es zeigte einen Mann in fortgeschrittenem Alter, der einem verlegenen Jungen mit Bürstenschnitt die Bedienung einer Art Roboter mit aufgemaltem Insektenpanzer demonstrierte.

»Palomilla«, sagte Garnett fast zärtlich – dem Insekt, dem Jungen oder Phocan gegenüber; vielleicht galt die Zärtlichkeit auch der den Roboter kontrollierenden Onkelfigur. Der Mann hatte eine kleine Taschenlampe in der Hand, deren Strahl er auf den hundegroßen, Käfer nachahmenden Apparat richtete, dessen Reaktion darin bestand, sich sirrend über den Boden des Fernsehstudios zu bewegen. Aber nicht geradeaus: Er mäandrierte wie betrunken, richtete sich in einer Art schwerfälligem Slalom hierhin und dorthin, als könnte er sich nicht entscheiden, welchem der beiden Annäherungswinkel zu seinem Leuchtfeuer schwingenden Beschwörer er folgen sollte, der wie bei Gegenwind nicht direkt angesteuert werden konnte, sondern nur durch ständige Wenden zu erreichen war.

»Das ist seine Tropismusmaschine«, sagte Garnett. »Die hat er – das da ist Wiener – 49 zusammen mit Singleton am MIT gebaut. Sie nannten sie Wanzenmotte oder Palomilla.«

»Komische Namen«, sagte Phocan, weil ihm nichts Besseres einfiel.

»Wanzenmotte, weil sie phototropisch ist.« Garnett winkte Phocan zu sich, als wollte er ihm die Funktionsweise einer Spielzeugeisenbahn erläutern. »Unter der Abdeckung ist eine Pinne, die das Einzelsteuerrad unter der Nase kontrolliert. Die Pinne hat zwei Wirkungsmechanismen: Der eine ist positiv phototropisch und darauf programmiert, sich auf jede Lichtquelle zuzubewegen wie eine Motte. Die andere ist negativ phototropisch und monoman« – er zerhackte das Wort in insektoide Segmente: *mo-no-man* – »darauf erpicht, wie eine Wanze jeder Lichtquelle aus dem Weg zu gehen. Sehen Sie?«

Auf dem Bildschirm focht der Cyberkäfer seinen rastlosen Kampf gegen sich selbst aus, surrte erst wie ein Hund zum Knochen auf die Taschenlampe zu, wandte sich dann, angewidert wie Superman von Kryptonit, wieder ab, was wieder den positiven Impuls triggerte wie dieser dann seinen Gegenimpuls – und so *ad infinitum* immer weiter oder jedenfalls bis zum Schluss des .mpeg.

»Die hat er zur Unterstützung von Militärneurologen gebaut.« Garnett klang nachdenklich. »Von den Schlachten gezeichnete Truppen kamen nach Hause und zeigten alle möglichen pathologischen Symptome vom Kriegszittern bis zu ausgewachsenen Neurasthenien …«

Auf seinem Schreibtisch stand zwischen Tastatur und Bildschirm eine Art Schuhkarton. Er war alt, schwarz und aus Holz – ein Kasten, in dem man eher Bürsten und Polituren als die Schuhe selbst aufbewahrte. Zwei Seiten der Schachtel sowie das Dach fehlten, so dass man (ob zufällig oder so gedacht) ein abstraktes Diorama sehen konnte: Vom Boden ragte eine Art Skulptur auf, ein dünnes Metallrohr, das sich hierhin schlängelte, dorthin ausscherte und schließlich wieder in seinen Ausgangspunkt mündete. Am untersten Punkt war das deformierte Diadem mit einer schlichten Klammer am Boden festgetackert, und wurde weiter oben, nicht am höchsten Punkt, aber wohl dem, der der Balance am günstigsten war, von einer im Hintergrund der Szene unauffällig festgesteckten Säule fixiert, einem dunklen Obelisken, dessen Fiale sich ihr entgegenstreckte. Die Innenseiten der nicht entfernten Wände überzog ein ähnliches Raster aus weißen Quadraten wie in der Kammer; am vorderen Rand war von Hand mit dünner weißer Farbe die Zahl 374 aufgemalt worden.

»Die gehört mir«, sagte Garnett, als er Phocans Blick sah. »Eine Gilbreth-Schachtel.«

Phocan konnte mit dem Namen nichts anfangen und betrachtete weiter die verdrehten Metallschlaufen. Der Stützobelisk erinnerte ihn an Kleopatras Nadel auf dem Victoria

Embankment und im weiteren Sinne an ein Floß sphinxartiger Bestattungsformen, als wäre die schwebende Kreisbahn auf einem monumentalen – und miniaturisierten – Sieb angebracht worden.

»Inzwischen sind das offenbar Sammlerstücke geworden«, fuhr Garnett fort.

»Was?«, fragte Phocan.

»Setzen Sie sich«, bittet Garnett ihn.

Als er das Büro zwei Stunden später mit einem Stapel Papiere unter dem Arm verließ, war er nach Riga geschickt worden (*Das ist die Hauptstadt von Lettland,* hatte Garnett ihm freundlicherweise erklärt), um Jagd auf eine Schachtel wie die zu machen, die er gerade gesehen hatte, nur mit einer anderen Zahl. Außerdem hatte er sich Schelte eingehandelt, weil er von der Vorgeschichte seines eigenen Fachgebiets so unbeleckt war.

Er überhörte den – sowieso ungerechtfertigten – Tadel geflissentlich, um die drängenderen Konsequenzen des neuen Auftrags anzusprechen: »Aber ich muss noch nach Rom –«, zog das Smartphone aus der Tasche, entsperrte es, wischte die einen iCal-Einträge weg, vergrößerte andere, holte Ablaufpläne aufs Display – »dann Bergen und …«

Garnett hob nur die Hand, setzte sich patriarchalisch darüber hinweg und schnitt ihm das Wort ab.

»Sie haben alle Zeit der Welt«, versicherte er ihm beruhigend, deswegen aber nicht weniger verbindlich. »Ich muss für eine solche Visite sowieso noch ein paar Steine aus dem Weg räumen. Sie brauchen einen plausiblen Vorwand; eine Forschungsarbeit, die nichts mit der Schachtel zu tun hat – oder nur indirekt. In der Zwischenzeit …«

In der Zwischenzeit hat sich Phocan Kenntnisse über Raivis Vanins angelesen. Offenbar war der Mann in der Blütezeit des sowjetischen Taylorismus erwachsen geworden – beziehungsweise der »Wissenschaftlichen Betriebsführung«, wie ihr allgemeinerer Name lautete: der umfassenden Übernahme und Einführung der neuesten Industriearbeitsmethoden des kapitalistischen Westens und nicht zuletzt der allgemeinen Standardisierung nicht nur der Produktionsanlagen, sondern auch aller Messtechniken, mit denen die Arbeiten durchgeführt und ausgewertet wurden. Millionen von Stahlkochern, Werftarbeitern, Auto-, Waschmaschinen- oder Flugzeugkonstrukteuren streckten sich und griffen, bückten und drehten sich in und durch so ähnliche Abläufe, dass sie auf Makro- und Mikroskalen berechenbar wurden, von Omsk bis Ufa und von Krasnodar bis Toljatti … Wenn die abweichenden Tendenzen eines einzelnen Doppelwalzen-Rotationsdruckmaschinenführers in Woronesch oder eines MINSK-2-Leiterplattenbestückers in Tscheljabinsk beim allerersten Auftauchen im Keim erstickt und zur ergonomischen Konformität mit den Handlungen zehntausender anderer Rotationsdruckmaschinenführer oder Leiterplattenbestücker glattgebügelt werden konnten, dann konnten auch andere Abweichungen – gute Abweichungen, vorteilhafte Optimierungen und Nachbesserungen, von Kleinigkeiten wie Bandgeschwindigkeiten und Schalterstellungen bis hin zu kompletten Anlagenüberholungen, Metrifizierungen und sogar Digitalisierungen – großflächig und im Gleichtakt in sämtlichen eurasischen Produktionsstätten eingeführt werden und nach der erfolgreichen Einführung mit absoluter Präzision Arbeitsleistungserträge (nach Stunden, Wochen, Monaten, Jahren oder Fünfjahresplänen) bis zur dritten Dezimalstelle berechnet werden. Während Taylor nur im Bezugssystem und Telos steigender Gewinne von Fabrikbesitzern und Aktionären gedacht hatte, sah sein sowjetischer Parteigänger Alexei

Gastew im Siegeszug des Taylorismus die historische Chance der Befreiung des Arbeiters von seiner langen Leibeigenschaft, von einer in der Neotenie des 19. Jahrhunderts steckengebliebenen Evolution; er wollte ihn von den Fesseln des eigenen Körpers erlösen oder zumindest von den bürgerlich-humanistischen Vorstellungen dieser Fesseln, den kleingeistigen Entwürfen einer in seine Haut eingekerkerten Monade, die von der brüllend explodierenden Dynamik der großen Maschine ewig geschieden blieb. Erst freigesetzt und dann vervielfacht und vernetzt, würde sich ein neuer Mensch erheben (soweit Phocan sehen kann, war das Gastews Vision), der eine neue proletarische Kultur erschaffen würde – eine singende, freudige, epische Kultur, in der lautstarke Arbeiterkolonnen individuelles Selbstvergessen und kollektive Selbstbestimmung herbeiführen würden; in der Kraftübertragung der Generatoren, dem Brüllen und Zischen der Hochöfen, dem rhythmischen Dröhnen der Hammerschläge würde unser Lebensdurst titanische Kraft erringen. *Genossen!*, brüllte er, als ihm 1920 die Leitung des Moskauer Zentralinstituts für Arbeit übertragen wurde, *Erhebt eure Hämmer und schmiedet eine neue Welt!*

Gastew fiel bei Stalin in Ungnade und wurde am Ende der ersten Großen Säuberung erschossen. Vanins trug da glücklicherweise noch Windeln; er wuchs heran, machte seinen Abschluss während der zweiten, vom Ordshonikidse-Institut für Ingenieurs- und Wirtschaftswissenschaften in Moskau implementierten Welle des sowjetischen Taylorismus und war Teil des Staatlichen automatisierten Systems zur Datenerhebung und -verarbeitung, *Obstsche-gossudarstwennaja Awtomatisirowannaja Sistema* … Sicherere, wenn auch nüchternere Zeiten. Außerdem war Vanins Wissenschaftler – theoretischer Physiker, vielleicht nicht neutral (neutral war damals gar nichts), aber zumindest entstammte er einer Quelle, die vom Syndikalismus oder den Wechselfällen der Parteipolitik so weit weg war, dass er es sich auf der abstrakten Ebene absoluter Beziehungen gemütlich machen konnte, von denen die sowjetische Wissenschaft und Industrie, ob nun dank der Vorsehung oder eigenen Verordnungen, gezwungenermaßen ihre Stichworte bezog. Offenbar teilte er aber die Leidenschaft seines Vorgängers für ergonomische Reformen und war überzeugt, dass es bei der Abstimmung von Arbeitern und Arbeitsmitteln um mehr als nur Produktionszahlen ging. Während die Strände der Normandie unter dem Flügel vorbeiziehen, liest Phocan eine Auswahl seiner Schriften:

Arbeit ist also am besten zu verstehen als Zustand kinetischer Absorption, wobei das Wesen des Werktätigen im Rhythmus seiner Maschine aufgeht und in dieser Selbstaufgabe als grenzenlose Potentialität neu erschaffen wird: fließend, wandelbar, ewig unabgeschlossen: als Rhythmus verwirklichter Geist …

Das Rhythmusmotiv ist wichtig und findet immer wieder Erwähnung: *Rhythmus der historischen Sublimierung … Rhythmus und Zeit …*

Als Architekten des Arbeitsplatzes erschaffen wir also – in wahrer revolutionärer Tradition – eine neue Form der Weltzeit, in der der Fluss des Seins pulsiert …

»Das ist Schwachsinn«, merkt Sennet an, der über Phocans Schulter mitgelesen hat. »Historischen Größenordnungen lässt sich kein Zeitmaß auferlegen, sondern nur ablesen.«

»Das ist eigentlich nicht für deine Augen gedacht«, sagt Phocan und dreht die Blätter zum Fenster. Das hat Garnett ihm sogar eingeschärft – untypischerweise, denn die Mitarbeiter von Pantarey praktizieren sowieso eine professionelle *omertá*, und alle Forschungen, Daten und Dossiers unterliegen einem großen NDA-Schleier, den jeder von ihnen unterschrieben hat, vielleicht nicht gleich mit Blut, aber sicher mit dem Lebenselixier der Aussicht auf ein kontinuierliches Festgehalt. Das ist allerdings die Außensicht: Im Allgemeinen begrüßt die Unternehmenskultur die betriebsinterne Kommunikation, den Erfahrungsaustausch, die Kreuzbestäubung von Ideen und ihren Umsetzungen. Aber interne *Schweigegebote?* Phocan kann nur eines – nein, zweierlei – vermuten: Entweder ist es eine persönliche Angelegenheit, und Garnett schämt sich ein bisschen seines Steckenpferds des Schachtelsammelns, oder aber er übernimmt hier die Funktion eines Flors oder einer Schnittstelle und schirmt andere Player ab, weil die Einsätze bei diesem Spiel so hoch sind, dass weder Garnett geschweige denn Phocan dafür je eine Sicherheitsfreigabe bekämen … Sein Arbeitgeber hatte das sehr eindringlich gesagt und den Eindruck vermittelt, ihm (genau: *ihm* und nicht Sennet) ein sehr wichtiges Staffelholz anzuvertrauen und ihn für eine Aufgabe einzuspannen, die ihm eigentlich gar nicht von Garnett oder einem hinter ihm stehenden und von ihm abgeschirmten Akteur zugeteilt wurde, sondern von einer abstrakten Kraft reiner Notwendigkeit – gewissermaßen hatte Phocan genau wie die sowjetische Wissenschaft und Industrie seine *Bestimmung* erhalten: die Schachtel zu finden, die bei einer Katalogisierung vor fünfzig Jahren übersehen worden war. Garnetts Eindringlichkeit, die Phocan in den ersten Tagen seines Büffelns ebenso abgetan hat, wie er die Auslassung der Schachtelnummer für einen Abschreibefehler hielt, hat ihn inzwischen aber angesteckt und mit derselben Zielstrebigkeit erfüllt, die er im holländischen Windkanal gespürt hat, womit ein (rational nicht begründbares) Schuldgefühl einhergeht, das sich wie ein Kondensstreifen gebildet und wieder aufgelöst hat. Die Begegnung mit Vanins' Utopismus, dem festen Blick des Physikers in eine hell aus dem dunklen Vergangnen hervorleuchtende Zukunft verstärkt dieses Schuldgefühl jetzt wieder: Im Gegensatz dazu scheint Phocans Zukunft irgendwie schon in der Vergangenheit zu liegen – sie mündet wieder in sich selbst wie ein gilbrethscher Bewegungskreislauf, reicht zurück zu einem Punkt und einer in die Zeit eingelagerten, jetzt aber zu übergehenden *Tat* … Die Begegnung mit der Klarheit von Vanins' Erkenntnis macht ihm noch einmal seine Verschwommenheit bewusst, ein Blickfeld, das zugleich so leuchtkräftig und opak ist wie die dichtgepackten, sonnenlichtgetränkten Wolken, die sie durchfliegen …

Sennet macht ein Pupsgeräusch und widmet sich wieder dem Vortrag, den er morgen halten muss. Auch Phocan steht eine Präsentation bevor, aber die kann er aus dem Effeff: Nur eine Software-Vorführung, reines Marketing-Geschrei. Diese Unterlagen sind verlockender. In denen steckt echte Leidenschaft. An einer Stelle sieht Vanins seine Kollegen und sich als *die neuen Phidiasse, die das edle Elfenbein des Sowjetmenschen meißeln und modellieren* … Er muss überall die Hand im Spiel gehabt haben, nicht zuletzt in der Aeronautik: In mehreren Arbeiten, die Phocan von Garnett erhalten hat, geht es um Strömung: um kompressible, transsonische, inkompressible Strömungen; um Aeroelastik und Flattern; um Divergenzen und Kontrolle … Über Nordfrankreich löst sich die Wolkenschicht auf; Paris scrollt vorbei, später die Alpen. Für Phocan harmonieren deren Furchen und Falten mit den Wörtern *meißeln und modellieren*, er assoziiert die Topographie, CAD und LIDAR … Die gute alte SiF, Selbstbeobachtung im Flugzeug, entfaltet ihre Wirkung: In der Berners Street kam er sich neulich *alt* vor, hatte das Gefühl, Eldridge und er wären aussterbende Magier, letzte Lagerstätten der Mysterien ihres Metiers. Aber jetzt … Nach Garnetts (unterm Strich vielleicht doch nicht so ungerechtfertigter) Zurechtweisung und Auftragserteilung und jetzt beim Lesen von Vanins' Schriften fühlt er sich auf einmal *jung*, als wäre ihm der geologische Rundblick über eine Landschaft gewährt worden, die sich Generationen vor seiner Ankunft gebildet hat, gekräuselte und aufgetürmte Schichten, immer eine auf der anderen wie die Tafeln und Grate der Gebirgsketten, die sie überfliegen; vielleicht ist es auch ein *archäo*logischer Rundblick wie bei den sedimentierten Schichten der Stadt, über der das Flugzeug jetzt den Landeanflug beginnt, was neue Durchsagen aus den Lautsprechern quellen lässt, die das Hochklappen von Ablagen, Geradestellen von Rückenlehnen und Zusammenlegen von Papieren zur Folge haben und ihm vor dem unsanften Aufsetzen nur noch eine letzte unbeantwortete Frage durch den Kopf gehen lassen: *Warum Palomilla?*

Sie haben im Hotel Cardano im Celio Zimmer gebucht. Da haben sich offenbar viele IACSS-Delegierte verkrochen; im Foyer steht eine Staffelei mit detaillierten Zeitangaben zum Shuttle-Busverkehr. Das Logo zeigt dieses Jahr einen computergenerierten Fußballspieler, der mitten in einem Fallrückzieher schwebt, und von seinen Absätzen fliegen wie Rasensoden die Buchstaben *I-A-C-S-S* – eher Sternchen als Erdklumpen, fett und glänzend wie der Titel auf einem Kinoplakat mit einem kleiner gesetzten Untertitel, der das Akronym des Konferenzausrichters konkretisiert: *International Association of Computer Science in Sport.* Der Fußballer ist fiktiv, ein generisches Graphikdokument – bewusste Entscheidung des Dachverbands, der es sich nicht leisten kann, einzelne

Marken oder Ausstattungen der vielen Tagungsteilnehmer zu bevorzugen; wobei deren Mitgliedsbeiträge naturgemäß Gewinne in Form von Aufstellungen, Standzuteilungen, gastronomischen Angeboten, günstigen Lagen auf der Messe und Sitzplätzen beim Abendessen mit sich bringen. Ob generisch oder nicht, Phocan kann den Ursprung des Logos sofort zuordnen: ein Projekt von Pantarey für FIFA 18. Ribaldo kam in einer Limo mit schwarz getönten Scheiben über die Bremsschwellen von Finns geholpert, um die Mo-Caps für die Spezialtechniken zu liefern (das Nullachtfuffzehn-Dribbeln, Pass- und Formationsspiel hatten sie schon Wochen vorher bei der Uni-Mannschaft der UBC in Vancouver abgreifen können). Er war unkooperativ bis zur Widerspenstigkeit: wollte keine seiner Markenzeichentricks vorführen; riss sich sogar die Marker ab, machte den Abgang und schmollte in der Limo, woraufhin seine Betreuer panisch in ihre Handys raunten. Die Anwälte von Electronic Arts setzten sich durch, denn der Vertrag war um eine Mo-Cap-Klausel ergänzt worden, die die Einnahmequellen garantierte, die die vor dem Firmensitz stehende Limo parken ließen. Irgendjemand musste Ribaldo das erklärt haben; nach einer Stunde kam er jedenfalls murrend zurück, ließ das Befestigen neuer Marker über sich ergehen und demonstrierte seine Übersteiger, Chops und Fallrückzieher – aber schlecht. Die Halbherzigkeit war offenkundig Absicht: Beim Schmollen im Wagen hatte er sich das als *Ihr könnt mich mal* ausgedacht. Phocan und Co. durften seine Spielmanöver danach zwei Wochen lang mithilfe von Spielaufzeichnungen patchen, Pixel für Pixel, Thread für Thread, Füllung für Füllung …

Das Tagungszentrum liegt im Borgo – zu Fuß zu erreichen, also geht Phocan. Am ersten Vormittag drehen sich alle Podiumsdiskussionen um Mustererkennung. Zur moralischen

Unterstützung oder um diese wenigstens zu fingieren, geht Phocan zu Sennet. Neben dem sitzen ein deutscher Informatiker, ein Statistiker aus Slowenien und (als Moderator) ein texanischer Prof für Theorie dynamischer Systeme auf dem Podium – alles Männer. Als Phocan mit einem Kaffee in der Hand hereingehuscht kommt, ist Sennet gerade am Zug:

»… in vier Denkrichtungen aufteilen: die Perturbationstheorie (Hughes, Dawkins und David), das Konzept der relativen Phase (Walter), das Verständnis von Fußball als Chaosspiel (Lames) und schließlich – spiegelbildlich dazu – die Vorstellung von Sport als selbstorganisierendem System (McGarry). Was unser Team bei Pantarey in Zusammenarbeit mit der Fakultät für Sportwissenschaft in Loughborough für den Fußballsport entwickelt hat, bezieht sich auf diese Begriffsapparate, ersetzt sie aber …«

Phocan kennt das alles zur Genüge: komplexe Strömungen menschlichen Verhaltens, die sich im Fußball exemplarisch studieren lassen … verborgene Zeitreihendaten … deren Nachweisbarkeit jenseits der begrenzten Reichweite statistischer Standardanalysen … woraus …

»Woraus Pantareys neue Methode der Zeitmusteranalyse resultiert«, schließt Sennet sein Plädoyer jetzt ab.

Der Statistiker reagiert verständlicherweise gereizt auf diese Thesen. Kaum gibt der Moderator den Ring für die Diskussion frei, legt er los:

»Wir können eine gute Erfolgsbilanz vorweisen. Seit im Baseball statistische Analyseverfahren eingeführt worden sind, können wir – auch wenn Sie das als Standardanalysen abtun … ich meine, in den großen Ligen finden Sie heute kein Team mehr, das nicht längst mit PITCHf/x arbeitet. Der Diamant ist zu einer mathematischen Matrix geworden, Schläge, Singles, Doubles und Home Runs sind Datenpunkte geworden; die Trainer können das Feld nach Maßgabe der besonderen Fähigkeiten eines Schlagmanns neu aufstellen und sich die Wahrscheinlichkeiten zunutze machen … ich würde das eher eine *vergrößerte* Reichweite nennen …«

»Dem widerspreche ich ja gar nicht«, unterbricht Sennet ihn. »Nur der *Zeit*faktor …«

»Der ›Zeitfaktor‹ ist reiner Zufall«, spottet der Slowene. »Der besteht aus einer gegebenen Menge von Punkten und Clustern, die zur Linie angeordnet werden.«

Zur Abwechslung nimmt jetzt der Informatiker Anstoß.

»Da kann ich Ihnen nicht zustimmen. Die Auftrittshäufigkeit – ja sogar -wahrscheinlichkeit – ist nicht mit Beziehungen zwischen diskreten Ereignissen bei Sportwettkämpfen oder beliebigen anderen Typen gleichzusetzen und erst recht nicht äquivalent mit ihnen …«

»Meine Rede!« Sennet verbeugt sich dankbar über den samtbespannten Tisch und übergeht dabei den Moderator, der den Meinungsaustausch aber nur zu gern sich selbst überlässt. »Genau an diesem Punkt setzt unsere Zeitmusteranalyse an. Wenn ich Ihnen das demonstrieren darf …« Er tippt auf seinem Desktop herum, der den Beamer speist. Auf der Leinwand hinter den Diskutanten erscheint eine Buchstabenfolge. »Das ist ein kurzer Abschnitt aus einem Spiel der English Premiership der letzten Spielzeit. Jedem typischen Spielzug – Pass, Angriff, Abfangen, Schuss, Abwehr, Einwurf – wird ein alphabetischer Wert zugeordnet, anders gesagt ein Buchstabe. Sie sehen hier die Sequenz *p a n b p j c n j d p n p a p j p b n c n d n j p j a b n n c p n d*. Das hat doch kein Muster, werden Sie sagen – liegen damit aber falsch. Es *gibt* ein Muster, das sich aber zwischen überflüssigen Buchstaben verbirgt. Wenn Sie die Folge in der Zeile darunter ableiten« – er ruft die nächste Folie auf – »und alle *n*s, *p*s und *j*s streichen, erhalten Sie die zweimal wiederholte Folge *a b c d*.« Er macht eine kurze Pause, damit sich die Zuhörer von der Wahrheit seiner Aussage selbst überzeugen können, und fährt dann fort: »Häufigkeitszählungen hätten das ebenso wenig ermittelt wie Sequenzanalysen oder Auswertungen von Zeitreihendaten. Per Zeitmusteranalyse können wir überzufällig häufig mit einem gewissen Timing zusammen auftretende Ereignisse identifizieren, auch wenn zwischen den Datenmustern diverse andere Ereignistypen auftauchen.«

Der Slowene ist baff. Der Deutsche ist beeindruckt. Sennet nutzt seinen Vorteil mit einer dritten Folie:

»Hier können Sie sehen, dass es nach dem Auftreten von *a* zum Zeitpunkt *t* ein Intervall *[t + d1, t + d2] (d2 >_ d1 >_ 0)* gibt, das mindestens ein überzufällig häufiges Auftreten von *b* enthält. Den zeitlichen Zusammenhang zwischen *a* und *b* nennen wir das *kritische Intervall* – ein für die Zeitmusteranalyse zentrales Konzept. Wenn der Trainer dieses Intervall festlegen oder ermitteln kann – sprich, wenn er das kritische Intervall selbst sowie die Intervalle zwischen den Instanziierungen des Intervalls kartieren kann –, verschafft ihm das einen entscheidenden Vorteil. Langer Rede kurzer Sinn: Da kommt der entscheidende Siegtreffer her.«

Jetzt stürzt sich der Moderator ins Getümmel:

»Und inwiefern unterscheidet sich das von den Algorithmen der Hedgefonds-Fritzen?«

»Das Prinzip ist dasselbe«, stimmt Sennet ihm zu. »Der Zufall wird gegen ein Zeitkontinuum aufgetragen, und aus dieser Kartierung lassen sich Strategien profitabler Interventionen ableiten. Der Unterschied ist, dass der Fußball im Gegensatz zum Aktienhandel ein Nullsummenspiel ist: Die erfolgreiche Intervention der einen Mannschaft entspricht der Niederlage der anderen.« Er setzt sich zurecht und fügt hinzu:

»Da der ›Zufall‹ nebensächlich ist, gibt es ihn eigentlich nicht. Wir haben entdeckt, dass es auch dann, wenn es *kein* Muster gibt, immer noch ein Muster gibt. Die nicht mehr deutlich erkennbaren kleinen Muster sind in größeren und komplexeren aufgegangen und damit verschwunden. Und das ist wohlgemerkt *gut*: Man *will* die Mustererfassung ja von kurzen auf immer längere Sequenzen ausweiten. Wenn also« – und damit klickt er die nächste Folie mit wieder neuen Buchstabenfolgen an – »in $Q = (ABCDE)$ zum Teil beispielsweise *(BCDE)*, *(BDE)* oder *(ABCE)* ermittelt werden können, verwirft man die As bis Es und skaliert auf Q; danach muss man davon ausgehen, dass ein neu ermitteltes Muster – meinetwegen Qx – ebenso oder weniger vollkommen ist als ein schon ermitteltes Muster Qy, wenn Qx und Qy *gleich* oft auftreten und *alle* Ereigniselemente von Qx *auch* in Qy (aber nicht umgekehrt) enthalten sind. Wenn dem so ist, kann man Qx ausscheiden. Das nennen wir ›Vollständigkeitsselektion‹. Es ist eine Art brutale Evolution – ein Darwin unter Steroiden, ein Kampf um Leben und Tod: Das einzige Muster, was am Ende übrigbleibt, ist das, wofür sich keine kritisch relevanten Kopplungen mehr finden lassen, um den unersättlichen Moloch eines größeren Musters zu füttern.«

Sennet hat das Publikum für sich gewonnen: Man macht sich eifrig Notizen. Er labt sich an seinem Sieg und ergänzt nur noch:

»Manche Muster sind azyklisch. Mit anderen Worten, die Zeitabstände zwischen ihrem Auftreten – dem Auftreten der Muster, nicht der ihnen zugrundeliegenden Ereignisse – können irregulär ausfallen. Die *internen* Musterintervalle zwischen den Ereignissen können invariant bleiben oder auch nicht: Das spielt keine Rolle. Wichtig ist das *übergreifende* Musterauftreten …«

Phocans Aufmerksamkeit lässt nach: Er schaut sich die Tagungsteilnehmer an, ihre ans Revers geklemmten Namensschildchen, die an den Sessellehnen hängenden oder auf den Knien liegenden Tragetaschen mit dem IACSS-Logo … Einmal haben sich Gilbreth und Gastew bei einer Konferenz getroffen: 1924 beim ICSM – Industriekongress für Wissenschaftliche Betriebsführung – in Prag. Er war Chef der sowjetischen Delegation, sie gehörte zum vierzigköpfigen Tross der Amerikaner. Hatten die damals schon Tragetaschen mit Logos? Oder Namensschildchen? Kultivierten die Teilnehmer den Ausdruck gespielter Langeweile als Standardmiene, wenn sie einen Konferenzsaal betraten? Scannten sie die Sitzreihen der Delegierten nach Maßgabe von deren Begehrtheit? Und wie sah das 1965 in Zürich aus, als eine inzwischen uralte Gilbreth einem Raivis Vanins begegnete, der noch keine dreißig war, von seinem Labor am MIPT aus aber schon hohe Wellen schlug? War er kühn genug gewesen, einfach zu ihr rüberzumarschieren, sich vorzustellen und ihr Vorträge über kinetische Hypostasen zu halten? Oder hatte er sich nervös an sie herangemacht, sich durch Betreuer und Bewunderer zu ihr durchgedrängelt und ihr schüchtern einen Aufsatz oder seine Visitenkarte in die Hand gedrückt? Egal wie er es angestellt hatte, er hatte ihre Aufmerksamkeit erregt: Bald danach begannen sie ihre Korrespondenz, die erst nach fünf Jahren abbrach, als sie zu gaga war, um noch irgendwem zu schreiben. In seiner eigenen Tragetasche hat Phocan die Passagen des Briefwechsels dabei, die Garnett rausgerückt hat, Kopien erhaltener Fragmente, unvollständige Teile eines größeren Musters, das durch Zeit und Verluste nicht mehr ermittelt werden konnte; er hat die halbe Nacht damit verbracht, sie wieder und wieder zu lesen. *T. T.* … Die Buchstabenkombination musste genau wie die da oben auf der Leinwand eine Sequenz oder ein Ereignis chiffriert haben, die oder das sowohl Vanins als auch Gilbreth eine »Episode« nannten … Und dann die Erwähnung einer Schachtel, der Zahl 808 – dieselbe Zahl, die in der stereoskopierten Inventarliste fehlte. Garnett hatte ihn in seinem Büro unbedingt davon überzeugen wollen, dass es da einen Zusammenhang gab: Die beiden Begriffe *808* und *T. T.* tauchten immer zusammen auf. Wirklich fesselnd war aber, was sie begleitete: Das *ändert alles* … Zumindest Gilbreth ahnte, der Preisgabe eines großen Geheimnisses auf der Spur zu sein, dessen Gestalt und Umriss sich immer klarer abzeichneten, auch als ihr Geist sich zunehmend umwölkte …

Der Moderator hat die Diskussion für Fragen aus dem Publikum geöffnet, die sich alle an Sennet richten und so bestätigen, dass er hier einen Durchmarsch hingelegt hat (Podiumsdiskussionen sind genauso Nullsummenspiele wie Fußballmatches). Ein junger Mann mit scharfen Gesichtszügen stellt eine Nerd-Frage nach Gleichungen zur Vollständigkeitselektion; Phocan schaltet wieder ab und sieht aus dem Fenster. Die Jalousien werden vom selben zentralen Schaltpult geregelt wie der Beamer und waren so gekippt, dass es im Saal dunkel genug war, um die auf die Leinwand projizierten Folien lesen zu können, die Männer auf dem Podium aber noch zu sehen waren; mit Beginn der Fragerunde hat der Techniker die Lamellen um etwa 15 Grad in die Horizontale zurückgekippt, damit auch die Fragenden zu sehen sind. Die neue Schrägstellung lenkt Phocans Blick in den Himmel über dem Prati, wo sich große Starenschwärme bilden. Es gibt einen Begriff dafür, der ihm aber nicht einfallen will. Im Saal hat Sennets erklärende Stimme der einer Frau Platz gemacht, einer Italienerin mit (wie Phocan sieht, als er wieder in den Saal schaut) Sonnenbrille und Stirnband. Sie fragt Sennet nach etwas, das sie »Ereignisgrenze« nennt:

»Wo beginnt die für Sie?«

»Wo die Ereignisgrenze beginnt?«

»Ja«, sagt sie. »Wo liegt die? Was liegt im Ereignisfeld, und was liegt außerhalb?«

Jetzt schaltet Sennet. »Die Grenze legt freundlicherweise der Platzwart für uns fest«, sagt er. »Mit breiten, weiß auf den Boden gemalten Linien. Wenn sich die Spieler und der Ball innerhalb dieser Grenzen befinden, werden sie Gegenstand der Musteranalyse; außerhalb sind sie kein Thema. Dann existieren sie nicht.«

Er sieht sich nach der nächsten Frage um, aber die Frau ist noch nicht fertig:

»Das kann nicht sein«, gibt sie ihm Bescheid. »Selbst bei einem von Ihren eigenen Beispielen – *la rimessa*, dem ›Einwurf‹ – wird diese Grenze sowohl vom Spieler als auch vom Ball überschritten oder verletzt. Und vergessen Sie nicht den Grundriss des Stadions. Hinter der Seitenlinie sind die Spielerbänke, wo die Ersatzspieler sitzen und von denen aus die Trainer aktive Interventionen bewirken. Und hinter diesen wiederum ist, noch wichtiger, *la folla* – die Menge. Sie wissen genauso gut wie ich, dass die eigenen Fans beim Heimspiel für Vorteile sorgen, in der englischen Premier League liegt die Heimsiegrate sogar bei 64 Prozent.«

Sennet hat ihre Spitzfindigkeiten erst nicht ernst genommen, horcht aber auf, als sie sich in der Statistik auskennt.

»Und es gibt zusätzliche Faktoren«, kommt sie langsam auf Touren. »Wann hat die Mannschaft vor dem Spiel das letzte Mal gegessen? Sind die Spieler zusammen ins Stadion gekommen? Haben die katholischen unter ihnen gebetet …?«

»Moment.« Sennet glaubt, in ihrer Angriffslinie eine Schwachstelle auszumachen. »Zeitmusteranalysen fällen kein Urteil über Kausalitäten – weder im gastronomischen noch im theologischen Bereich. Sie beschränken sich auf die Mustererkennung.«

»*Si, si*«, ein Angestellter des Tagungszentrums hält ihr die Hand hin, um ihr das Mikro abzunehmen, das sie aber nicht hergibt. »Die Frage der Kausalität ist eine *falsa pista*; sie ist irrelevant für das, worauf ich hinaus möchte. Mir geht es darum, dass auch diese Faktoren zu den as, bs und cs in Beziehung stehen. Sie sind Teil des Musters. Wenn wir ein bestimmtes Ereignis highlighten« – ihr italienischer Akzent lässt das h verschwinden, und Phocan versteht *eye-light*, Augenlicht – »Torabstoß meinetwegen … Was ist da das ›Ereignis‹? Schuss ins Feld? Gut. Aber was ist mit dem Aufprallen des Balls vor dem Tritt? Dreimal? Viermal? Wischt sich der Torwart mit den Handschuhen den Schweiß von der Stirn? Räuspert er sich, murmelt er etwas oder denkt er die Worte nur, während er mit dem Ball losläuft? Oder sieht er flüchtig zur Tribüne rüber, wo seine Freundin oder seine Mutter oder sein Sohn sitzt? Was ist, wenn ihm in den Rängen ein bestimmtes Transparent auffällt oder wenn er unmittelbar vor Wegtreten des Balls ein Hotdog« – *'otdog* – »riecht …«

»Möchten Sie darauf hinaus, wir sollten diesen … *Mikro-Ereignissen* Werte beilegen?«, fragt Sennet.

Jetzt lächelt sie zur Abwechslung.

»*Perché no?*«, sagt sie achselzuckend.

»Aber dann …« Sennets Ehrenrunde ist zum Marathon geworden, er zeigt erste verräterische Zeichen der Erschöpfung und verkrampft sich ein bisschen. »Wenn Sie das alles berücksichtigen wollen, sind die Gleichungen doch überhaupt nicht mehr in den Griff zu kriegen. Wo soll das alles enden?«

Die Frage kann offenbar niemand beantworten; unangenehm lange bleibt es still im Saal, dann bringt der texanische Systemtheoretiker einen Spruch, *dieses* Ereignisfeld werde auf jeden Fall vom Zeitplan der Tagung begrenzt, vom Foyer her rieche er schon Kaffee und Kekse usw. Ein paar Leute lachen, und die Spannung lässt nach. Die Delegierten schieben sich hinaus. Über den *amaretti* kommt Phocan mit der seltsamen Fragestellerin ins Gespräch. Sie heißt Rafaella Farinati und gehört zum *Dipartimento di Psicologia dello Sport* der Universita di Milano.

»Wollten Sie ihn nur vom hohen Ross runterholen?«, fragt er sie.

»Vom *o'en Ross*?«, fragt sie zurück.

»Ihm einen Dämpfer verpassen? Ihn degradieren?«

»Ach so! *Affatto non*«, antwortet sie. »Auch wir stellen unsere Gleichungen für die Vollständigkeit auf – allerdings verstehen wir den Begriff wohl anders. Wir haben vor fünf Jahren angefangen, die Fälle von *nevrotico* Sportlern und Sportlerinnen zu untersuchen, die einen Ball erst dann treten oder schlagen können, wenn sie ein bestimmtes Ritual absolviert haben: Die einen müssen einen bestimmten Teil ihres Körpers berühren, andere heften den Blick erst auf den einen Teil des Stadions, dann einen anderen – jedes Mal die absolut identische Sequenz. Unser Fazit ist, dass diese Menschen *non aberranti ma esemplari* – nicht anomal, sondern typisch sind. Dank ihnen können wir das Feld und den Datenbereich, den ein Spieler in jedem Augenblick verarbeitet, besser einschätzen.«

»Blenden sie das denn nicht aus?«, fragt Phocan. »Alles Überflüssige?«

»Im Gegenteil.« Rafaella Farinati tippt ihm einen bemehlten Finger in die Schulter. »Für die Datenarchitektur ihrer Performance ist das absolut zentral. Wie bei Ihnen jetzt.«

»Bei mir? Welche Performance?«

»Sie machen mit mir Konversation«, sagt sie, »aber woran denken Sie wirklich? An den Geschmack der *biscotti* und die

Farbe und Textur des Teppichs, auf dem wir stehen; verschiedene andere Teppiche, an die er Sie erinnert; die Zimmer, in denen sie liegen, und was Sie in diesen Zimmern erlebt haben; Sie fragen sich, zu welcher *sessione* Sie als Nächstes gehen oder wo Sie Mittag essen – daran denken Sie, und das beeinflusst Ihre Handlungen und Entscheidungen. Wenn wir Ereignisfelder verstehen wollen, müssen wir 'olistisch vorgehen, wir müssen alle Kanäle berücksichtigen, über die Informationen verarbeitet werden, und nicht nur einen Bruchteil davon …«

In Wahrheit hat Phocan gedacht, dass Rafaella Farinati einfach cool ist. Das liegt nicht nur an dem, was sie sagt, oder daran, dass er dank ihr seine Schadenfreude in Bezug auf Sennet ausleben kann; ihr ganzes Auftreten, ihr Gesamteindruck hat etwas … am meisten ihr Stirnband, das ganz schwache Erinnerungen aus seinem Gedächtnis heraufruft, denen er vorläufig noch keine richtigen Werte zuordnen kann … der zur *rimessa* hochgehaltene Ball gleich hinter der Seitenlinie …

»Wo essen *Sie* denn zu Mittag?«, fragt er.

Sie schnaubt verächtlich: *Der* Ereignistyp war ja nun absehbar. »Wenn ich in Rom bin, gehe ich immer zum Forum und auf den Palatin«, sagt sie. »Ich esse unterwegs. Sie haben jetzt doch aber Ihre *presentazione* über Körpertrennung, oder nicht?«

Er fragt sich, ob sie das Tagungsprogramm auswendig kann, ein professionelles Interesse an kinematischer Füll-Software mitbringt oder … oder was? Sie macht den Eindruck, als würde sie nicht nur Phocans Branche kennen, sondern noch einiges über dieses *Kennen* hinaus wissen, mehr, als sie zugibt. Bevor er reagieren kann, wischt sie ihm die Mikrokrümel, aber nicht das von ihrem Pieks übriggebliebene Mehl vom Jackett, lächelt – was aber nicht ihm, sondern etwas hinter seiner Schulter zu gelten scheint –, dreht sich auf dem Absatz um und verschwindet im allgemeinen IACSS-Gewühl.

Fahrig spult er seinen Vortrag ab. Artefaktreduktion ... quintische Interpolation ... Pantarey ... Physis 6™ ... Fertig ist die Laube. Mittags isst er mit Sennet schlechte Linguine in einer Touristenfalle an der Tiberpromenade, lässt die Nachmittagsveranstaltungen sausen und macht sich ebenfalls zum Forum auf, auch wenn nicht auszuschließen ist, dass er dann rein zufällig Rafaella Farinati über den Weg läuft. Läuft er aber nicht; falls sie überhaupt hingegangen ist, ist sie längst weg, als er kommt. Dafür kommt es zu einem anderen Treffen. Phocan stützt sich auf ein Geländer über dem versenkten Wassergarten der Domus Augustana, deren gerundete Labyrinthgänge ihn an einen QR-Code erinnern, als er spürt, wie sich jemand neben ihn stellt. So nah, dass es auf der Grenze von normal zu übergriffig ist, was sich nicht nach Zentimetern bemisst, sondern nach inkrementellen Kalkülen, die die Abstände zwischen Menschen nach Maßgabe des verfügbaren freien Raums zwischen ihnen berechnen. Der Mann steht rund einen Meter von Phocan entfernt – in der Londoner Tube oder bei einem Fußballspiel, ob nun zeitmusteranalysiert oder nicht, wäre das voll in Ordnung. Sie sind aber nicht in der U-Bahn; außer ihnen ist hier niemand; ein Meter ist da zu nah. Und der Mann lächelt. Baggert der ihn an? Nein: Aus der Westentasche seines Jacketts steht ein Stück Plastik heraus, das Phocan an der Farbe als obere Ecke eines IACSS-Delegiertenausweises erkennt.

»Quintische Füllungen«, murmelt sein Nachbar. »Beeindruckende Präsentation.«

Italienischer, vielleicht auch Schweizer Akzent. Phocan

kann sich nicht erinnern, ihn beim Vortrag im Publikum gesehen zu haben.

»Routinekram«, antwortet er unverbindlich. »Wen vertreten Sie denn?«

Der Eindringling lächelt wieder, sieht diesmal ganz leicht
an Phocan vorbei, zieht eine Visitenkarte aus derselben Westentasche und reicht sie ihm: *Alain Pirotti* und darunter: *Cassius First Motion*. Keine Stellenbezeichnung, kein Logo, kein
Unternehmens-Claim mit der obligatorischen Selbstbeweih-
räucherung (*engagiert, kompetent, anwenderorientiert …*); nur
diese Worte, eine Mail-Adresse und eine Telephonnummer.

»Ihr Projekt hat Überschneidungen mit einem Problem,
das das gesamte Feld unserer Disziplin betrifft«, sagt Pirotti.

Phocan wartet höflich auf eine Ausführung des Gedankens,
die Offenbarung, mit der Pirotti jetzt auch rüberkommt:

»Damit meine ich die Lücken«, sagt er. »Sie haben unsere
Branche von Anfang an geplagt.«

»Wo ist Cassius aktiv?«, fragt Phocan und beäugt die Karte.

Pirotti lächelt immer noch ins Leere und macht eine weg-
werfende Geste.

»Seit Jahrzehnten – lange bevor die Marker und Prozessoren aufkamen; wie Sie wissen …«

»Ich kann Ihnen nicht ganz folgen …«

Jetzt sieht Pirotti ihm in die Augen.

»Das steht im Bericht.«

»Welchem Bericht? Meinem?«

Pirottis Antwort beschränkt sich auf ein Lächeln. Schließlich sagt er: »Seit fast hundert Jahren verfügen wir jetzt über
Mittel und Wege, die Kurven und Strecken eines Bewegungs-
segments von Anfang an zu kartieren; seine Struktur zu be-
schreiben; es in eine Form zu bringen, die in sich selbst zu-
rückläuft, in sich geschlossen und vollkommen … sagen wir,

die Figur der Acht. Dasselbe lässt sich mit der Endstufe desselben Segments bewerkstelligen: Noch eine *Acht* ...«

Er macht eine Pause, lässt Phocan aber nicht aus den Augen, will sehen, wie er auf seine Worte reagiert.

»Wir haben also zwei mit der Präzision eines Kunsthandwerkers herausgearbeitete Buchstützen«, nimmt er den Faden wieder auf: »Start und Ziel, *Acht* und *Acht*. Zwischen diesen – zwischen zwei gegebenen Punkten dieser Strecke, je mehr wir hineinzoomen und sie befragen – gibt es aber unweigerlich ein unkartographiertes Terrain: ein Loch, groß und rund oder oval oder mit wer weiß was für einer Form: eine *Null* ... Was machen wir da?«

Aus dem versenkten Garten weht eine Brise herauf und sträubt Phocans Nackenhaare. Pirotti merkt, wie er sich verspannt, und hakt nach:

»Acht; Null; Acht ...«

Phocan starrt ihn nur an und weiß nicht, was er sagen soll. Oben am Himmel sind die Vögel wieder zugange: Die Stare ballen sich zu Sphären, verbinden sich zu Säulen und Trichtern – Unmengen von ihnen bauschen sich und schrumpfen flexibel, wenn sich ihr Innenvolumen neu verteilt. Pirotti lächelt ihn immer noch an und fragt:

»Wir leben doch in einer Informationsgesellschaft, oder?«

Er legt wieder eine Pause ein und wartet auf eine Antwort. Phocan sagt zurückhaltend:

»Kommt drauf an, was für Informationen von wem gefragt sind.«

»Touché«, gibt Pirotti zu. »Wir leben in einer Welt des Informations...*austauschs*: in einer *Ökonomie* des Wissens. Leider ist es keine Open-Source-Welt. Die Leute zahlen aber gut für stark nachgefragte Erkenntnisse oder Pakete.« Und dann quasi als Nachgedanke: »Oder Schachteln.«

Da ist sie wieder, die kräuselnde Brise. Phocan blickt ins Labyrinth hinab und versucht, ihren Ursprung zu entdecken. Pirotti flüstert ihm fast ins Ohr:

»Wir sollten in Verbindung bleiben. Meine Leute sind genau wie Ihre Leute der Ansicht, dass Austausch … Früchte tragen kann.«

Meine Leute? Jetzt wird Phocan schwindelig. Die Höhe, der Winkel oder das Muster des Labyrinths müssen diese ästhetische Reaktion in ihm auslösen. Er legt den Kopf aufs Geländer und schließt eine Weile die Augen. Als er wieder hochsieht, ist Pirotti verschwunden; der Palatin ist menschenleer; dann kommt eine chinesische Touristengruppe über den grünen Hügel spaziert. Bevor auch er geht, gewinnt Phocan noch zwei kleine Einsichten. Erstens galt Pirottis Lächeln weniger *ihm* als mit einer gewissen Verzögerung einem anderen Lächeln, das zuvor ihm, dem Lächler, gegolten hatte: Rafaella Farinatis. Phocan kann nicht erklären, warum ihm das plötzlich klar ist, aber er weiß es: Das zweite Lächeln passte zum ersten – *vervollständigte* es als sowohl Auslöser wie Reaktion, und Phocans Schulter war nur eine Zwischenstation oder ein Relais, über das es hinwegstrahlte. Zweitens heißt es *Flocking*: das Wort für die Schwarmbildung von Staren. Das hat ihm die ganze Zeit auf der Zunge gelegen, schließlich ist es immer wieder modelliert worden … Reynolds … Delgado-Mata … Hartman … Benes … Hildenbrandt … implementiert in ein 3D-Gitterwerk, in dem die Objekte gemäß Regeln von Separation, Angleichung und Zusammenhalt interagieren, was auf diversen anderen Feldern Schule machte: Multikanallösungen bei Radioprogrammen, Wettersimulationssoftware, das Verhältnis von Zerstreuung *vs.* Verdichtung in Menschenmengen, die panisch vor Schüssen fliehen … Was soll diese Instanziierung davon, dieser Vogeltintenklecks, dieses Schwarmbildungsmodell? Die Stare schwärmen jetzt über der Basilica Aemilia, verdichten sich über dem Caesarforum, strecken sich über dem Vestatempel, rieseln dann den Hügel hoch und pulsieren über dem nackt daliegenden Tarpejischen Fels, der auf neue Verräter wartet.

6. DYCAST

Im Nebenzimmer schläft Thérèse. Sie schläft jetzt immer häufiger tagsüber. Am Anfang war das ganz geregelt – *Vormittagsschlaf* 10.30-11.15; *Nachmittagsschlaf* 14.15-15.30 – aber mit dem Fortschreiten der Dinge schlief sie einfach ein, wenn sie einschlief. Und wo: Stuhl, Sofa, Bank … Fast schon eine Narkolepsie. Jetzt scheint sie es bequem zu haben, liegt kissengestützt in einem Sessel am Fenster, von einem Schal zugedeckt, und die Heizung ist auch an. Vom Essen träge, hat Pilkington überlegt, sich ebenfalls hinzulegen, ist aber abgelenkt worden, wurde *abgefangen*, ob passiv oder nicht, auf dem Weg in sein Arbeitszimmer, wo er eine knappe Stunde später immer noch sitzt. Er sitzt an einer Mail und versucht, eine Bitte von Garnett zu beantworten: Sein alter Freund ist auf der Suche nach Anhaltspunkten, wie ein Raumschiff auseinanderbricht, das in eine Sonnencorona fliegt. *Du kannst das mit einem Kampfflugzeug bei Mach 25 vergleichen,* hat Garnett geschrieben: *Welche Teile lösen sich als Erstes? Wie schälen sie sich ab? Gibt es eine Formel für die Berechnung der Versprödung von Metallblechen und Nieten je nach Alter, Belastung, Druck? Usw. …* Er braucht das für einen Film, einen Science-Fiction-Blockbuster, an dem Pantarey mitarbeitet. Eine kleine Gegenleistung. Pilkington hat ein paar Stichworte festgehalten, in den letzten zwanzig Minuten aber nur seinen Gedanken nachgehangen und an das Essen im Canard letzte Woche zurückgedacht: die Ente im gebrannten Lehm … das Eis … diese verdammte Eiscreme … und dann auch noch mit dem Gittermuster auf der Waffel … Solche Details rühren das unweigerlich wieder auf: das alte Projekt Albatros. Als wüssten die Leute Bescheid. Wissen sie wirklich etwas? Die

Spitzen und Vorwürfe scheinen sich ihm an die Fersen zu heften, hängen sich an ihn, verkletten mit ihm, eine brodelnde Gerüchteküche aus Feixen und Zischeln, so vertraute Worte, dass sie gar nicht ausgesprochen werden müssen: *Wie kann man denn ein Flugzeug verlieren …?*

Er sitzt am Sekretär. Das Möbelstück wie auch den Begriff dafür verdankt er seinem Großvater. Als Kind hat er stundenlang mit den Laden und Schubfächern gespielt, der schrägen herabklappbaren Schreibplatte, dem Schnappverschluss unter der Platte, auf den man drücken musste, um das Geheimfach in den Mahagonitiefen zu entriegeln. Als sie nach ihrer Hochzeit hier eingezogen waren und die Möbel immer wieder neu arrangierten, hatte es Thérèse immer verwirrt, wenn er von ihm sprach. *Bei dir hört sich das immer an, als würdest du von einem Menschen sprechen, als ginge es um Vertraulichkeiten mit einem Butler,* hatte sie gesagt. *Kannst du nicht* escritoire *sagen? Oder einfach Schreibtisch?* Er hatte aber stur auf *Sekretär* beharrt. Er dachte bei dem Wort nicht an Menschen – Stenographen, Vorzimmerdamen oder so –, sondern an Geheimnisse und verriegelte Verstecke; oder aber auf eher körperliche Weise an Sekrete, feucht, schmutzig und schambehaftet. Seine Hand gleitet verstohlen über die Knie zur Arretierung. Sie funktioniert noch: Er spürt den Sprungfedermechanismus nachgeben, hört die Verschiebungen von Ritzeln, Stiften und Ketten und wartet darauf, dass das kleine Fach hinter seiner dünnen Fassade, der potemkinschen Platte hervorgleitet …

Ungefähr einmal im Jahr braucht er dieses Ritual, vergleichbar den Flagellanten im Mittelalter oder den Selbstkreuzigungen auf den Philippinen. *Deswegen* glaubt er, nach Abwägung aller Wahrscheinlichkeiten davon ausgehen zu können, dass Vanins noch Notizen, Unterlagen oder jedenfalls *irgendetwas* versteckt hält, worauf man in Thames House so scharf ist:

weil er, Pilkington, das so hält, unter Missachtung aller Verordnungen und Verträge, Verbote und Versprechen … Diese Überbleibsel, die er zurück- oder für sich behalten, an denen er *fest*gehalten, die er abgeschöpft und wie Giftmüll vergraben hat, dunkle, ekelhafte Schätze – diese Reste sind seine private Autobiographie, seine chiffriert gekritzelte und unveröffentlicht gebliebene Beichte, ein hieroglyphisches Alphabet aus Sinus und Kosinus, kanalgefilterten Frequenzen, Graden des Gleitwegs, Dehnungen messenden Signalgebern und weitergeleiteten Beckenlasten …

Er hebt die freigegebene Schatulle auf die Schreibplatte, stellt sie auf die Informationsbroschüren für Parkinson-Betreuer, Einladungen zu Ehemaligentreffen und Telephonrechnungen und nimmt das Notizbuch heraus, ein rotes Merkheft von Silvine, 24,5 x 40,6, auf dem Umschlag der Markenname schräg und kursiv vor einem leeren Schild, um den sich zwei Lorbeerkränze winden; die Seiten liniert, kein Millimeterpapier. Jedes Mal, wenn er darin blättert, ist Pilkington überrascht, wie ungealtert sie sind: Nach über dreißig Jahren sollten sie vergilbt und zerknittert sein wie altes Pergament. Aber das Papier, der Kartoneinband und das ganze Buch fühlen sich so weich an und sehen so geschmeidig aus, als hätte das Geheimfach einen Humidor; die Notizen könnten von gestern oder heute stammen … Die Zeitlosigkeit bringt ein doppeltes Wiedererkennen mit sich: nicht nur der Aufzeichnungen, sondern auch der Art der Erinnerungen, denen sie als Aufhänger und Chiffre dienen. Sind nicht auch diese ewig jung geblieben? Im Gegensatz zur Rückspiegeloptik, der gemäß alle Verstandesinhalte auf zentralperspektivischen Alleen der Zeit zurückweichen müssen, schrumpfen und verblassen, ist diese Angelegenheit perspektivisch fixiert und scharfgestellt – nicht geschrumpft, sondern komprimiert, zu höherer Dichte zusammengeballt worden; durch die Konzentration türmt sie sich höher auf. War das nicht Sinn und Zweck der ganzen Übung? Eine Verdichtung, die gleichzeitig eine Ausweitung war? Vier Jahre in eine einzige Sekunde – eine Sekunde, die eine Million andere enthielt, und ebenso viele Leben und Tode …

Sechs Monate nach seiner Versetzung hatte er den Job bekommen. Nicht auf dem üblichen Dienstweg, von seinem direkten Vorgesetzten im Verteidigungsministerium oder dem darüber; nein, McReady, sein Doktorvater aus Edinburgh, hatte ihn eines Tages auf die Schulter getippt, zum Tee ins Vier Jahreszeiten geschleppt und Sir Ronald vorgestellt, einer grauen oder eher schillernden Eminenz in der Welt der militärischen Aeronautik: wissenschaftlicher Chefberater im VM, ordentliches Mitglied sowohl im Verteidigungsausschuss als auch im Verteidigungsrat …, sowie Dashell, dem Stellvertretenden Leiter für Forschungsprojekte in Langley, den mehrstöckige Gurken-Sandwiches und Scones mit Streichrahm und Erdbeermarmelade verwirrten.

»Isst man die von unten nach oben oder von oben nach unten? Und warum werden die Krusten abgeschnitten?«

»Aus Symmetriegründen«, meinte Sir Ronald. »Da sie dreieckig sind, wäre es eine Spur aus dem Gleichgewicht, wenn die Katheten eine Kruste hätten und die Hypotenuse nicht …«

Dann gingen sie zur Sache: eine Zusammenarbeit, Koproduktion, gemeinsam geplant und durchgeführt von NASA, British Aerospace, FAA, Marconi Avionics … Außerdem gab es noch Juniorpartner, Ableger, Tochtergesellschaften … Der Grundgedanke war die Inszenierung einer KAD – der ersten eines Zivilflugzeugs. Dashells Leute in Virginia wollten grundlegende Daten zur strukturellen Crash-Dynamik sammeln; BA und FAA wollten ein mit Brandhemmer angereichertes Kerosin testen, das Flugzeuge antrieb, beim Auslaufen nach einem Absturz aber nicht in einem Feuerball explodierte; bei Marconi interessierte man sich für die Validierung und Optimierung ihrer noch im Entstehen begriffenen konstruktiven und rechnerischen Flugzeugmodelle; alle Beteiligten sammelten Daten von Lastmessung und Lastübertragung, Rumpfbeschleunigung, menschlicher Toleranz, diverse Regler, die all diese Aspekte koppelten, sowie jede Menge an Unterkategorien, die alle zusammenhingen. KAD stand für *kontrollierte Aufpralldemonstration.* Kurz und gut, sie wollten an einem Strand im Indischen Ozean vorsätzlich ein Flugzeug abstürzen lassen.

»Projekt Albatros«, informierte Sir Ronald Pilkington und wischte sich mit dem kleinen Finger einen Rest Streichrahm von der Wange. »Benannt nach der Flügelspannweite des Vogels und speziell der Art des Tristan-Albatros in der Region – zugegebenermaßen selten, oft infolge von Unglücksfällen, und damit in gewisser Hinsicht das Gegenstück zur Einmaligkeit unseres Tests.«

»Und welche Rolle soll ich dabei …?«

»Navigation«, antwortete Sir Ronald. »Im Grunde ist das einfach eine große Fernsteuerung. Wir müssen eine Boeing 720 sicher in ihren Untergang lenken.«

»Mit Betonung auf *sicher*«, schaltete Dashell sich ein. »Das Profil des Aufpralls ist winzig. Und das Untersuchungsfenster – jedenfalls das, was *uns* interessiert – ist die erste Sekunde nach dem Aufprall.«

»Die erste *Sekunde*? Aber der Treibstoff … der Brandhemmer …« Auf der Suche nach professioneller Schützenhilfe wandte sich Pilkington an McReady – der seinen Blick distanziert erwiderte; die dreijährige Betreuung, das ganze Ge-

rüst der akademischen Welt war nur noch ein Nebenkriegs-
schauplatz der Arbeit, die der Prof. emer. *eigentlich* geleistet
hatte, während er seine Schützlinge großzog. All das wurde
jetzt weggeklappt, und das intellektuelle Gefährt stieg in die
Umlaufbahn des höheren Ziels empor. Alleingelassen, drehte sich Pilkington zu den beiden anderen und fragte: »Spielt
sich das nicht über einen größeren Zeitraum ab? Eine halbe
Minute oder so? Und auch die Lastübertragungen reagieren
doch aufeinander, während das Flugzeug …«

»Genau«, unterbrach Dashell ihn. »Dabei sind so viele Faktoren zu berücksichtigen, dass es zwei, drei Glieder weiter unten in der Ereigniskette im Kern praktisch auf Zufall rausläuft. Unsere guten Freunde aus der Privatwirtschaft können
ihr Geld ins Freudenfeuer werfen, wenn sie Lust haben. Aber
diese erste Sekunde … Wenn das intelligent genug präpariert
wird, setzen wir darauf, dass wir in Sachen Datenspuren ziemlich stabile Metriken erhalten können.«

Das war der Startschuss für die nächsten vier Jahre – vier
Jahre, die sich, wenn ihr Schicksal von nur einer Sekunde verschluckt und verdaut werden sollte, auf dieses Los vorbereiteten, indem sie sich ihrerseits an den beiden vorangegangenen
Jahrzehnten überfraßen. Sämtliche Daten über Transport-
unfälle, private wie staatliche, von Boeing, Lockheed-Ca-
lifornia, McDonnell Douglas, der FAA, der CAA und allen anderen, wurden gesammelt, gesiebt und gesichtet; jede
Bruchlandung eines Passagierflugzeugs zwischen 1958 und
79 wurde aufgeschlüsselt, auseinandergenommen und in die
wachsende Datenbank eingespeist, die dann nach acht Monaten ein Venn-Diagramm ausspuckte, dem zufolge von 993 Ka-
tastrophen in diesem Zeitraum 176 gut dokumentiert waren
und in den Einzugsbereich der Überlebensfähigkeit gehörten;
die Daten dieser besonderen Abstürze wurden dann detail-

liert ausgewertet: Kontext, Ursache, Unfallkonstellation, Ausgang … Jeder Flügelabriss und jede abgebrochene Heckflosse, jeder Leitwerkverlust, Vorflügeleinzug, Heckanschlag und Strömungsabriss, jede Explosion eines Treibstofftanks, jeder Ausfall einer Druckkalotte; die ganze Bandbreite an Rumpfverformungen nach dem Aufprall, Zeitleiste der Brandausdehnung, Knautschverhalten, Trümmer- und Verletzungsverteilungen, sitzreihenabhängige Überlebenschancen – alle verwertbaren Daten wurden zusammengeführt, jeder Faktor brachte – wie ebenso viele Flugzeugtrümmer – Flecken des verursachenden Kontexts und Szenarios mit sich, die Stücke fanden sich zusammen wie ein Puzzle, das aus den Teilehaufen verschiedener Puzzles zusammengefügt wird, zusammengewürfelt, vielleicht durcheinandergebracht, jetzt aber wieder säuberlich zu einem neuen Bild zusammengebaut, das weniger die Originale rekonstruierte, als dass es ein neues Verbundgebilde erschuf, in dem all die alten auch im Akt ihrer Auslöschung erhalten blieben. Man konnte es den *Ur-Absturz* nennen (oder in gilbrethscher Manier, wie Pilkington in seinen Gedankenspielen am Sekretär jetzt denkt, den *einen besten Absturz*); den, der *als solcher* noch nicht geschehen war, der aber jedem, zu *dem* es gekommen war, als Regelwerk und Blaupause zugrunde gelegen hatte, als Summe seiner Möglichkeiten, als Totalität, die geisterhaft über jeder individuellen Iteration schwebte, bläulich schimmernd oder als Hitzetrugbild – er schwebte auch über den Geistern seiner Opfer in Vergangenheit und Zukunft, ein offenes Hauptbuch, immer gefüllt, aber mit Platz für neue Einträge.

Im März 82 war diese Ur-Katastrophe fertig geplant und geplottet. Eine durch immer neues Sieben und Zusammenführen generierte Statistik ergab, dass 54,5 % aller Unfälle bei Anflug und Landung passieren, was sich nahtlos in die praktische Voraussetzung fügte, den Flieger auf einen Strand zu lenken. Der Sinkweg sollte bei repräsentativen 3,3-4,0° liegen; die Nose-Up-Attitude bei 1,0°; Sinkrate 5,20 Meter pro Sekunde; keine Roll- oder Gierlage; Längsgeschwindigkeit 150 Knoten … Es kam so weit, dass Pilkington es richtig *sehen* konnte; immer wieder sah er das Flugzeug sinken, von nichts gelenkt als seinem Willen, gehalten im Regelkreis seiner variablen geistigen Frequenz; und in den Wiederholungsschleifen hörte er nicht nur das Brüllen des Anflugs, sondern auch das statische Knistern an den Kanalrändern, das für ihn zu Stimmen wurde – hunderten, tausenden, die das gesamte Frequenzspektrum füllten …

Septentrion besuchte er erstmals im Herbst 82. Er nahm einen Linienflug über Lagos nach Mauritius; dann ging es mit einem Militärflugzeug weiter, einer riesigen propellergetriebenen Atlas zum Stützpunkt Diego Garcia; von dort mit einer Short C-23 Sherpa zum Atoll, wo sie schon in der Stellfläche landeten. Man sah es lange, bevor man es erreichte: die aufgetriebene, im Meer schwimmende Brezel, die an einer Stelle auftauchte, die man hundertprozentig schon einige Zeit angestarrt und für leer gehalten hatte wie ein anamorphes Bild in einem Gemälde oder eine Bakterienkultur in einer Petrischale. Seine Gestalt, involuiert und um eine Zentrallagune gewunden, verdiente die Bezeichnung Atoll, aber eigentlich war es eine lange Sandbank – eine geringelte Abfolge von Sandbänken, langgezogenen, auf eine blaue Wand geklebten weißen Haftstreifen. Nach der Landung wirkt das Weiß noch weißer. Als Pilkington aus der Sherpa stieg, fuhr er mit der Hand durch den Sand, ließ ihn durch die Finger rieseln und merkte, dass die Leute vom Empfangskomitee anerkennende Blicke tauschten, weil sie einem Profi bei der Arbeit zusahen – Materialanalyse, Bodenprobenentnahme –, und kam sich verlogen vor: In Wahrheit war seine Geste ein bloßer Versuch, mit diesem alles verzehrenden *Weiß* klarzukommen, diesem Pigment, das schon kein Mineral mehr war, sondern ein Konzept, ein Zustand. Das Sonnenlicht war weiß, nicht gelb; das blendende Meer ebenfalls; und bis auf einen einzigen schwarzen Gefreiten galt das auch für die gesamte Besatzung, amerikanische und britische Soldaten und Ingenieure. Keine Urbevölkerung: Die war schon vor zwanzig Jahren zwangsumgesiedelt worden; das war ihre Katastrophe, ein Absturz, den niemand modellieren würde. Weiß: Sand, Menschen und Licht waren weiß und unberührt, plasmaartige Flächen, die auf erste Eindrücke warteten. Dann das Blau: der Himmel, die See, eine elektrische Aufkommensmatrix, reine Potentialität, buchstäblich eine Blaupause … Wenn dieser kurze, schmale Streifen der Bodennullpunkt würde, dann würde der Augenblick, den er in zwei Jahren herbeiführen würde, diese aufgeladene und ausgedehnte Sekunde, nicht nur zu seinem Gründungsaugenblick, sondern (so kam es ihm irgendwie vor) zu dem seiner ganzen Epoche, das explosive *Jetzt*, aus dem beider Zukünfte sich bauschen, Masse und Gestalt finden würden …

»Wir werden über dreihundertdreißig Verlaufsdatenreihen erfassen.« Auch Dashell war mit einem verpickelten Assistenten auf das Atoll gekommen und beaufsichtigte die NASA-Seite der Dinge. »Normale, quer- und längslaufende Rumpfbeschleunigungen; normale Flügelbeschleunigungen (innere und äußere Tragflächen, Brückenflügel und Tragflächenspitzen) und an den Längsträgern; flügel- und rumpfvertikale Biegemomente … dann Lasten: Sitze, Dummys, Becken- und Schultergurte, Gepäckfachverstrebungen … normale, quer- und längslaufende Dummybeschleunigungen – Kopf, Brust und Becken …«

»Becken?«

»Darauf zentriert sich in der Regel der größte Teil der Körperlast. Bei einer Bruchlandung machen alle einen synchronen Hüftschwung nach vorn.«

Er ging davon, pfiff »Ain't nothing but a hound dog« vor sich hin und überließ es Anderson, dem Marconi-Mann, Pilkington in Sachen anthropometrische Messungen auf den neusten Stand zu bringen:

»Dreizehn Dummys werden instrumentiert – dreiaxiale Beschleunigungsmesser, in ihren verschiedenen Hohlräumen befestigte Rückhaltewägezellen und Ähnliches zur Ermittlung, ob Lastmessungen und Beschleunigungen innerhalb der Parameter der menschlichen Toleranz bleiben – sprich, ob die zu überleben sind. Die werden in der Kabine verteilt, um den Erfassungsbereich zu maximieren; einige Dummys sitzen aufrecht, andere in Klemmhaltung. Siebzehn weitere Übungs-Reanimationspuppen werden ohne Instrumente verteilt, einfach um die Reihen vollzumachen; die leisten den schlauen Gesellschaft, ganz wie im richtigen Leben.«

»Und wie übermitteln sie die Daten?«, fragte Pilkington.

»Per Signalgeber«, antwortete Anderson. »Vierhundert Stück senden von den Dummys, den Triebwerken, vom Rumpf, allem Möglichen … Verstärkungsbereich eins bis eintausend, mit maximalem Ausgangssignal von 5V in Pulscodemodulation mit Frame-Format: 129 8-Bit-Worte pro Frame bei einem Megabit pro Sekunde; 60 den 180-Hz-Kanälen zugeordnete Worte, 58 bei 100- und 60-Hz-Kanälen. Die Wortbreite beschränken wir auf 8 Bit, um hohe Abtastraten zu ermöglichen, und schicken das alles vor der Probenahme durch einen Butterworth-Vierpol-Tiefpassfilter, um Alias-Effekte auszuschließen.«

Ab *Pulscodemodulation* war Pilkington nicht mehr mitgekommen … Geistig abwesend, hatte er den Begriff mit *menschliche Toleranz* vermischt: Die Vorstellung eines Pulses, eines Pulsschlags, der in den Flugzeugtrümmern fortdauerte und Signale über alle Hindernisse hinweg ausschickte, die der Tod, Alias-Effekte und andere Waffen im Arsenal des Vergessens gehortet hatten, um ihn abzuwürgen … Erst als Anderson auf das von ihnen entwickelte konstruktiv-rechnerische Flugzeugmodell zu sprechen kam, konnte Pilkington ihm wieder folgen:

»… das ist die Kernfrage: Liefert DYCAST uns eine exakte Vorstellung oder nicht …«

»Wie war das?«

»Kriegen wir da eine exakte Vorstellung …«

»Nein, das davor: Der Deich käst?«

»Nein, DYCAST wie Würfelwurf. DYCAST ist der Finite-Elemente-Code, den wir bei unserem Modell in Ansatz bringen: Die DYnamische Crash-Analyse von STrukturen. Wenn diese Landpartie die bestätigen kann, müssen wir keine Flugzeuge mehr auf die Strände schmeißen.«

In Gedanken reiste Pilkington zum Treffen im Vier Jahreszeiten und zu Dashells Sermon zurück: *so viele Faktoren … praktisch Zufall … zwei, drei Glieder weiter unten in der Ereigniskette …* Jetzt sah er vor seinem inneren Auge zwei Würfel, die auf einen Tisch aus weißem Sand geworfen wurden, wo sie aufsprangen, aneinander abprallten und davonkullerten, und jede neue Kollision änderte die Rotationsachsen, die – und sei es nur Millisekunden lang – gegolten hatten, die Rollstrecken wurden umgelenkt, hatten neue Kollisionen zur Folge, und so ging das immer weiter, vom Zufall vervielfältigt, exponentiell expandierend, nach der ersten Zehntelsekunde war die Unendlichkeit erreicht … Es war wirklich reiner Zufall. Nur der *erste* Aufprall, der Initialkontakt … *der* konnte gesteuert werden: der Winkel, in dem die Würfel gehalten wurden, die

Wucht, mit der sie geworfen wurden, welche Seite nach oben, nach unten und zur Seite zeigte ... Dasselbe galt für den Aufprall des Flugzeugs: ein im Maßstab 1:1000 aufskalierter Würfelwurf, von Millisekunden zu Sekunden, schon hatte man den Zeitrahmen der Bruchlandung – dieselben Proportionalbeziehungen, dieselbe Progression zur Zufälligkeit, aber auch dasselbe Kontrollfenster. Sinkweg, Geschwindigkeit, Sinkrate: Entsprechend präpariert konnten die, wie Dashell sagte, eine stabile Metrik liefern und eine Zahlenreihe erzeugen, die einmalig, finit und *wahr* war ...

Und da kam er ins Spiel: der Würfelausrichter, der flugzeugferne Rudergänger. *Kybernetes:* Hatte Wiener seinen Begriff der *Kybernetik* nicht da hergenommen? Wenn McReady ebenfalls den Piloten gespielt und Sir Ronald zu ihm gesteuert hatte, dann weil er wusste, dass die Dissertation, bei der er Geburtshilfe geleistet hatte, auf dem aktuellsten Forschungsstand war. *Über den Einsatz von Emulations-Software in Fernsteuerungssystemen:* die am häufigsten zitierte Doktorarbeit aus den Reihen des Instituts; damit hatte Pilkington sich seine Sporen verdient – und jetzt das hier eingebrockt. Mit Sir Ronalds Siegel bewehrt, hatte er sein Team von Hand verlesen. In Großbritannien hatten sie das für dieses Projekt maßgeschneiderte Fernsteuerungssystem entworfen – dreizehn Kanäle, eins pro Servosystem –, die Flugroute der 720 von der Startbahn auf NSF Diego Garcia (die Piste auf Septentrion war für den Start nicht lang genug) übers Meer kartiert, die beiden erforderlichen großen Kurven – erst links, dann rechts –, den Spielraum, den die Boeing brauchte, um die Schwingungen zu dämpfen und sich wieder auf die Mittelachse auszurichten, schließlich den letzten Annäherungswinkel. Genau wie eine von Gilbreths Drahtformen (fällt ihm jetzt hier im Arbeitszimmer ein, wo er Ente und Waffelmuster noch immer nicht aus dem Kopf bekommt) … Dann Vanins. Garnett sagt, auf den habe er schon einen Mann angesetzt. Andere haben die Fährte aufgenommen: Dank eigenen Rückmeldungen ist das in Thames House bekannt. Überall undichte Stellen. Schreibmaschinen und Farbbänder, Wortbreiten und Abtastraten … Die Pulscodemodulationsdaten von vier Kanälen der Tonbandgeräte im Flugzeug würden digital um 256 Millisekunden verzögert, hatte Anderson ihm erklärt, um die Datenaufzeichnung auch bei Bandgeschwindigkeitsstörungen im Moment des Aufpralls zu garantieren.

»Stellen Sie sich eine minimale Gedächtnisstörung vor«, sagte der Marconi-Mann. »Nur in Echtzeit.«

Das tat Pilkington und dachte dabei weiter: Konnte man so nicht das gesamte Projekt sehen? Ein verzögerter oder von sich selbst abgelenkter Augenblick; eine Sekunde, die zugleich länger und kürzer war? Aber wo *war* diese Sekunde? Wo war sie jetzt – wo war sie abgeblieben? Vielleicht nirgends und überall: Für ihn hatte sie sich in eine erdrückende Präsenz von ewiger Ungreifbarkeit verwandelt; eine unvollständige Totalität; ein verpasstes und elidiertes Ziel; ein aus dem Fluss der Zeit herausgeschnittener und exponentiell vergrößerter Augenblick wie ein ewiger Rahmen …

Im Nebenzimmer hört er ein leises Geräusch: ein Murmeln, das die Oberfläche von Thérèses Schlaf kräuselt. In den Broschüren und bei den Online-Selbsthilfegruppen heißt es, Angststörungen könnten Vorboten der Demenz sein. Vielleicht liegt es auch bloß an der Hitze: Die Heizkörper sind voll aufgedreht. Draußen auf dem Atoll war es auch nachts immer heiß. Als er im Februar 84 dorthin zurückgekehrt war, hatte sich die Piste verändert: Kameras, Landebahnbefeuerung, Linien wie die Yard-Linien auf American-Football-Plätzen oder die Längsstreifen auf dem Halfpenny-Bord … Im

Lande-Korridor selbst waren rund zehn Meter hinter dem Reifenkontaktpunkt zwei Reihen Flügelöffner aus massivem Stahl gewachsen.

»Das sind Schlitzer«, verkündete Anderson, an dem die vergangenen achtzehn Monate Spuren in Form verlängerter Hängebacken hinterlassen hatten. »Die schlitzen den Flieger der Länge nach auf, so dass das FM-9-Kerosin mit einer garantierten Menge von 75 bis 380 Litern pro Sekunde ausströmt. Hier, trink erst mal was …«

Er riss zischend eine Bierdose auf und hielt sie ihm hin. Pilkington wunderte sich, dass sie kalt war. Bei seinem letzten Aufenthalt hatten sie den ganzen Tag lang warmes Wasser aus Osprey-Trinkflaschen gelökert, die sie höchstens zusammengebunden, in der Lagune versenkt und später wie Angelleinen wieder eingezogen hatten, um dann bestenfalls lauwarmes Wasser trinken zu können. Jetzt hatten die Amerikaner Kühlschränke. Außer Bier bewahrten sie in denen Eiscreme auf, Großhandelskübel mit den Sorten Vanille, Erdbeere und Schoko-Minz-Splitter, die sie großzügig mit ihren englischen Partnern teilten. Als der April näher rückte, wich der Kameradschaftsgeist unter den Männern (es gab hier nur Männer), unter Offizieren wie Gefreiten und Militärs wie Zivilisten, einer greifbaren Erregung, versetzt mit wohltuender Fröhlichkeit, transatlantischem Flachsen über Cricket und Baseball, die jeweiligen Vorzüge von Feld- und Eishockey, die Genieß- oder Ungenießbarkeit von Marmite, was in Gottes Namen Kliebensuppe war, Spekulationen darüber, warum Dummys orange waren, wie Septentrion zu seinem Namen gekommen war, wenn es hier doch definitiv nur sechs Sandbänke gab, und warum die Bruchlandung am 1. April stattfinden sollte … *April, April!*, riefen sie sich zu, dem Himmel, dem Horizont oder anderen Flächen, die sie anbrüllen konnten.

Es wurde ihr Passwort, ihr gemeinsamer Insiderwitz und der inoffizielle Projekttitel. *Wem spielen wir hier Streiche?*, blafften und johlten sie abends bei Bier und Eiscreme, unendliche Sterne sprenkelten die blauschwarze Himmelskuppel, die sich nicht nur über ihnen wölbte, sondern auch um sie herum und sogar unten ihnen durch, als bildete ihr Atoll den Mittelpunkt eines gläsernen Briefbeschwerers, einer Schneekugel, und Knochensplitter, die von Kontakten und Erschütterungen lange vor Anbeginn der Zeiten herrührten, nutzten noch die Thermik ...

Der Witz ging natürlich auf ihre Kosten. Unfallvermeidung, von wegen ... Am längsten, am bittersten und als Letztes lachte Pilkington und nur er. Sie wussten damals nicht und wissen heute nicht: *Er* war es ...

7. Movement Underground

Es gibt einen Witz, den alle Bergener kennen: Stehen ein Tourist und ein Zehnjähriger an einer Bushaltestelle / einer Ladentheke / einem Imbiss – egal wo – und starren durch regenschlierige Fensterscheiben auf Straßen, in denen Regenwasserbäche schäumen. Fragt der Tourist den Jungen:

»Wie ist es hier eigentlich, wenn's mal nicht regnet?«

Der Junge sieht ihn an, als wäre das die dümmste Frage, die er je gehört hat.

»Woher soll ich denn das wissen?«, fragt er zurück. »Ich bin erst zehn.«

Bergener Regen gehorcht einer nach-newtonschen Physik: Er kann nach unten prasseln, zur Seite und sogar nach oben. An seinem ersten Morgen in der Stadt hatte sich Phocan beim Verlassen des Hotels im Foyer einen Regenschirm genommen und wunderte sich über den hintergründigen, leicht herablassenden Blick des Empfangschefs. Das Rätsel löste sich binnen zwei Minuten. Niemand trägt in Bergen einen Regenschirm; die Dinger sind sinnlos. Die Regenschauer umwirbeln einen in dunstigen Strömen und auratischen Schleiern und verschaffen sich immer Zugang: durch Lücken zwischen Mantelverschlüssen oder Hemdknöpfen, zwischen Ärmeln und Handgelenken, Hosenbeinen und Knöcheln, Kett- und Schussfäden der Strickpullover. Als er Sardinen erreichte, war er klitschnass: nicht nur seine Kleidung, sondern (gefühlt) auch die Haut, als wäre es zu einer seltsamen Inversion der gerühmten Saunarituale des Landes gekommen, ein Rückwärtsschwitzen, und nicht er, sondern die Atmosphäre hätte ihre Feuchtigkeit abgegeben, Millionen zerstäubter Tröpfchen, die sein Körper wie ein gieriger Schwamm aufgesogen hatte. Als erste Amtshandlung seiner Gastgeber ging eine von ihnen, eine Akrobatin namens Trine, mit ihm in eine *klær butikk*, wo er sich einen Ganzkörperanorak kaufte, den er jetzt wie ein Wissenschaftler in einem Film über eine Pandemie oder (wie im Fall von *Inkarnation*, obwohl Ben Briar sie – seltsamerweise – nicht darauf aufmerksam gemacht und ähnliche Kostüme für die Figuren gefordert hat) mit Außerirdischen automatisch anzieht, bevor er auf die Straße geht.

MU ist in einer alten Konservenfabrik untergebracht, daher der informelle Name. MU bedeutet Movement Underground, aber alle nennen es (Gebäude, Unternehmen, Personal) Sardinen. An den Haken in den überwölbten Werkhallen, an denen früher fassweise der tägliche Fang hochgezogen und ausgekippt wurde, um dann über Rampen auf Förderbänder zu schwappen, die Millionen von Fischen einen fröhlichen Tanz durch die Stadien Sortieren, Pökeln, Zerlegen, Dosenverschließen und schließlich das Abpacken in Kartons vollziehen ließen, hängen heute Seile und Bungeegurte, Strapaten und Netze, *cordes lisses* und *volantes*, an denen Akrobaten hängen, schwingen, grätschen, hechten und schaukeln, während zu ihnen hoch und manchmal unter ihnen andere Körper aufsteigen, von den Trampolinen hochschießen, die überall auf dem Boden stehen. Andere fallen von den Balken und Einbautüren, tauchen in eigensinnig anmutigen Salti, die an die Klippenspringer von Acapulco erinnern, oder stürzen umgekehrt passiv und formlos, als wären sie erschossen oder gestoßen worden oder einfach ausgerutscht, auf blaue Weichbodenmatten, die beim Aufprall nachhallend implodieren und deren Oberflächen sich zusammenknautschen, bevor sie sich wieder ausdehnen, Schaumstoffschichten, die wie Hefeteig im Zeitraffer sofort wieder das frühere Volumen, wenn auch nicht die alte Topographie einnehmen (Phocan registriert, dass die Plastikbezüge nie identische Falten- und Kniffverteilungen aufweisen), während sie auf den nächsten Körper im freien Fall warten. In einer Hallenecke reicht eine Menschenpyramide fast bis zum Gebälk: deformiert zerfällt und kollabiert sie schon wieder, während sie sich noch bildet, ausrangierte Körperblöcke rappeln sich auf, wanken über den Boden, um sich zu neuen, kleineren Mastabas zusammenzutun, steigen dabei über andere gefallene und wankende Gestalten hinweg und suchen sich ihre Wege ...

Das Szenario ist folgendes: Tszvetan und Tild sind erwischt worden. Das musste so kommen; nicht mal beim Galaempfang im Raumhafen von Kern war das zu übersehen, als sich die Luftschleusen der *Sidereal* zischend öffneten, die zukünftige Braut die lange, rosenbedeckte Gangway herabgeführt wurde und aus dem Trockeneisnebel schritt, in den das Raumschiff gehüllt worden war (Herzbergs Idee, nicht Briars) – wie ihre Eskorte sie da an der Hand geleitete, wie er ihre Hand *hielt*, dieser Mangel an formaler Steifheit verriet mehr Vertraulichkeit als Zeremoniell ... Die Höflinge hatten auf der Stelle zu tratschen angefangen und haben seither nicht mehr aufgehört. Einer von ihnen, ein verschlagener Kommandant namens Marloe, der seit langem einen Groll gegen Louis Qs Protégé hegt (sie sind gleich alt; Tszvetan hat in den Rennen besser abgeschnitten als er und im Krieg doppelt so viele Abschüsse erzielt wie er), träumt schon ewig und drei Tage davon, sie auffliegen zu lassen. Er hat Routentracer installiert, Kommunikations-Spyware und Körpersignaturorter aktiviert und Kryptoschatten initiiert; er hat wie ein zweiter Jago bei allen möglichen und unmöglichen Gelegenheiten Andeutungen fallenlassen – aber sein Ränkespiel hat sich nie ausgezahlt, teils weil die Liebenden seine Absichten durchschauten und erforderliche Gegenmaßnahmen trafen (Spu-

renverwischungs-Software, Phonemzerhacker, Schattendif-
fraktoren usw. usf.), teils weil Louis Q nicht sehen (oder nicht
wahrhaben) wollte, was für den Rest der Welt ausgemachte
Sache war.

Und offensichtlich war es auch keine einmalige Sache, sondern die thanadrinbefeuerte Episode hat bei Tild und Tszvetan unerschöpfliche Reserven der Leidenschaft angezapft. Es
ist eine Sucht; beide entwickeln faktische, d. h. körperliche
Entzugserscheinungen – Fieber, Übelkeit, Zittern –, wenn
die Tête-à-Têtes nicht praktisch jeden Tag aufs Neue stattfinden … Zu ihren Rendezvous verabreden sie sich an halb-
öffentlichen Orten: im Botanischen Garten, im Naturkun-
demuseum, auf dem Tentirn-Turm – die Schäferstündchen
werden spontan vereinbart und über Ad-hoc-Verbindungen
kommuniziert, die nicht dechiffriert werden können, weil sie
von den Liebenden intuitiv erfunden worden sind und quasi Idiolekte darstellen. Er speist auf bestimmten Frequenzen
Chips in ihren Blu-ray-Stream ein, richtet flackernde Laserstrahlen auf die tiefhängenden Wolken über dem Palast oder
blitzt ihr ein Ikonogramm rüber, das einen *caprifolio*-Busch
zeigt; keinem dieser Symbole haben sie vorher eine feste Bedeutung gegeben – aber sie weiß jedes Mal ganz genau, was
er ihr signalisiert. Die anderen – Höflinge, Diener, das gemeine Volk – wissen nur, dass sie das nächste Stelldichein verein-
baren, können das Wissen aber in keine dekodierbare Aussage
übersetzen und damit aktenkundig machen …

Marloe ist kein Idiot, hat gründlich darüber nachgedacht
und seine Strategie revidiert. Ihm ist klargeworden, dass sein
Ziel nicht die *Aufdeckung* der Affäre sein kann, denn die war
ja von Anfang an nicht besonders verdeckt. Es kann auch
nicht darin bestehen, Louis Q davon zu überzeugen, dass es
eine Affäre gibt: Wenn das, was der Herrscher schon gesehen

hat, nicht genügt, dann reicht nichts aus – die beiden vögeln schließlich praktisch vor seiner Nase. Nein, Marloe muss *für das gemeine Volk* aufdecken, dass Louis Q über den Stand der Dinge Bescheid weiß; und außerdem muss er ihm, Louis Q, aufdecken, dass das gemeine Volk weiß, dass er von ihrem Wissen weiß, ein Feedback des Wissens, das sich selbst speist, sich elektrisiert und die ganze Situation aus der Starrheit aufrüttelt. Wenn erst alle trennenden Vorhänge aufgezogen, alle Minnegrotten abgerissen, alle Sackgassen geschleift und die Nebelwände des Verdrängens beseitigt sind, dann … *Dann* wird Louis Q handeln müssen, denn sonst werden *sein* Kopf und Zepter, *seine* Krone und Autorität aufs Schafott geschickt. Marloe malt sich schon ewig die passendste Inszenierung aus, mit der das erforderliche trilaterale Anschauen – Louis Q sieht die Liebenden, die Öffentlichkeit sieht, wie Louis Q die Liebenden sieht, Louis Q sieht, wie die Öffentlichkeit sieht, wie er die Liebenden sieht – orchestriert werden könnte …

Die Ereignisse oder zumindest der höfische Festkalender kommt ihm entgegen: Seit dem Zweiten Königreich ist es auf Kern Tradition, jeden neuen Mondzyklus mit einer königlichen Jagd zu begehen. Unter jeder Menge Tschingderassabum und Fahnenschwingen besteigen der Herrscher und seine Entourage eine Armada aus Fünfzylindern und *kjarabancs* und spüren die *radjars* auf, die durch die Steppen und Sumpfgebiete von Kern schweifen. Die Exkursion zieht sich einen ganzen Tageszyklus lang hin – eine rein männliche Angelegenheit, bei der Tszvetan unter normalen Umständen nicht nur mitspielen, sondern den Star abgeben würde und von den eleganten geweihtragenden Geschöpfen mehr als jeder andere zur Strecke bringen würde (wobei er, wie das Hofprotokoll es verlangt, den erlegten Überschuss als Hommage und Tribut seinem Lehnsherrn zuschreiben würde). Diesmal macht er aber einen Rückzieher, redet sich auf eine alte Verletzung raus, eine Saraönische Schulterwunde, die plötzlich wieder Ärger macht – was natürlich (um einen in Vergessenheit geratenen Ausdruck von Kern wiederzubeleben) *Kwatsch* ist: Tild und er werden die Abwesenheit seines Onkels als Freifahrschein für ungestörte nachtlange Liebesspiele nutzen. Das tun sie dann auch und trinken zwischen den Runden verschiedenste von Tild zubereitete Cocktails – nichts so Überwältigendes wie Thanadrin, von dem nichts mehr übrig ist (das hatten sie in der Nacht auf dem Schiff auf ex gekippt), aber doch nette Ergänzungen für so langgezogene Eskapaden: Rhodontrin, Porphyridion und Mandragal – Elixiere, die die Auswirkungen der Dunkelheit verdoppeln und sie in die Intimität und Sicherheit ihrer scheinbar ersten, vielleicht aber auch letzten Nacht hüllen und zu einer Weltvergessenheit verleiten, die auch ein Vergessen der Gefahren und Risiken des Ertapptwerdens, ja der Weltvergessenheit selbst ist. Als sie ihre Leidenschaften und Körper schließlich verausgabt haben, sinken sie nahtlos in tiefen und friedlichen Schlaf. Als Louis Q unter Führung von Marloe (der das Liebespaar, seit Tszvetans DF-Software reaktiviert worden ist, mühelos aufspüren kann) mit der ganzen Jagdgesellschaft im Schlepptau und beladen mit *radjars*, die genauso schlaff und unbeseelt wirken wie die beiden Liebenden, in die *Sala Rosa* des Palasts gestolpert kommt, als die Morgenröte gerade um Ardis Minor herumspäht, über die Kernwinal-Hügel kriecht und das Licht von Fidelus auf die goldenen Fäden in den dunklen Gobelins des Saals wirft, müssen sie eine volle Minute rufen, stupsen, zerren und schließlich schlagen, um Tild und Tszvetan wachzukriegen.

Stand der Dinge ist dann: Louis Q ist wutentbrannt, weil seine Braut und sein Neffe ihn betrogen haben, weil man ihn dabei ertappt hat, wie er sie ertappt hat, weil er deswegen jetzt etwas unternehmen muss, weil der Symbolismus der Geweihe, die alle Umstehenden umklammern und ihm als Spiegel vorhalten, einfach nur abgeschmackt ist – und Tszvetan und Tild blinzeln ins feindselige Tageslicht, beschämt und nackt, gleichzeitig aber auch trotzig stumm. Sie starren die versammelte Gesellschaft mit so stechenden Augen an, dass die Höflinge die ihren niederschlagen; Louis Q sagen ihre Blicke: *Ja. Du hast es so gewollt, und so ist es gekommen. Was machst du jetzt?* Der Herrscher hat keine Wahl. Er verfügt, dass Tszvetan und Tild im Zenit des Tageszyklus auf dem Zentralplatz hingerichtet werden. Marloe, der ein richtiges Arschloch ist, erdreistet sich aber vorzuschlagen, dass Tild auf der Stelle den *leperosi* von Kern übergeben wird – armen Bürgern zweiter Klasse, die ein von einem Meteor eingeschleppter Virus heimgesucht, entstellt und verkrüppelt hat, der widerliche Geschwüre auf ihrer Haut wuchern lässt, bevor er sich ins Fleisch hineinfrisst und Zehen und Finger und manchmal sogar Arme und Beine zur Autoamputation bewegt … Diese Wesen, gemieden von Arbeitgebern, Vermietern und so gut wie allen anderen, weil ihre Krankheit hochinfektiös ist, sind zu endlosen Wanderungen durch die Wüsteneien von Kern verurteilt, durch die öden Lande, Moor- und Randzonen, aus denen sie in unregelmäßigen Abständen scharenweise hervorbrechen und ihre fingerberaubten Bettelhände den Passanten entgegenstrecken, die voller Abscheu vor ihnen zurückschrecken. Warum, drängt Marloe, händigt man Tild nicht direkt der Gruppe aus, die sie am stillgelegten alten Hafen lagern gesehen haben, als sie aus den Sümpfen zurückgeritten kamen? Sollen die sie sich doch gefügig machen.

Auch damit wird Louis Q in die Ecke getrieben: Jede Mäßigung seines Zorns, die den wütenden Gang seiner Rache zur sanften Liebe ebbt, würde als Zeichen der Schwäche angesehen – eine aus politischer Sicht unüberlegte Botschaft, von der persönlichen ganz zu schweigen. Tszvetan ist populär, und die *plebeiani* scheinen auch Tild kollektiv ins Herz geschlossen zu haben; eine Verzögerung oder Strafmilderung, die die beiden unversehrt ließe, könnte in puncto Loyalität der Öffentlichkeit eine gefährliche Ambivalenz hervorbringen und ein Interregnum einläuten, in dem sich die Lehnstreue verschiebt; das junge Paar könnte als königlicher Parallelhaushalt oder gleich als Thronfolger in spe angesehen werden … Nein, Louis Q muss sich mit der Brutalität jetzt geziemend beeilen und Marloes grotesken Vorschlag akzeptieren. So sei es denn: Tszvetan soll noch am selben Tag auf dem *piazzo* verbrannt und Tild von Kerns gangränösen *leperosi* zu Tode vergewaltigt werden.

»Und Sie sind sicher, dass die so übereinanderklettern sollen?«, fragt Phocan Herzberg, als die beiden zusehen, wie sich die *akrobater* von Sardinen auf Rücken und Schultern steigen und dann, wenn die Aufstellung zu kopflastig geworden ist, einstürzen und über die Matten purzeln, sich wieder aufrappeln und neuen Massengebilden anzuschließen versuchen.

»Absolut«, sagt der Art Director entschlossen. »Das will Lukas so. Die *leperosi* manifestieren sich als Kollektivkörper. Sie *repräsentieren* Kollektivität – als Kontrapunkt zum heroischen Individualismus der Hauptfiguren; und … da wäre noch was anderes …«

»Na gut«, sagt Phocan, »es ist bloß schwierig zu …«

»Außerdem sind Krankheit, Ansteckung und Gebrechen die niederen Spielarten des hohen Begehrens, das die beiden Liebenden beherrscht«, fährt Herzberg fort und referiert Dressels komplexen Vortrag zum Thema, den der Starregisseur ihm in London am Vorabend des Abflugs nach Norwegen gehalten hat. »Er hat *Tod in Venedig* erwähnt: Sie erinnern sich, wie die Cholera mit all den zusammenbrechenden Menschen da den moralischen Niedergang des wackeren und rechtschaffenen Komponisten symbolisiert, seine ›Hingabe an die Fäulnis des Verlangens‹ …«

Phocan hat den *Tod in Venedig* nicht gesehen. Aber er weiß, dass das Markieren und die Bewegungserfassung eines »Kollektivkörpers« üble Kopfschmerzen bereitet – paradoxerweise gerade weil ein hoch aufgeschossenes, vielgliedriges Monster genau das ist, was man bekommt, bevor man damit anfängt, die einzelnen Portionen herauszulösen und zuzuordnen; dass in diesen Funktionen (Herauslösung und Zuordnung) die große Stärke von Pantareys Physis 6^{TM} besteht, davon hat er letzte Woche erst die IACSS-Delegierten zu überzeugen versucht. Hier geht es jedoch um die umgekehrte Abfolge. Ein Artefakt aus Verstrickungen und Durcheinander *auf Bestellung* herzustellen, ist schwieriger, als es sich anhört – unvorhersehbare oder unbestimmte Zusammenballungen zeichnen sich nun einmal durch Unvorhersehbarkeit und Unbestimmtheit aus …

»Dann markieren wir sie mal«, meint er nach kurzem Nachdenken zu Herzberg, »und lassen sie nach Ihren Anweisungen Purzelbäume und Neuverschmelzungen machen. Bin gespannt, was dabei rauskommt. Danach sehen wir weiter.«

Als sie sich die Sequenzen drei Stunden später anschauen, während der auf das Wellblechdach von Sardinen prasselnde Regen das einzige Hintergrundgeräusch liefert, denn die *akrobater* haben hier das Lager abgebrochen und sind in geschlossener Formation in eine Bar um die Ecke namens *Sardinkan* abmarschiert (mit überschwänglicher Gastfreundschaft, so beschwingt wie ihre Hecht- und Bocksprünge, haben sie Phocan und Herzberg gedrängt nachzukommen, »sobald Sie mit Ihrem Kram hier fertig sind«), ist Phocan von den Ergebnissen angenehm überrascht. Die Ansammlung der künftigen *leperosi*, vorläufig noch gesichtslos, ohne blatternarbige und schwärende Haut, Gliedstümpfe, notgeiles Glotzen und so weiter – das bekommen sie alles erst bei DZ in London –, scheint tatsächlich als ein einziger, wenn auch ungewöhnlich zusammengesetzter Organismus zu funktionieren, dessen Schwarmintelligenz ihn in einer Strömung umfließt, die sich ebenfalls gleichzeitig hierhin und dorthin schlängelt, nur um dann wie Dauerregen um den Körper der jungen Frau herum zu verschmelzen – rein zufällig Phocans Regenmantelkaufberaterin Trine, die hier Tild bzw. Rosanna Wilmington doubelt.

»Gefällt mir.« Herzberg nickt Phocan anerkennend über die Schulter. »Dürfte Lukas auch gefallen. Kommen Sie, gesellen wir uns zu unseren Freunden in der Sardinendose.«

Herzbergs Genugtuung über seinen Witz verfliegt, als sie die Bar erreichen und feststellen, dass *Sardinkan* nicht nur tatsächlich »Sardinendose« heißt (das über dem Eingang angebrachte Schild lässt da keine Zweifel), sondern auch genauso voll ist. Die Akrobaten quetschen sich an den Tischen, hocken auf Fässern, Fensterbänken und -brettern, grätschen über die Balken, die unter der niedrigen Decke der Kneipe verlaufen. Sie müssen schon einiges gebechert haben; sie sind aufgedreht; einige singen; andere reichen lachend ihre Smartphones herum. Den Gästen werden Drinks bestellt, außerdem eine neue Runde für die Sardinen. Als Phocan Trine, die für ihn ein Stück beiseiterückt, fragt, was sie sich da auf den Handys anschauen, hält sie ihm ihres hin, und er scrollt durch dutzende von Schnappschüssen von Akrobaten in den verschiedensten Haltungen und Formen: zusammengeknickt, alle viere spreizend, fallend, beim Schwalbensprung, wild um sich schlagend, im Aufstieg, in die Höhe schnellend und schießend ...

»Wie wisst ihr da, wer wer ist?«, fragt er. Die meisten JPEGs zeigen sie in Bodysuits, mit Köpfen hinter angezogenen Beinen oder bei so überdehnten Strecksprüngen, dass keine Gesichter zu erkennen sind.

»Gar nicht.« Sie zuckt die Schultern. »Das ist egal. Wichtig ist, neue Figuren und Variationen zu finden.«

»Aber ...«, setzt er an und findet dann keine Worte für seine Spitzfindigkeit.

»Was?«, hakt Trine nach und wischt sich eine große Flutmarke Bierschaum vom Mund.

»Ich meine ... Bist du denn nicht stolz, wenn *du* es bist, die eine neue Form findet?«

»So denken wir nicht«, erklärt sie ihm. »Es geht nicht darum, was *wir* finden oder dass *wir* eine bestimmte Bewegung *besitzen* ... Wir arbeiten aus dem Gefühl heraus, dass unsere Körper der Ort sind, an dem die *action* ist.«

»Und dein Gesicht?«, fragt er.

»Was soll damit sein?«, fragt sie zurück.

»Wenn da das von Rosanna Wilmington drübergeklebt wird ... Fühlst du dich dann nicht irgendwie weggekürzt?«

»Ich selbst war doch gar nicht dabei«, antwortet Trine.

Bevor Phocan fragen kann, wie sie das meint, kommt die nächste Runde; diesmal hat Herzberg sie ausgegeben.

»Das war das halbe Filmbudget!«, ruft er und verteilt die Krüge. »Die nächste Runde geht auf Pantarey.«

Phocan spurt und ist danach ziemlich im Kleister, was aber für die ganze Gesellschaft gilt: Die Körper gleiten immer fließender und ohne klare Umrisse von Balken über Simse zu Stühlen und Tresen; Tresen und Balken kommen selbst ins Gleiten, ihre Ränder verschwimmen und richten sich neu aus.

Dann ist er wieder draußen im akrobatischen Regen, der heranflutet und abebbt, schwebt und springt. Trine ist neben ihm und stützt ihn, und die Pflastersteine laufen unter ihm weg, bis sie sein Hotel erreicht haben; dann gelingt es ihm irgendwie genau wie dem Bergener Regen, zwei Treppen in sein Zimmer im zweiten Stock hochzufallen, leider anscheinend ohne Trine, obwohl sich da jemand über das Thema Anonymität auslässt – aber vielleicht führt er auch nur Selbstgespräche, als er mit dem Gesicht nach unten daliegt und die Stirn von der Holzschwelle zwischen Zimmer und Bad eingekerbt wird …?

Die Kerbe der Schwelle bleibt ihm den größten Teil des nächsten Tages erhalten; in seinem derangierten Zustand assoziiert er sie jedes Mal, wenn er sie im regenverzerrten Glas sieht, nicht nur mit Trine – soll heißen, mit Trines Abwesenheit –, sondern auch mit noch verschwommeneren, modulierenderen Sequenzen, Ketten unvollkommen gespiegelter Episoden, die rückwärtslaufen, Rafaella Farinati streifen und sich in dunkle Nischen schieben, die sein Gedächtnis zumindest in seinem jetzigen Zustand nicht aufhellen kann. Als er, immer noch auf dem Fußboden ausgestreckt, aufwacht, pladdert der Regen immer noch sein konstantes Hintergrundrauschen an die Mauern und Fensterscheiben, seine Wässrigkeit hämt über seine Dehydriertheit, er trinkt alle Wasserflaschen in der Minibar aus und füllt sie wieder aus dem Wasserhahn. Als er den Laptop aufklappt, warten im üblichen Mailbox-Müll zwei wichtige Mails auf ihn. Eine hat eine .lv-Adresse: Lettland. Sie kommt aus Raivis Vanins' Büro und zeigt hinter dem *Re:* die Betreffzeile seiner eigenen, vier Tage alten Mail: *Möglichkeit eines Besuchs in Jumelans?* Sie lautet:

Sehr geehrter Herr Dr. Phocan,

Professor Vanins dankt Ihnen für das Interesse an seiner Arbeit. Seine Forschungen über Gleichgewichtszustände wurden mehrheitlich vor etlichen Jahrzehnten angestellt und sind erst in letzter Zeit auf das Interesse gestoßen, das Sie zum Ausdruck bringen. Prof. Vanins möchte Sie auf die Bestände im Institut für Festkörperphysik an der Rīgas Tehniskā Universitāte aufmerksam machen, das den Löwenanteil seines Archivs beherbergt, und legt Ihnen nahe, zunächst diese einzusehen. Sollten Sie ihn danach trotzdem persönlich treffen wollen, so lässt er ausrichten, dass er sich aus Hochachtung vor seinem alten Bekannten, Ihrem Patron Dr. Garnett, Zeit dafür nehmen würde. Sollte das erwünscht sein, schlägt er einen Termin nach dem 13. September vor.

Mit freundlichen Grüßen

Lazda Krūmiņa
i. A. Professor Vanins

Patron? Nett: Hat was Väterliches. Keine Erwähnung schwarzer Schachteln: wie auch? Weder Garnett hatte in seinen Annäherungen an Vanins auf die angespielt noch er, als der Kommunikationskanal dann offenstand. Beim Lesen der Antwort dieser Lazda Krūmiņa kommt sich Phocan verlogen vor, an der Grenze zum Kriminellen – als Hochstapler, auch wenn er gar keiner ist und sein Gefühl, vom rechten Weg seiner Berufung abgekommen zu sein, auf diesen fürchterlichen Kater zurückzuführen ist. Vielleicht hat er seine strategische Faszination für Gleichgewichtszustände zu sehr hochgespielt:

Drückt sich in ihrer Überraschung und vielleicht auch seitens des Professors eine Spur Argwohn gegen sein trojanisches Steckenpferd aus? An diesem Morgen ist er außerstande, Anspielungen einzuschätzen. Was bedeutet *erst in letzter Zeit*? Die zweite Mail kommt über einen kommerziellen Provider ohne Länderzusatz – aber die Adresse erregt sofort seine Aufmerksamkeit: a.pirotti@gmail.com. Die Betreffzeile lautet: *808*. Sie beginnt mit derselben Anrede wie die erste:

Sehr geehrter Herr Dr. Phocan,

es war erfreulich und vielversprechend, Sie in Rom kennenzulernen. Ich frage mich, wie Sie mit Ihren Recherchen zu dem Thema vorankommen, über das wir uns auf dem Hügel unterhalten haben. Bitte halten Sie mich auf dem Laufenden. Sollte es Sie in nächster Zeit in diese Weltregion verschlagen, könnten wir unseren Austausch vielleicht in Riga fortsetzen.

In freundschaftlichem Wohlwollen

A. P.

Genau wie bei der leibhaftigen Begegnung mit Pirotti vor einer Woche ist Phocan verwirrt und ihm ist schwindelig. Das liegt nicht nur an den Giftstoffen und dem Kaliummangel: Die plötzliche Überschneidung zweier Terrains, die absolut nichts miteinander zu tun haben sollten, zieht ihm den Boden unter den Füßen weg – als hätten sich in der faseroptischen Übertragung oder schlicht im silbrigen Gehäuse seines Laptops zwei verschiedene Felder gekreuzt und gegenseitig *gelesen*, deren dank den Barrieren von Geographie, Technologie und ganz einfach Realität beziehungslose Getrenntheit überbrückt worden ist. *Riga:* Wie um alles in der Welt ...? Nach seiner Rückkehr aus Rom war er in London sofort Cassius First Motion nachgegangen und hatte nichts gefunden; er hatte Online-Verzeichnisse von Mo-Cap-Firmen durchforstet, auch wenn das kaum nötig gewesen wäre: Die Branche ist klein, und er weiß, wie die alle heißen, andererseits ist nie auszuschließen, dass Start-ups flügge werden ... nichts; dann hatte er die Suche auf Technologieunternehmen ausgeweitet ... CGI-Betriebe wie Degree Zero, Sportwissenschaftslabors, Datenschutzfirmen – auch nichts. Cassius existierte nicht. Gut, er hatte die Telephonnummer auf der Karte – aber wenn er *die* anrief, überschritt er eine Schwelle zum Verrat. Werkspionage. Warum hatte er Garnett oder Hossain nicht sofort nach seiner Rückkehr darüber informiert, dass er kontaktiert worden war? Darauf hat er keine Antwort, weiß nur, dass er es aus irgendeinem Grund nicht getan hat. Es kam ihm zu vertraulich vor, quasi ein Kavaliersdelikt. Und dann die Rolle von Farinati, falls sie eine gespielt hatte ... Hätte er aus ihrem Lächeln über seine Schulter hinweg etwas herauslesen sollen? Aus ihrer ostentativen Markierung seines Jackettaufschlags? Hätte er ihre dargebotene Nicht-ganz-Verabredung auf dem Palatin durchschauen sollen, dem unübersehbarsten Ort von ganz Rom? Und jetzt das hier ... Er zieht seinen Anorak an und macht sich in den Regen auf.

Auch dieser Tag bei Sardinen vergeht mit der Erfassung stürzender, auseinanderfallender und sich wieder zusammenballender Körper. Als er die Übelkeit durch Zuckerzufuhr überwunden hat, findet Phocan in einen ruhigen Rhythmus und beobachtet, wie lepröse Gestalten mit unregelmäßiger Regelmäßigkeit vorrücken, eine gesichtslose Menschenmenge, die mittels ihres Kollektivkörpers zu spüren, zu denken und Zeit zu messen scheint: Lukas' Formulierung, die Herzberg ihm ausbuchstabiert hat, geht ihm immer wieder durch den Kopf, als er nach Beendigung der Live-Capture-Sessions dasitzt, einzelne Sequenzen editiert und kurze Bewegungsabläufe wieder und wieder abspielt … die *befreiende Dynamik der großen Maschine* … auch Gastews Formulierung nimmt im Regenprasseln und Laptopsummen Gestalt an. Oder hatte der *Eruption* geschrieben? Je länger Phocan sie betrachtet, desto abstrakter werden die Sequenzen: Pixel werden von der Leibermasse abgeschoren und bilden neue Blöcke, erinnern plötzlich an Zellen, Plasmagebilde auf der Suche nach neuen Clustern und neuen Zielen. *Non aberranti ma esemplari …* Auch Farinatis Worte jagen als Querschläger durch den Luftraum der alten Konservenfabrik. In seinem benebelten Zustand, wo Sturzwellen der Glukoseschwankungen seinen Verstand praktisch zum Kentern gebracht haben, wandert Phocan in Gedanken seltsamerweise zu den ausgedehnten Abhandlungen über Artefakte zurück, die Diamond ihm aus der Nase gezogen hat, als die Pantarey-Praktikantin noch nicht trocken hinter den Ohren war. Das Thema schien sie zu beschäftigen. Sosehr er ihr auch klarzumachen versuchte, das wären nur Ergebnisse von Glitches, Programmfehlern, Codedefiziten – sie blieb hartnäckig bei ihrer selbstgebastelten These, das könnten Caches sein für »einen Informationstyp, dessen Interpretation wir noch nicht gelernt haben«.

»Wie meinst du das?«, hatte er sie belustigt gefragt.

»Na ja, so wie früher, als rheumatische Kniegelenke noch Gewitter vorausgesagt haben. Oder wenn PTBS-Veteranen wie mein Freund Aidan« – seit Phocan sie so ritterlich aus dessen Fängen befreit hat, sorgt der Name bei ihnen beiden für ironische Vertrautheit – »irgendwelche neurotischen Marotten entwickeln und ständig wiederholen, die völlig sinnlos sind, in Wahrheit aber Symptome einer traumatischen Szene verschlüsseln, die viel zu schmerzhaft ist, als dass sie ›offiziell‹ erinnert werden könnte, sich dank der Verschlüsselung aber in aller Öffentlichkeit präsentieren und klar zu Tage liegen können …«

Er tat so, als würde er ihr seinen Lesestift über den Schädel ziehen.

»So läuft das aber nicht. Das sind Glitches. Software-Fehler. Ende der Geschichte.«

Heute ist er da plötzlich nicht mehr so sicher und ertappt sich bei einer so totalen Inversion wie gestern der der acapulcischen Klippenspringer. Was ist … was ist, wenn Artefakte in Wahrheit gar kein Handicap sind, keine Begrenzung, sondern … wenn sie allem Augenschein und aller Logik zum Trotz … wenn sie nun das wären, was bei allen Konfigurationen am meisten *Wahrheit* hätte – Zeichen, Splitter einer Realitätsschicht, die so tief sedimentiert ist, dass sie noch gar nicht kartographiert worden ist, geschweige denn Rasterkoordinaten erhalten hat, ein Gehäuse oder eine Gestalt, sondern …? Und was … dann …

Nein, der Gedanke entzieht sich ihm, wahrscheinlich weil auch das nur *Kwatsch* ist. *Kleine Hosenscheißer:* Eldridge hatte recht. Phocan schließt die *leperosi*-Datei und öffnet eine andere, *falling.vp.* Da sind die Springer: Ein Körper, männlich oder weiblich, in das hautenge Schwarz eines mit Markern besetzten Bodysuits gekleidet, lässt sich von einer Einbautür auf eine Matte fallen. Phocan hat mehrere Versionen des Sprungs: manche unbeholfen, andere stromlinienförmig und aerodynamisch, dritte weder-noch; derselbe Körper unternimmt denselben Sprung oder ein anderer – das ist unmöglich zu unterscheiden und spielt auch keine Rolle. Am Ende wird es auf die fliehende Tild hinauslaufen, die von einer

Klippe stürzt, wild um sich schlägt und im Flug von dem eine Piroge steuernden Tszvetan eingefangen wird; auch die *leperosi* Eins, Zwei und Drei und vielleicht auch Vier und Fünf stürzen sich in den Tod, als sie ihr hinterherspringen, um sie zu begrapschen. Die Sprungsequenz, auf der am wildesten um sich geschlagen wird, spielt Phocan mehrmals ab; dann eine etwas ruhigere; dann friert er den zweiten Sprung aus Jux und Dollerei ein, lässt ihn rückwärtslaufen, dann wieder vorwärts, rückwärts, so dass die Gestalt wie ein Jo-Jo auf- und abschwingt, bevor er sie wieder mitten in der Luft einfriert. So fixiert, wird die kinetische Panik verwandelt, kommuniziert jetzt eine gelassene Sorglosigkeit, die Phocan wohltuend findet. Sie breitet sich über den Bildschirm hinaus aus und scheint nicht nur hier in den Sardinen den Raum einzunehmen, sondern auch in Rom, London und Riga; sie leitet einen neuen Zustand ein, in dem sich die Dinge, alle Dinge, in derselben allgemeinen, aber namenlosen Vorrichtung gefangen finden, und die ganze Welt mit all ihren Einsätzen und Kämpfen steht auf dem Spiel.

BUCH DREI

1. Cidonija

Wie die rissige Haut der *leperosi* wird die Oberfläche des Rigaischen Meerbusens vom Wind aufgepeitscht und vom Kielwas-
ser der Fähren zerpflügt, die die Korridore zwischen Riga und
Stockholm, Riga und Helsinki, Riga und Sankt Petersburg be-
fahren. Da sind auch größere Schiffe – Containerfrachter mit
ihren hoch aufgetürmten gerippten Frachten, fünf blaue, rote
und gelbe große Schachteln übereinander. In einem ihrer Berichte erwähnt die Frau (aus irgendeinem Grund nimmt er an,
dass es eine Frau ist), deren Name in den ihm ausgehändigten
01mdean02cdorley-Ausdrucken geschwärzt worden ist, *Dracula:* Lillian Gilbreths Faszination für die Schachteln und für
den Grafen, der im Roman die Erde seiner Domäne in einer
Reihe von Kisten aus Transsylvanien nach England verschif-
fen lässt … Auch Phocan hat Schachteln im Kopf. Die ersten lettischen Häuser, die unter der Tragfläche in Sicht gleiten,
an sandigen Strandstreifen oder tüpfelartig zwischen Bäumen
und an Binnengewässern liegen, erinnern an Frachtcontainer,
bunt und gerippt durch die schuppig übereinanderliegenden
Bretter. Derselbe Holzhaustyp säumt die Straße in die Stadt
hinein, seltsame Anachronismen neben den Glastürmen der
Banken und internationalen Hotels. Über seinem Taxi ziehen
sich Oberleitungen hin wie gestreifte Drahtformspuren – immer in doppelter Ausführung, eine durchhängende und an
den Masten abknickende Doppellinie, die seinen einen besten Weg zur Verabredung mit Vanins, mit Lazda Krūmiņa
und mit (bloß nicht laut sagen) der Möglichkeit, dem Gespenst von Schachtel 808 vorspurt.

Aber nicht den ganzen Weg; noch nicht. Die Launen der
Flugpläne haben ihn zwei Tage früher in Riga abgesetzt, als er

zur Audienz in Vanins' Datscha erscheinen darf, die offenbar ein paar Kilometer vor der Stadt an einer Pendlerzugstrecke liegt. Lazda, mit der er inzwischen so viele Mails gewechselt hat, dass sie sich mit Vornamen anreden, hat ihm genaue Anweisungen gegeben, wie er da hinkommt, und sogar die Möglichkeit einer Übernachtung in Aussicht gestellt, nur beim Datum ist sie ihm nicht entgegengekommen: Der Professor steht am 14. September zur Verfügung und keinen Tag früher.

Phocan stellt nur schnell seinen Koffer ins Zimmer im achten Stock des Intercontinental ab und macht sich dann auf den Weg zum Archiv- und Verwaltungsgebäude der Tehniskā Universitāte – über leere Plätze, die von alten orthodoxen Kirchen bewacht werden, deren Golddächer sich wie Discokugeln spreizen, durch das gelbe Herbstlaub an Zweigen, auf Rasenflächen, Wegen und Stufen sowie in Rinnsteinen, an Verwaltungsgebäuden mit ausladenden Kranzgesimsen vorbei, auf die abwechselnd verfallene Werkshöfe, Telekomvertriebsstellen und Brachgrundstücke folgen. Das dunkelgraue Universitätsgebäude hat blickdichte Fenster und liegt an einem Platz, der von einem Rotgardistendenkmal beherrscht wird, mehrere Bushaltestellen und einen Taxistand hat und durch eine vierspurige Schnellstraße vom breiten und reizlosen Fluss der Stadt abgeriegelt wird. Das Foyer ist voller Fresken, Porträts von Männern, deren Namen Phocan noch nie gehört hat: Konstantīns Pēkšēns, Vilhelms Ostvalds, Etjēns Laspeiress, Eižens Laube, August Toepler, Alvils Buholcs … Ein weiteres Fresko kartographiert die diasporischen Aufenthalte dieser Gelehrten in Nord- und Südamerika, Australien, den unendlichen Weiten des sowjetischen Europas und Asiens … anscheinend ist keiner von ihnen in Lettland geblieben.

Eine einsame Empfangsdame in einer Glaskabine weiß nicht recht, wo sie ihn hinschicken soll; nach einigen internen Telephonaten schickt sie ihn zu einem Büro im dritten Stock. Auf dem Weg dorthin verläuft er sich, wandert lange und leere Korridore entlang, in deren Marmorplatten Schaltkreismuster eingebettet zu sein scheinen, abgespeckt und abstrahiert, ohne Widerstände, Induktoren, Schalter, Kondensatoren oder andere Komponenten, die ihre linear deckungsgleichen Vorwärtsbewegungen auf dem Boden behindern könnten, er kommt an leeren Ledersesseln vorbei, unbeachteten Topfpflanzen und Säulen sowohl aus Gips als auch aus staubigem Sonnenlicht. Von der Menschenleere und dem Fehlen deckenmontierter Kameras ermutigt, deutet Phocan eine nur angelehnte Tür als Einladung und dringt auf Zehenspitzen in leere Labors ein, in denen Reagenzgläser, Retorten, Loop Tracer, Laborgerinne, Interferometer, Resonanzrohr-Konstruktionen, Polarimeter, ballistische Galvanometer, Van-de-Graaff-Generatoren, Pipetten, Büretten und Barometer auf Arbeitsflächen neben offenen Kladden liegen, in denen Notizen mitten im Gekritzel abbrechen, als wäre die Arbeit jäh beendet worden – aber nicht vor einer halben Stunde und auch nicht vor Tagen, Wochen oder sogar Monaten: Diese Räume sind modrig, voller Veralterung und Überlebtheit, Hypothesen und Theoreme, die sich verflüchtigten, ohne destilliert zu werden, embryonische Welten, die nie zu Frequenz oder Form gefunden haben. In einem Zimmer lehnt eine ramponierte Holzleiter an Regalen, die wie geplündert aussehen; die Bücher liegen am Boden verstreut oder sind wie Dominosteine übereinandergekippt, Ablageboxen sind umgefallen, so dass Photos, Briefe und Broschüren herausgleiten. Auf einem Fensterbrett liegt ein bedrohlich wackeliger Stapel alter sowjetischer Vierteljahresschriften. Phocan sieht sie durch, findet eine englische Angabe und schlägt den Artikel auf: Victor M. M. Lobos / I. Quaresma, »Electrolyte

Solutions. Literature Data on Thermodynamic and Transport Properties«, 1956. Neben dem Fensterbrett hält eine alte Maschine Wacht, eine mit Tasten, Stricheinteilungen und Röhren versehene Apparatur, deren Funktion er nicht einmal erraten kann; sie hat Skalen und Anzeiger, vielleicht ein Schallmessgerät – aber er kann nirgends einen Aufnehmer sehen. Oben ist eine Art Spickzettel draufgeklebt worden, aber die Schrift ist kyrillisch …

Als er die Archivarin endlich ausfindig macht und ihr seine Karte gibt, ist sie überrascht – nicht nur über seinen Besuch, sondern auch von der Vorstellung, es könne in diesem Gebäude Archive geben, wie er eines sucht. Vanins? Phocan probiert den Namen aus, der für ihn – wie offenbar auch für einige andere – inzwischen magische oder totemistische Züge angenommen hat, hier aber nur für Achselzucken sorgt. Vielleicht hat er ihn falsch ausgesprochen. Er probiert es mit *Varnienz*, aber umsonst. Die Archivarin – wenn sie denn eine ist – tippt jetzt ebenfalls auf einem internen Telephon herum (genau wie unten am Empfang ein altes Gerät mit Drucktasten und Automatikwahl) und setzt ihn nach zwei kurzen lettischen Wortwechseln darüber in Kenntnis, dass die meisten Institutsdokumente aus den sechziger und siebziger Jahren in ein Depot am Stadtrand gebracht worden sind. Sie schreibt ihm eine Adresse auf, die er dann einem der am Fuß der Rotgardisten wartenden Taxifahrer in die Hand drückt.

Während der Fahrt fängt es an zu regnen – ein Regen, der der Schwerkraft mehr gehorcht als der in Bergen. Die Wohnblöcke aus Sowjetzeiten gehen ineinander über, werden vom Bildschirmschoner der Scheibenwischer gestreift und verformt. Das Depot an einer Straße, deren Asphalt zu Schlamm aufweicht und deren Büroplattenbauten von verfallenen Lagerhäusern und Autofriedhöfen abgelöst werden, ist eingezäunt, versperrt und abgeschrankt, aber niemand steht am Tor und der Schlagbaum ist hoch, also fahren sie einfach aufs Gelände und schuckeln unschlüssig an Verladerampen und brettervernagelten Fenstern vorbei. Über diesen und ihnen ragt ein fünf Stockwerke hohes bunkerähnliches Gebäude auf; eine große, am Dach angebrachte Metallbeschilderung nennt den Namen des Depotbetreibers: *RIGASTOCK*. Unter dem Schild prangt bis zum ersten Stock runter eine optimistische Werbetafel, die der potentiellen Laufkundschaft Rigastocks Telephonnummer und Website verrät. Eine Frau ohne Regenschirm kommt durch eine Seitentür aus dem Gebäude und huscht auf dem Weg zu ihrem Auto an Phocan vorbei, der aus dem Taxi springt und sie anspricht; eine Minute später bückt sich ein großer, rauchender Mann im Overall, auch er ungeschützt gegen, aber ungestört durch den Regen, zu ihm herab und lässt sich befragen. Er versteht offenbar kein Wort, das Phocan sagt, antwortet aber mit etwas, das sich russisch anhört, bringt ihn über eine der Verladerampen, durch einen anderen Seiteneingang und einen Korridor entlang zu einem Fahrstuhl. Mit dem gelangen sie in ein Depot im fünften Stock, dessen Betonwände Lüftungskanäle, Feuerlöscher und -eimer zieren, von denen zwei in den ebenfalls aus Beton bestehenden Flur geschoben worden sind, um das von der Decke tropfende Wasser aufzufangen. Schließlich bleiben sie vor einer Holztür stehen; der große Mann klopft; eine Frau öffnet und bittet Phocan in ein Büro mit Teppichen auf dem Boden und ländlich-idyllischen Bildern an den Wänden, auf denen *radjar*-ähnliche Hirsche mit Geweihen in grell, fast psychedelisch bunten Wäldern herumtollen. Der große Mann im Overall verbeugt sich, geht und lässt sie allein.

Wie sich zeigt, spricht die Frau genauso wenig Englisch wie der Arbeiter. Sie fragt Phocan, ob er Russisch kann; er verneint. Sie merken, dass sie beide über ein paar Brocken Deutsch verfügen, so dass er ihr sagen kann, was er sucht, und sie ihm, dass er in dem Fall hier gar kein Zutrittsrecht hat: Es handelt sich um ein privates Lager, und wenn die Archive, in denen er sich umsehen möchte, noch aus einer staatlichen Behörde der Sowjetunion stammen, unterliegen sie sowieso einer Verschlussfrist von fünfundsiebzig Jahren; damit nicht genug, hat sie jetzt Dienstschluss, muss abschließen und ihre Tochter von der Schule abholen. Sie führt ihn praktisch im Polizeigriff ins Erdgeschoss zurück und nach draußen; als sie sieht, wie er sich nach seinem Taxi umsieht, das natürlich längst weg ist, erbarmt sie sich seiner, sagt ihm, ein anderes findet er hier draußen nie, und bietet an, ihn in die Stadt zurück mitzunehmen. Und so kommt er ins Intercontinental zurück, nasser, aber kein bisschen weiser als bei seinem Aufbruch drei Stunden zuvor.

»Warum werden Staatsarchive in kommerziellen Depots eingelagert?«, fragt er an der Hotelbar einen amerikanischen Techniker, bei dem er nach dem zweiten Drink seinen Frust rauslässt – er beschränkt sich auf Allgemeinheiten, wobei auch das vielleicht noch unklug ist, wie er sich am nächsten Morgen sagt, weil die Pirottis der Welt schließlich dazu neigen, plötzlich an den unmöglichsten Orten aufzutauchen. »Wichtiger noch: Warum werden sie privat archiviert, unterliegen aber noch den Sperrfristen eines Staats, den es nicht mehr gibt?«

»Das Land ist halt schizophren«, sagt Kyle (der sein Namensschildchen noch ans T-Shirt geklemmt hat). »Nach der Unabhängigkeit wurde alles privatisiert, aber die Infrastruktur und auch das Personal wurden nicht angetastet. Ein Drittel der Banken ging in Konkurs, die Besitzer eines zweiten Drittels wanderten ins Gefängnis, und das dritte verdient sich mit

Geldwäsche eine goldene Nase. Die wären auch im Gefängnis, wenn sie nicht in der Regierung säßen oder mit der zumindest unter einer Decke stecken würden. Die Sperrfristen sind von der neuen Regierung: Die wollen unter Verschluss halten, wer da alles mit wem gekungelt hat, solange die Schieber noch auf freiem Fuß sind. Und außerdem«, auch Kyle hat schon mindestens zwei Drinks intus und kommt langsam auf Touren, »außerdem darf man nicht vergessen, dass fast die Hälfte der Bevölkerung hier aus gebürtigen Russen besteht. Die sprechen Russisch, nennen die Letten ›Nazis‹ – was die im Zweiten Weltkrieg auch waren –, sehen den Zusammenbruch der Sowjetunion als Weltuntergang und stacheln Putin an, die Panzer wieder herzuschicken.«

Phocan stochert mit dem Strohhalm im Glas herum, als wäre die Antwort zwischen den Eiswürfeln versteckt: »Ich frage mich, ob die Atmosphäre hier ultramodern oder nur retro ist, einfach zurückgeblieben.«

»Beides«, sagt Kyle bestimmt. »Riga hat immer in beide Richtungen gesehen, schon seit seiner Zugehörigkeit zur Hanse, als die Stadt der eisfreie Hafen von Peter dem Großen war. Heute holt die Stadt zur skandinavischen Kommunikationstechnologie auf und ist gleichzeitig über eine Nabelschnur mit den Weiten der Steppe und Jahrhunderten der Leibeigenschaft verbunden. Wenn Sie zu den Markthallen am Bahnhof runtergehen, sehen Sie an Tischchen oder neben zerfledderten Omadecken alte Frauen vom Lande, die den ganzen Tag dasitzen, fünf verschrumpelte Steckrüben zu verkaufen haben und ins Leere starren.«

Er wendet sich an den Barkeeper und bestellt noch zwei Wodka Tonics. Als die kommen, fährt er fort: »Im Kalten Krieg war Riga eine Drehscheibe der Spione. Das ganze Hotel hier« – er senkt die Stimme – »war verwanzt – ganz zu schweigen von den schönen Frauen, mit denen man was trinken, die man aber auch mit aufs Zimmer nehmen konnte, um ihnen dann Geheiminformationen ins Ohr zu flüstern. Heute sind davon nur wir übrig geblieben«, schließt er und wirft Phocan durchs Wodkaglas einen prüfenden Blick zu.

Phocan verabschiedet sich und geht allein ins Bett. Als er am nächsten Morgen zu den Markthallen unterwegs ist, um sich die stoischen Steckrübenverkäuferinnen anzuschauen, bekommt er einen Anruf von der ersten Archivarin an der Tehniskā Universitāte, die nicht nur seine Karte behalten hat, sondern auch für ihn auf Spurensuche gegangen ist. Es gibt bei ihr im Haus doch noch Archivalien, die mit Vanins zu tun haben; die kann er sich gerne anschauen. Es handelt sich dann hauptsächlich um wissenschaftliche Aufsätze: *Widerstandsgradienten im mesosphärischen Flug,* 1968; *Vor- und Nachteile von Deltaflügelkonfigurationen,* 1964; außerdem ein paar russische. Es gibt auch eine Mappe mit Notizen – Zeichnungen, Skizzen, Schmierzettel und dergleichen. Keine Briefe von Lillian; keine plötzlichen Entschlüsselungen oder Dechiffrierungen des *T. T.*-Mysteriums; aber immerhin stößt er auf die Zahl 808 – auf den ersten Blick Goldstaub, der aber zu Staub verblasst, als sich daraus keine Offenbarung ableitet, von *Heureka!*-Rufen ganz zu schweigen: Die Zahl ist unter eine Tabelle mit den dynamischen Eigenschaften der Tupolew Tu-144 geschrieben oder besser gezeichnet worden: Die beiden Achten werden vom nicht ganz kreisrunden Kreis getrennt (Pirotti hatte recht: Eigentlich ist er eher ellipsoid). »Gezeichnet« wie hingekritzelt – wunderlich, als wäre Vanins bei einer Sitzung ins Träumen gekommen und über irgendwelchen Berechnungen abgeschweift ... und wiederholt: Im Fortschreiten rotiert das Gekritzel um seine Zahlen, bis jede horizontal auf der Seite liegt, eine unter der anderen, *o* unter

350

8, zwei *8*en unter jeder *0,* und die ganze Sequenz hängt in der Vertikalen wie ein Schnörkel unter einer Unterschrift, eine Feder oder möglicherweise der Flugweg (vielleicht war es gar kein Tagtraum gewesen), den die in der Tabelle angegebenen Zahlen der Tu-144 vorgeben würden. Phocan fühlt sich kurz nach Farnborough zurückversetzt und von Rogers Drohnenballett umsurrt. Sie hatten es *Buzzby Berkeley* mit zwei *z*s genannt: »Little Web of Dreams« … dieser Aidan, der Diamond im Vorzimmer angebaggert hatte … dieser ernste und schwer fassbare Pilkington … Phocan ist allein: Die Archivarin hat ihm das Seitenzimmer ihres Büros überlassen. Er wirft einen Blick auf die Tür, zieht sein Smartphone heraus, stellt es lautlos, photographiert die Seite schnell ab und steckt es wieder ein; dann verlässt er das Zimmer, bedankt sich für ihre Hilfe, wandert wieder den Marmorkorridor mit den Schaltkreismustern entlang und fühlt sich gemein und heimtückisch, ein Spion in einem Hotel …

Am nächsten Morgen springt er endlich in einen Pendlerzug nach Jumelans. Die Waggons sind altmodisch: Draußen blau-gelb-orange mit steilen Stufen zu den hohen Türen, drinnen mit parkbankbreiten Holzsitzen ausgestattet. Der Schaffner ist bestenfalls achtzehn; herausgeputzt à la *Saturday Night Fever* in einer Uniform, die aus einer enganliegenden Jacke mit breiten Aufschlägen und einem Hemd mit großem Kragen besteht, das er bis zum Solarplexus aufgeknöpft hat. Sie zockeln an einer Landzunge entlang, die von Meeresarmen gesäumt wird, vorbei an alten Holzhäusern, die sich mit Fichten, Farnen und größeren, ihm unbekannten Bäumen tarnen, an Fischerbooten im Schilf vorbei, und halten an Bahnhöfen mit einem einzigen Bahnsteig, damit zwei oder vier oder auch gar keine Passagiere ein- und aussteigen können. Die meisten Haltestellen haben Fahrkartenschalter oder

Warteräume aus Holz mit demselben überlappenden Schuppenmuster, das ihm schon vom Flugzeug aus aufgefallen war, und verblassten Beschilderungen in sowohl lateinischen als auch kyrillischen Buchstaben. Der letzte Bahnhof vor Jumelans allerdings, ein Ort namens Siliciems, protzt mit einem neuen, asymmetrischen Bahnhofsgebäude aus Stahl, gekrönt von einer Renntolle oder einem »Akzent«, dessen angedeutetes Tempo zur Schrägneigung des Gebäudes passt – eine Konstruktion, die Aufmerksamkeit auf sich selbst als Architektur und Auftragsarbeit zieht.

»Das ist für die Superreichen, die jedes Jahr zum New-Wave-Festival aus Russland nach Siliciems kommen«, wird Lazda ihm erklären, als er das dann im Auto erwähnt. »Reine Geldverschwendung; die meisten werden sowieso in Limousinen herchauffiert oder kommen sogar im Hubschrauber; keiner nimmt den Zug. Die bleiben in ihren Wellness-Tempeln mit Wachen am Eingang, in der Stadt wimmelt es plötzlich von Botoxlippen und Plastiktitten, und eine Woche im Jahr kostet ein Cappuccino zehn Euro. Das ganze Festival ist nur Tarnung; niemand interessiert sich für New Wave; die kommen alle nur her, damit ihre Geschäfte nicht in Moskau auf dem Radar auftauchen.«

Lazda spricht fast perfektes Englisch mit schwerem baltischem Akzent. Sie ist der einzige Mensch, der in Jumelans auf den Zug aus Riga wartet. Sie trägt Jeans und eine leichte Militärjacke und steht neben der offenen Fahrertür eines Skodas.

»Phocan«, sagt sie beim Ausparken und artikuliert eindringlich beide Silben. »Ist das ein typischer englischer Name?«

»Er ist anglisiert«, antwortet er. »Er bezieht sich auf Phokis, einen Landstrich in Griechenland, beziehungsweise auf die Phoker, die dort herstammen. Wahrscheinlich habe ich …«

»Ich habe Ihre Arbeiten gelesen«, unterbricht sie ihn und wechselt den Gang.

»Meine Arbeiten? Ich habe doch gar nichts …«

»*Körperdifferenzierung in haptischer Ereignismodellierung.* Und *Sequenzaufbereitung für generische Simulationen* …«

»Wow. Ich hätte nicht gedacht, dass die irgendwer kennt. Das Erste war meine Abschlussarbeit.«

»Alles online zu finden«, sagt sie, als sie gerade an einer kleinen baufälligen Fabrik vorbeikommen, deren Mauerwerk vom Wald renaturiert wird. »Ich informier mich gern über die Leute, die meinen Großvater besuchen kommen.«

»Das ist Ihr Großvater? Ich dachte, Sie wären …« Der Gedanke wird von einer zweiten Frage überholt; er sieht sie an und platzt heraus: »Kommen so viele?«

Sie schaut in den Rückspiegel und lässt sich Zeit mit der Antwort. »Sie kommen und gehen. Dann kommen andere; dann kommt eine Weile niemand, dann mehrere kurz nacheinander. Ich glaube, sie finden nie, was sie suchen.«

Hört er da einen spöttischen Unterton? Einen Vorwurf? Feindselig klingt sie nicht, eher nach verständnisvoller Ironie, die seine Vorwärtsverteidigung provoziert:

»Ich interessiere mich für seine Arbeit über Gleichgewichtszustände. Sind Sie auch Naturwissenschaftlerin?«

»Nein«, sagt sie. »Kunsthistorikerin. Ich habe eine Assistenzprofessur hier in Riga.«

»Und dann arbeiten Sie als seine Sekretärin?«

»Sonst stellt ihm ja keiner eine«, sagt sie, dreht den Spieß um und fragt: »Und für wen arbeiten Sie?«

»Pantarey«, sagt er defensiv. »Das hatte ich am Anfang unseres Mailwechsels erwähnt; und die Forschungsparam- …«

»Ja, ich weiß«, unterbricht sie ihn wegwerfend. »Und für wen arbeiten die?«

Es ist, als hätten sie eine Vollbremsung gemacht oder eine Straßensperre oder einen Checkpoint erreicht. Sie können das Gespräch fortsetzen, aber eine Schwelle ist überschritten worden.

»Verschiedene Klienten«, sagt er und fühlt sich jetzt paradoxerweise weniger in der Defensive – nicht nur weil sie die Frage ohne jede Aggressivität gestellt hat, sondern weil er in diesem Fall schlicht und einfach keine Ahnung hat. »Wir haben alle möglichen Partner – Universitäten, medizinische Forschungsunternehmen, Sportwissenschaftler, Firmen aus der Unterhaltungsbranche, Luft- und Raumfahrt …«

»Partner?«, hakt sie nach.

»Unser Gründer kannte den … Ihren Großvater«, sagt er, was sowohl unlogisch ist (weil es nicht aus dem Vorigen folgt) als auch redundant (weil sie das schon weiß).

Sie schnaubt und biegt von der Hauptstraße auf einen Weg ab, an dem schmale Gräben und Häuser liegen, manchmal nicht größer als Schrebergartenhäuschen, andere schon aufwendiger, aber alle haben etwas Improvisiertes, wirken genauso ungeplant wie der farbenfroh um sie herumwuchernde Herbstwald. Der Weg kreuzt einen zweiten, genauso graben- und datschengesäumten und fast sofort einen dritten, auf den Lazda nach rechts abbiegt. Sie stellt den Motor ab, direkt gegenüber einem winzigen und verlassen aussehenden Kinderspielplatz, der dann wohl Vanins' Anwesen sein muss.

Ein altes Haus – nein, mehrere, eigentlich eine Anlage, die um einen Garten herumgebaut worden ist. Es gibt ein zweistöckiges Haupthaus aus hellblau gestrichenem Holz mit einem einstöckigen Ziegelanbau; davor erstreckt sich eine kleine Rasenfläche, auf deren anderer Seite eine Mischung aus Schuppen und Gewächshaus steht, dessen ungestrichene Bretter mit Glas- und Wellpolyesterstreifen abwechseln, die ebenso hoch reichen wie das Haus gegenüber. Dahinter gibt es am anderen Gartenende ein von einem verwilderten Gemüsebeet unten fast verdecktes Baumhaus mit kubistisch unregelmäßigen Proportionen und einem welligen Dach aus kleinen Holzschindeln, in die seltsam geformte, nicht ausgefluchtete Oberlichte eingelassen sind. Als Phocan aus dem Wagen auf ein so weiches Gras steigt, wie seine Sohlen es seit Ewigkeiten nicht gespürt haben, schießt sein Blick hin und her, und er fragt sich, aus welcher Öffnung oder Ebene oder von welcher Warte Vanins wohl erscheinen wird; er fragt sich auch, wie dieser *Name*, dessen Präsenz sich ihm bisher nur in Sätzen auf Papier offenbart hat, in Berichten und als Gerücht, als allgegenwärtiger, aber unauffindbarer Nachhall, sich wohl in die Statur eines Menschen übersetzen wird, die im Großen und Ganzen seiner eigenen entspricht. Irgendwie ist das undenkbar … Im Gewächshaus/Schuppen bewegt sich etwas – ist er das? Oben im Glas und Plastik; unten aber auch, und dann überall: Dunkle Flecken flappen, Schatten streichen vorbei und ziehen sich zurück, aber in einem viel zu großen Maßstab für einen einzigen Menschen, und die Formation ist auch zu zerstoben und variabel, um überhaupt von Menschen verursacht zu werden …

»Er schläft«, sagt Lazda. Einen Augenblick lang verwechselt Phocan dieses Informationsbröckchen mit dem Schattenpopanz, den er da verfolgt, die seltsamen Silhouetten – als wäre das Flackern Vanins' Traum, und die Glas- und Plastikmembranen bildeten das durchscheinende Gewebe seines Geists. Sie liegen aber beide falsch: Vanins ist wach und kommt aus dem unteren Teil des Haupthauses auf sie zu. Dass er es ist und kein Gärtner oder Hauswart, merkt Phocan an der Fürsorglichkeit, die Lazda ausstrahlt, kaum dass sie den schmalen Mann im hellbraunen Pullover entdeckt, der vor den Ziegelsteinen so zwergenhaft wirkt: Sie wendet ihm den ganzen Körper zu, will einen Schritt auf ihn zu machen, als bräuchte er eine Stütze beim Gang über den huckeligen Rasen, dann hält sie sich zurück, bleibt aber angespannt, falls ihre Kraft doch gebraucht wird. Wird sie aber nicht: Der alte Mann kommt sicher auf sie zu, wirkt klein auf dem Gras, dessen Halme seine Füße gar nicht zu krümmen scheinen, und noch kleiner, als er vor Phocan stehenbleibt und ihm eine leichte und gebrechliche Hand hinhält.

»Sie sind Garnetts Patrone.«

Auch die Stimme ist leicht, nicht direkt gebrechlich, aber gemasert, vom Alter vernarbt.

»Patrone?«

»Entschuldigung. Andersrum: Garnett ist Ihr Patron.«

Phocan nickt. »Er lässt Sie ganz herzlich grüßen.«

Vanins lässt seine Hand los, etwas hinter Phocans Schulter erinnert ihn an etwas, und er fragt ihn:

»Mögen Sie *cidonija*?«

»Wie bitte?«

Vanins sagt auf Lettisch etwas zu Lazda. Sie verschwindet ins Haus. Der alte Mann macht eine Armbewegung, die Phocan einlädt, ihr zu folgen, und sie schlendern hinterher. *Cidonija* bedeutet Quitte, wie sich zeigt, getrocknet, in Scheiben geschnitten und mit Zucker bestreut. Sie essen die Stücke aus einer Porzellanschale und trinken dazu schwarzen Tee ohne Milch, aber ebenfalls gesüßt. Lazda schweigt, während Vanins allgemeine Fragen nach den Projekten von Pantarey lanciert, nach Phocans eigenem Hintergrund und dem kinästhetischen und strömungsdynamischen Forschungsstand in Großbritannien … Nach den spezifischen Gründen für Phocans Besuch, den Aspekt der Gleichgewichtszustände, erkundigt er sich nicht – entweder weil sich das für sie beide schon von selbst versteht oder aber, weil er auf irgendeiner Frequenz spürt, dass es sich dabei wie bei dem New-Wave-Festival nur um eine Fassade, eine Tarnung handelt. Lazda gibt sich unbeteiligt, hört aber genau zu: Phocan spürt nur zu gut, dass sie alles, was er sagt, scannt, als wären seine Worte der ellenlange Ausdruck eines Lügendetektors. Schließlich steht Vanins auf und sagt:

»Kommen Sie, wir gehen ins Vogelgehege. Da können wir reden.«

Als sie wieder über den Rasen gehen, offenbart das Gewächshaus sein Geheimnis oder wenigstens eines: Die Flecken und Silhouetten stammen von Vogelflügeln, die gegen Glas und Plastik flattern. Es müssen dutzende und aberdutzende sein, kleine und große: Mauerschwalben, Regenpfeifer, Seidenschwänze, Sumpfhühner, Wasserläufer, Zaunkönige, Bachstelzen und Baumpieper bis hin zu Drosseln und Spatzen, und alle schießen zwischen Wänden und Brettern hin und her, schlüpfen in kleine Vogelhäuschen, die die Balken tüpfeln, und kommen wieder heraus. Auch Pflanzen drücken sich an die Scheiben, Ranken ringeln sich von den Dachsparren und ziehen feingewebte Vorhänge vor einigen Sesseln und dem Sofa auf dem Boden.

»Das hab ich in den Sechzigern selbst gebaut«, erzählt Vanins. »War gar nicht so einfach. In der Sowjetzeit konnte man Baustoffe nicht kaufen, aber man konnte sie *bekommen*. Man musste verhandeln. Man ging mit dem eigenen Holz zu einer Sägemühle und fragte, ob man das im Tausch für drei Liter selbstgebrannten Apfelschnaps oder ein Kilo Zucchini zugesägt bekommen könnte. Heute gibt es alles zu kaufen, aber niemand kann es sich leisten«, fügt er mit einem Lachen hinzu, unter dessen Zuckerguss die Bitterkeit zu schmecken ist.

»Wie lange haben Sie die Datscha schon?«, fragt Phocan.

»Sie gehörte meinem Vater«, sagt Vanins. »Normalerweise wäre sie unter den Kommunisten beschlagnahmt worden; für den Besitz von Immobilien hätte ich ins Lager geschickt oder sogar erschossen werden können. In meinem Fall hat der Staat mir die Datscha weggenommen, aber ich durfte sie dann zurückpachten, weil ich meine Position an der Universitäte in die Waagschale werfen konnte … Ich habe gesagt, ich bräuchte das Vogelgehege, um meine Forschungen über den Vogelflug in der Nachfolge Mareys durchführen zu können.«

»Und? *Haben* Sie sie durchgeführt?« *Marey.* Über den hat Phocan in den letzten Wochen viel gelernt, weil er (wie auch *oimdeanetc.* festhält) eine so große Rolle in Gilbreths Bildungsvorgeschichte spielte: der Erste, der die Bewegungen von Soldaten, Patienten, Katzen und allen möglichen anderen gehenden, pulsierenden, fließenden und fliegenden Probanden in gewundene Kurven übersetzte und auf Papier, Glas und später photographischen Platten festhielt. Mit Gurten und *Stylographen* aufgebaute Vogeldiagramme, halluzinatorische Negative sämtlicher Flügelbewegungen, überblendet zur Gleichzeitigkeit eines einzigen Bildes, fluten jetzt aus den Lehrbüchern, die Garnett ihm in die Hand gedrückt hat, und schwirren ihm durch den Kopf.

»Ich habe sie beobachtet.« Vanins lächelt ironisch. »Ich habe mich um sie gekümmert, und das mach ich heute noch.«

Mit der Hand fegt er ein paar Körner auf einem Brett zusammen und hält sie zwischen den Fingerspitzen hoch, um zwei Bachstelzen und eine Drossel zu füttern, die gerade lange genug landen, um sie ihm aus den Fingern zu picken, bevor sie wieder davonschießen. Vanins verfolgt, wie sie in einem Vogelhäuschen verschwinden, schaut dann wieder Phocan an und deklamiert mit gebrechlicher, aber ruhiger Stimme:

»Wie willst du wissen, ob nicht jeder Vogel, der den Luftweg durchschneidet, / Eine ungeheure Welt des Entzückens ist, verschlossen deinen fünf Sinnen?«

»Wie bitte?«, macht Phocan nur.

»Das sind die Zeilen, die Mareys Biograph als Motto genommen hat. Mögen Sie Vögel?«

»Ich mag Bewegungen«, sagt Phocan. »Und ich mag Gleichgewichte.«

»Das sagten Sie schon«, erwidert Vanins. »Ich lade Sie zum Abendessen ein. Und dann sollten Sie über Nacht bleiben; nach sieben fahren keine Züge mehr nach Riga zurück. Sie können im Baumhaus schlafen.«

»Das wäre mir ein Vergnügen«, sagt Phocan. »Vielleicht können wir uns dann noch ein bisschen über Ihre Arbeit an …«

»Später«, sagt Vanins. »Jetzt bin ich müde.«

Er lotst Phocan zur Tür des Vogelgeheges und hinaus. Auf der anderen Seite des Rasens schimmern die Oberlichte des Baumhauses. Darunter taucht Lazda mit einem Kissenbezug in der Hand auf. Hat sie das alles für ihn vorbereitet? War die Entscheidung, ihn hier übernachten zu lassen, längst gefallen? Bevor sie auf das Haupthaus zugehen, bleibt Vanins noch einmal stehen und sagt:

»Sie wissen ja, Marey war davon fasziniert.«

»Von Gleichgewichtszuständen?«

»Nein.« Vanins lächelt. »Von Müdigkeit. Das war ein wichtiges Ziel all seiner Forschungen: die Abschaffung der Müdigkeit. Für ihn war das ein moralisches – ja geradezu *spirituelles* – Leiden, die Geißel einer Nation, die von der Niederlage im Krieg gegen Deutschland erschöpft war, von Absinth und Haschisch, vom *ennui* … Seine *Station Physiologique* sollte die Jugend wieder wachrütteln und Angestellte und Handarbeiter mit Soldaten und Turnern in Einklang bringen, sie und das Gemeinwesen im Allgemeinen mit der Energie und Dynamik der Lokomotive – oder des Vogels erfüllen …«

Sanft schließt er die Tür des Vogelgeheges hinter ihnen und sagt noch:

»Aber jetzt bin ich müde.«

Als Lazda und Phocan später auf dem Sofa im Vogelgehege liegen und der Schweiß auf ihrer Haut abkühlt, wird er noch einmal über diesen Austausch nachdenken und sich fragen, ob in Vanins' Worten ein Vorwurf, ein Bekenntnis oder Resignation lag … Er fragt sich auch wieder, in wessen Namen er eigentlich hergeschickt worden ist. *Patrone:* War die Wortverwechslung echt? Wie seine Enkeltochter spricht der alte Mann Englisch mit starkem baltischem Akzent, aber Grammatik und Wortschatz sind perfekt … Aber das sind Überlegungen für später, für morgen Nachmittag. Jetzt, körnig und unscharf wie der Schimmer, der den schwachen, aber warmen elektrischen Dunst um das Haus herum umgibt, erfordern Vanins' Bemerkungen keine Reaktion.

2. Frisch weht der Wind

»In einer Situation, die einem unvertraut ist, kommt man mit sehr viel mehr durch als in einer, die einem vertraut ist«, erläutert Herzberg. »Ein Raumschiff ist – den meisten Leuten, den meisten *anderen* Leuten – nicht vertraut.«

Der angesprochene Ben Briar hält sich zurück, sein Widerspruchsgeist wird von den Einschränkungen *meisten* und *anderen* beruhigt. Herzberg spürt, dass ihm noch ein paar Sekunden Nachsicht gegönnt werden, und fährt fort:

»Jetzt könnte man sagen, das Fehlen einer Vergleichsmöglichkeit, eines Bezugspunkts der Erfahrung oder Autorität, würde jeder Möglichkeit empathischer Identifikation den Boden unter den Füßen wegziehen. Seitens des Publikums, meine ich. Paradoxerweise ist das aber nicht der Fall. Anders gesagt, schafft es eine Öffnung, die Chance für einen schnellen Doppelpass. Damit meine ich, man konterkariert die Verfremdung, indem man – so unpassend das auch klingen mag – ein extrem *vertrautes*, profanes Objekt einführt, um das Szenario wieder glaubwürdig zu machen. Hier haben wir beispielsweise eine ganz normale Gabel ins Spiel gebracht …«

Auf dem BenQ PV3200PT 32-Zoll-Postproduktionsmonitor (4K, IPS), auf den die beiden Männer und noch etliche andere starren, schwebt eine aus einer stinknormalen IKEA-Livnära CGI-gerenderte Gabel (wegen der typischeren Zinkenbreite und des Holzgriffs der eher Skandinavien konnotierenden Förnuft vorgezogen) gemächlich den Maschinenraumkorridor der *Sidereal* hinab und rotiert an der Subjektive vorbei.

»*Dieses* Objekt *muss* dafür überzeugend sein«, mahnt Herzberg streng. »Da muss man sich richtig ins Zeug legen, um die Einzelheiten hinzukriegen: Wo sie glänzt, die Granularität des Metalls, wie gebraucht sie aussieht …«

Die Gabel setzt den langsamen Weg entlang ihrem schwerelosen Vektor fort und gibt dabei wie einen Isotopenschimmer die Erinnerung an jeden einzelnen Bissen *castaplane* und *stoumpot* ab, den sie je vom Teller zum Mund befördert hat – nicht nur für die unwirschen und ungehobelten Heizer und auch nicht nur für Tild, Tszvetan und ihresgleichen mit edlem Porzellan und kultivierten Lippen, sondern auch für alle Zuschauer hier im Raum und in der großen, weiten Welt, im Universum jenseits der Schiffswände, auf das die Gabel zentimeterweise zutrudelt und in das sie durch eine noch nicht ins Bild gekommene Luke vom Stapel laufen soll.

»Die besten Lügen sind neunzig Prozent Wahrheit«, kommentiert Herzberg, als er den Eindruck hat, der Zauber der Gabel verblasse langsam.

Er lehrt Design am St. Martins, und den Satz kriegen seine Studierenden immer zu hören. Hier handelt es sich aber um eine andere Dynamik, und die Autoritätsverhältnisse sind verkehrt worden. Es hat was von einer mündlichen Prüfung, einer Beratung über eine Berufung auf Lebenszeit oder sogar einem Dienstaufsichtsverfahren. Es ist, als würde er Briars Anerkennung *beantragen* und alles in seiner Begrifflichkeit und gemäß seinen aristotelischen Kriterien formulieren. *Der Realismusfetischist.* Vor den Treffen mit diesem Berater ist er weit nervöser und hat weit schlaflosere Nächte, als wenn ihm Präsentationen vor Leuten mit ernstzunehmender Entscheidungsbefugnis bevorstehen, deren Macht Verträge kündigen kann und deren Finger über den Hebeln von Karrieresprüngen und -knicks schweben: *Die* behandeln ihn wenigstens mit dem Respekt, den ein Handwerksmeister verdient hat, beugen sich der Kompetenz des Experten, aber dieser Typ hier …

Der Two-Cultures-Mann ist gewissermaßen die schroffe Version von Yoda. Er ist vielleicht nicht der Imperator und auch kein Sith-Lord oder Darth Vader, aber er ist der Hüter der Macht – und in diesem Universum ist die Macht alles – wie Ladung in Argeral. Und jetzt bereitet sich Yoda gerade auf ein Statement vor, lässt die Schultern kreisen und knurrt, als wäre er im falschen Augenblick aus dem Tiefschlaf gerissen worden.

»Lassen wir die Gabeln mal noch außen vor«, krächzt er. »Können wir erst mal begründen, wo dieser ›Wind‹ herkommt?«

Eine berechtigte Frage. Herzberg hat aber eine Antwort:

»Der kommt vom Bug der *Sidereal* und weht zum Heck.«

»Aber wie kann er an ihr langziehen? Würde er die *Sidereal* nicht einfach herumwirbeln wie Spreu?«

»Das ist nicht der Effekt, den wir …«, sagt Herzberg, zensiert sich aber selbst und setzt neu an: »Tszvetan fliegt frontal gegen den Wind, alle Triebwerke auf vollem Schub. Und er nutzt die C-Anker, die bei einer Koordinate einrasten und das Schiff in Position dazu setzen statt in Relation zu …«

»Wissen Sie überhaupt, was Sonnenwind ist?«, fragt Briar vernichtend.

»Natürlich. Das ist … das ist eine Strahlung.« Herzberg denkt krampfhaft an den Wikipedia-Eintrag zurück, den er vor einem Monat überflogen hat. »Ein Strom von Elektronen, geladenen Teilchen, der von einem Stern abströmt, wenn der … also wenn der …«

Briar lässt das Schweigen grausame Sekunden lang im Raum stehen, bevor er endlich beiläufig und fast gelangweilt abspult:

»Sonnenwind ist ein Plasmastrom aus den äußeren Schichten der Sonne, aus der Korona der Sonne. Wie Sie – richtig, wenn auch unvollständig – sagen, ein Strom aus Elektronen, Protonen, Alphateilchen und anderen ionisierten Atomkernen, die es auf Fluchtgeschwindigkeit gebracht haben. Er bewegt sich mit Überschallgeschwindigkeit durch die Heliosphäre, bis er auf die Randstoßwelle trifft, die ihn auf Unterschallgeschwindigkeit abbremst und vor sich eine Bugwelle erzeugen lässt, die bei Magnetfeldern, Gravitationskonfigurationen und eingehender kosmischer Strahlung in Planetenatmosphären, die dabei dummerweise im Weg sind, verheerende Schäden anrichtet, ja bei Planeten ohne starke Magnetosphären die ganze Atmosphäre abtragen kann.«

»Dahinter sind wir her«, schaltet sich Herzberg eifrig wieder ein. »Abtragen. Wir wollen, dass der Sonnenwind von Fidelus die *Sidereal* abträgt, verschleißt. Deshalb muss sie an Ort und Stelle bleiben: Damit der Wind sie auseinandernehmen kann, bis aufs Skelett freimachen – und weiter, bis nichts mehr übrig ist.«

Briar überlegt kurz und sagt dann überraschend und zu Herzbergs großer Erleichterung:

»Das könnte machbar sein. Ihr Schiff müsste auf Fidelio …«

»Fidelus.«

»… müsste die Heliosphäre von Fidelus durchfliegen, von der Heliopause nach innen zur Heliohülle, bis es die Randstoßwelle erreicht. Da trifft der Wind das Schiff. Aber damit wir uns nicht missverstehen: Das ist kein normaler Wind. Wie ich gerade angedeutet habe, zerdeppert der Ihnen alle kosmischen Begriffe und Werte: Schwerkraft, Polarität von Magnetfeldern, Anziehung, Radiowellenintensität, Licht …«

»Das wird ja immer besser.« Jetzt ist Herzberg richtig glücklich. »Genau das wollen wir.« Seine Hand gleitet über den Tisch zum ledergebundenen, von Post-its angeschwollenen Treatment von *Incarnation* und bleibt einen Moment darauf liegen. Es liegt hier nicht, um herangezogen zu werden oder Stichworte zu liefern – inzwischen kann das ganze Team es praktisch auswendig –, sondern als Requisit, als Krücke oder Totem, dessen bloße Anwesenheit alle Bereiche wappnen und stabilisieren kann, auch die, in denen sich verheerende Destabilisierungen abspielen sollen …

Tszvetan fliegt tatsächlich in jeder Hinsicht gegen den Wind. Es ist zu einer Reihe von Plot-Entwicklungen gekommen, die kaum weniger akrobatisch sind als die der MU-Akrobaten, die in ihnen auftreten: Noch in Fesseln, ist er auf Kerns *piazzo* vom Scheiterhaufen, dessen Flammen gerade an seinen Füßen emporzüngelten, in die Piroge seines Freunds und Helfers Govnal gesprungen, der ungeladen bei der Hinrichtung reingeplatzt ist und ihn in Sicherheit bringt; er mäht mit seinem Rapier reihenweise die geilen *leperosi* nieder, verschafft Tild freie Bahn (und fängt sie dann im freien Fall auf); er flieht mit ihr in die Wildnis von Marais, wo sich der Klausner O. G. Rin ihrer annimmt und wo sie, deren königliche Garderobe zu Tarzan-und-Jane-Fetzen zerschlissen ist, als Jäger und Sammler leben; dann nehmen sie, als Louis Qs DF-Drohnen bedrohlich näher kommen, Anlauf zur dauerhaften Freiheit, dringen, als (was sonst?) *leperosi* verkleidet, in Kerns Zitadelle und dort in die Andockbrücke ein, in die die beschlagnahmte *Sidereal* abgeschleppt worden ist, rapier-mähen dabei ein paar Verwahrstellenwachen nieder (Govnal hat Tszvetans loyalen Heizern Bescheid gesagt, die bereitstehen, um ihr Schiff zurückzuerobern – nachdem sie naturgemäß auch ein bisschen herumgemäht haben); und schließlich schießen sie sich den Weg durch Kerns Atmosphäre frei (die Traktorstrahlen des Raumhafens sind von denselben Heizern sabotiert worden) und rasen über Ardis Minor hinaus und an Acephalus vorbei in die Tiefen des Alls.

Genauer gesagt, auf Fidelus zu. Die Mannschaft, die davon ausgegangen ist, Kurs auf Patagon oder vielleicht Nova Z zu setzen, sobald sie den Sirin-Gürtel durchquert haben, wird von Tszvetans Befehl, stur geradeaus zu fliegen, kalt erwischt. Genau wie Tild – aber weder sie noch ein Besatzungsmitglied murrt. Mit jedem verstreichenden Tageszyklus wächst das stillschweigende Einverständnis, und mit ihm macht sich eine Komplizenschaft breit, ein überzeugter Fatalismus. Da draußen gibt es keine habitablen Planeten, nur weitere Asteroidengürtel, dann das leere interstellare Medium und an dessen Ende die Heliosphäre um den massiven Stern herum. Durch diese ausgedünnten und stagnierenden Regionen zur Randstoßwelle zu fliegen, ist ein Himmelfahrtskommando, das weiß an Bord der *Sidereal* jeder. Wenn trotzdem niemand an Meuterei denkt, wenn alle mitziehen und sich Kommentare zum unheildrohenden Kurs des Raumschiffs verkneifen, dann weil inzwischen alle ein und derselben Intuition folgen, unausgesprochenermaßen auf eine Linie gebracht worden sind, die so mächtig und attraktiv ist wie das flammende Inferno, auf das sie zuschießen. Das geht auf die Grundlagen ihrer Absprachen zurück: ihre gemeinsame Geschichte und deren Vorbedingungen. Für Tild war die Beziehung zu Tszvetan nicht einfach eine *Alternative* zur Treue zu Louis Q, eine Möglichkeit oder Option unter anderen; es war eine Ablehnung *aller* Optionen und Möglichkeiten, ja der bloßen *Kategorie* Alternative – ein Kopfsprung ins Unmögliche. Umgekehrt war Tild für Tszvetan nie nur eine Beute, ein argeralischer *radjar,* den man zur Strecke bringt, ein weiteres Häkchen auf der amourösen Abschussliste. Es wäre aber genauso falsch zu sagen, sein Begehren wäre einfach »größer« oder »stärker« gewesen als sein Pflichtgefühl Louis Q gegenüber, als sein Festhalten an Konventionen, als seine Achtung von Ehrenkodizes und dergleichen. Nein, auch bei ihm ging es um einen Sprung, hinaus aus allen Bindungen, Codes und Fundamenten; es erforderte die Überquerung einer Schwelle, hinter der es keinen festen Boden mehr gibt – nur noch die Leere. Die Leere hat sie gerufen, und sie sind gekommen. Welche neue Erde, welche Planetenoberfläche, welche Mineralien von Grund und Unterboden hätten diese Schattenpaarung also versorgen, diese Liebe also nähren können, die durch, aus und in Haltlosigkeit zur Welt gekommen war? Keine: Nur die Leere kann sie aufnehmen. Wenn sie auf der Reise von Argeral nach Kern ein Habitat in der Verzögerung des Lichts gefunden haben, mitten im Ultraviolett und Infrarot seiner Behinderung, dann werden sie sich auch jetzt wieder an die Zerlegung des Spektrums wenden, an die Verheerungen und Entwirrungen des Lichts selbst, an die abgeschiedenen und ausgestoßenen Photonen, die zur materiellen Gewalt, zu Wind geworden sind, und dort werden sie den Nicht-Ort ihres Verweilens suchen und ihr Königreich des Nichtseins begründen. Nach dem zehnten Tageszyklus können sie vom Observatorium aus und abgelenkt durch die Bildsucher des Astrolabiums und des Spektrohelioskops das seltsame Flackern von Fidelus' Corona sehen, die sich kräuselt wie das Rüschenkleid einer Ballerina und im Magnetfeld des Sterns geisterhaft wabert, himmlische Irrlichter, die sie zu sich locken …

Die Modellierung ist hier noch komplexer als bei der ersten Verführungsszene. Die Lichtwellen müssen nicht nur abgelenkt, sondern zerlegt, gebrochen, aufgefächert werden. Das kommt später. Vorläufig muss das DZ-Team nur herausfinden, wie die *Sidereal* verschlissen werden kann. Sie haben mit einem Grobmodell angefangen – genauer gesagt, mit dreien: einem digitalen, CAD, reduzierte Details, nur Grundform und Umriss des Schiffs; die beiden anderen sind materielle, ebenfalls auf die Grundform beschränkte identische Repliken, die verschiedenen strömungstechnischen Umgebungen ausgesetzt werden. NW hat die Verwendung ihres Windkanals für die Strömungsvisualisierung sowie Gier-, Schlinger- und Stampfmessungen freigegeben, sich aber kategorisch geweigert, das Modell den Windgeschwindigkeiten auszusetzen, die es tatsächlich zerlegen würden, weil fliegende Einzelteile auch eines maßstabsverkleinerten Raumschiffs die empfindlichen und teuren Honeycombs und Windfahnen verbeulen, verbiegen und aufreißen würden (van Boezems von Phocan weitergeleitete gepfefferte Mail setzte sie darüber in Kenntnis, sie müssten »für alle Kosten aufkommen, die bei der Zerstörung sowohl Ihres Raumschiffs als auch unserer Erwerbsquelle entstehen!«). Was die ausgewachsene Katastrophensequenz oder zumindest deren analoge Grobversion ohne Einzelheiten angeht, sind sie also auf die Deutschen angewiesen, die vor ein paar Monaten eine *Sidereal* im Maßstab 1:96 in den Kavitationstank der Berliner *Versuchsanstalt für Wasserbau und Schiffbau* getunkt haben. Die VWS stellt sich bei solchen Vorhaben nicht so zimperlich an, denn dank ihrer langen Geschichte der Simulation von Schiffsunglücken enthält ihr UT2 starke Trümmernetze, in Strömungsrichtung hinter dem Messbereich, aber vor dem Aufstrom der Pumpen und Filteranlagen. (»Die Ironie besteht darin«, hat Eldridge zu Herzberg gesagt, der es jetzt Briar weitererzählt und den Spruch als seinen eigenen ausgibt, »dass man Wasser braucht, um Wind zu simulieren, selbst wenn der Wind selbst nur eine Simulation oder meinetwegen Annäherung ist.«) Eldridge hat sich Sequenzen dieser drei ersten und tentativen Modellierungen im Split-Screen-Modus auf den BenQ geholt. Auf dem Video im linken Bildschirmdrittel, dem aus dem Kavitationstank, tanzen gebrochene Wassertupfen wütend um den Schiffsrumpf herum, steigen auf und bilden Protuberanzen und Keile, wenn sie an den Winglets, Fahrgestellstreben, Phaser-Batterien und Stabilisatoren entlanggleiten. Das Fluidmedium, in dem sich auch die Kamera befindet und in der rechten oberen Ecke den unabgekürzten Produzentennamen *Versuchsanstalt für Wasserbau und Schiffbau* einblendet, erinnert Herzberg bei jedem Anschauen des Videos an U-Boote, die durch die Tiefen des Atlantiks stampfen. Das Video im rechten Bildschirmdrittel ist das CAD-Video und zeigt eine analoge bzw. gerade nichtanaloge Version des Prozesses, der sich im Kavitationstank abspielt, Pixeltupfen, Protuberanzen und Keile bilden sich und zerstieben wieder, weiten und verkleinern sich um die *Sidereal*, an der sie in gestottertem virtuellem Fluss vorbeitreiben, dem hier aber jede Wut abzugehen scheint. Im mittleren Video, dem von NW, hüllt der Rauch der Strömungstracer das Schiff im Windkanal in einen feinmaschigen Kokon, während in seinem Windschatten Blasen aufspringen und abprallen.

»Die Bewegungen am Schiffsrumpf haben wir ermittelt«, sagt Eldridge. »Sowohl in der CAD-Version als auch im Wassertank haben wir die Sequenz bis zum Beginn der Auflösung fortgeführt, wie Sie sehen werden. In gewisser Hinsicht ist das aber eine falsche Fährte. Wir bekommen dadurch bestenfalls Stichworte oder Hinweise, aber hier besteht unsere Aufgabe ja nicht in der Aufzeichnung, wie ein reales oder gesimmtes Fahrzeug an dem-und-dem Tag auseinandergebrochen ist, sondern in der Entscheidung, wie *unser* Schiff kaputtgehen soll, so dass die Szene maximalen Eindruck schindet *und* den faktischen strömungstechnischen Kennzahlen des Objekts entspricht – und natürlich den physikalischen Gesetzen, denen diese wiederum unterworfen sind«, kriegt er gerade noch die Kurve, Briar Tribut zu zollen.

Glück gehabt. Briar nickt zustimmend, fragt dann aber:

»Und wie entscheiden Sie das, wenn das Design noch gar nicht in allen Einzelheiten stimmt? Es könnte doch sein, dass das kleinste Traversensegment, ein EVA-Haltegriff oder ein Radiator als Erstes nachgibt – und dieser Trümmer schlitzt im Vorbeifliegen die Rumpfverkleidung auf, so dass es in der Bordelektronik oder im Frachtbereich zu Druckverlusten kommt, was dann …«

Herzberg sagt: »Ken Pilkington – der arbeitet im Verteidigungsministerium im Luftfahrtbereich – ist der Meinung, dass es wahrscheinlich …«

»Ken Pilkington?«, wiederholt Briar ungläubig. »Wie in Gottes Namen …?«

»Der hat uns über Pantarey ein paar Ratschläge gegeben …«

Einen Augenblick lang scheint sich Briars Blick von allem zu lösen – von ihnen, den Bildschirmen, dem Raum, dem zur Diskussion stehenden Problem – und sich auf eine andere Gestalt zu richten, die wie bei einem privaten, von ihm veranstalteten Fest nur er allein sehen kann. Schließlich murmelt er: »Wenn sich irgendwer mit der Entmaterialisierung von Flugzeugen auskennt …«

Er beendet den Satz nicht. Behutsam fährt Herzberg fort: »Sein Vorschlag war, als Erstes etwas weit vorne abreißen zu lassen: eine Ladeklappe oder ein vorderes Druckschott …«

»Pilkington!«, flüstert Briar – dann merkt er, dass ihn inzwischen alle anstarren, schüttelt das Phantom ab, das ihn plötzlich überfallen hat, und sagt mit jetzt wieder Respekt einflößender Stimme:

»Ja, Frachtklappe oder Druckschott geht beides. Möglich wäre aber auch etwas weiter hinten, falls der Luftwiderstand da hoch genug ist: Die hintere Klappe oder der Stabilisator könnte ein ganzes Rumpfsegment mit sich reißen, wenn …«

»Vorne ist uns lieber«, meint Herzberg. »Dann kann man sehen, wie sich die ganze Ereigniskette strukturell und dramaturgisch am Schiff entlang fortsetzt: Wenn sich die Havarie ausbreitet, rennen die Leute dann rum und versuchen, die Verbindungsluken dicht zu machen, Luftschleusenmodule hermetisch abzuriegeln und so weiter …«

»Ja klar, aber genau dafür brauchen Sie doch das detaillierte Design.«

»Ein Stück weit. Wir müssen da nicht päpstlicher sein als der Papst. Was passiert, wenn wir damit anfangen, dass der Kommunikationsmast hier abknickt, das Sonnensegel aufschlitzt und Teile des Haupttriebwerks explodieren lässt? Wir fangen da oder da oder *da* mit dem Ablauf an, der das Schiff zerlegt – ›schälen‹ nur ein bisschen ab und überlassen alles andere dem Computer. Aber das machen wir erst mal im Groben, noch nicht *en détail*. In diesem Stadium muss das Modell noch nicht bis zum letzten Lüftungsschacht oder Geruchsfilterkanister entworfen worden sein. Selbst mit unseren jetzigen Prozessoren würde es Monate dauern, das auszuarbeiten. Wir müssen nur ein paar Einzelheiten improvisieren – und da kommt unsere Gabel ins Spiel. Um Ihnen das an einigen Beispielen zu verdeutlichen: Wir haben mal drei Szenarien vorbereitet …«

Charlie hat wie ein loyaler Heizer auf diesen Augenblick gewartet und öffnet jetzt das erste davon auf dem BenQ. Es zeigt, wie erwähnt, eine Ereigniskette der Zerstörung vom Bug zum Heck: Sensornase, Flugschrauber, Elevon, Korrekturtriebwerke und Steuerraketen schälen sich eine nach der anderen vom simulierten Modell ab, kollidieren miteinander und mit dem Rumpf.

»Wir haben die Struktur mit Fugen versehen und jeder Fläche Eigenschaften zugewiesen«, erläutert Eldridge. »Dehnfestigkeit, Versprödung, Elastizität und so weiter. Einfach um eine Vorstellung davon zu bekommen ...«

»Sieht nicht sehr realistisch aus«, sagt Briar.

»Nein, noch nicht. In dieser Phase gibt es noch keine Part Sim und ...«

»Part Sim?«

»Keine Partikel- oder Teilchensimulation: Rauch, Metallkonfetti, Sachen, die *Peng* und *Puff* machen, wie beim Teppichklopfen Staub aufsteigt. Und natürlich kein Licht. Das kommt alles erst in der Renderphase. Jetzt zum zweiten Szenario ...«

Das unterscheidet sich nicht groß und beginnt damit, dass sich eine dünne Antenne für Telemetrie oder Annäherung und Rendezvous vom oberen Rumpf der *Sidereal* löst; wie die Schmuckklinge eines Messerwerfers dringt sie ins Solarmodul auf der Steuerbordseite des Schiffs ein, das in Fragmente zerfällt, die mit dem Wind am Rumpf entlangfliegen. Das dritte Szenario beginnt mit derselben Ablösung, nur dringt die Antenne diesmal wie ein Zweig, der in einen Schredder geschoben wird, ins Backbordtriebwerk ein, das daraufhin explodiert und nicht nur große Bereiche des Laderaums und der Waffenkammer zerstört, sondern den verbleibenden Schiffstorso auch seitwärts schlingern lässt, was man unter Einsatz des Seitenruders zu kompensieren versucht.

»Das ist das Tolle an Houdini: Die Software weiß, dass Wind keine Konstante ist«, sagt Charlie, ohne den Blick vom Bildschirm zu wenden. »Man kann Wirbel und Schwankungen berücksichtigen. Und wenn es durchgerüttelt wird, gleicht das Raumschiff das aus – woraus sich dann ergibt, was als Nächstes entblößt wird und daher als Nächstes zerstört werden kann.«

Briar nickt wieder, verständnisvoll oder sogar gefügig.

»Natürlich zeigen wir nicht alles«, schaltet sich Herzberg wieder ein. »Nur Ausschnitte des fortschreitenden Zerfalls, um den Zeitstrahl zu erzählen – die besten Stücke. Bei Weitwinkelaufnahmen muss man nicht alle Einzelheiten richtig hinkriegen – bei Nahaufnahmen aber schon. Und da zeigt sich dann der Vorteil echter Modelle: Man kann zeigen, wie sich eine Schraube lockert oder wie sich Risse in einer Hitzeschutzkachel ausbreiten …«

»Da können wir uns vom Kavitationstank inspirieren lassen und die Simulation mit deren Daten anreichern«, fügt Eldridge hinzu.

»Wo kommt das Extrasegel da her?«, fragt Briar, als auf Charlies Bildschirm eine neue Tragfläche aus der abgrundtiefen Dunkelheit auftaucht und sich spektral an die Spanne der ersten angleicht, die ihr entgegenkrängt.

»Glitches«, antwortet Charlie.

»Die kriegen wir spätestens beim Rendern«, sagt Eldridge. »Da setzen wir Wrangler drauf an, rund um die Uhr und sieben Tage die Woche.«

Das Szenario wird jetzt im Inneren des Raumschiffs fortgesetzt: Feuerlöscher, Pneumatikplatten, der Inhalt der Bordapotheke: Alles schwebt durchs Modul – auch die Gabel ist wieder da. Herzberg spürt eine Art Waffenstillstand mit Briar und erzählt ihm eine Anekdote.

»Vor ein paar Jahren gab es – nicht hier bei Degree Zero, sondern bei einem unserer Konkurrenten, aber ich weiß nicht mehr, ob in London oder drüben in den Staaten – einen Mann namens Decebal Călugăreanu.«

Eldridge, Charlie und die anderen grinsen; sie kennen die Geschichte. Briar nickt wieder und wartet auf die Fortsetzung.

»Călugăreanu war Rumäne«, fährt Herzberg fort, »ein Programmiergenie, das die Postproduktionsgesellschaft für eine bestimmte Arbeit eingestellt hatte: Er sollte plotten, wie ein bestimmter Gegenstand (ein königliches Zepter, ein magischer Kristall, ein Moseskörbchen oder irgend so was) einen Fluss runterfließt, irgendein enges, schnellfließendes Gewässer lang. Ging um einen von diesen Fantasyfilmen mit Riesenbudget …«

Die Geschichte ging so: Als Călugăreanu in London / LA / Sonstwo ankam, stellte der FX-Boss – Herzbergs Gegenstück – ihn vor, verdrehte die Augen und sagte: »Ich versuch gar nicht erst, seinen Namen auszusprechen …« Seine Mitarbeiter sahen alle betreten zu Boden, peinlich berührt vom xenophoben Fettnapf ihres Chefs; nach einem, spätestens zwei Tagen konnten sie den Namen problemlos aussprechen. Ist ja auch nicht schwer: Decebal wie *Dezibel* und Călugăreanu wie die Stadt auf Sardinien. Nur der Abteilungsleiter lernte ihn nie – wochenlang blieb er beim Augenverdrehen, nannte Călugăreanu jedes Mal *D. C.*, wenn er ihn ansprechen musste, und so weiter. Călugăreanu machte sich inzwischen daran, die Flussfahrt des Zepters / Kristalls / Moseskörbchens zu plotten. Sagen wir, die Sequenz soll rund zwanzig Sekunden lang werden: Da muss eine Bahn definiert werden, die sowohl dramatisch ist als auch den Gegebenheiten entspricht – das Wasser fließt mit der und der Geschwindigkeit, hier und da Felsen, das Objekt fällt da und da ins Wasser …

»Wie Pu-Stöckchen«, sagt Briar.

»Genau«, stimmt Herzberg zu. »Dasselbe, was wir machen: Strömungssimulation. Bei Stromschnellen oder im Wind kommen mit jedem Einzelbild tausend Mikrofaktoren zum Tragen. Je besser der Simulator ist, desto besser lässt sich berechnen, wo ein Gegenstand in zwanzig Sekunden sein wird; und je besser sich das berechnen lässt, desto echter sieht das Wasser dann aus. Also macht sich Călugăreanu an die Arbeit. Er arbeitet allein. Er ist fleißig: Immer am Schreibtisch, kommt als Erster, geht als Letzter. Faktisch geht er nie. Morgens ist er immer schon im Büro, hackt auf die Tasten ein und hat eindeutig die ganze Nacht nicht geschlafen. Das Schräge ist …«

Das Schräge war, dass er seine Überstunden nie in Rechnung stellte. Der FX-Chef ermunterte ihn sogar auf seine unhöfliche Art und rief quer durchs Großraumbüro: *Hey, D. C., wollt ihr Leute kein Geld?* »Ihr Leute« konnte für Informatiker, Rumänen oder generell Leute mit nicht kernweißen Namen stehen. Călugăreanu beantwortete alles mit einem stillen Lächeln. Er wusste nur zu gut, warum er für die Nachtschichten keine Rechnungen stellte. Rund einen Tag, nachdem er mit dem Programmieren angefangen hatte, war ihm der Gedanke gekommen, wenn er ausrechnen könne, wo ein Zepter / Kristall / Moseskörbchen in einem Fluss in zwanzig Sekunden sei, müsse er doch auch ausrechnen können, wie Schweinebauch-Futures am nächsten Morgen an der chinesischen Börse gehandelt würden, und verbrachte seine Nächte damit, genau dafür einen Algorithmus zu schreiben. Einen Tag, bevor er seinen Pu-Stöckchen-Auftrag beendete, verkaufte er den Algorithmus für 500 000 000 Dollar an Salomon Smith Barney. Alle Nachrichtenkanäle waren voll davon; seine Kollegen verabschiedeten ihn unter Hochrufen. Călugăreanu hatte aber noch eine Rechnung offen: Vor seinem Abgang stattete er seinem Ressortchef einen letzten Besuch ab und machte ihm ein Angebot: Wenn er, sein Boss, seinen, Călugăreanus, Namen jetzt und auf der Stelle richtig aussprechen könne, würde er, noch einmal Călugăreanu, ihm, dem Boss, zehn Millionen Pfund / Dollar / Euros zahlen – per Sofortüberweisung noch aus dem Büro.

»Der Typ probiere es auch«, schließt Herzberg die Anekdote ab. »*Cala-gier-irgendwas … nein, Kallugerena … Calarea …*«

»*Superkalifragilistisch* …«, beteiligt sich Charlie.

Sogar Briar lächelt. Die Geschichte hat aber noch ein Finale.

»Das Interessanteste ist dabei aber, dass Salomon Smith Barney Călugăreanus Algorithmus nur drei Monate oder so nutzen konnte«, ergänzt Herzberg nachdenklich, jetzt aber im vollen Dozententon und mit wiederhergestellter Autorität. »Was grundsätzlich kein Problem war – sie haben die 500 000 000 mehrfach wieder eingespielt. Aber er stellte sich als so gut heraus, dass er in Bezug auf Schweinebauch-Futures den gesamten Börsenhandel beeinflusste. Der Algo wurde *Teil* des Systems und seiner Makromaschinerie – wie ein Schloss oder ein Wehr …«

Briar und er wenden sich wieder dem BenQ zu. Die Modellvideos laufen wieder, spätere Ausschnitte aus den Dateien. In dem aus dem Berliner Kavitationstank haben die wütenden Protuberanzen und Keile Streben aus den Verankerungen gerissen, Stabilisatoren hängen nur noch lose wie gebrochene Flügel am Schiffsrumpf, der autokorrektiv hin und her schlenkert – was seine Zerstörung nur beschleunigt. In der CAD-Simulation daneben läuft dieselbe Szene leidenschaftslos ab, die Tupfen gleiten ohne Ranküne oder Absicht am zunehmend zerschnetzelten Schiff entlang. Die Aufnahmen aus dem Windkanal zeigen nach wie vor eine rauchumwaberte *Sidereal*, gewiegt von den Strömen, die die Vernichtung und das Schiff in der Schwebe halten. Genauso passiv stehen im Schiff Tild und Tszvetan inmitten von entfesselten Medikamentenschränken, Feuerlöschern und Gabelzinken und warten auf ihre Verzehrung, ihre Apotheose.

3. Eine Kugel Javaapfel

Gloucestershire im September: Die Weidenröschen lassen die Köpfchen hängen und flocken in der kraftlosen Sonne an der Mauer, das Mädesüß verblüht im Graben, das gemähte Gras kompostiert im Haufen, und Thérèse schläft. Inzwischen verschläft sie mehr Zeit, als sie wach verbringt. Irgendwann im Sommer hat sich das Verhältnis umgekehrt; die genaue Woche oder gar den Tag hat er nicht festgehalten und könnte es jetzt nicht sagen – aber es gab einen Kipppunkt, der erreicht und überschritten wurde, und Schlafen ist ihr Hauptzustand geworden, ihr Standardmodus. Von den Ärzten kann er nichts erwarten, die verweigern jede Festlegung und schleichen endlos um den heißen Brei seiner Fragen herum, so umständlich er die auch formuliert (*Wie könnte jetzt eine genauere Planung …? Welche zeitlichen Parameter würden Sie hier …? Mit welcher Verlaufskurve können wir …? Lässt sich eine Zeitleiste für die nähere …?*) – aber in den Chatrooms der Selbsthilfegruppen gibt man ihr noch drei bis sechs Monate. Ihre Sprachfähigkeit schwindet; der Geschmackssinn auch; der Geruchssinn ist schon weg. Sie gibt es nicht zu, sieht und hört aber Dinge, hat Halluzinationen, das merkt er daran, wie ihre Augen, das Letzte, was an ihr noch wachsam und aktiv ist, leere Stellen über seinem Kopf fixieren oder ein Stück Wand neben dem Türpfosten ansehen, zu den Gardinenstangen oder einem Teppichstreifen weiterhuschen und dort verharren, voll konzentriert, dann verängstigt, bestürzt oder entzückt. Was sagen sie ihr? Was zeigen ihr die Laternae magicae? Ihre Levodopa-Dosis ist erhöht worden, um die Bewegungsstörungen und Nervenschmerzen zu lindern, aber ihr dopaminerges Neuronensystem degeneriert, und die Toxizität nimmt zu. Die Inkontinenz auch. Die menschliche Toleranz findet ihre eigenen Grenzen und Beschränkungen: Krankheit ist ein Weg, diese zu verfolgen, wegzureiben und neu zu ziehen, wieder und wieder, ein endloses Experiment, ein auf das Kanzleipapier des Körpers aufgetragener Entwurf ...

Pilkington ist in seinem Arbeitszimmer und hat es wieder hervorgeholt: sein geheimes Hauptbuch mit dem Lorbeerkranz, der ihm keine öffentlichen Meriten einbringt, sein Manifest, das keine freudige Menschenmenge je in Ehren halten wird, seine Worte des kleinen Nachsitzenden, die ewig ungelesen bleiben werden. Seltsam, dass sich seine Angstträume dieser Tage ebenso um das Buch, also um Albatros, wie um Thérèse drehen. Es ist, als wären die beiden Szenen verschmolzen: Jetzt versucht er, ihren Arm, ihre Schulter oder die Laufrollen ihres Rollstuhls zu manövrieren, wieder auf die Mittelachse auszurichten und sicher zum Reifenkontaktpunkt im Lande-Korridor zu dirigieren. *LOS:* Die Abkürzung ist auf die aufgeschlagene Seite vor ihm gekritzelt, über einer Skizze der von ihm eingerichteten Kommunikationsrelaiskette, um die 720 von Diego Garcia nach Septentrion zu lenken. Line of Sight – Sichtverbindung: ein terrestrisch-ozeanisches Netzwerk, so einfach wie die Leuchtfeuer auf den Hügeln der griechischen Antike oder eine Partie Schwarzer Peter; jeder Posten erhielt von seinem Vorgänger befristete Befehlsgewalt über das Flugzeug, hatte im Flug ein bisschen Spielraum nach links und rechts, um die Telemetrie und die Reaktionen des alten Kastens zu prüfen, und reichte diesen dann dem nächsten weiter. Da sind sie, die Kürzel jeder einzelnen Station: *DG, LV Siren, RPS Sept* ... die Buchstaben treiben über die Seite und reanimieren für ihn die Metallpylone, die sie in Zementblöcken im Sand verankert und an Deck des Feuerschiffs *Siren* errichtet hatten, das gleich hinter dem

vierzehnten Breitengrad auf den Wellen schaukelte. Der Mast
an der Landebahn, am Zielstandort, Ground Zero, war ein
dreieckiges verankertes Gitterwerk in Rot und Weiß mit in
verschiedenen Winkeln von ihm abgehend gespannten Stahl-
kabeln, liliputanischen Banden, die ihn an den Strand fessel-
ten. Dahinter lagen die grünen Zelte; die Generatoren; die
Transporter mit den Aufzeichnungsgeräten; die Messanlagen
von Marconi, BA und den anderen, in komplexe Abteilungen
geordnet wie das Wüstenlager eines Scheichs ...

Und zwischen all dem, seine Streuung ausrichtend und auf
Linie bringend wie die Späne um einen magnetisierten Eisen-
barren, die Landebahn, evakuierte Main Street einer Wes-
ternstadt, die auf ihren High Noon wartet. Mit den an allen
Ecken und Enden montierten Festkameras, die jeden einzelnen Winkel abdecken und in jeder Phase, in jedem einzelnen Augenblick der Action Schuss-Gegenschuss-Montagen
ermöglichen sollten, erinnerte der Strand Pilkington an ein
Filmset (er hatte nie eines gesehen, aber dasselbe populäre
Image im Kopf wie jeder andere). Und das Flugzeug war dorthin unterwegs ... Auch das erinnert an ein Filmset: Weniger
Protagonist als mobiles Studio mit eigenen Kameras und Mi-
kros, Hauptdarstellern, Komparsen, Requisiten, alle an das
Einhalten eines Skripts gebunden, dessen erster Entwurf genau hier aufgeschrieben wurde und wird; dessen letztes Ty-
poskript, die endgültige Drehbuchfassung photokopiert und
in verschiedenen modifizierten und anteiligen Formaten verbreitet worden war wie die Einzelstimmen einer Orchester-
partitur. Als er umblättert, findet er auf der ganzen nächsten
Doppelseite das Ablaufdiagramm des Datenerfassungssys-
tems: Zeitcodegenerator (IRIG A) speist Bandaufzeichnungsgeräte Nr. 1 und 2, Kamera (IRIG B) und Syst 1 PCM, dies
letztere Kästchen wird aber auch vom Signalkonditionierer

gespeist und speist seinerseits die Bandaufzeichnungsgeräte Nr. 3 und 4, den Verzögerungsspeicher und das S-Band-Radar ... Die Flusslinien mit den Pfeilspitzen teilen sich in zwei oder drei Zweige auf, laufen von links nach rechts, von der Verso- zur Rectoseite, und knicken ab, wenn sie in die Mittelrinne des Notizbuchs fallen. Auch das Flugzeug sollte über die Grenze zwischen den Kontrollzonen gleiten, irgendwann den Saum zwischen Meer und Land passieren und auf sie zuschießen, ein Pfeil auf dem Weg zur Zielscheibe, der dem riesigen IBM im Zelt von Dashell und Sir Ronald Multikanalgeheimnisse übermittelte, dem größten, grünsten und zwielichtigsten: dem Master-Wandler, der die ganzen gleichzeitig übertragenen sequentiellen Daten, Filter und Abtastungen der Eingangskarten verarbeitete und die Millionen der mit 129 8-Bits pro Frame durch die große unversprachlichte Stille, durch den leeren Raum auf sie zuschießenden Wörter wieder lesbar machte – ihnen, ihm, der Welt und der Nachwelt.

Vor dem Fenster seines Arbeitszimmers entlockt ein leichter Windstoß dem Mädesüß weißen Blütenschnee, Wölkchen, die wie Rauch nach dem Abschießen von Kanonen in der Luft stehenbleiben. Darüber rascheln Birken und geben Blätter ab. Erster Atemzug eines Wintertages, einer Zukunft mit keiner Thérèse. Am 1. April 1984 huschte eine leichte Brise über Septentrion und durchfusselte den Sand des Atolls. Beaufort hätte ihr auf seiner Skala wohl eine 2 gegeben: Die Windfahne neben der Landebahn bewegte sich, schwoll aber nicht priapeisch an; die See warf kleine, kurze Wellen, die glasig blieben, keinen Schaum bildeten. Um Viertel nach neun waren alle auf ihren Posten, obwohl bis zum Reifenkontakt noch zwei Stunden blieben; die Stimmung war geschäftig, aber ungezwungen, die Leute erledigten ruhig und gutgelaunt, was zu tun war, flitzten in Jeeps oder zu Fuß hin und her, funkten sich von Station zu Station an, und wenn die Sender direkt nebeneinander lagen, riefen sie einfach rüber: *Hey, Blödmann, schieb deinen Arsch hier rüber ...*

Das Bier blieb so früh am Morgen dieses Tags der Tage in den Kühlschrankbaracken und kühlte neben den Champagnerflaschen (sie hatten den Quartiermeister in Diego – mit weiteren Champagnerflaschen – bestechen müssen, damit er sie im Ladungsverzeichnis als »technische Hardware« auflistete); aber dafür gab es Eiscreme noch und nöcher. Niemand in der Befehlskette hatte Einwände: Es hielt die Männer kühl und glücklich; auch Dashell mochte Eis. Irgendwann im Februar hatte Anderson mit dem Experimentieren angefangen: Neben den Fertigpackungen Schokolade und Vanille waren inzwischen Mango und Papaya, Kokosnuss und Litschi, Guave, Sternfrucht und Javaapfel im Angebot, die aus einer Gelatiera von Gaggia geschöpft wurden (inventarisiert als »Antifrostschutzgerät«), die wie ein sofort wieder zurückfliegendes Verkehrsflugzeug im Dauerbetrieb war. *Albatros Eiscreme,* nannte Anderson das; *gibt's in sieben tödlichen Geschmacksrichtungen ...* Pilkington hatte wie die meisten alten Hasen praktisch immer ein Schälchen vor sich stehen: arbeitete sich durch die Todsünden, von der Trägheit zum Neid, von Litschi zu Guave, immer eine Sorte auf einmal im Glas neben seiner Konsole, wenn auch nie lange; bei den hiesigen Temperaturen musste man es schnell löffeln. Heute gönnte er sich mehr als sonst – vielleicht aus Nervosität, vielleicht brauchte er aber auch Komfort und sogar Rückversicherung, weniger was den Geschmack als was die Form der Eiscreme anging. An der Schädelhöhle des alten japanischen Servierlöffels von Nevco hatte der vom Aluminium abblätternde blaue Lack eine Fläche geschaffen, deren Struktur Pilkington an den aus gnomonischer Projektion betrachteten atollgetüpfelten Indischen Ozean erinnerte, und wie ein kosmischer Magier, der immerzu neu geformte Planeten aus dem Hut zauberte, erschuf der Marconi-Mann damit kompakte Globen aus bunter Kälte, die im Lauf der Zeit immer vollkommener und sphärischer wurden. Pilkington hatte sich wohl alle halbe Stunde Nachschlag geholt, kleine Belohnungen für all die Aufgaben, die er abzuhaken hatte: Kopieren der Vorfeuer, Freihalten der Frequenzen der Navigationsstationen, wiederholtes Überprüfen der Flugroutenkoordinaten ... Auf dem letzten Stück, den letzten Minuten vor der Nullstunde stand eine Kugel Javaapfel vor ihm – die exotischste aller Geschmacksrichtungen: Wachsapfel, *syzygium samarangense*, weiß mit einem rosa Erröten. Hinter dem Eis sein Radarschirm mit dem Koordinatennetz, grün und leer; neben beiden das Buch.

Um zwei Minuten nach elf hob die Boeing auf Diego Garcia ab. Einundzwanzigeinhalb Minuten später wurde sie der *Siren* übergeben. Nach weiteren dreiundzwanzig Minuten würde sie in den Erfassungsbereich von Septentrion kommen. Pilkington würde sie selber runterbringen. Jeder aus seinem Team hätte das wahrscheinlich machen können, aber vom symbolischen Standpunkt aus schien es nur allen Ritualen und Protokollen nautischer Tradition zu entsprechen, wenn der Endanflug seiner individuellen Steuerung, seinem persönlichen Lotsentum oblag. *Kybernetes:* Er hatte die Flugroute und Relaisstationen festgelegt; er würde das olympische Feuer über die Ziellinie tragen und die Fackel in die Schale, den Kessel des letzten Brands halten. Auf der Landebahn sahen die schweren stählernen Flügelöffnungsblöcke auf See hinaus, ungerührt wie die Statuen auf den Osterinseln. Auf seinem Schirm drehte sich der Zeiger der Rundsichtanzeige durch das Netz der konzentrischen Kreise und bildete die

Nachleuchtschleppe, die langsam abklang und mit jeder Umdrehung erneuert wurde. Um 11.45.32 warf er einen Blick auf das Eis: Es musste gegessen werden, aber er wagte nicht, Hand oder Blick, auch nur das kleinste bisschen Aufmerksamkeit von der Konsole abzuwenden, wo jetzt jede Sekunde ein neuer Punkt auftauchen und zu einer Form mit Umrissen heranwachsen musste: Flügel weit ausgespannt, ein Albatros, sein ureigenster Albatros, der auf seine Stange heimkehrte …

»Hey Pilko!«, rief Anderson aus dem Marconi-Zelt herüber. »Erlaubt sich ja prompt ein akademisches Viertel. Ist das in England so Sitte?«

Sie waren knapp über die Staffelübergabe hinaus: fünfundvierzig Sekunden … eine Minute … jetzt schon zwei … Zum ersten Mal seit seiner Ankunft auf Septentrion spürte Pilkington einen Effekt, den die Eiscreme ihm nie verschaffen konnte, ein Frösteln, das vom Schädel ausging und sich die Wirbelsäule hinabzog. Er funkte das Feuerschiff *Siren* an und erfuhr, das Flugzeug hätte ihre Zone vor vier Minuten verlassen.

»Seht ihr es noch auf eurem Radar?«

»Negativ.«

»Warum sehen wir es dann nicht?«

Aus dem lauten Schweigen, mit dem das Funkgerät seine Frage beantwortete, hörte er eine zunehmende Angst heraus, die unausgereift ihre Frequenz suchte. Sein Walkie-Talkie summte: Sir Ronald war dran, ›checkte ein‹, klang ruhig und bedächtig, ein tiefer Bass, der gleich darauf von Dashells dramatischerem Bariton abgeschnitten wurde:

»Wo ist unser Scheißflugzeug?«

Auf Pilkingtons zweitem Monitor erschien eine Nachricht: *Integritätsvorfall.* Das konnte so ziemlich alles heißen: Antennenverdeckung, Interferenzen, Doppler-Effekt, Zeitgeberfehler oder eine Art Abdrift … Sie arbeiteten mit erweiterten

Kalman-Filtern; heute würde man mit Unscented Kalman-Filtern arbeiten, bei denen alle arbiträren nichtlinearen Funktionen durch ableitungsfreie übergeordnete Näherungsverfahren wie Gaußsummenfilter ersetzt werden und der aktuelle Zustand statt mit der Zustandsübertragungsfunktion durch Propagation von Sigmapunkten der Ausgangsnormalverteilung ermittelt wird. Die Drohnen in Farnborough haben IMEs und eingebaute geodätische Systeme, kleine Bordgloben mit eigenen Nullmeridianen und Wendekreisen ... Aber das ist heute; damals war damals. Eine große Fernsteuerung, ganz wie Sir Ronald gesagt hatte. Auf seinem Radarschirm drehte sich der Zeiger weiter und bildete in seinem Leuchten das Fehlen des Flugzeugs ab, die Leere des Koordinatennetzes. Davor schmolz sein Eis: sackte durch, schlaffte ab, verlor die Symmetrie. Draußen auf der Landebahn standen die in ihrer Unbenutztheit brutal wirkenden Schlitzer. Ohne ihre Gestalt oder ihr Erscheinungsbild wirklich zu verändern, verwandelten sie sich wie der Pylon und die Generatoren, wie die Fahrzeuge und Zelte in den nächsten Minuten, Stunden und Tagen für ihn aus Idolen, die ihrem Gott frohlockend Tribut zollten, einer lebendigen Gottheit, die sich jeden Augenblick leibhaftig offenbaren würde, in stumme Zeugnisse ihrer Verlassenheit oder der der Welt. Aber es war die Physik und nicht die Metaphysik, die sich ihm einprägen und ihn von da an begleiten sollte. Nicht die höhere Aerodynamik von Kräften und Biegemomenten, Windachsen und Geschwindigkeit, Luftwiderstand und Seitenkraftkoeffizienten, sondern die simple Physik, so kinderleicht, dass sie farbcodiert war: vom leeren Netz des Radarschirms (grün) über die vom Flugzeug ungetüpfelte obere Himmelsebene (blau) bis zur ungestörten unteren Strandebene (weiß) arrangierte sich alles um die rosa errötende Kugel im Prozess der Auflösung, und mit ihr lösten sich auch alle anderen Formen auf, verliefen zu der einen plan durchgehenden Fläche, auf der nichts passierte und immer passieren würde.

Es gab natürlich eine Untersuchung. Sie zog sich zwei Jahre hin, und ähnlich wie Albatros führte sie zu nichts. Niemand hatte ein Interesse daran, die Angelegenheit herumzutratschen. Alle Dokumente und Laufwerke, alle Skripte, Schriften und Abschriften, die die Operation tangierten, alle Einspeisungen und Zwischenergebnisse ihrer einzelnen Phasen wurden beschlagnahmt. Seine Leitstelle wurde bis zum letzten Monitor und zur letzten Floppy Disc sichergestellt; nur das rote Notizbuch war wie die 720 nie auf dem Radar aufgetaucht. Vielleicht hatte es sich vor aller Augen versteckt: Alle hatten sich so an den Anblick gewöhnt, dass er es immer dabeihatte, dass es für sie ein Teil von ihm und nicht vom Projekt geworden war, so wie jemand eine Brille um den Hals hängen oder eine Brieftasche in der Hand hat – oder in früheren Jahrhunderten ein Monokel oder einen Fächer. Der Gipfel der Ironie war, dass die Untersuchung den verhängnisvollen Irrtum des Ermittlungsgegenstands reproduzierte, sie verdoppelte seinen blinden Fleck gewissermaßen rituell als ihren eigenen. Man brütete über den Ausdrucken, untersuchte die Funkgeräte, Abtastfrequenzen, Signal/Rausch-Verhältnisse, Rahmenbedingungen der Schaltfunktionen an Bord … Man prüfte und überprüfte die Flugroutenkoordinaten und rekonstruierte die Kopienkette und Verlegungen bis zurück zu den allerersten getippten Seiten. Aber wie er ihnen von Anfang an, von der Nullstunde an – *April, April!* – hätte sagen können, hatte sich der Fehler nicht beim Abtippen der Typoskripte eingeschlichen: Er war *ab ovo* da gewesen, schon ab der ersten getippten Version. Auf den linierten Silvine-Seiten hatte er für die Koordinatenkonvertierung – geodätisch zu ECEF – das Newton-Raphson-Verfahren genutzt, um die Meridianbögen festzulegen, die ihrerseits das Referenzellipsoid spezifizierten. Für die dritte Abplattung hatte er zur Bessel-Helmertschen Lösung gegriffen; für die Auswertung zum Clenshaw-Algorithmus. Beim Tippen seiner Chiffren für die anschließende Weiterverbreitung durch das Sekretariat des Projekts hatte er die ellipsoidale Koordinatentransformation der Einfachheit halber nach Jacobi vorgenommen – eine Substitution, die seiner Meinung nach für jeden, die ganze Kette runter, klar auf der Hand hätte liegen müssen. Lag sie nicht. Zwei Minuten nach Verschwinden (richtiger gesagt, dem gescheiterten Auftauchen) des Flugzeugs war ihm das klar gewesen, und er hatte sofort gewusst, was schiefgelaufen war. Die hochgeladenen Zahlen und Gleichungen mochten für sich genommen absolut belastbar gewesen sein, nur hatten sie zwischen der *Siren* und Septentrion Traktion verloren – an Sendern und Masten, aneinander, am Terrain, das sie überquerten – und einmal aus ihren festen Verankerungen gerissen, waren sie in eine Ekstase der Autokonversion geraten, die das gesamte Bordnavigationssystem rasend schnell in einen zufallsgenerierten Ereignisraum transformiert hatte. Wie einen Würfelwurf. So gesehen, *hatte* er ihnen einen Absturz serviert: einen reinen, numerischen Absturz, der dermaßen vollkommen war, dass er jede externe Nachvollziehbarkeit negierte. Nach zweieinhalb Minuten hatte er auch verstanden, dass man diese Kausalkette ohne sein Notizbuch (dessen gekritzelte Chiffren sowieso unleserlich waren) niemals auf ihn würde zurückführen können.

Das Flugzeug wurde nie gefunden. Zwei Aufklärungsflugzeuge – eine Poseidon der RAF und eine Orion der US Navy – drehten eine Woche lang ihre Runden, erst nördlich und dann südlich des vierzehnten Breitengrads, und suchten das Meer nach Wrackteilen ab; in der anschließenden Woche wurde die Suche nach Westen bis nach Mauritius und zu den Seychellen ausgeweitet; in der dritten Woche nach Osten Richtung Kokos- und Weihnachtsinsel sowie Jakarta. Dann gab man auf. Aller Technik und Hardware, allen Datenerfassungsgeräten zum Trotz war niemand auf die Idee gekommen, eine Black Box einzubauen. Warum auch? Beim ›normalen‹ Gang der Dinge, wenn das Experiment nach Plan gelaufen wäre, wäre das überflüssig gewesen: Das ganze Flugzeug war ja ein einziger riesiger Flugdatenschreiber. Vielleicht waren Jahre später Trümmer an Strände gespült worden – in Oman oder Pakistan, in Australien, Holland oder Norwegen, weiß der Geier wo: ein Heckteil oder ein Magnetbandkopf, die Skala eines Beschleunigungsmessers, der Arm oder das Becken eines sensorbesetzten Dummys … Hätten diese Überbleibsel Eingang in eine Datenbank gefunden, wären sie dann gesperrt worden, nur dem Dienstgebrauch vorbehalten geblieben und zumindest nominell in einer Gedenkstätte zur Ruhe gelegt worden? Oder wären sie nur von kindlichen Strandgutsammlern gepiekst worden wie Quallen und Eikapseln, Plastikflaschen, Styroporstücke und der ganze sonstige Laich von Frachtverschüttungen, Müllverklappungen und allgemeinen Welteinleitungen aus Ablasshähnen; ertrunkene Puppen, Quietscheentchen und verformte Quetschtierchen, Vorhanghaken, Türangeln, Entfeuchtergitter und Backformen, Kugelventile und Einzelteile, die sich über jede Identifizierbarkeit hinaus zersetzt hatten, die Unmengen an Dingen, die von allen Vertragszwecken entbunden worden waren und sinnlos aus einer Zone in die andere mäanderten? Er hätte es sowieso nicht mehr mitbekommen; er war weg vom Fenster. In den kommenden Monaten und Jahren sollte er sich jedoch vorstellen, wie das Flugzeug irgendwo eine Art Liegeplatz gefunden hatte, seinen eigenen Flugsteig, für den es keine geodätischen Koordinaten gab: eine Aporie oder Sackgasse, ein Kämmerchen oder Schlupfloch … Das geht ihm heute noch so: Manchmal sieht er es am Boden, zur Ruhe gekommen, manchmal fliegt es noch, auch nach all den Jahren noch, ein weißer Vogel, der an einem parallelen und leeren Himmel entlangzieht, über einer verdunkelnden Flut.

4. Assassiyun

An seinem ersten Morgen in der Datscha nimmt Lazda Phocan auf die Fahrt zum Laden in Jumelans mit, damit er ihr beim Einkaufen helfen kann. Die Fahrt dauert zehn Minuten. Auf dem ersten Abschnitt wechseln alte Holzhäuser mit Wald ab; als sie sich der Stadt nähern, tauchen Neubauten auf, große Landsitze hinter Mauern und elektronisch gesicherten Toren.

»Ein russischer Oligarch«, sagt Lazda, als ein zuckerguss-rosa Palast vorbeizieht, dessen Kameras ihren Kleinwagen misstrauisch beäugen. »Und das da gehört einem Popstar«, fährt sie fort und deutet auf etwas im pseudoarabischen Zu-ckerbäckerstil auf der anderen Straßenseite.

Hinter diesen beiden steht auf einem riesigen verfallenen Anwesen ein fünfstöckiges Gebäude auf Stelzen mit Terrassen, Balkonen und langen Reihen hoher Fenster, die zur Hälfte zerbrochen sind, ringt mit den Bäumen, die hineinwuchern oder sogar drinnen gewachsen sind und deren Wurzeln im ge-borstenen Beton und den freiliegenden Stahlträgern Nahrung finden.

»Das war ein Hotel für linientreue sowjetische Arbeiter«, erklärt Lazda ihm. »Nur die guten, also Parteimitglieder, durften in Lettland Ferien machen. Der Rest musste ins Lan-desinnere, weg von den Grenzen. Das hier war ein Institut für sowjetische Chemiker …«, sie verlangsamt, als sie an einem weiteren ausgeschlachteten Koloss vorbeikommen.

Auf dem Rückweg machen sie einen Abstecher an den Strand. Phocan glaubt, die kleine Fabrik wiederzuerkennen, an der sie am Vortag auf dem Weg zur Datscha vorbeigekom-men sind und deren Ziegelruine von Sträuchern und Schling-pflanzen zurückerobert wird.

»Das ist die alte *stikla fabrika* – die Glashütte«, sagt sie. »Die hat schon in den Achtzigern dichtgemacht, vor meiner Geburt. Da wären wir.«

Sie haben das Ende eines schmalen, überwucherten Wegs erreicht, wo der Schlamm dem Sand weicht. Dahinter wächst wilder Strandhafer, tüpfelt weitere, schon bis auf Bodenhöhe verwitterte Ziegelfundamente und führt an einen Strand, dessen Sandkörner groß und glatt aussehen, fast durchsichtig. Der Küstenstreifen, auf der einen Seite von diesem langen Strandhafer, auf der anderen von schwarzem Seetang und Seegras gesäumt und durchbrochen nur von einem kleinen Zufluss rund dreißig Meter nördlich von ihnen, läuft als dünner Strich mehrere Kilometer in beide Richtungen, bevor er im Süden in den Rigaischen Meerbusen mündet, wo ein Leuchtturm steht, und im Norden in die offene Ostsee, wo sich vor dem grauen Himmel eine militärische Einrichtung abzeichnet, vielleicht auch eine Sternwarte, jedenfalls mit einer Reihe von Satellitenschüsseln und Kuppeldächern.

»Eine Abhorchstation«, sagt Lazda, die seinen Blick hinüber sieht. »Von denen wimmelte es hier in der Gegend. Sind in den Neunzigern alle stillgelegt – und jetzt reaktiviert worden.«

»Als Kind warst du bestimmt oft zum Baden hier«, sagt Phocan.

»Stimmt, aber meine Eltern oder Großeltern durften das damals noch nicht. Das war verboten. Ein guter Schwimmer konnte es von hier nach Schweden schaffen, wenn die See nicht zu rau ging. Der Sand wurde die gesamte Ostseeküste lang glatt gehalten, mit von Traktoren gezogenen Rechen geharkt, damit sie sehen konnten, wenn den jemand überquert hatte.«

Phocan kneift die Augen zum Horizont hin zusammen, hält Ausschau nach einem Huckel oder einer Zacke, die

Schweden sein könnte, kann bis auf die normalen Sinuskurven auf der Hintergrundfrequenz des Meeres aber nichts erkennen. Als er sich wieder umdreht, hat sich Lazda in Luft aufgelöst und nur eine leere Jacke, eine Bluse und ihre Jeans im Sand zurückgelassen. Sie selbst ist schon zehn Meter weit weg und läuft im Höschen aufs Wasser zu. September; scheiß drauf; warum nicht? Er zieht sich auch bis auf die Boxershorts aus, folgt ihren flüchtigen Fußabdrücken über Seetangmarken und kleine Wellen hinaus in ein Meer, das nie von einem Golfstrom aufgewärmt worden zu sein scheint. Sie ist eine gute Schwimmerin; als er sie endlich erreicht hat, hat sie schon einen großen Bogen über die parallel zur Küste verlaufende Brecherzone hinaus und zurück beschrieben und ist wieder den Strand hoch und ein paarmal hin- und hergelaufen, um trocken zu werden.

»Bei dem Tempo holt man sich nichts«, sagt sie, als er sich neben ihr auf den seltsam gläsernen Boden neben ihrer Kleidung fallenlässt.

Als sie wieder im Wagen sitzen, zieht sie, bevor sie den Motor anlässt, ein Stirnband aus der Jackentasche und legt es an, damit ihr die nassen Haarsträhnen nicht in die Augen fallen. Die Kälte und die Kraftanstrengung bescheren Phocan eine kurze Fuge; er sackt im Kunstleder des Beifahrersitzes zusammen und vergisst, wo er ist, was er hier macht und welches Jahr sie schreiben. Vielleicht nickt er auf dem Weg zur Datscha zurück sogar ein paar Sekunden lang ein; er ist nicht sicher. Bilder von Lazda, ihren Eltern und Großeltern, von Lazda *als* ihrer eigenen Mutter oder Großmutter, den Kopf bedeckt mit einem Kopftuch oder Stirnband wie dem, das sie tatsächlich gerade trägt, das Gesicht zur See gewandt, die ganze Szene in den Graustufen wie in alten Amateurfilmen, schieben sich in die Ferne, Alleen des Gedächtnisses oder des

Vergessens hinab, verschmelzen mit anderen Erinnerungen, vielleicht seinen eigenen, vielleicht auch nicht, flackern, werden unscharf und wieder scharf wie die neuen und die verfallenen Häuser, Einrichtungen und Holzbaracken, alles blitzt abrupt in einem Regenbogenschleier aus Herbstlaub auf. Als sich sein Kreislauf stabilisiert und sein Bewusstsein wieder im Hier und Jetzt angekommen ist, gleiten sie schon wieder die fast sich kreuzenden Waldwege entlang, kommen am verlassenen Spielplatz vorbei und biegen in den Garten ein; links ragt die hellblaue Datscha auf, rechts das Vogelgehege, gegenüber hinter den Gemüsebeeten das kubistische Baumhaus.

»Er wird in seinem Arbeitszimmer sein«, sagt Lazda, als sie die Einkäufe in die Küche bringen. »Du kannst ruhig reingehen.«

Vanins ist tatsächlich in seinem Arbeitszimmer im tieferen Anbau vom Haupthaus. Phocan klopft und wird hineingerufen. Auf einer Arbeitsfläche liegen diverse Ablageboxen und gebundene Manuskripte.

»Ich hab einiges an Unterlagen ausgebuddelt«, sagt Vanins. »Einen Teil meiner Arbeiten über Gleichgewichtszustände. Sie können sie sich gern anschauen.«

Das macht Phocan in den nächsten beiden Stunden auch. Sie unterscheiden sich nicht groß von dem Material, das ihm die Archivarin an der Tehniskā Universitāte herausgesucht hat. Er findet einen Artikel über den Zusammenhang von hamiltonschen Bewegungsgleichungen und Lagrange-Funktionen; einen weiteren über Scheinkräfte, nichtinertiale Bezugssysteme und die Implikationen des Coriolis-Effekts in der angewandten Aerodynamik … Vorlesungsentwürfe – auf Lettisch und Russisch, aber wenigstens den Diagrammen und mathematischen Notationen kann er folgen. Von Zeit zu Zeit sieht er von den Schriften hoch und aus dem Fenster

hinter der Arbeitsfläche. Durch die Scheiben, die von unter-
schiedlicher Beschaffenheit sind, als stammten sie von verschiedenen Glasern, kann er den Gartenbereich zwischen
den Gemüsebeeten und dem deformierten Baumhaus dahinter sehen. Es gibt einen Brunnen, der noch in Gebrauch zu
sein scheint, denn er hat eine Winde mit einem aufgewi-
ckelten Seil, an dem ein Eimer befestigt ist; daneben steht
ein Baumstumpf, auf dem eine Axt liegt; dahinter ist gehack-
tes Feuerholz gestapelt worden, auf dem kleine Vögel, wahrscheinlich nicht Vanins', sondern wilde, auf- und abhüpfen
und hin- und herschießen, bevor sie sich in die Stechginster
und Fichten zurückziehen, die eine verwischte, schrittweise
zunehmende Grenze zwischen dem Grundstück und dem benachbarten Wald aus größeren Bäumen markieren, die Phocan nicht bestimmen kann.

»Espen«, erklärt Vanins, als er sich danach erkundigt. »Die
wachsen hier überall. Für Papier. Auf der Herfahrt aus Riga
müssen Sie die Papiermühlen gesehen haben, die auf dem
Land überall verstreut liegen. – Haben Sie gefunden, wonach
Sie suchen?«, fragt er dann.

Phocan zögert mit der Antwort. Vanins lässt ihn nicht aus
den Augen. Vorsichtig erlaubt er sich:

»Ich hab da in Riga, im Archiv der Tehniskā, etwas gesehen,
was ich nicht verstanden habe …«

»Nämlich?«, fragt Vanins nach.

»Es handelte sich um eine Notiz«, fährt Phocan fort, »die
Sie unter einer Tabelle festgehalten haben … dynamische
Eigenschaften eines Flugzeugs … Ich hab gesehen, dass Sie
die Zahl *808* gezeichnet haben …« Er versucht, regelmäßig zu
atmen, um das Zittern in der Stimme zu unterdrücken.

Die nächste Straßensperre? Es gibt keine messbare Pause, keine Tempoverlangsamung, aber er spürt doch eine Art

Glitch oder ein Ruckeln in den Worten, den Informationen, der Luft.

»Kann sein«, sagt Vanins. »Was ist damit?«

Phocan ist, sowohl zusammen mit Garnett als auch allein, diverse Szenarien durchgegangen, hypothetische Erörterungen des Themas, Schleifen und Serpentinen des möglichen Gesprächsverlaufs. Diese hatte er allerdings nicht modelliert. Es ist, als würde Vanins ihn herausfordern, ihn geradezu einladen: *Trau dich, frag mich danach …* Oder ist diese Offenheit eine Art Judotechnik, ein Aufnehmen der Stoßrichtung des Gegners, damit der ins Leere läuft und die Balance verliert? Phocan kann nicht mehr zurück; bevor er sich die Worte richtig zurechtlegen kann, platzt er heraus:

»Sie kannten Lillian Gilbreth …«

Vanins sieht hoch und durchs Fenster in den Garten, bevor er antwortet:

»Wir haben uns nur einmal in Zürich getroffen.«

»Aber Sie haben korrespondiert.«

Wieder hält Vanins kurz inne, bevor er antwortet:

»Sie sind nicht der Erste, der sich in jüngster Zeit nach ihr erkundigt. Und ich nehme an, Sie sind auch nicht der Letzte. Was steht bloß in meinem Austausch mit Mrs. Gilbreth, das Ihnen allen so wichtig ist?«

Phocan wappnet sich und wagt den nächsten Ausfallschritt:

»Sie war offenbar sehr erregt wegen bestimmter Forschungen, die Sie um 1969 oder 70 herum angestellt haben … Etwas, das Sie beide als ›T.T.-Episode‹ bezeichnet haben …«

Vanins lässt ihn weiterreden, will sehen, wie weit er gehen wird. Genau wie Phocan befürchtet hat; die Taktik geht auf – ehe er es sich versieht, kommt er völlig aus dem Konzept und hört sich plappern:

»Dann wird ein Bewegungsmodell aus Draht erwähnt, das Sie nach ihrer Methode angefertigt haben. Ich glaube, es hat in ihrer Inventarliste sogar eine Zahl zugewiesen bekommen – Sie erinnern sich vielleicht: *Schachtel 128, Schachtel 275* und so weiter …«

Jetzt hat Vanins ihn in der Falle, im Polizeigriff: Trotz seiner Kleinwüchsigkeit scheint sich der alte Mann über ihm aufzubauen und Unterwerfung zu fordern, als er fragt:

»Und was würde diese Schachtel ändern, wenn es sie gäbe?«

Phocan liefert die einzige Antwort, die ihm dazu einfällt:

»Anscheinend alles.«

Ist das seine Kapitulation oder ein Gegenschlag? Kann er mit diesem fast wörtlichen Zitat des Tagebucheintrags etwas von Gilbreths Autorität an sich reißen, sich zunutze machen, in Dienst nehmen? Irgendeinen Effekt hat es: Vanins scheint ihm etwas Spielraum zu geben. Nach einer Weile fragt er Phocan etwas sanfter:

»Glauben Sie das?«

»Und Sie?«, fragt Phocan zurück.

Jetzt gibt Vanins wirklich nach, zieht sich in sein Schneckenhaus zurück, verliert sich in seinen Gedanken. Schließlich sagt er:

»Wir haben vieles geglaubt. In der Beziehung waren wir sowjetischen Wissenschaftler wie *Assassiyun.*«

»Wie was?«, fragt Phocan.

»*Assassiyun.* Assassinen«, antwortet Vanins. »Die jungen Männer aus Arabien, die sich dem Kult des Alten vom Berge anschlossen, nachdem sie in sein Versteck gelockt und unter Drogen gesetzt worden waren und in einem Garten erwachten, wo der Wein aus den Felsen sprudelte, Musik in der Luft lag, und Jungfrauen, Nymphen sich aller ihrer Wünsche annahmen.«

»Ich kann Ihnen nicht ganz folgen …«, sagt Phocan.

»Die jungen Männer glaubten, im Paradies zu sein«, fährt Vanins fort, »zu dem nur der Alte vom Berge ihnen Zutritt verschaffen konnte; also schlossen sie sich seinem Kult an und wurden Assassinen, Attentäter. Das Ganze war aber ein einziger großer Schwindel: ein Bühnenbild; der Wein wurde mithilfe von Hebelarmen gepumpt und die Musik durch Schallrohre aus einer unsichtbaren Kammer geleitet. Die *assassiyun* selbst bedienten alles: die Rekruten des Vorjahres, die selber erst …«

»Die vorher von denselben Illusionen getäuscht worden waren«, spielt Phocan mit, obwohl er nicht versteht, wo die Abschweifung hinführt.

»Genau«, nickt Vanins. »Warum spielten sie mit? Wenn sie die Funktionsweise doch durchschauten und wussten, wie sie selbst an der Nase herumgeführt worden waren, warum wandten sie sich da nicht gegen ihren trügerischen Herrn und ließen das ganze Arrangement auffliegen?«

»Vielleicht bekamen die Bühnentechniker eine Art Upgrade«, probiert Phocan: »Besondere Vergünstigungen, mehr Wein, regelmäßigen Zugriff auf die Nymphen …«

»Das wäre eine Erklärung«, räumt Vanins ein, »wenn auch eine zynische. Und außerdem wäre ein ›Upgrade‹ kaum ein Ausgleich für den Verlust des Paradieses. Nein: Ich glaube, auf irgendeiner Ebene, in irgendeiner Hinsicht müssen sie weiter an *irgend*etwas geglaubt haben. Etwas, das für sie eine nützliche Fiktion war, auch wenn die Gesamtgeschichte nicht stimmte, etwas, das das Weiterfunktionieren von etwas anderem ermöglichte: etwas Gutes und Notwendiges – vielleicht sogar etwas Wunderbares …«

Er schaut wieder eine Weile in den Garten hinaus und fährt dann fort:

»Die Sowjetära war eine gute Zeit für Wissenschaftler – zumindest die aus meiner Generation, denen keine Lagerhaft mehr drohte. Auch wir haben an etwas geglaubt. Nicht an die Revolution, die Wahrheit von Lenins Vision oder den jeweiligen Fünf- oder Zehnjahresplan, der uns gerade vereinnahmte: Es war etwas Größeres und Abstrakteres. Vielleicht war es die Instrumentierung selbst, das implizite Versprechen, die Gesellschaft, die Welt könne als ein riesiger Apparat betrieben werden – und dieser Apparat, diese komplexe Maschinerie, könne Erfahrung und Wissen auf eine höhere Stufe heben …«

»… *als grenzenlose Potentialität neu erschaffen*«, zitiert Phocan.

Überrascht zuckt Vanins zusammen.

»Wie ich sehe, haben Sie Ihre Hausaufgaben gemacht.«

Wieder schweigt er eine Weile, als würden ihm die Formulierungen des alten Aufsatzes durch den Kopf gehen. Dann klappt er die Seiten seiner Erinnerungen aber zu und erklärt Phocan:

»Aber Sie kommen zu spät. Das ist alles lange her. Von welcher Aufhebung, Transformation … von welchem ›Wunder‹ auch immer wir geträumt haben – das alles hat sich verflüchtigt. Wie Quellen versiegen, wenn die Springbrunnen ein für alle Mal abgeschaltet werden.«

Er streckt die Hände aus, die Handflächen nach oben, als wollte er mit ihrer Leere, mit dem Bankrott seiner Generation ins Reine kommen, und fügt noch hinzu:

»Alle verloren den Glauben, und der Apparat hat sich runtergewirtschaftet. Am Ende lautete die Frage nur noch, welche Teile der Maschinerie die Betreiber oder deren Vorgesetzte stehlen konnten …«

Schweigend stehen die beiden Männer an der Arbeitsfläche vor dem Fenster. Dann fragt Vanins:

»Woran glauben Sie, Dr. Phocan?«

Phocan antwortet aus dem Stand:

»An die Geometrie.«

Vanins mustert ihn mit einer Mischung aus Neugier und etwas wie Zuneigung und wiederholt:

»Die Geometrie?«

Phocan nickt.

»Genau wie Mrs. Gilbreth.« Vanins lächelt anerkennend. »Wenn Sie wollen, können Sie auch heute Nacht bleiben.«

Als Vanins Mittagsschlaf macht, geht Lazda mit Phocan ins Vogelgehege. Sie geht vor ihm her, duckt sich hinter Vogelhäuschen und Pflanzen, taucht seitlich an einer ganz anderen Stelle wieder auf, hinter ihm oder noch weiter vor ihm, als würde sie eine Reihe von abkürzenden Wurmlöchern kennen, die verschiedene Teile des Raums miteinander verknüpfen. Es wird ein Spiel, Verstecken oder Fangen, ähnlich der Jagd über den morgendlichen Strand. Diesmal fängt er sie neben einem Sofa in einer auf allen Seiten umlaubten Nische.

»Hast du gefunden, was du gesucht hast?«, fragt sie.

»Er schweigt sich aus«, sagt er und glaubt, sie meint seine Suche nach Forschungsnotizen, oder, da alle Vorwände sowieso wie Kartenhäuser einstürzen, direkt Schachtel 808 und die T. T.-Episode … Seine Antwort bringt sie zum Lachen – entweder weil sie das nicht gemeint hat oder weil sie das zwar gemeint hat, er aber etwas anderes verstehen sollte oder aber so tun sollte, als ginge es um etwas anderes oder … Wieder überkommt ihn eine Art Fugue. Als er diesmal wieder zu sich kommt, hat sie ihm die Arme um den Hals geschlungen; sie küssen sich, lassen sich auf den Boden fallen, den Strand, das Sofa, beider Kleidung landet wieder auf einem Haufen, diesmal auch die Unterwäsche. Hinterher schlafen sie kurz ein. Der Vogelgesang im Gehege dringt in seinen Schlummer ein; im Traum wird das

Tschilpen und Zwitschern zu Off-Stimmen von Kommentatoren oder anklagenden Aussagen von Staatsanwälten in einem Prozess, einer Zeitungsreportage oder einer ähnlichen nachträglichen Beurteilung, die durch eine anachronistische Laune des Schicksals getroffen wird, während sich die beurteilte Szene noch abspielt. Sie werden vom Kreischen einer Kreissäge geweckt: Irgendwo im Wald in der Nähe werden Espen gefällt, ob nun für eine Papiermühle oder weil ein Nachbar einfach Feuerholz braucht. Das Sonnenlicht fällt durch die Fenster herein; die Vögel schießen herum, verschwinden in ihren Häuschen, hocken auf den weißgestreiften Aufsätzen und Kanten, picken nach Körnern und tirilieren weiter.

»Wie kommt es, dass du dich um ihn kümmerst?«, fragt Phocan sie und fährt mit dem Zeigefinger die Umrisse eines Muttermals auf ihrem Rücken nach.

Ohne sich umzudrehen, sagt sie: »Meine Eltern sind gestorben, als ich noch klein war. Ich bin bei ihm und meiner Großmutter aufgewachsen.«

»Und wann ist sie …«

»2001. Seitdem bin nur noch ich da.«

Der letzte Gedanke scheint sie in die Gegenwart zurückzuholen. Sie schwingt sich hoch und sagt:

»Wir sollten uns anziehen; er müsste gleich aufwachen.«

Beim Abendessen wirkt Vanins melancholisch. Weiß er, was sie gemacht haben, während er geschlafen hat? Bei Gläschen mit Schwarzem Balsamlikör erinnert er sich an Nachbarn in Jumelans; Lazda und er stellen Vermutungen an, wer von ihnen wohl zum KGB gehörte; gemeinsam lästern sie über die heiligen Hallen von Rigas Wissenschaft, den Zustand der Bibliotheken und Wohnheime …

»Als ich im Archiv der Tehniskā war, wirkte alles wie ausgestorben«, sagt Phocan.

»Die sind alle weg«, sagt Vanins. »Oder gehen gerade weg.«
Lazda räumt die Teller ab und bringt sie in die Küche. Als
sie draußen ist, beugt sich Vanins zu Phocan und murmelt:

»Sie könnten sie mitnehmen.«

»Meinen Sie nach Riga? Wenn ich zurückmuss? Wäre es
von Ihnen aus okay, wenn ich noch ein bisschen …?«

»Sie finden es nicht«, unterbricht Vanins ihn.

»Was nicht?«

»Es«, wiederholt Vanins. »Da ist nichts.«

»Wie meinen Sie …«

»Gleichgewicht … Aussetzung … Stasis … das alles. Es
gibt nur Körper im Raum …«

Seine Stimme verliert sich, er sitzt reglos da, wirkt uralt,
nichtig und eingeschrumpft, faltet die Hände vor dem Bauch
wie im offenen Sarg. Wie einen Nebengedanken sagt er dann
noch:

»Auch die Geometrie hat ihre Assassinen.«

Wieder möchte Phocan ihn gerade fragen, wie er das meint,
da kommt Lazda mit einem *Cidonija*-Kuchen herein, Vanins
lehnt sich zurück, weicht Phocans Blick aus und verhängt ein
Embargo über ihren letzten Wortwechsel. Bald danach geht
er ins Bett. Lazda und Phocan schlafen im Vogelgehege. Sie
spricht lettisch, als sie sich lieben – kurze Wörter und Wendungen, für die er keine Übersetzungen braucht; sie klingen
lieb und glücklich. Sie schlafen vielleicht eine Stunde, bevor
die Sonne aufgeht, und brechen dann wieder zu einem frühen
Ausflug zum kleinen Gemischtwarenladen in Jumelans auf.

»Ein drittes Abendessen, und dann fahre ich dich nach
Riga«, sagt sie. »Ich fahre heute Abend sowieso zurück. Wenn
du willst, kannst du bei mir schlafen.«

Sie fahren wieder an den Strand. Es ist kälter als gestern:
Die Sonne ist weg; der Herbst macht sich bemerkbar. Als er

ihr wieder durch Seetangstreifen und Brecherzone nachjagt, fragt er sich, ob sie ihn wohl nach London begleiten würde. Hat Vanins das gemeint? Vielleicht sollte er in seinem Arbeitszimmer nachhaken, falls er nach ihrer Rückkehr wieder hineingebeten wird; oder beim Abendessen – sein Gemurmel wieder aufgreifen, auspacken und ausprobieren, ob es sich sinnvoll arrangieren lässt. Stasis und Aussetzung; Wellen und Sand ... Heute holt er Lazda früher ein; vielleicht lässt sie sich fangen; diesmal wärmen sie sich gegenseitig auf, schauen zu einem nach wie vor unerkennbaren Schweden hinüber, obwohl das Wasser ruhiger und schwärzer ist ...

Es gibt kein drittes Abendessen. Als sie diesmal vom grabengesäumten Weg in den Garten abbiegen, sehen sie als erstes Zeichen, dass etwas nicht stimmt, zwei Regenpfeifer und einen Wasserläufer über den Rasen hüpfen; dann, dass die Tür zum Vogelgehege offen steht – nicht nur aufgeklinkt oder angelehnt, sondern weit offen. Alle möglichen Vögel kommen herausgeschwärmt. Lazda, deren plötzliche Blässe er wie seine gestrige Fuge auf die Meereskälte zurückführt, springt aus dem Auto, ohne den Motor abzustellen, und rennt zum Gehege – um die Tür zu schließen und die Vogelflut einzudämmen, wie er erst denkt. Sie läuft aber einfach weiter und lässt sie offen stehen: Ihre Sorge gilt nicht dem Ausbruch, sondern etwas dahinter, im Inneren. Kurz darauf dringt ein heiserer Schrei aus den Tiefen der Baracke mit den hohen Fenstern – ein vogelähnlicher oder zumindest nicht menschlich klingender Schrei, den Phocan zuerst für den eines Pfaus hält, obwohl er sich nicht erinnern kann, im Vogelgehege Pfauen gesehen zu haben. Er greift zum Lenkrad, stellt den Motor ab, steigt bedächtig aus, geht hinüber und schließt langsam die Tür hinter sich, als könnte Bedächtigkeit eine Straßensperre errichten und eine Katastrophe vom Schlüpfen abhalten oder zumindest ihre Ausbreitung verhindern. Aber das geht nicht: Nach zwei Biegungen trifft er auf sie und ihn. Sie kniet auf dem Boden ihrer kleinen Laube; er schwebt über ihr wie ein Heiliger oder Kosmonaut – oder da das deutlich sichtbare Seil zwischen ihm und dem Dachsparren die Illusion der Schwerelosigkeit Lügen straft, eher wie ein Bergener Akrobat, bei dem man die Energie und Bewegung abziehen muss.

In den nächsten Stunden kommen viele Leute vorbei. Krankenwagenteams aus Riga, wie ihre Fahrzeuge in den zur Jahreszeit passenden Braun- und Gelbtönen gestreift; in tristeres Blau gekleidetes *policija*-Personal; Gerichtsmedizinerinnen in weißen Plastikfolien; Pathologen und diverse andere. Lazda erledigt den Umgang mit ihnen. Phocan muss vor einer Art Sergeant aussagen, der Englisch spricht, und die Aussagen erhärten, die ihr ständig abverlangt werden (obwohl eigentlich kein Zweifel daran besteht, was hier passiert ist). Sie ist überraschend gefasst: Die Leute zu empfangen und zu organisieren, hält sie auf Trab und gibt ihr Sinnvolles zu tun. Phocan wird nicht gebraucht und kann sich darauf beschränken, den seltsamen schwarzen Tee, den sie nach seiner Ankunft getrunken haben, zu kochen und den Anwesenden anzubieten; als niemand mehr da ist, setzt er sich auf den Rasen. Im Lauf des Nachmittags registriert er geistig: (a) Die Funktionsbezeichnungen oder Deskriptoren lettischer Krankenwagen sind ähnlich wie bei Londoner Schulbussen vor dreißig Jahren nicht spiegelverkehrt; (b) das Baumhaus, in dem er schläft, ist eine geschickte Konstruktion mit Stützstangen und Verspannungselementen, die die Balken so am Baumstamm verkeilen, dass man weder Bolzen noch Zapfen braucht; (c) Quitten sind am Baum nicht von Birnen zu unterscheiden.

Welche Bedeutung misst er diesen Beobachtungen zu? Ungefähr genauso viel wie der Pathologe, der auf eine Leiter steigt, um das Seil vom Dachsparren zu lösen, der (nur aus dieser Höhe sichtbaren) Tatsache beimisst, dass sich der ihm nächste Vogelkasten, einer von dutzenden, die im Vogelgehege verteilt sind, von den anderen insofern unterscheidet, als er nur zwei (statt vier) Wände und kein Dach hat. In seinem Inneren ist eine Art Vogelnest ausgehärtet: Ein zentraler Ast steigt aus einer verklumpten Masse dünnerer Zweige in Vogelkot und Spelzen auf und biegt sich gegen den Uhrzeigersinn; am Ende dieser Kurve biegt er sich in die Gegenrichtung, im Uhrzeigersinn, beschreibt in der Luft also eine Art Doppelhelix, bevor er abfällt und wieder in seinen Ausgangspunkt mündet. Unter diesen Verdrehungen sind auf dem Boden des Vogelkastens drei weiße Linien zu sehen, nebeneinander und nahe der vorderen Kante, die ebenfalls Kurven machen: Die mittlere Linie ist ein langgezogener Kreis oder eine Ellipse; die beiden Figuren, die sie rahmen, sind eher verschlungene Achterkurven, die sich durchkreuzen und wie der Ast über ihnen wieder in sich einrollen. Die Linien sind alt und verblasst, eher grau als weiß. Und woraus sie bestehen, ihr Material oder »Medium«: Das könnte Farbe sein, aber auch Vogelkot.

5. The Beatitudes

Wieder in der Tretmühle: Goodge Street, die Büros von
D&G, Räume voller abgestandenem Sonnenlicht und al-
tem Leder, Regale, die sich unter *Halsbury's Laws of England*
durchbiegen, sämtliche Bände seit 1907; darunter die ge-
bundenen Ausgaben von *All England Law Reports, Scots Law
Times, Session Cases* ... Dean verbringt ihre Tage meist hier, in
Gray's Inn oder in der British Library, Abteilung Sozialwissen-
schaften (Recht und Jurisprudenz). Sie arbeitet gerade an zwei
Mandaten parallel. Bei dem einen geht es um die klare Verletzung des Patents für einen Verschüttschutzmechanismus
für Säuglingsfläschchen: Der Plagiator führt eine gleichwer-
tige Vorrichtung an, die zeitlich nicht nur dem Patentantrag
des Klägers vorangeht, sondern sogar der Institution des Pa-
tentwesens, wenn nicht aller Gesetze *tout court*; solche Apparaturen seien schon im Ägypten der Antike gebräuchlich
gewesen, lautet das Argument der Verteidigung. Das andere
ist eine Spur komplexer: Ein Musik-Streamingdienst, der seinerseits durch die Sammelklage von zwanzig Künstlern unter
Beschuss genommen wird, verklagt einen nachrangigen (oder
nur zufällig zeitgleich agierenden) Streamingdienst wegen
Interface-Vervielfältigung. Sie durchwatet A&M *vs.* Naps-
ter, MGM *vs.* Grokster, PMR *vs.* Spotify, Spotify *vs.* Deezer ...
Busse, Taxis, die Sandwichstände in Clerkenwell und dem
West End wirken aufdringlich und beklemmend, die Londoner Akzente hässlich und anomal: Im Geist ist sie noch an der
Purdue – oder in Nantucket, Oakland, Riga, Arizona? Oder
irgendwo *zwischen* all diesen Orten, in den leeren Räumen
auf einer Karte oder einer Seite, Leerstellen in einem Verzeichnis, fehlenden Briefseiten ... Gestern hat sie sich dabei

ertappt, wie sie in einer Mail an Dorley *Seit meiner Rückkehr von der Perdue* geschrieben hat – und sie hat den Tippfehler stehengelassen und damit ihre Meinung zu den Ereignissen festgeschrieben, den ganzen Aufenthalt, diese zehn Tage zu einer *temps perdu* umgedichtet …

In Wirklichkeit sind diese Zeit und ihr Inhalt natürlich nicht verloren gegangen, sondern zensiert worden: *Das* ist der bestgeeignete Begriff für die unerklärlich aggressive Zurückhaltung, mit der sie es erst in West Lafayette zu tun bekam und die sie dann nach London verfolgt hat. Nicht nur wollen Peacock und D&G nicht mehr alles wissen, was es über das Gilbreth-Archiv zu wissen gibt, jetzt verlangen sie sogar, alle ihr früher anvertrauten Inhalte und alle Spuren und Aufzeichnungen darüber, dass sie Recherchen dieser Art durchgeführt hat, zu löschen, und zwar ganz buchstäblich: Sie soll die Kopien ihrer Berichte löschen, alle Arbeitsdateien aushändigen und ihren Laptop von allen Notizen leeren. Zwei Wochen nach ihrer Rückkehr tauchte eines Dienstagmorgens ein Mann vom GCHQ in der Kanzlei auf und erkundigte sich in leutseligem Ton, ob sie ihn wohl über Dinge ins Bild setzen könne, die sich im Rahmen ihrer Zuarbeiten für Klienten in jüngster Vergangenheit ihrer Meinung nach als *sensibel* (seine Wortwahl) erweisen könnten – besonders bei Zuarbeiten im thematischen Zusammenhang mit der Geschichte der Zeit- und Bewegungsstudien, der Kinetik oder auch dem diesbezüglichen Gedankenaustausch zwischen den beiden Seiten des Eisernen Vorhangs im Kalten Krieg, die …

»Moment mal«, schaltete sich Dorley ein und schickte eine Praktikantin umgehend wieder hinaus, die mit drei Teetassen auf einem Tablett hereinkommen wollte (Dean, er und der Schlapphut waren die einzigen Teilnehmer an dem nicht anberaumten Meeting). »Wenn es um Arbeiten geht, die Ms

Dean oder auch ein anderes Mitglied dieser Kanzlei für einen Klienten ausgeführt hat, ist das, wie Ihnen bekannt sein dürfte, vertraulich.«

»Aber absolut«, antwortete der GCHQ-Mann. »Absolut ...« Er war ungefähr so alt wie sie, Ende zwanzig, und brachte keinerlei Ähnlichkeit mit den ihr vertrauten Inkarnationen von MI5 mit: sanftmütig und gutgelaunt, ganz ungezwungen ... »Das ist alles ganz inoffiziell. Ich könnte jetzt mit Begriffen wie *Investigatory Powers Act, UKUSA-Vereinbarung* und so weiter um mich werfen, aber das wäre vielleicht ein bisschen ...« Er wechselte das Standbein, als hätte ihn ein Seitenwind erfasst, und sagte: »Während das Anwaltsgeheimnis de facto alle Formen der Kommunikation schützt, die eine Rechtsberatung ausmachen, und das *Litigation Privilege* zur Prozessvorbereitung erstellte Unterlagen schützt, deckt keines dieser Privilegien die tatsachenfeststellenden Recherchen und das allgemeine Herumstochern des Typs ab, den Sie ... für den wir uns interessieren: Streng genommen werden diese, wie Ihnen bekannt sein dürfte, nicht erfasst von ...«

»Wenn Sie zusätzliche Maßnahmen ergreifen wollen«, Dorley stand auf, »können Sie mit einer Zwangsvorladung zurückkommen.«

Es kam keine Zwangsvorladung. Drei Wochen später – das heißt, vor drei Tagen – hatte sie aber ein seltsames Treffen in einem Restaurant. Ein kleines Lokal in Southwark, eine umgebaute Werkstatt im engen Ziegelstraßengewirr südlich der London Bridge, wo bärtige und tätowierte Köche in Kupfertöpfen über offenen Feuern *bacalhau* und *camarão* schwenkten, nur wenige Meter von den Gästen entfernt, die auf Hockern am weit geschwungenen Zinktresen saßen – eine Tapas-Bar. Sie war von einer Freundin dorthin einbestellt worden, die sie dann versetzte und am Handy atemlos eine unvollständige oder nicht vollständig ausgearbeitete Geschichte von irgendjemands Kind runterrappelte, das in die Notaufnahme musste – nur leider erst, als sie schon im Restaurant saß. Nachdem sie der Kellnerin-Empfangsdame-Gastgeberin erklärt hatte, dass sie allein essen würde, wurde der Platz neben ihr fünf Minuten später von einem Mann eingenommen, dessen Akzent beim Bestellen sie als allgemein alpenländisch einordnete: Österreicher, Schweizer, Südtiroler – ein Hybrid à la *Meine Lieder – meine Träume*. Als er auf den Hocker glitt, lächelte er in ihre Richtung (nicht in ihre Augen, sondern leicht daneben, als gälte das Lächeln jemandem hinter ihr) und ließ sie eine Dreiviertelstunde lang in Ruhe, bis sie nach dem Abräumen der Teller noch einmal die Dessertkarte studierte und sich nicht zwischen der *torta de amêndoa* und *peras bêbedas* entscheiden konnte. Dann drang seine Stimme freundlich, aber aufdringlich in ihren Luftraum ein.

»Probieren Sie die 808.«

Sie saßen auf Drehhockern. Sie drehte sich zu ihm und sah ihn an.

»Wie bitte?«

»Die 808. Das ist das Beste, was es hier gibt.«

Sie blätterte um: das Sherryangebot. Zwei Seiten zurück: die *pratos principais*. Die Gerichte waren nummeriert, aber …

»Es gibt keine 808«, sagte sie.

»Ich weiß«, sagte er, und jetzt galt sein Lächeln wirklich ihr. »Aber wenn es sie gibt …«

Sie fühlte eine plötzliche Schwere, der Tresen, das Kupfer und die Flammen, alles bedrückte sie. Bewusst und langsam fragte sie ihn und ahnte seine Antwort schon:

»Was ist, wenn es sie gibt?«

»Dann ändert sie alles«, beendete er seinen Satz.

»Wer sind Sie?«, fragte sie.

Er schob ihr auf dem Zink eine Karte hin. Sie warf einen kurzen Blick darauf, aber die Schriftseite zeigte nach unten, und sie wollte sie nicht umdrehen.

»Darf ich Sie einladen?«, fragte er und lächelte jetzt fast aggressiv.

»Nein danke.«

»Wir möchten«, setzte er nach, jetzt im Plural, »Ihnen ein hohes Honorar für eine vielleicht einstündige Beratung anbieten. Das sollte keine Probleme oder … Interessenkonflikte verursachen. Ihr Vertragsverhältnis zu Peacock ist aufgelöst. Es gibt keine Sperre.«

Sie nahm hastig die Kreditkarte aus ihrer Handtasche und fuchtelte damit in Richtung Kellnerin-Gastgeberin.

»Oder auch nur für Ihre Notizen«, sagte er. »Ihre alten, die Sie nicht verwendet haben. Wir würden großzügig dafür bezahlen.«

Sie hatte es nicht geschafft, die Aufmerksamkeit der Gesuchten auf sich zu ziehen. Sie suchte ihre Sachen zusammen – Handtasche, Smartphone, Buch, Brillenetui – und rutschte vom Barhocker.

»Hab ich alles geschreddert«, sagte sie, ging zum Ausgang und zahlte dort. Sie blieb auf der belebten Bermondsey Street, ging rasch nach Norden und sah sich nicht um, bis sie kurz vor der langen Eisenbahnunterführung ein Taxi fand. In Sicherheit die St Thomas Street hinabgleitend, warf sie einen Blick zurück, um zu sehen, ob er ihr folgte – tat er nicht, musste er aber auch nicht: Wenn die von 808 und Peacock wussten, dann wussten sie auch, wo sie wohnte. Wie sie zu Hause entdeckte, hatte seine Karte doch den Weg in ihre Handtasche gefunden: Bei ihrer hastigen Flucht musste sie auch diese eingesteckt haben. Pirotti. Cassius First Motion. Sie verbrannte sie sofort auf ihrem Gasherd und spülte die Asche im Ausguss weg.

Die nächsten achtundvierzig Stunden rang sie mit der Frage, ob sie Dorley von dem Bestechungsversuch erzählen sollte. Da sie sich nicht entscheiden konnte, sagte sie sich nach drei schlaflosen Nächten, dass das von ihr hinausgezögerte Geständnis, wenn sie jetzt noch gestände, selber den Tatbestand einer sträflichen Vorenthaltung erfüllte. Und das wäre nicht die erste: Bei allem Löschen, Wegwerfen und Aushändigen hatte sie versäumt, vergessen oder war schlicht *nicht dazu gekommen*, von sich aus zwei Dateien zu übergeben, um die sie nie gebeten worden war – eine Geste der Zurückhaltung, mit der sie die Kooperationsverweigerung der Purdue konterte. Unter Missachtung der Vorschriften für die Archivbenutzer und der unterzeichneten Vereinbarung mit Ms Richards und den Gilbreths und wer weiß wem noch alles hatte sich Dean an ihrem, wie sich herausstellen sollte, letzten Tag im Archiv verstohlen nach links und rechts umgesehen, ihr stummgeschaltetes Smartphone aus der Tasche gezogen und zwei Seiten von Lillians Notiz- und Tagebuch geknipst – die letzten beiden, die mit den ganzen Kritzeleien, Buchstaben und Symbolen, den Italienischfetzen, Buntstiftkringeln und dem Slogan, auf den Pirotti dann anspielte. Wahrscheinlich hätte sie das auch offen und ehrlich machen können: den Antrag mit einem Scan-Gesuch einreichen und am nächsten Morgen die gewünschte Kopie erhalten … Da spürte sie aber schon den Stimmungswechsel, eine Kälte, die nicht von der Archivarin ausging, aber von ihr weitergegeben wurde, die irgendwie unheilvolle Kälte verborgener und ausgedehnter Magazine; sie spürte etwas näherkommen und eine strahlende, heikle und seltene Beute entgleiten. Also hatte sie es verstohlen und mit einem Cocktail aus Schamgefühl und Trotz in der Magengrube gemacht: *knips, knips*, nur ohne Knipsgeräusche. Wieder in der Goodge Street, über den vor sich ausgebreiteten

Antikleckerunterlagen von New Kingdom und den Dubset-Klauseln, die sie nicht interessieren, holt sie ihr Smartphone heraus und die beiden Bilder aufs Display …

Sie muss sie hundertmal angestarrt haben. Die gekritzelten Hieroglyphen, dann die Ketten aus Buchstaben, Symbolen und nicht ganz algebraischen Gleichungen; die Linien und Vektoren, die die Fragmente zu verbinden und zu einem Gobelin der Vernunft oder wenigstens zu einem Netz der Entsprechungen zu verknüpfen scheinen … und die ineinandermorphenden Farben, Fetzen, die wie leise visuelle Echos ineinander enthalten sind, ein ganzer Chromatismus an Epiphanien, deren Schlüssel … Und ganz unten wieder in kräftigen Buchstaben *Schachtel 808 ändert alles.* Rechts darüber schweben an der Fessel eines verbindenden Federstrichs die Initialen *T.T.* Um diese herum gruppiert wie Heilige, Cherubim oder Satelliten die gekritzelten Italienischfetzen: *fattore … farsi … fattura … legato con amore … geomètra misurar lo cerchio … l'amor che move …* Sie sind in Lillians Pflegeheim in Phoenix geschrieben worden, *The Beatitudes*: mit zittriger Hand und schwindendem Augenlicht. Die Abdrücke der Buntstifte und die Imprägnierung des Papiers mit Tinte wirken schwach, verwaschen und ausgebleicht erst von der Zeit, dann von den Kopien. An der Purdue hatte Dean die Wortfolgen in ihren Laptop getippt und in einer Datei gespeichert, die sie nicht mehr hat. Jetzt, hier bei D&G, tritt sie zu ihnen in eine eher haptische und analoge Beziehung, auch wenn sie vom Touchscreen ihres Smartphones vermittelt wird: Sie streift um die Bilder herum, vergrößert sie mit den Fingern, zoomt auf kursive Federstriche, begleitet sie auf ihren Pfaden von einem Buchstaben zum nächsten, greift dann selbst zum Stift und transkribiert die Formen von Wörtern und Buchstaben auf die Rückseiten der ausgedruckten Notizbuchseiten …

Fattore … farsi … fattura … legato con amove … Sie hat in der Schule Italienisch gelernt und weiß, dass *fattore* Autor, Erzeuger oder Schöpfer bedeutet; *farsi* ist das Gemachte und *fattura* der Akt des Machens; *legato* bedeutet das Gebundene oder Verflochtene … nur *amove* bedeutet gar nichts. Der Ausdruck wird in *amov* halb wiederholt, was aber auch keine Bedeutung hat – außer es ist ein erster Schreibversuch des Worts, das darüber und etwas rechts davon steht: *move*, bewegen, in Gang halten. Das ergäbe Sinn, sagt sie sich seit der Purdue; das doppelte Auftauchen hier entspräche der Bedeutung, die die Bewegung in Lillians gesamtem Berufsleben hatte. Als sie die Formen jetzt abzeichnet, die gezackten und geschwungenen Linien nachzieht und ihre Abschweifungen nach Art der alten Rechtskopisten oder der noch älteren Klosterschreiber verdoppelt, fällt ihr zum ersten Mal auf, dass sich die *v*s in *amove* und *amov* von dem in *move* unterscheiden, ihre rechten Stängel sind aufrechter und oben gebogen wie die *r*s in *cerchio, misurar* und *geomètra* … und *fattura, farsi* und *fattore* – was sie endlich begreifen lässt: Das sind gar keine *v*s, sondern ebenfalls *r*s. In Wahrheit steht da *amore* und *amor. Con amore:* in oder mit Liebe; *amor che move*, die Liebe, die bewegt …

Sie kehrt in die digitale Welt zurück und gibt die zweite Wortfolge in die Suchleiste des Desktops vor ihr ein und kennt 0,41 Sekunden später die Quelle nicht nur dieses Fragments, sondern auch aller anderen. Sie stammen aus Dantes *Göttlicher Komödie* – was sie natürlich hätte merken müssen: Auch die musste sie in der Schule lesen. Das letzte ›Sendeschlusszeichen‹: Nachdem der Dichter oder sein Stellvertreter die Hölle und das Fegefeuer durchquert hat, die Sphären der Wankelmütigen, der Ehrgeizigen und der Weisen, und über die Beschaulichen und die Fixsterne bis zum *Primum Mobi-*

411

le vorgedrungen ist; nachdem er die gesamte Maschine der Sphären bewegenden Sphären und der ineinandergreifenden Räder kartographiert hat und noch weiter ins Innerste, ins Empyreum aufgestiegen ist, erschaut er *endlich* von Angesicht zu Angesicht *l'amor che move il sole e l'altre stelle,* die Liebe, die in Gang hält Sonn und Sterne …

Dean sackt auf ihrem Stuhl zusammen und stößt einen Seufzer oder ein Knurren aus – kein Geräusch des Triumphs oder der Erleichterung, sondern eher das Stöhnen, das man von sich gibt, wenn man viel zu spät die Pointe eines Witzes kapiert, den man schon vor Ewigkeiten hätte schnallen müssen. Im Nachhinein ist es nur allzu offensichtlich: Was hätte es denn sonst sein können? Lillians Lieblingsbuch, das sie grundsätzlich in allen Gemeinschafts- und Pausenräumen der Arbeiter deponierte, in allen Wartezimmern, die sie je entwarf; dieses Buch musste ihr überhaupt erst den Gedanken eingegeben haben, jede Handlung müsse einen *besten Weg* haben, eine *diritta via* – den Gedanken, der wieder hochgehüpft kam, als sie am Ende in den *Beatitudes,* den Seligkeiten, ihre alten Augen auf zu den verbleichenden Sternen und dem Mond erhoben hatte, zu dessen Eroberung sie beigetragen hatte, hochgehüpft wie Bruchstücke eines Wortwracks, halb erinnertes Strandgut, an das sie sich eine Weile klammern konnte, während auch sie darauf wartete, in einen nächsten, für sie vorbereiteten Raum abberufen zu werden …

Dean legt den Stift weg und schaut aus ihrem Fenster im ersten Stock. Es dämmert; auf der Straße geht flackernd eine Laterne an – und aus und wieder an. Das geht schon seit Tagen so. D&G und andere Mieter in der Nachbarschaft haben sich beschwert, Konzentrationsstörungen und Epilepsiegefahr angeführt und mit Mietkürzungen gedroht … Die

Kommune Camden hat die Reparatur bis Ende der Woche versprochen. Der Laternenpfahl sieht alt und rostig aus; vielleicht muss auch der gleich ersetzt werden. Bis dahin blinkt es in unregelmäßigen Abständen, und ein gebrechlicher Finger reckt seinen knolligen Ehering himmelwärts.

6. Die Molekularität von Glas

Phocan bricht auf. Lazda folgt ihm vielleicht, nach Riga oder auch nach London. Oder auch nicht: Vielleicht bleibt er in Riga oder kommt dorthin zurück – kündigt bei Pantarey, lässt das Gerangel mit Sennet um die Nachfolge, das alles ... Oder sie ziehen beide ganz woanders hin: Berlin, Rotterdam, Helsinki ... fangen ganz von vorn an ... Oder nichts von alldem. Alles ist möglich, und nichts ist sicher. Eine Art Schwindelgefühl stellt sich ein, fast ein Rausch, wie er mit Momenten einhergeht, in denen man spürt, dass eine alte Ordnung der Dinge zu Ende gegangen ist und die Welt-wie-sie-war erneuert oder zumindest umgestaltet werden muss. So mussten sich Lazdas Urgroßeltern und ihre Generation 1918 bei der Unabhängigkeitserklärung des Lettischen Volksrats gefühlt haben: Inmitten all der Gewalt, der Katastrophe und des Todes der schwindelerregende Rausch des Neuen und der Unabhängigkeit ... Letzte Nacht hatte er gedacht, sie würde Schlaf brauchen, aber stattdessen hatten sie sich geliebt, immer wieder, auch wenn sie zwischen den Runden geweint, sich an ihn geklammert und ihn aus Leidenschaft oder vor Wut gekratzt hatte. Hat er Vanins' Tod *verursacht* – ihn beschleunigt und den letzten Spalt zwischen potentieller Tat und realer Umsetzung überbrückt? Vielleicht. Aber wenn, stellt er auch für sie eine Brücke dar, zwischen der neuen Zeit, in die sie jetzt eintritt, und der vorigen Epoche, in der ihr Großvater noch am Leben war. Und er *versteht* Vanins: Er hat seine Aufsätze gelesen und weiß, was ihn beschäftigte. Andere Brücken scheint sie hinter sich abzubrechen: Sie hat sofort beschlossen, die Datscha zu verkaufen; und das Vogelgehege, den Ort der Katastrophe, des Endes der alten Zeit, möchte sie sofort abreißen, wenn die Vögel umquartiert oder freigelassen worden sind …

Ein Taxi ist vorgefahren. Phocan steigt ein; es fährt ab, kommt am verlassenen Spielplatz vorbei und biegt auf den ersten der drei schmalen, grabengesäumten Wege ab. Der Motor, noch im ersten Gang, lässt die Scheiben von Vanins' Arbeitszimmer klirren. Das Taxi verschwindet; das Fenster bleibt natürlich: Das geht nirgends hin. Es ist ein holzgerahmtes Fenster mit vier Scheiben. Die Scheiben passen nicht zusammen, ist Phocan schon vor zwei Tagen aufgefallen. Das hat seinen Grund: Sie stammen nicht nur aus verschiedenen Zeiten, sondern auch aus verschiedenen Herstellungen. Drei Scheiben (vom Garten aus gesehen unten links, oben links und oben rechts) sind aus Floatglas – bestehen aus Soda, Kalk und Kieselerde, deren Schmelze auf ein Bad aus flüssigem Zinn geleitet, am kühleren Ende des Bades herausgezogen und im Kühlofen verspannungsfrei heruntergekühlt wurde; die maschinengeschnittenen Rechtecke zeigen eine Regelmäßigkeit, ja eine Schärfe der Lichtausbreitung mit einem Refraktionsindex von höchstens 1,5 %, und Streuung, Reflexion und vergleichbare Verzerrungen sind entsprechend minimiert. Die vierte (unten rechts) dagegen ist aus anderem Quarztuch geschnitten: im Zylinderblasverfahren hergestelltes Antikglas, in Gruben ausgezogen, durch Abstehen abgekühlt, gebläselt, geplättet und von Hand abgemessen – faktisch auf Anweisung gefertigt, um in den Rahmen zu passen. Während die anderen drei Scheiben ersetzt werden mussten (in chronologischer Abfolge veranlasst durch: einen von einem außergewöhnlich kalten Februar herbeigeführten Frostriss; eine von einer jungen Lazda nach einem davonflitzenden Cousin, den sie – offenkundig – verfehlte, geworfene Quitte; einen Brachpieper, der ähnlich den *assassiyun* von den Kunstblumen, dem Himmel und der Tiefenillusion angelockt worden war, die der arglistige Alte von der Strahlenoptik auf ihre Fläche aufgetragen hatte), ist die vierte ein Original: eine 1896 von Vanins' Vater beim Bau der Datscha in frisches Espenholz eingesetzte und verkittete Scheibe.

Kārlis, der Vater, hatte die Scheibe in der Glashütte außerhalb von Jumelans erworben – längst nicht mehr in Betrieb oder auch nur existent, wie Phocan gesehen hat: Das Gemengehaus, die Schmelzöfen und die Verpackungsbaracken sind nur noch als ziegelsteinerne Fußabdrücke im verwahrlosten Strandhafer zu erkennen, durch den die Badenden im Sommer an den Strand runterlatschen, an dessen Sand ihnen vielleicht noch der ungewöhnlich hohe, fast den Sättigungspunkt erreichende Anteil an rundgeschliffenen Glasfragmenten auffällt, die für ihre schuhlosen Füße keine Gefahr mehr darstellen. Die mineralische Zusammensetzung des Strands ist zirkulär: Jahrzehntelang wurde sein Sand zusammengeschaufelt, hochgewunden und in die Rutschen gekippt, um im Doghouse der Glashütte mit dem Soda, Kalk, Magnesium und Barium gemischt zu werden, das sackweise aus den Schiffen geladen wurde, die einst diesen Meeresarm anfuhren – und gegenläufig wurden die abgeschnittenen Enden der geblasenen Zylinder, die zerstoßene Pottasche und das Bruchglas ausgespuckt und lagen am Strand herum, bis sie erneut zusammengeschaufelt und in die Beschickungsrinne geschüttet wurden: Sand wurde zu Glas, Glas zu Sand, ein ewiger Kreislauf. Den Anschein hatte es jedenfalls, bis die Glashütte 1985 dichtmachte. Diese eine Veteranenscheibe legt mit der variablen und variierten Textur ihrer gläsernen Substanz und ihrer unvollkommenen Transparenz jedoch noch Zeugnis von der alten *stikla fabrika* in Jumelans ab. Wie? Anders als die neuen Scheiben enthält sie Ochsenaugen, Wellen, Einschlüsse, Schlieren und Hobel. Schaut man durch sie aus dem Arbeitszimmer hinaus, verleiht sie dem Garten kleine Falten, Verdeckungen und Verdopplungen – jede für sich kaum wahrzunehmen, aber als Gesamtheit überdeckt sie das Zweiggeflecht, den Brunnen und den Baumstumpf mit Unmengen winziger optischer Hickser, Wellenausläufer oder Wirbel, die zugleich verwirrend und hypnotisierend sind. Früher produzierten alle Fensterscheiben in der Gegend (die ja alle aus derselben *fabrika* stammten) diese Effekte – sprich aus dem Inneren der Häuser, Kirchen, Büros und Schulen betrachtet, hickste und strudelte die ganze Region, ihre Landschaften und Menschen stockten, liefen und verklumpten nach denselben schrulligen Rhythmen aus Jumelans.

Auf den spekulativeren Foren der akademischen Welt, den nebulöseren Zonen, wo Physik, Paläontologie und sogar Musikwissenschaft ineinander übergehen, sind in den letzten Jahren Debatten über die Frage aufgekommen, ob bestimmte Objekte und Materialien – zumindest theoretisch – als vorgefertigte oder ›unbeabsichtigte‹ Aufzeichnungssysteme verstanden werden können. 1968 wurden die normalerweise beschaulichen Sitzungen des vom Deutschen Archäologischen Institut und dem Berliner Ethnologischen Museum (Abteilung für Materielle Ethnologie) gemeinsam ausgerichteten Internationalen Kongresses für Klassische Archäologie von der Präsentation eines ord. Prof.s Friedrich Kelpler aufgewühlt, der aus Karlsruhe – oder nach Meinung der übrigen Tagungsteilnehmer von einem anderen Planeten – vorbeischaute, wo er den Lehrstuhl für Ästhetik und Theorie der Medien bekleidete. Ursache des ganzen Tumults (böse Blicke, Schnauben, störendes Zischeln und sogar – noch nie dagewesenes – Saalverlassen) war die These des ord. Prof.s, die Drehschienen, Nadeln und Kanneliermesser der Töpfer würden den feuchten, aufnahmefähigen Flächen des Tons, der auf der Töpferscheibe zu Schalen oder Amphoren geformt wurde, Rillen einritzen, die den Spuren analog wären, die der erhitzte Stift eines Phonographen dem Schellack einprägte; diese Rillen würden den Ton mit Schallschwingungen aus der umgebenden Atmosphäre imprägnieren, und mit dem Aushärten des Tons würden diese Schwingungen verewigt, jedenfalls für die Lebensdauer des keramischen Objekts. Faktisch bzw. im Rückblick (so die Hauptthese des ord. Prof.s) war eine attische Töpferwerkstatt ein zweitausend Jahre *avant la lettre* betriebenes Aufnahmestudio. Untermalt von ungläubigem Aufjaulen spielte Kelpler Magnettonbänder mit Geräuschen ab (Knistern und Knacken vor einem Hintergrund aus Pfiffen), die er aufgenommen haben wollte, indem er einen apulischen Krater mit einem handgehaltenen Kristalltonabnehmer ›abspielte‹.

Zwei Jahre, nachdem Kelplers ›Forschungsergebnisse‹ gegen den Willen der Redaktionsmehrheit im *Journal of Archaeological Science* veröffentlicht worden waren, erschien ein zweiter Aufsatz in *Ethnos*, diesmal gemeinsam verfasst von dem Anthropologen Kent Foster aus Yale und dem Akustiker Åke Engström aus Lund, zwei Koryphäen auf ihren jeweiligen Forschungsgebieten. Sie konstatierten, Kelplers Thesen oder zumindest ihre mechanische Denkbarkeit verifiziert zu haben, indem sie mit einer Lamelle, deren Impedanz an der Anschlussstelle im feuchten Ton bei $ZM(12/11)2$ lag (Rillenmodulationsgeschwindigkeit ergo festgelegt auf $vg = 2\,pS/(ZM(12/11ss)))$, ihre eigenen Stimmen aufgezeichnet hatten, die »*Ja, må han leva*« sangen (sie feierten Engströms Geburtstag), und diese Stimmen dann mit einem spezialgefertigten Tonarm und einem handelsüblichen Tonabnehmer Marke Euphonics U15P wiedergegeben hatten.

Nach diesem zweiten Aufsatz gab es kein Halten mehr: Ab 1975 schossen an Universitäten auf der ganzen Welt Forschungslabore für Archäoakustik aus dem Boden; mykenische Kantharoi, korinthische Alabastra und thrakische Mortaria, Pithoi, Peliken und Pyxiden von Syrien bis nach Hibernien wurden abgemischt, gepresst und vertrieben. Wörter, Wendungen, ganze Dialoge in äolischem und dorischem Griechisch und literarischem und gesprochenem Latein mit Zwischenschnitten aus römischem Hundebellen und athenischen Marktschreiern wurden entdeckt; ein Archäoakustiker aus Chicago behauptete sogar, Homer belauscht zu haben, wie er seine *rhododáktylos Ēṓs* ausprobierte, während er zusah, wie eine Kylix getöpfert wurde … Der Wahn fand ein abruptes Ende, als Wade Gudron jr., der quatschresistente Emeritus von der Columbia, 1982 in der Frühjahrsnummer von *Hesperia* detailliert die Kontrollversuche beschrieb, in denen er das Playbackverfahren von Foster und Engström (sowie den meisten Archäoakustikern in ihrer Nachfolge) wiederholte, sich verheerenderweise aber nicht an ihre Aufzeichnungsträger hielt: Anstelle von keramischen Objekten hatte er Tonarm und -abnehmer Ziegelsteine, Sandpapier, eine Tischfläche, ein Paar Jeans und bei aufs Maximum hochgedrehtem Level sogar dünne Luft abtasten lassen. Als er in sowohl Schall- als auch Sinuswellenvisualisierung nahezu dieselben ›Stimmen‹, ›Kläfflaute‹, ›Rufe‹, ›Wendungen‹ usw. demonstrieren konnte (er ließ sich nicht lumpen und machte nicht nur einen, sondern gleich drei Verse aus der *Odyssee* hörbar), die sich ganz offensichtlich einer Kombination aus statischem Rauschen und der Phantasie der Hörer verdankte, war das Spiel aus.

Oder wurde eingemottet: Die Drittmittelströme versiegten, aber eine Rettungsleine oder ein Strohhalm wurde ausgeworfen in Form eines (1984 in der Herbstnummer von *Phoenix* erschienenen) Nachtrags- oder Anhangsaufsatzes von Dr. phil. Cameron Blaine, Dozent für Linguistik an der Laurentian University, Ontario. Blaine machte plausibel, die vermeintliche Fähigkeit der Archäoakustiker, akustische Zeichen der Antike vom Rauschen zeitgenössischer Hardware zu scheiden, und die damit einhergehenden enthusiastischen Projektionen seien zwar weidlich diskreditiert, gleichwohl sei die *Existenz* und sogar die verschüttete *Präsenz* des Zeichens im Artefakt von Engström, Foster et al. und sogar von Gudron jr. hinlänglich bewiesen worden. Die Melodien müssten vorläufig vielleicht ungehört bleiben, und bis zur Entwicklung der erforderlichen Hardware (zugegebenermaßen mit einem Nadel<Heuhaufen-Signalabbildungsverhältnis) würden sie auch unhörbar bleiben; aber sie und ihre unsterblichen Worte waren *da* – »*könnten wir nur buchstabieren*«, wie die abschließende Wendung von Blaines George Herbert heraufbeschwörendem Aufsatz lautete.

Und Glas? Ist das nicht ein ebenso plastisches Artefakt wie Ton? Die Analogie zum Phonographen führte vielleicht nicht weit, weil es nicht dessen Stifte und Nadeln gab, aber dafür war die Wissenschaft womöglich stärker. Der Stift übersetzt nur die an der Membran in seiner Schalldose eingefangenen Schallwellen in spiralförmige Rillen, mundgeblasenes Glas dagegen wird vom direkten – und *als* direkter – Abdruck des menschlichen Zwerchfells selbst geformt: *Atem,* πνεῦμα, Hauch des Lebens. Und nach dem Erstarren, Plätten, Schneiden und sogar Einsetzen ist seine ›Festigkeit‹ nur Augenschein, eine Illusion, von der sich nur ein kurzfristiger Betrachter trügen lässt. Für den Blick der *longue durée* ist Glas dauerhaft flüssig, im Lauf der Jahrzehnte, ja Jahrhunderte migrieren seine Moleküle über eine dreidimensionale Fläche: von oben nach unten, von der Seite in die Ecke, von äußeren zu inneren Flächen, alles entlang den Äquatorial- und Golf-strömen seines ozeanischen Körpers. Der Prozess ist reaktiv: Glas ist hochsensibel. 2009 filmten Dave Able, Professor für Maschinenbau am MIT, und sein Team in Zusammenarbeit mit Microsoft und Caul Research und unter Verwendung von Geräten, die Tonabnehmer so alt aussehen ließen wie die Töpferwerkstatt, die Homer besucht (oder eher nicht be-sucht) hatte, ohne Audioeingang ein leeres Wasserglas, das auf einem Teewagen stand, neben dem eine Studentin von Able »Mary hatt' ein kleines Lamm« aufsagte. Mit dem bloßen Auge war dem Glas keine Veränderung anzusehen, aber als der Film mit einer Geschwindigkeit von 4300 BpS abgespielt wurde, wurden Bewegungen sichtbar, die vom Auftreffen von Schallwellen auf seiner Oberfläche verursacht wurden, Ver-schiebungen um Zehntelmikrometer oder fünf Tausendstel eines Pixels (ableitbar durch Grenzschwankungen oder auch nur Veränderungen in Pixelfärbungen, wenn eine Region auf eine andere übergriff), die sichtbar gemacht und mithilfe von Cauls Algorithmus in Schall rückübersetzt werden konn-ten, und schließlich, eine halbe Stunde nach dem ersten, na-türlichen Durchlauf trällerte *Wo sie auch war, wohin sie ging, das Lamm lief hinterher* aus einem Lautsprecher. Obwohl es in diesem Fall die Verwerfungen der Glasform in Echtzeit waren, die für ein solches Niveau der Rückholbarkeit sorgten, hätte das Glas, wie Ables Team nur zu gut wusste, seine Verformun-gen auf kleineren und immer mikrometrischeren Ebenen bis weit in die Zukunft fortgesetzt – sowohl was die Schwingun-gen seiner Ränder in der Luft anbelangte als auch in punc-to des Gewusels seiner schallgeschockten Moleküle innerhalb der Grenzen des Zylinders, der ihr Zusammentreffen enthielt, die Seiten auf und ab, den Rand entlang, in den konvexen Ringen seiner Basisebene: Flipperkugeln, die unaufhörlich an den solenoidgefüllten Bumpern, Kickern, Slingshots und aneinander abprallten – und dann, noch später, *erinnerten* sich die Bumper ans Getroffenwerden, wiederholten den Kontakt im erschauernden Nachbeben, das vielleicht kein Seismograph erfassen konnte, das aber solide und materialiter, auf Nanoebene, in der Größenordnung der Atome, *passierte* ...

Und wenn Schall das konnte, warum nicht auch Licht? Prallen Photonen nicht auch ab und springen herum? *Licht*, hatte der fünfzehnjährige Phocan in der Mittelstufenphysik mantraartig aufsagen müssen, *bewegt sich in geraden Linien – bis zum Schulabschluss*. Sogar *Luft* kann es biegen und krümmen, für Trugbilder sorgen, Fata Morganen, schwebende Schlösser. Und Fenster ... Fenster sind für das Licht, was Labyrinthe für Ratten oder Reusen für Hummer sind: Aufragende Gebäude voller Serpentinen und Sackgassen, Gabelungen und Wegedreiecke, Geheimgänge, die Reisende in entlegene Teile des Labyrinths zaubern oder sie auch verdoppeln und verdreifachen, bis sie sich an zwei oder drei Stellen im Raum gleichzeitig befinden – aber wie alle verzauberten Paläste oder Spiegelkabinette fordern sie ihren Tribut, Abgaben, die in den Photonen gemessen werden, die dazu verurteilt sind, für alle Zeit in ihren Korridoren rumzulatschen. *Absorption* (brachte Phocans Lehrer ihm bei, als er sechzehn wurde, und nahm ihm mit einem einzigen Vorstoß die Unschuld in Sachen Optik) ist der Fachbegriff für diese Verstrickung: genau genommen nicht der *Verlust* des Lichts, sondern sein Einfangen und seine schlussendliche Umwandlung in Hitze – die genau wie der Schall verheerende Schäden in all dem Fließen und Strömen anrichtet, ihre Störwellen sendet, Störungsmuster, die ihrerseits neue Störungsmuster entfachen, Kettenreaktionen in einem fort. Ist, so gesehen, nicht jedes Fenster eine Lichtfangmaschine? Ein Ereignisrekorder, so wie die Augäpfel von Mordopfern angeblich Abdrücke der letzten gesehenen Handlungen festhalten? Auch Fenster mit niedrigen Refraktionsindizes wie die drei neuen Floatglasscheiben in Vanins' Arbeitszimmer fordern für sich noch fünfzehn von tausend Photonen, die um sicheren Durchgang ersuchen. Und die vierte: Die krause, durchwachsene, blickhindernde Scheibe aus der *stikla fabrika* von Jumelans? Die ist unersättlich, schluckt *siebzehn* und mehr, Skylla und Charybdis, vom Schmelzofen zu einem riesigen, durchscheinenden Monster vereint, dessen Fleisch die Hitzewandlungsspuren von unzähligen Verschlungenen speichert.

Könnten wir nur buchstabieren … Was könnte diese Scheibe preisgeben? Welcher Geschichten Lichtrückstände speichert sie? Bestimmt keine Morde – nur Gänge zum Brunnen; das Fällen der Birke, die einst neben ihm stand, den anschließenden Dienst ihres Baumstumpfs als Block für das Zerhacken kleinerer Birken und Espen zu Feuerholz; das Wuchern der Fichten und ihren jährlichen Beschnitt; im Frühling den Wuchs vom Gras, im Sommer sein Sensen; Regen, Schnee, noch mehr Regen, Sonnenlicht, Mondlicht, Sternenlicht, die kumulierten Meteoritenstreifen von hundertzweiundzwanzig Augusten und Septembern; dito die Streifen von dreiundvierzig Generationen (gemittelter Durchschnitt diverser Spezies) von Vögeln, die durch die Luft schießen, wenden und herabstoßen, im Fall eines Brachpiepers zum letzten Mal; vorwiegend winzige Schwankungen von Grashalmen und Zweigen … Und irgendwo, versteckt unter den sich noch verschiebenden hitzemarkierten Konturen dieser Milliarden einbehaltener Photonen, in einem Ausmaß gebrochen, gestreut und kaleidoskopiert, das keine bislang erfundene Hochgeschwindigkeitskamera und kein Algorithmus rückentwickeln könnte, eine Szene aus dem Jahr 1969: Jesēnija – Raivis' Frau, Lazdas

Großmutter – steht im Garten und bewegt sich und bewegt sich gleichzeitig nicht.

Die Beine auseinandergestellt, stand sie zwischen Baumstumpf und Brunnen und spielte ein neues Spiel, das in den letzten Jahrzehnten unter dem Markennamen »Swingball« bekannt geworden ist, damals aber »Tether Tennis« oder »Schnurtennis« genannt wurde. Sie spielte allein mit (oder gegen) sich. Vanins hatte das Spiel kurz zuvor von einer Reise nach Zürich mitgebracht. Es bestand aus einer Stange, deren angespitztes Ende in die Erde getrieben und an deren oberem Teil eine Spule oder Spirale befestigt wurde; an der Spirale steckte ein Karabinerhaken – nicht festgeschweißt, sondern um die Helix der Spirale insgesamt herumgeschlungen, nicht an eine einzelne Stelle, so dass er freies Spiel hatte, sich korkenzieherartig um die ganze Länge der Spirale hoch- und runterzuziehen. An den Karabinerhaken war eine Schnur gebunden, die am anderen Ende, einen Meter weit weg, in einen Tennisball auslief. Diesen Ball schlug Jesēnija Vanins (geb. Lazdiňš) mit einem Tennisschläger: Erst mit der einen Seite, Vorhand, dann, wenn der Ball an seiner Schnur um die Stange herum zu ihr zurückgeschwungen kam, mit der anderen, Rückhand. Es war April; im Atlantik war ein paar Tage zuvor die Landekapsel der Apollo 9 aufgeklatscht; in der Japanischen See war ebenfalls etwas aufgeklatscht, nämlich eine von einer nordkoreanischen MiG-21 abgeschossene EC-121, ein US-amerikanisches Aufklärungsflugzeug; in Großbritannien hatte der erste Senkrechtstarter seinen Probeflug absolviert; an der Universitäte von Riga war unter dem Druck der Studentenschaft der gesamte Verwaltungsrat zurückgetreten und durch frisches und liberaleres Blut ersetzt worden. Eine Übergabe oder ein Wachwechsel, vom Winter zum Frühling, schien auch in der Textur des Gartens in der Luft zu liegen:

ein feineres und körnigeres Licht, ein Tüpfeln des Sichtfelds mit Mücken, Libellen und Bienen, deren Summen einen unregelmäßigen *basso continuo* unter den *Tock-tock*-Tenor des Tennisschlägers legte …

Vanins hatte das Spiel wegen des Mechanismus gekauft: Die gekrümmte Metallstange, um die der Karabinerhaken herumschwang, hatte ihn im Schaufenster des Sportwarengeschäfts sofort an Lillians Modelle erinnert; an Hände, die wieder und wieder ihre Drehungen und Schleifen vollzogen, wobei die Wiederholung dieselben Wege auf die Körper der Tracer kopierte, sie dem Glieder- und Muskelgedächtnis einverleibte. An diesem Frühlingsmorgen (oder Vormittag; dem langen Zeitraum der Sorglosigkeit, der gut eine Stunde nach dem Frühstück beginnt) hatte Vanins, der ihr aus seinem Arbeitszimmer zusah (er saß an einem Aufsatz über die Gründe des gescheiterten Startversuchs der N1 für das *Sowjetische Physikjournal*), den Eindruck, Jesēnija spiele die Rolle des Tracers, des Weglerners, und vollziehe Bewegungen, die ihr vom Spiralkern diktiert würden, so als wäre sie und nicht der Tennisball dessen Verlängerung und bewegte sich auf einer geschlossenen Umlaufbahn. Bei jeder Umkreisung des Balls entgegen dem Uhrzeigersinn begegneten ihre Schultern mit Arm und Schläger seiner Wiederkehr – und in ihrem Gefolge starteten die einzelnen Partien ihres Rückens eine nach der anderen wie Kohorten einer Armee, die dem Befehl zum Abmarsch nachkamen; jede Einheit bewegte sich separat und doch im Verein mit dem größeren Truppenverband; und als würden sie diese verfolgen, hoben sich auch ihre Hüften, auf Schenkel gehisst, die ihrerseits von der weichen Kniehydraulik getrieben wurden, von gelenkigen Waden-und-Knöchel-Mechanismen weiter unten; alles binnen einer halben Sekunde. Wenn der Ball geschlagen war und sich an die nächste

425

Umkreisung im Uhrzeigersinn machte, segelte ihr Arm in der verbleibenden halben Sekunde zurück, ihr Handgelenk bog sich in die Gegenrichtung, um Hand und Schlägerwinkel wieder auszurichten, ein Boot, das problemlos das Ruder herumriss und sich unauffällig durch ruhige und willfährige Wasser zu der Stelle bewegte (auf keiner Karte markiert, aber blindlings bekannt dank so uralter Seefahrtskunst, dass sie schon angeboren war), wo es wieder gegen die gelbe Boje prallte, oder genauer, den Weggefährten (in Gegenrichtung), den Begleiter, *sputnik*, die kleine Kugel, die sich beim Kontakt unweigerlich wenn nicht am selben Ort fand, so doch an derselben Stelle in Bezug auf ihren Orbitalkreis ...

Das Fenster war natürlich integraler Bestandteil dieser Szene und dieser Auswirkungen. Während Vanins sie durch die Scheiben betrachtete – durch drei alte Jumelans-Scheiben (die im Frost gesplitterte war schon ersetzt worden), von denen die bis heute überlebende den Hauptteil des Geschehens rahmte, weil die Parameter von Höhe und Schreibtischposition das diktierten –, dehnte das Glas nicht nur Jesēnijas Bewegungen; in seinen sirupartigen Verdickungen und Anlagerungen schien es auch die Dauer dieser Bewegungen auszudehnen, verdoppelte jeden Augenblick und wiederholte die verdoppelte Passage in einer Art simultaner Zeitlupe. Auch die sechsundzwanzigjährige Jesēnija dehnte sich schon aus, Taille und Brustumfang weiteten sich, und als Vorbereitung auf die Geburt von Dagnija, Lazdas Mutter, lagerte sie Fett ein (die Schwangerschaft hatte eine Woche zuvor die kritische Dreimonatsschwelle passiert und war kein Geheimnis mehr). Wenn ihr Körper sich in die eine und dann in die andere Richtung drehte, schien er Vanins eine weitere Reihe von Bewegungen und Stellungen zu speichern und abzuspielen, Szenen, die sie seit deren frühen Stadien mit ihrer Liebe assoziierten: die Begrüßungsgeste bei einer zufälligen Begegnung auf der Straße; ihr Absetzen einer Tasse in einem Café an der Alberta iela; wie sie dann nach ihrem Mantel gegriffen und einen Schal um den Hals geschlungen hatte; wie sie den Kopf in den Nacken geworfen und gelacht hatte, als er ihr an dem Tag damals auf der Brücke im Bastejkalns Park den Witz erzählt hatte; wie sie das immer wieder gemacht hatte, wenn er sie auf die eine Stelle unterm Kinn küsste … Diese und dutzende anderer Augenblicke verschmolzen, versetzt und wiederholt, mit seinem eigenen Spiegelbild in der Fensterscheibe und brachten ihm jäh die Synchronizität all dieser zugleich ablaufenden Prozesse zu Bewusstsein – oder flossen eher wieder ineinander, wurden in eine neue Formation geblasen und dort gehalten, eine Anordnung, die die Bedeutung ihrer tatsächlichen Entstehungszeit aufhob. Und er betrachtete das auch nicht von außen: Er selber wurde Bestandteil dieser Formation, wurde von ihrer Zusammensetzung aufgenommen, absorbiert: Sehen, Erinnern und Vorwegnehmen wurden eins, Rhythmus und Aufhaltung verschmolzen, *tock, tock*, mit seinem Pulsschlag …

Wie lange beobachtete er sie? Angesichts dieser Überlegungen schwer zu sagen. Es wäre falsch, den Vorfall ›zeitlos‹ zu nennen, ihn (und sei es auch nur rhetorisch) außerhalb der Zeit zu verorten. Er war vollgepackt mit Zeit und Zeiten – so gesättigt von ihnen, als wollte er sich aller Messung entziehen. Vanins war wirklich und wahrhaftig gebannt – aber selbst unter diesem Bann, inmitten seines Wogens und Waberns, behielt er seine Wachheit und Scharfsicht. Als sich die Teile der von Jesēnija und dem Schnurtennis präsentierten kinetischen Symphonie zu verselbständigen und von ihren Stellen fortzuwandern schienen, dabei aber irgendwie gewährleisteten, dass diese Stellen weiterhin funktionierten, sah er Schläger,

Ball und Gestalt (Rumpf, Ellbogen, Schenkel usw.) zunehmend nicht mehr als das, was sie *waren*, sondern als Elemente eines langen Himmelstanzes, bei dem sich alle nach allen richteten: Der Schläger zog den Ball an, der die Gestalt anzog, die Parallelogramme, Sinuskurven und Wirbel in die Luft ritzte, die wiederum den Schläger anzogen – all dies Anziehen und Halten seiner Aufmerksamkeit, die dann wieder (wusste Jesēnija, dass er sie beobachtete?) den Tanz nährte und wahrte, alle seine Teile erneut auf ihren Umlaufbahnen und Meridianen rasen ließ: noch ein Kreislauf und noch einer ... Vanins dachte – wie hätte es auch anders sein sollen? – an seine Arbeit: an Gleichgewichtszustände, Sinus- und Kosinuskurven, Vektorsummen und Nettokraft. Aber statt als Korrelat für diese eingespannt zu werden, als Anstoß für neue praktische Anwendungen, schien die Schnurtennissymphonie sie zu packen und auch sie auf eine Umlaufbahn zu schicken. Alles – seine Arbeit, die Welt, die Politik, ja selbst die Physik – schien in eine Schwebe, in einen Betriebsmodus befördert worden zu sein, in dem der Betrieb selbst eingestellt worden war und sich gerade in dieser Passivität, dieser *Nutzlosigkeit*, neue Nutzungsmöglichkeiten erschlossen hatte. Einmal dachte er, er würde das Leben selbst in seiner reinsten und konzentriertesten Form betrachten, mit keinerlei Zweck getarnt – aber den Gedanken stellte er zurück, denn das Phänomen, dessen Zeuge er wurde, zu benennen, es auf einen Begriff zu bringen, hätte dessen Natur widersprochen, der auch seine selbstvergessene Kontemplation angehörte, eine Kontemplation um ihrer selbst willen, mit der sie verschmolz, die sie verdoppelte und mit der sie dahinraste ...

Auch in seiner Selbstvergessenheit spürte er aber eine Dringlichkeit und eine Aufgabe. In den folgenden Wochen und Monaten wirkten diese Dringlichkeit und diese Aufgabe wie eine spiralisierte Helix auf ihn ein und gaben seinem Handeln die Richtung vor. Im Moment (jetzt, damals, egal wann – das weiß nur die Fensterscheibe) bestand seine erste Regung aber darin, dass seine rechte Hand – langsam und sachte, um einen Gedanken nicht zu verscheuchen, der so zart war, dass er jeden Moment fliehen oder einfach verdunsten konnte – sich auf seinen Aufsatzentwurf legte und nach einem leeren Blatt tastete. Als er keines finden konnte, nahm er die Seite, die er zuletzt beschrieben hatte, drehte sie um und schrieb auf die unberührte Rückseite unter die Überschrift *T. T.* auf Englisch:

Liebe Lillian,

ich glaube, ich habe eine Entdeckung gemacht …

7. Der Wrangler

Unter dem Kopfsteinpflaster der Stallungen, unter Gebäuden, in denen vor ihrer Umwidmung in die Büros von Werbe-, Architektur-, Vermögensverwaltungs- und Filmproduktionsfirmen die Zug- und Mietpferde von Fitzrovia schliefen, gefüttert und getränkt wurden; vom Hof abgehend und hinter einer Eisentür, deren Pro-forma-Kettenschloss jeder hartnäckige Junkie geknackt bekommt; eine Steintreppe hinab, auf der sowohl Lichtstärke als auch Sauerstoffgehalt alle zwei, drei Stufen spürbar abnehmen; hinter einer weiteren, hochmodernen Doppeltür, die noch nie ein Drogensüchtiger oder sonst jemand ausgetrickst hat, der nicht mit dem Dreier aus Magnetstreifenkarte, RFID-Tag und täglich geändertem Pin-Code bewaffnet gewesen wäre; in einem ausgedehnten und zugleich kompakten Keller, dessen Luftfeuchtigkeit und Temperatur alle fünfeinhalb Minuten neu kalibriert werden, liegt die Renderfarm von Degree Zero. Ihrer Gehäuse entblößt, stehen da hinter Staubschutzscheiben zweiundachtzig in langen Reihen vertikal wie After-Eight-Täfelchen oder horizontal in Regalen übereinander arrangierte Motherboards und flimmern und blinken im ruhelosen Rechnen. Zwischen ihnen und über Boden, Wände und Decke schlängeln sich hundertneunzig Meter Verkabelung. Schildwachenartig rotieren vor ihnen ebenfalls regalhohe Kühlgebläsetürme. Ihr modulierendes Getöse, das unaufhörliche Summen der Motherboards und das allgemeine Zittern der elektrischen Überlast pflanzen sich durch Erde und Ziegel nach oben fort; hier unten lassen sie das Plasma und alle Plastik-, Metall-, Glas- und Holzmembranen erschauern und nicht zuletzt den einzigen Menschen, der hier heute Abend Dienst hat.

Kennen wir ihn? Ja: Es handelt sich um Soren, den mit dem Samtflaum. Er hat es wie erhofft ›zu etwas gebracht‹ … Kein bloßer Laufbursche mehr, ist er zum Render Wrangler befördert worden – noch auf Einstiegsstufe, aber immerhin schon mit Festgehalt. Sein Job besteht darin, von der Abend- bis zur Morgendämmerung den Durchgang der unendlichen Gigabytes, die jedes Bild von *Incarnation* ausmachen, durch die SVN-Filter in den Server zu beaufsichtigen; dem Cluster jedes Bilds einen Verarbeitungsbereich zuzuordnen, der von allen anderen abgetrennt, zugleich aber mit allen verbunden ist, da ja alle aus denselben Quell- und Ausgangskanälen kommen und in diese zurückkehren; er achtet darauf, dass diese Bereiche nicht überfüllt, verstopft oder überrannt werden; er sichert das Wohl, ja er verifiziert die grundlegende geneti- sche Reinheit jeder einzelnen Charge, prüft sie auf Skriptfeh- ler, unvorhergesehene Verfälschungen und alle erdenklichen Schwächen, die, wenn sie nicht in diesem Frühstadium aus- gemacht und isoliert werden, in den nächsten Etappen mutie- ren und sich multiplizieren – Infektionen, die im Worst-Case- Szenario als Glitches und Anomalien durch die Oberfläche des fertigen Films brechen, den Ruf von DZ ruinieren und Soren (selbstverständlich) den Job kosten. Genauer gesagt: Zu diesem Job gehört es, auf seinem als VNC-Client in den Server eingeloggten Desktop zu verfolgen, wie die Revisions- nummern über den Monitor laufen und sich aktualisieren; zu prüfen, wie viel Speicher jeder Prozessor braucht, und bei drohenden Überlastungen Teile der Arbeit einem ande- ren Rechner zuzuweisen; die SVNs nachzupflegen; die Ad- min-Prozesse zu optimieren … Manchmal bewegt sich Soren methodisch von einem Prozessor zum nächsten; manchmal flitzt er nach dem Zufallsprinzip zwischen ihnen hin und her, prüft stichprobenartig und nutzt das Überraschungsmoment, um alles auf Zack zu halten. Von Zeit zu Zeit ruft er die wesentlichen Statistiken aller Prozessoren auf einmal ab, lässt sie sich nebeneinander auf den Mehrschirmrechner ausgeben und alle zugleich durchlaufen: eine Musterparade oder ein Anwesenheitsappell, um festzustellen, ob es zu Nachlässigkeiten kommt. Wenn er Schlampereien oder Haken entdeckt, holt er die aufsässigen Versprengten durch Ausgabe eines SSH-Befehls ins Gehege zurück. Das macht er manuell, indem er in das Blender-Skript die Buchstaben *SSH* eingibt – wie ein Flüsterer, der nicht ein einziges rastloses Tier beruhigt und bändigt, sondern hunderte auf einmal. Die Renderfarm hat eine höhere Rechenleistung als die meisten Staaten. Sie schafft Berechnungen, für die ein Mensch sein ganzes Leben brauchen würde – um die Position eines Haars auszuarbeiten, die Route und das Rotieren eines Stäubchens, das Leuchten einer Gabelzinke, Bild für Bild für Bild …

Das Rendern von *Incarnation* ist auf zwölf Wochen angesetzt worden. Der Film hat 44 928 Bilder, die mit einer Durchschnittsgeschwindigkeit von einundsechzig Minuten und sechsundfünfzig Sekunden pro Bild gerendert werden; in jedem gegebenen Augenblick können dreiundzwanzig gleichzeitig verarbeitet werden, was also 2016 Stunden entspricht. Die Renderfarm ist rund um die Uhr aktiv, sieben Tage die Woche, keine Pausen an öffentlichen Feiertagen. Soren ist einer von vier Wranglern – als dienstjüngster hat er die Friedhofsschicht abbekommen. Und hier sitzt er heute Nacht also: pfercht, *ssh*scht, verifiziert, aktualisiert, überprüft, greift stichprobenartig Codezeilen aus den Millionen heraus, die vor ihm wegsausen wie (wenn Sie auf analoge Old-School-Vergleiche stehen) Zeitungen auf den Transportbändern einer Offsetdruckmaschine oder Kreuzgeweberollen aus einem riesigen Industriewebstuhl – wobei der entscheidende Unterschied darin besteht, dass Sorens Interventionen den Prozess nicht beschleunigen und die Morgenausgabe schneller in die Kioske, zu den Zeitungsjungen und auf die Frühstückstische bringen oder aber die Tapisserien der Vollendung näherrücken, sondern ihn behindern: Jede ist ein Aufdröseln, das sich als winziger Rückgang des Fortschrittsbalkens niederschlägt, der seinen eigenen Bildschirm hat, sowohl hier an der Farmwand als auch auf den Fernrechnern der vielen Kontrolleure und Koordinatoren, Editoren, Typensetzer, Buchhalter und so weiter, die den Prozess verfolgen wie ungeduldige Verehrer, für die eine Antwort, ja oder nein, *irgendeine* Entscheidung, lange überfällig ist.

Um das aufzudröseln oder selbst zurückzugehen: Für das Rendern von *Incarnation* waren zwölf Wochen angesetzt worden. Das ist auf vierzehn korrigiert worden, und es wird noch mehr Zeit brauchen, daran zweifelt niemand. Wir sind in Woche elf. Die meisten Bilder, die gegenwärtig die Prozessoren durchlaufen, stammen aus der siebenmünütigen Schlusssequenz des Films, die das Auseinanderbrechen der KFS *Sidereal* zeigt, die manisch und selbstmörderisch zu Fidelus unterwegs ist. Als das Schiff an der äußeren Heliopause vorbeifliegt, hinein in die Heliohülle und weiter zur Randstoßwelle, überfordern die Plasmaentladungen, die sich mit Überschallgeschwindigkeit aus den oberen Schichten der Sonnenatmosphäre lösen, die Strukturen des Schiffs. Schrauben und Nieten verbiegen und lockern sich und schnellen davon wie Druckknöpfe am Einteiler eines Babys; Metallblechplatten werden abgeschoren, trudeln am Rumpf entlang, graben sich in Hitzeschilde und Tragflächen ein und reißen neue Schrammen, wo immer ihre schartigen Kanten mit etwas kollidieren; Stabilisatoren, Phaser-Batterien und ein ganzer Frachthangar lösen sich und schießen nicht einfach davon, sondern schweben, von Wirbeln gehalten, expandieren und implodieren gleichzeitig, ihre Formen, Dimensionen und Eigenschaften, alle Gesetze, denen sie zu gehorchen hätten, spielen verrückt. Die Plasmawellen stellen tatsächlich, ganz wie Briar erklärt hat, alle Naturgesetze und Werte auf den Kopf. Grundlegende Oppositionen – oben/unten, Anziehung/Abstoßung, Zusammensein/Trennung, ja sogar Innen/Außen (eines Objekts, des Schiffs, der Menschenkörper) – scheinen zusammenzubrechen. Ein aus eigenen Stücken in Bewegung geratenes Rapier (vielleicht Tszvetans, das todbringende Gerät, das Merhalts Schädel spaltete, was zur Verführung führte und damit indirekt zu diesem Flug, oder aber ein x-beliebiges Rapier, dessen Geschichte wir nur erraten können – jetzt auf jeden Fall aller Vergangenheiten entkleidet, die es ebenso abscheidet wie seine Partikeln) saust und patinart mitten in der Luft einen Nebenkorridor runter, zerscherbt in zehntausend Splitter, schafft es aber noch, einem Heizer die Halsschlagader aufzuschlitzen, dessen Gerippe zwar genauso auskristallisiert und zerfällt, sich aber noch vor Schmerzen krümmt, als bewahrte jedes einzelne seiner frisch geprägten Fragmente die Erinnerung an das Ganze, dessen Molekül es eben noch bildete; die verspritzten Blutstropfen des Heizers mischen sich mit fernsten Sternen, *werden* zu den Sternen, die jetzt durch den Rumpf der *Sidereal* sichtbar werden, obwohl dieser Rumpf irgendwie noch da ist, so geborgen im Weltraum, wie er den Weltraum birgt, den er fernhalten sollte. Nahe Dinge – Gitterrostplatten, Ringverriegelungen, Dämpfungselemente – scheinen in unendlichen Entfernungen zu stehen; entlegene oder vergessene Dinge – ferne Sternennebel, *brinquedotecques* und *gzhiardini*, Relikte der Kindheit auf Argeral – scheinen greifbar nah; natürlich ereignet sich hier gerade eine Katastrophe – eine Zerstrahlung, eine Auslöschung –, ultraparadoxerweise kommt es gleichzeitig aber zur Gegenbewegung einer *Entstehung*, zum Gefühl, dass sich aus diesem ganzen Chaos etwas einen Weg zur Schwelle des Sichtbaren und Verständlichen bahnt …

Wie Lachse, die sich flussaufwärts zu den Bächen hochkämpfen, in denen sie gelaicht wurden, ziehen, scharren und hechten Tszvetan und Till zurück an den Ort, an dem alles seinen Anfang nahm: das Observatorium. Sie haben sich ihren Weg durch die Luken gekrümmt und getreten, sind die Wände von Verbindungstunneln entlanggeglitten, an denen die Schwerkraft sie erst festgenagelt und von denen sie sie dann in plötzlicher Schubumkehr auf ihr Ziel zugeschleudert hat. Manchmal mussten sie die Leiche eines Heizers beiseiteschieben oder zusehen, wie ein Sterbender in die Leere des interplanetaren Vakuums gesaugt wurde. Die Gesichter der Heizer, der lebenden wie der toten, haben alle denselben Ausdruck: Keiner ist entsetzt oder gepeinigt, alle sind zufrieden und erfüllt, ja *glücklich*, stolz darauf, die Sache bis zum Endspiel und darüber hinaus durchgezogen zu haben, eine grimmige Hingabe, aus deren Schwur sie Stärke und Entschlossenheit bezogen haben, ihren Wesenskern als Vasallen. Der Tod, die Verbindung mit den Sternen, zementiert diesen Wesenskern und gibt ihm Ewigkeit. Trotz des Gemetzels werden Tszvetan und Tild dieser Bekundungen eines Glaubens gewahr, den das Vergessen nicht auslöschen kann; von ihnen bestätigt und angespornt, machen sie weiter, meistern zerfallende Luftschleusen und Gerätehangars, Phaser-Batteriemodule, Trinkwasserspeicher, am ehemaligen Steuerbordausleger der *Sidereal* vorbei; purzeln auf, ab und entlang der alle geometrischen Konventionen herausfordernden und viskos gewordenen Doppelhelix der Wendeltreppe und finden sich schließlich ausgespuckt und intern erbrochen in der zystenartigen Kugelkammer der Aussichtsplattform wieder.

Das Saphirglas der Observatoriumskuppel hat – vielleicht weil es von vornherein so dünn und vorläufig war, unwesentlich stabiler als eine Seifenblase – bis jetzt standgehalten, auch wenn es nur eine Frage der Zeit sein kann, bis es sich ebenfalls auflöst. Die Instrumente, Spektrohelioskope, Astrolabien, Dioptren und Torqueta fliegen durch die Luft, prallen zusammen und auf die zentrale Bedienungskonsole mit dem Globus-im-Globus-Lesegerät, dessen Anzeigen Amok laufen, Namen, Koordinaten und Beschriftungen ausspucken, aus einem zerbröselnden Gedächtnis hervorgekramte Kartographien von anno dazumal, die über ein selber zerbröselndes, zerknicktes und zergehendes Terrain gelegt werden. Auch die radiumfarbenen Zickzacksträhnen in Tilds Haaren lösen und verfilzen sich, mit den schizoiden Projektionen des Globus sich verwerfende und dehnende Transversalen. Die ausfallenden Andruckabsorber spielen den Gesichtsmuskulaturen der beiden Streiche, straffen und strecken Kinnladen, Augen- und Kieferhöhlen und erzeugen Arrangements, die zugleich manisch und seltsam gelassen sind – wie die Mienen der Heizer, zustimmend, *glücklich*, auf einen Prozess eingeschworen, der gewollt und gewagt war und der jetzt sie will. Tszvetan zieht an Tilds Schulter, dreht ihre beiden Körper so, dass sie hinausschauen und ihre hervortretenden Augen sich an die Sklera des ebenfalls hervortretenden Kuppelaugapfels drücken, und sagt:

»Es wartet auf uns.«

Trotz des Getöses, des Splitterns und Berstens, muss er nicht schreien. Die magnetosphärische Demontage, die atmosphärische Zerlegung durch das Sonnenplasma, hat eine akustische Intimität verhängt, in der die Schallwellen seine Worte so direkt zu ihr tragen, als hätte er sie direkt in ihrem Schädel ausgesprochen, oder in der Kuppel, dem Flüstergewölbe einer stillen Kathedrale. Zugleich pflanzen sie sich ohne zusätzliche

Verstärkung fort durch die Tunnel, Korridore und Hangars der *Sidereal*, ihre Tankwannen hinauf und hinab, ihre Masten und Lüftungsschächte, ihre Leisten, Tubusse und Leitbleche – und über die Schiffsbegrenzungen hinaus in die Corona von Fidelus. Die Intimität ist weltumspannend. Sie umfasst weit weg liegende Sternhaufen, all die Hyperriesen und Unterriesen, Doppelsterne, Bimodale und Delta-Cepheiden, die verstohlenen Anhäufungen der Staubwolken, den einladenden Abgrund, in den Tszvetan und Tild springen wollen, wobei sie das Zerschmettern der Kuppel in Kauf nehmen. Hat Tszvetan mit »Es« das gemeint? Ist es das, was auf sie wartet? Der Abgrund? Oder meinte er den Sprung selbst: seine Ausführung, den Vollzug des Augenblicks, den Bruchteil einer Sekunde, in dem die Zeit Kontakt zur Ewigkeit knüpft? Seine Worte, die sich jetzt wie ein Echo des Universums wiederholen, überantworten alle Entscheidungsgewalt diesem *Es* und nicht den Liebenden: Das *Es* umfängt sie in seiner Warteschleife und bietet ihnen ihre einzige Handlungsoption, die Wahl, das zu tun, was sie tun müssen: sich zu fügen, sich diesem allgegenwärtigen und ausweichenden Ort zu ergeben, diesem kurzen Moment, der sich nur als Pause, als Warten ereignen kann …

Die Motherboards summen. Die Gebläsetürme modulieren beim Rotieren. Soren sieht auf die Uhr: 3.21. Er nimmt die Zeitanzeige seines Desktops, denn er darf im Keller kein Smartphone haben und auch sonst nichts, was ihn mit der Welt hinter der Tür verbinden würde. Die Oberwelt könnte untergehen, und er würde nichts davon mitbekommen; irgendwo zwischen Bild 37 204 und 37 275, zwischen dem letzten SVN-Update und dem davor, zwischen dem Impuls eines Stäubchens in Richtung einer neuen Rotation und dessen Ingangsetzung, zwischen dem Konzept des Schattens einer Gabelzinke und der Erzeugung dieses Schattens, könnte sie schon untergegangen *sein*. Soren erwägt – generiert, aktualisiert, revidiert – oft Phantasien, in denen er erwacht, in den neuen Tag blinzelt und feststellt, dass London zerbombt, von apokalyptischen Zombies verheert oder mit Feuer und Schwefel ausradiert worden ist. Er ist methodistisch erzogen worden und glaubt an das Ende der Zeiten, an Pacht und Entrückung. *Rendern:* Er weiß heute noch, wo ihm das Wort zum ersten Mal begegnet ist, bei Markus 12.17: *Render therefore unto Caesar the things that are Caesar's, and unto God the things that are God's – So gebet dem Kaiser, was des Kaisers ist, und Gott, was Gottes ist!* Die zweite Begegnung fand ebenfalls in der Kirche statt, wo er jeden Sonntag als Chorknabe mit Beffchen und Chorhemd sang: Nr. 103 im Walisischen Gesangbuch: *All laud we would render: O help us to see – Dir gilt unser Lobpreis: O hilf uns zu sehn* ... Dann und wann hört er, je müder er ist, desto häufiger, wie sich der Text des Chorals, seine Melodie und seine Kadenzen durch Hintergrund, Vordergrund und Surround-Sound der Renderfarm stehlen und als Ohrwurm in seinem Kopf landen:

Unsterblich, unsichtbar, von Weisheit erfüllt.
O Gott, uns verborgen, vom Lichtglanz verhüllt.

... dann irgendwas mit *mächtig und siegreich, voll Stärke und Pracht*, dann wieder mehr Licht: *Beständig, bedingsbums und rein wie das Licht* ... *Du Vater des Lichts; Dich ehren die Engel, verhüllen ihr Aug* ... und *Deine Wolken sind Quellen* ... irgendwas ... und dann wieder zum Licht zurück: *Nur bleibst Du verborgen im Glanz Deines Lichts* ... Er erinnert sich nicht einfach – bruchstückhaft – daran: Die Verse werden ihm vorgesungen, aber nicht von menschlichen Stimmen, hat er den Eindruck, sondern von überirdischen aus der Engel Ordnungen, die in den Schaltkreisen tanzen, vom verborgenen Lichtglanz verhüllt, in gedämpften Tönen gekündete Weisheit, im SSH-Code; vielleicht auch unterirdischen, halbgeformten Zungen von Wesenheiten, die selbst nur halbgeformt, halbgedacht sind, in einem Limbus der Nichtganzheit feststecken: Fötuswesen, ungetauft, unerlöst, von ihrem Gefallensein umgeben wie Artefakte, RGB-getrennte Nimbusse der Unvollkommenheit. In der letzten voll gerenderten Sequenz, als avi-Datei 7021 an SVN geschickt, umspült das Licht von Fidelus, der Plasmastrom aus der Corona, die Kommandoantenne der *Sidereal*, ergießt sich in sie und durch sie, verflüssigt sie, während sich umgekehrt die Antenne, ihr Montagesockel und die Rumpfumgebung nach außen ergießen, ihre Formen wie schmelzendes Gold ans Sonnenlicht, seine Protonen, Elektronen und Alphateilchen abgeben. *Rendern*, weiß Soren nur zu gut, weil seine Mutter anfangs glaubte, darum gehe es bei seinem Job, kann auch bedeuten, Eisen, Blei oder Messing auszuschmelzen; in Schlachthäusern wiederum (in dieser Branche verortete ihn seine *Groß*mutter, als sie von seinem neuen Job hörte) versteht man darunter das Auslassen des Fetts aus schon geschlachteten Kühen und Hühnern: Sie werden zerkleinert, zerstoßen und gedünstet, um die letzten tierischen Fette zu extrahieren und noch ein bisschen mehr Profit zu erpressen, ein letztes Gramm Mulch …

Auf seinem Desktop sieht Soren im VNC-Fenster, wie Bild 37 289 seinen hundertvierundsechzigsten Renderpass durchläuft. Die physikalischen und materiellen Eigenschaften, Spiegelqualitäten und dutzende anderer Faktoren sind überfangen und aufgepfropft worden, und das endgültige Bild zeichnet sich ab. Eine Nahaufnahme von Tszvetans Haut: Er presst die gewölbte Stirn an das inzwischen unter fast unmöglichem Überdruck stehende Saphirglas. Haut ist glasig; es ist schon bei normalen Lichtverhältnissen (im Schlafzimmer sitzen, eine Straße langgehen, ein Pferd reiten, ein Raumschiff in die Schlacht lenken) schwer, die Balance aus Fleischigkeit und Lichtdurchlässigkeit richtig hinzukriegen, ganz zu schweigen also von multiplen Spiegelungen und einem allgemeinen Kollaps des physikalischen Felds, auf dem sowohl Licht als auch Haut ansässig sind. Und dann die Porosität, die Haare … Ein abweichender Integer, eine falsche Ziffer, und plötzlich hat man ganze Klumpen Festfasern, die wie Hautpilz bei Kaninchen durch die Membran stoßen. In solchen Fällen muss er die Bilder separieren, in die Produktion zurückschicken, und der Fortschrittsbalken sinkt. Und das sind noch seine leichtesten Übungen: Knifflig wird's, wenn nur ein, zwei Pixel nicht stimmen, ein Fleischfitzelchen, ein Haar oder ein Schatten Sekundenbruchteile lang am falschen Ort ist, ein mikroskopischer Kleinstfehler, den keiner mitkriegt – *bis* ihn dann einer mitkriegt; gar nicht mal sein direkter Vorgesetzter, auch nicht Herzberg, Dressel oder zehn oder zwanzig Millionen Kinogänger; nein, der zwanzigmillionenunderste Betrachter, der Nerd, der ihn beim fünfzehnten Streamen entdeckt, rauskopiert, bei www.badrender.com einstellt, und langsam, aber sicher begibt sich die Schande dann auf den Weg zurück zu ihm, Soren, und frisst sich in ihn wie ein Hautausschlag. Schlimmer noch: Wenn das *Bild* gut ist, er aber eine Abweichung im Code dahinter sehen kann, vorläufig inaktiv, aber … Winkt er ihn durch, weil das sonst eh keiner merkt; oder kehrt diese Abweichung dann zurück, so wie eine Patrone in einer ungenutzten Kammer nach ein paar Runden russischem Roulette dann doch ein Gehirn verspritzt, seines oder auch das eines anderen, aber in jedem Fall sein *Verschulden*, das forensisch auf ihn und auf diese Entscheidung oder deren Vermeidung zurückzuführen ist, diesen Moment des Aufschubs …?

Tszvetans Schläfe wölbt und streckt sich bis an die Grenzen der epidermalen Toleranz, ist aber noch intakt. Der ihr zugrundeliegende Code ist fehlerfrei. Auch Tilds Haut spannt sich in manischer und doch besonnener Entschlossenheit, wahrt ihre Integrität; die Geometrie ihrer Haare ist vielleicht aberwitzig missraten, aber sie missrät gemäß den Vorgaben des Rendercodes, also *richtig*. Auch die Heizer, Roste, Luftschleusen und Verkleidungen fliegen *korrekt* auseinander, jedes Einzelteil folgt einer Flugbahn, die mit den Bahnkurven der anderen in Einklang steht, ihre Kollisionen und die auf sie einwirkenden Strömungen und Dünungen sind von vorangehenden Strömungen und Kollisionen erzeugt, die Verlaufskurven und Dünungen von der Software geplottet worden. Jedes Bild, dessen letzter Renderpass abgeschlossen ist, erscheint auf demselben Monitor wie der Fortschrittsbalken und bleibt dort stehen, bis es durch das nächste fertig gerenderte Bild ersetzt wird. Ihre Reihenfolge hält sich nicht an den Film und seine Erzählung, sondern an die Sequenz, in der jedes der dreiundzwanzig in jeder Charge überarbeiteten Bilder aus seinem Rendering-Slot ausgespuckt wird, eine avi-Nummer zugewiesen bekommt und zur Prüfung sowohl hier als auch in den verlinkten Räumen von DZ präsentiert wird, so wie (um noch mal auf Old School zu machen) der neu entwickelte Abzug eines Photos in der Dunkelkammer tropfnass an die Wäscheleine geklemmt wird. Das letzte Bild, das jetzt neben dem Fortschrittsbalken trocknet, zeigt in Großaufnahme ein gerade explodierendes Manometer, die Glasabdeckung birst wie Karamellscherben und die Nadel löst sich, von der eigenen Feder fortgetrieben wie ein Schleudersitz. Das nächste, das es jetzt ersetzt, zeigt in der Totale einen langen Lichtstrahl, der mal ein Korrekturtriebwerk war, das ganz ähnlich vom Schiff wegspringt – erst als einheitlicher Strich, dann ausfransend, als seine Wellenlängen fluktuieren und diffundieren, am anderen Ende des Strahls aber wieder fusionieren, als die einzelnen Farbsträhnen von den größeren Lichtbüscheln, die in der Corona von Fidelus zusammenlaufen und sich verspinnen, wie Zuckerwattefäden gesammelt und zusammengefasst werden. Auch die Livnäragabel taucht wieder auf, ein von der *Sidereal* abgeworfener freischwebender Trimaran, der hungrig auf Fidelus zupflügt, als wollte er die Sonne verschlingen, nur um verschlungen zu werden. Eine Orgie der Verzehrung, eine kosmische Autophagie, der Raum frisst sich selbst, erbricht sich, verschluckt sich aufs Neue, Eingeweide und Auskleidungen stülpen sich um, um zu sich zu nehmen, was sie aufgenommen hat: Plasmawelle, Ladebucht, Kuppel, Randstoßwelle, Tempel, Abgrund …

Tszvetan und Tild sind jetzt durch die Scheibe des Observatoriums hindurch – hindurch *und* noch drinnen, sowohl *hier* als auch *dort*, als hätten sie die Grenzen nicht nur des Saphirglases überwunden, sondern auch die ihrer Körper und Sinne, wären zugleich enteignet und die Besatzer ihrer anderen Seiten, betrachteten zugleich sich und allen Raum, das Weltall, von allen Punkten aus, ergriffen krampfhaft Besitz von ihnen. Sehen ist berühren; Licht ist Schauen; *Dir gilt unser Lobpreis*; 71 % abgeschlossen … Und das Wunderbarste ist: Inmitten all der Entstellungen und Umstülpungen sind da Formen: Es gibt Beständigkeit; Gesichter und Landschaften – Augen, Lächeln, Zickzacksträhnen, Umrisse der Kernwinal-Hügel und der Wildnis von Marais – gegen jede Wahrscheinlichkeit gibt es Bestand …

Die Dateisequenz, die Soren auf dem Desktop geöffnet hat und immer wieder über die Lautsprecher abspielt, ist die mit Tszvetans Satz *Es wartet auf uns.* Auch er kollabiert in seinen Schleifen: *swarteta … swarteta … swarteta …* Es ist 4.17. Nur

bleibst Du verborgen im Glanz Deines Lichts. Die lobprei-
senden Engel sprechen jetzt in Zungen, Echolalie. Der Raum
schmilzt und bildet sich neu wie die *Sidereal*, wie die Randstoßwelle und die Heliohülle. Im Chor bewahrten sie ihre
Gewänder damals an der Seite in der Sakristei auf, an Haken
neben den Messhemden, Stolen und Cingula der Geistlichen.
Hochwürden Edwards sah gern zu, wenn sich die Jungen umzogen, ihr weißes Fleisch. SSH. Soren döst. Photonen schießen aus der Corona. In den *Beatitudes* haben Lillians Augen
die Sehkraft verloren, kataraktverstopft, die Linsen getrübt
und bewölkt. Verblichene Farben, Halos, die Strahlen ew'gen
Lichts, das in sich wahr ist, *nel suo profondo vidi che s'interna*,
sah eng verschlungen, *legato con amore*, zum einigen Bunde,
den die Liebe flicht, die Blätter, die ringsum das All durch-
drungen, *squaderna*, SSH, Wesen und Zufall und ihr Walten,
dicht verflochten, als wenn eins am andern hinge, das, was ich
sage, ist nicht weniger als ein Lichtstrahl.

Draußen hinter der Doppeltür, auf der Steintreppe, halb
hoch oder halb runter, dösen zwei Junkies, genau wie Soren.
Haben sie Namen? Natürlich – aber die tauchen erst ganz
am Ende eines langen Abspanns auf, den niemand bis zum
Schluss sehen will und sie schon gar nicht. Die Farmgeräu-
sche dringen bis zu ihnen, sind hier draußen aber weniger aggressiv, das Getöse ist gedämpft und fast einlullend. Es ist aber
noch konkret, ein Summen und Zittern rollt wellenartig heran, überflutet ihre zerknitterten Körper und hält sie an Ort
und Stelle. Jede neue Welle, die über die unbemannte Grenze
ihres Bewusstseins strömt, kräuselt sich leicht, neigt sich und
wird abgelenkt; dann löst auch sie sich beim Weiterfließen in
die unteren Bereiche auf in eine Schwärze, die weder Strahlen
noch Spuren durchdringen.

Danksagungen

Das Komponieren von *Der Dreh von Inkarnation* profitierte von Anfang bis Ende von der Bereitschaft verschiedener technischer Experten, ihre Windkanäle, Wassertanks, Mo-Cap-Werkstätten, Ganglabore und Postproduktionsstudios meinen Blicken zu öffnen – was umso großzügiger war, als dort oft sensible oder redigierte Arbeit geleistet wird. Sehr dankbar bin ich Mark Quinn, Marvin Jentzsch und Christian Navid Nayeri, Adam Shortland und Caspar Lumley, Andy Ray und Richard Graham. Für außeruniversitäre Tutorien über CGI, Physik und Urheberrecht außerdem David James, Martin Warnke, Donn Zaretsky und Alison Macdonald; für Unterweisungen im Griechischen Penny McCarthy und Daviona Watt sowie David Isaacs für durchgehende Recherchen und Hilfestellungen. Weiter möchte ich mich für die finanzielle Unterstützung und Gastfreundschaft des Berliner Künstlerprogramms des DAAD bedanken, der mich mit einem Jahresstipendium bedacht hat.

Mit einem weitwinkliger eingestellten Blick entstanden und konturierten sich die Kontexte und Entwicklungslinien des Romans wie immer im Dialog mit vielen anderen Künstlern, Denkern und Freunden. Ruth Maclennan machte mich erst aufmerksam auf die Archive des Institute for Industrial Psychology. Melissa McCarthy machte mir die Bedeutung von Queequegs Tätowierungskunst klar. Mark Aerial Walter brachte die Welt der Archäoakustik auf mein Radar. Omer Fast überließ mir seine Interviewnotizen mit Drohnenpiloten. Ieva Epnere und Kristaps Epners schmuggelten mich in verbotene Institutsgebäude und Lagerbunker in ganz Riga ein. Mit seinen auserlesenen Apparaturen auf dem Dach

445

der Zürcher Hochschule der Künste lenkte Florian Dombois Rauch und Laser um mich herum. Die Episode in St. George's Walk in »Ground Truth« entstand aus einem Workshop mit fünf Schülerinnen – Rosa Brennan, Carina Clewley, Milla Kahl-el Gabry, Annie Stables und Leah Swarbrick – an der Prior Weston Primary School in London; Websters Spekulationen in »The Girl with Kaleidoscope Eyes« entstanden bei einer Live-Schreibsession in der Berliner Galerie K für »The Death of the Artist«, Nr. 7 in der »24-Stunden-Buch«-Serie der Zeitschrift *Cabinet*. Diesen und vielen anderen Mitwirkenden bin ich zu Dank verpflichtet – wie auch meinen Lektoren Dan Frank und Michal Shavit, meinem deutschen Lektor Frank Wegner und meinem deutschen Übersetzer Ulrich Blumenbach; meinen unermüdlichen Agenten Melanie Jackson, Jonathan Pegg und Marc Koralnik sowie der noch unermüdlicheren Eva Stenram.